天喜文化

从声音到文字，分享人类智慧

索博巴建议我，只在廷巴克图待一天，趁极端分子还没有反应过来就离开，他认为这样是安全的

尼日尔河河边城镇中的清真寺

突尼斯的埃尔·杰姆角斗场，是仅次于罗马大角斗场的世界第二大同类场所

布尔吉巴骑马像。突尼斯在布尔吉巴的领导下成立了共和国

突尼斯圣城凯鲁万的老城区。凯鲁万被非洲的穆斯林当作世界第四大圣城

突尼斯的小贩车雕塑

突尼斯市最繁华的大街中的雕塑

埃及的萨拉丁城堡，中世纪阿尤布王朝的遗存

埃及的亚历山大港口

摩洛哥蓝色城市舍夫沙万

摩洛哥城市非斯的毛皮染缸，这里曾经是世界皮制品的中心

摩洛哥马拉喀什老城区内的步行街

索马里兰的街道，这里是明朝郑和曾经来过的地方

索马里兰“首都”哈尔格萨街头，人们把旧飞机当成街头雕塑

桑给巴尔首府石头城。桑给巴尔是东非伊斯兰教文明的中心

桑给巴尔的居民以穆斯林为主，他们的主要产业是渔业

在欧洲人来到非洲之前，桑给巴尔是除埃及之外，最繁华的所在

坦桑尼亚最大城市达累斯萨拉姆的市景。去往桑给巴尔必须从达累斯萨拉姆坐船

坦赞铁路的一个站点

肯尼亚的动物资源丰富。东非是全世界动物旅行的中心地区

乌干达的湖泊

塞内加尔的独立纪念碑。塞内加尔是整个西非的中心

圣路易岛上的法式建筑。至今，圣路易仍然是塞内加尔最具有欧洲风格的小城

西非布基纳法索的教堂。浓郁的罗曼式风格，表明了它曾经的法国殖民地身份

布基纳法索带有浓厚苏联风格的建筑

埃塞俄比亚首都亚的斯亚贝巴的杜尔格纪念碑

埃塞俄比亚典型的村落中心。这棵大树下面是人们集会的场所，也可以当作市场使用

作者与埃塞俄比亚参与国际项目的老师和学生们

埃塞俄比亚大屠杀纪念馆中的受害者照片墙

卢旺达首都基加利的种族屠杀纪念墙

卢旺达种族大屠杀受难者的集体墓穴

卢旺达象征和解的纪念碑

布隆迪首都布琼布拉的富人区住宅

苏丹境内的努比亚湖。水资源是埃及与苏丹争执的焦点

AFRICA

A JOURNEY THROUGH TWO HUNDRED YEARS

郭建龙 著

穿越非洲两百年

天地出版社 | TIANDI PRESS

提到非洲总给人一种荒凉的感觉。我曾经在许多场合说过，我认为非洲是整个世界良知上的一块伤疤。

——英国前首相布莱尔

AFRICA 目录 A JOURNEY THROUGH TWO HUNDRED YEARS

序言 非洲已到发展的大门口 / 001

殖民体制结束：熬过尝试期 / 002

非洲已经进入发展期 / 005

非洲与中国是互惠的 / 007

我们了解非洲吗？ / 009

引子 通往世界边缘的非洲之船 / 013

你将成为廷巴克图唯一的外国人 / 014

慢船通往黄金之都 / 016

贫穷之船 / 021

来自北方的马依噶 / 025

疾病之船 / 030

战乱中的航船 / 035

穿越非洲两百年 / 040

第一章 基督文明在非洲

雅各布：当社会养活不了人民 / 049

所罗门后代保佑埃塞俄比亚 / 056

基督教的非洲 / 059

第二章 穆斯林的非洲世界

半个非洲属于穆斯林 / 070

马格里布：曾经的绿色威胁 / 075

萨赫勒：越过撒哈拉 / 079

东非：有种文明叫斯瓦希里 / 082

第三章 欧洲人：带来了文明，也带来了动荡

“2C”与“2S”的竞争 / 091

不平衡的新秩序 / 100

“回到非洲”运动 / 102

第四章 独立了：烟花之下，问题重重

谁是恩克鲁玛？ / 111

“日不落帝国”解体了 / 115

法兰西帝国的“器官”们 / 122

卢蒙巴：第一位殉道者 / 130

南部非洲的僵局 / 138

第五章 第一代的梦想家

加纳的“传道士”下台了 / 144

伟大导师的乌托邦 / 149

那一条沟通亚非的铁路 / 154

肯尼亚：永远混乱，永远增长 / 158

西非的现实主义者 / 164

“泛上校”的大联合 / 172

第六章 利维坦狂欢

苏格兰国王和奥斯卡影帝 / 181

博卡萨："中非的拿破仑" / 189

赤道几内亚：石油成为救世主 / 194

民主明灯换不来经济发展 / 198

第七章 第二代领导人的试验

埃塞俄比亚皇帝海尔·塞拉西 / 211

门格斯图的实验室 / 214

桑卡拉：非洲的切·格瓦拉 / 220

第八章 最残酷的兄弟战争

索马里：散架的国家 / 233

卢旺达：兄弟民族的冤冤相报 / 241

蒙博托和卡比拉 / 252

两个国家的不同命运 / 258

超级大国的内战旋涡 / 265

第九章 新一代的务实派

约韦里大叔喊你去投票 / 277

卡加梅：和解的智慧 / 283

独立是好的选择吗？ / 288

西非：艰难的政党轮替 / 295

第十章 白人的天堂结束了

世界英雄穆加贝 / 307

逼上梁山的穆大叔 / 310

最后的白人堡垒 / 314
南非：向左走还是向右走 / 317

第十一章　革命后的北非
自由的小贩，追求尊严的小贩 / 329
北非强人倒台了 / 334
力挽狂澜的四重奏 / 340
撒哈拉的恐怖分子之家 / 348

第十二章　缓慢形成的非洲之核
第二个肯雅塔和变魔术的中国人 / 362
瑙莱坞和尼日利亚黑帮 / 367

尾声　最后一次冒险 / 370

大事年表/375

序言　非洲已到发展的大门口

由于我曾对非洲进行过考察，人们常会问我这样的问题：大部分人在谈到非洲时，讲述了太多的混乱与落后，那些说法都是真的吗？如果是真的，我们对于非洲的投资和帮助是有意义的吗？

我的回答出乎他们的意料：那些说法大都是真的，但它们只代表了非洲刚刚过去的一个阶段，而如今非洲已经到了下一个阶段的大门口。

一个明显的事实是，世界对于一个国家的认知总是滞后十几年的时间。最早面对这个问题的国家是日本。20 世纪 80 年代初，日本已经变得富裕，但世界以为它还停留在二战的水平；到了 80 年代末，世界才终于认识到日本是一个强国。同样地，十年前人们以为中国还停留在 20 世纪 90 年代初期的水平，谈起中国还认为它是一个基础设施落后、大多数人都很贫穷的国家，但十年后的现在，一些人可能又过分夸大了中国的实力。

对于非洲，世界（包括我们）的认知也是落后的。自从 20 世纪五六十年代，非洲国家纷纷独立，世界首先表现出欢欣鼓舞，甚至幻想它们一夜之间就会走向繁荣。然而事实却是冷冰冰的，非洲的许多国家不仅没有立刻取得发展，反而进入了衰退和混乱。到了 20 世纪 90 年代，世界对于非洲的失望已经到了极点，特别是卢旺达大屠杀和刚果内战之后，许多人充满了悲观的情绪。但事实上，非洲的整体情况却开始出现好转，社会的稳定度也提高了。许多国家已经成功克服了最初的混乱，进入了发展时期，只是这时的世界还没有反应过来罢了。

从这个角度看，虽然那些关于非洲混乱的说法是真的，即便现在许多地区还不时发生冲突，但作为一个整体的非洲，却已经显现出有生机的一面。

客观地说，因为整个大陆都是从殖民地转化而来，殖民地时期遗留的各种不均衡必然导致新独立的国家困难重重，这些困难大多需要数十年时间去克服。非洲人的问题更多是殖民体制造成的，这对他们来说，本来就是不公平的。

至于中国对非洲的投资和帮助，当一些人还在探讨意义时，事实上，那些已经嗅到了机会的商人却早已做出了选择。我在非洲碰到了大量的中国商人，他们虽然有不少来自国企，但更加灵活的私企也早已在非洲布局。他们出现在非洲的各个行业，除采矿、建筑等传统工业之外，甚至连农业领域都活跃着中国人的身影。比如，我就碰到过到赞比亚去租地的中国人，由于土地便宜，完全可以利用非洲的土地来缓解国内土地缺乏的状况。非洲的面积是中国的三倍，但人口却比中国还少，从这个角度说，他们的土地和资源都还没有达到最大产能，聪明的商人早已先于我这样笨拙的研究者做出了选择。

殖民体制结束：熬过尝试期

非洲为什么会经历几十年的混乱？答案要追溯到非洲独立之初。

在世界范围内，如同中国这样自古以来就有统一传统和统一意识的国家只是少数，许多国家在历史上都是分裂时间远长于统一时间。这一点，在非洲反映得尤其明显。

在非洲地区，除埃及、埃塞俄比亚、摩洛哥和突尼斯这四个国家一直以来有着统一的传统之外，其余国家的疆界都是在最近一百多年才形成的。

以非洲人口最多的尼日利亚为例，在古代它实际上存在着数百个部落和民族，以及许多种宗教，北方是穆斯林区域，南方是原始信仰区域。在西方人到来之前，尼日利亚的每一部分都是独立的文化区域，它们之间虽然有着贸易关系，却从来没有在一个国家框架之下生活过。

直到欧洲人来后，他们才在漫长的殖民过程中，将尼日利亚诸多不同信仰、不同习俗的部落整合起来。但在整合还没有完成，政治机构还不稳定时，尼日利亚就在国际形势下匆忙地完成了独立。在这种情况之下，诸多的民族如何在一起共同生活？他们在政治上的权利如何保证？国家与民族、民族与个人的关系如何协调？一系列的问题都没有得到最终解决，这就不可避免地进入了一个摩擦时期。这种摩擦时而表现为在宪法框架之下的争斗，但有时也会演化成更加激烈的战争形式。只有在摩擦中，人们才能找到真正的解决方案，虽然这看上去残酷，却是非洲许多国家真实的命运。

可以说，非洲人最初几十年的命运并不掌握在他们自己手中，而是在殖民时期就已经被决定了。从一定程度上说，那混乱的年代是他们学着自己掌握命运的过程。

由于在殖民期间，非洲存在不同的宗主国，每一个国家整合的难易程度也就有所不同。其中英国人将每一个殖民地视为一个完整的个体，允许它们拥有独立的议会机构和经济形态。这样，独立之后的这些非洲国家在发展过程中就可能遭受较少的颠簸。而法国人将每一个殖民地看成只是法兰西帝国的一个“器官”，它们没有权利独立生长，只能在帝国框架之内被指定发展某些门类，有的只种花生，有的只种可可。这些“器官”被设计成要依附于帝国，因此当它们争取到政治独立之后，要想真正达到经济独立，付出的代价就要更加巨大。至于比利时人所留下的烂摊子更是无解，卢旺达和布隆迪的种族大屠杀、刚果的内战，都要追溯到比利时人的统治。

当我们看到非洲的混乱时，不能不想到这种混乱背后的真实原因。从这个角度看，非洲只是一个受害者，它不得不忍受数十年的颠簸。

在我写的书里，我并没有回避非洲的混乱，但又要不时地提醒读者，几十年后的现在，情况已经有了很大变化，大部分非洲国家的稳定性已经得到了加强，进入了建设时期。这可以避免读者犯本文开头的错误，而能将非洲看作一个不断发展的地区。

非洲的混乱大致可以分为以下几种。

第一种是领导人的雄心勃勃所带来的问题。当一个新国家建立后，由于经济基础薄弱，首先应该有的不是雄心壮志，而是尽量少骚扰民间，让民间经济得以自由发展。但独立之后的领导人往往采取大包大揽的经济政策，插手过多，希望通过政府的控制来促进经济的发展，于是建立了一系列低效的政府企业，从而造成了经济的衰退和社会的动荡。

第二种是领导人为了维持社会稳定，过分地使用了武力，从而超出了社会能够承受的程度，最终出现了脆断的情况。

第三种是各地区或者各民族之间，因文化和信仰的差异所造成的冲突，引起了社会的分崩离析。

本书将这些状况都做了梳理，另外也仔细分析了混乱的原因，希望通过我的实际观察能让读者明白，长期以来非洲的命运并不是由其自身掌控的，而是受外界驱动的。

另外，人们感觉非洲冲突频发的另一个原因是非洲国家众多。非洲有五十多个国家和地区，其实在每一个时期，发生战乱的国家都是少数，大部分国家都处于较为平静的状态。但由于国家数量太多，而外界又不去区分具体的国家，只是将它们笼统当作非洲这个整体，于是，不管哪一个国家发生了问题，人们都以为是非洲整体发生了问题，长此以往，就好像非洲天天在打仗。事实上，在任何时段，非洲的大部分地区都是平静的。

即便到现在，非洲的冲突还是时有发生，但事实上，不管是它的频度还是烈度，都已经呈下降趋势。从这个角度看，非洲已经逐渐熬过了独立之后的余震期，进入了另一个阶段——发展期。发展这个词，已经代替了混乱，成了非洲的关键词。

非洲已经进入发展期

21 世纪的到来，意味着非洲最混乱时期的结束。卢旺达种族屠杀曾经被认为是非洲混乱的顶峰，但是屠杀发生的二十年后，卢旺达已经成了整个非洲发展最快的国家之一。

经过了种族屠杀的卢旺达人摆脱了殖民时期遗留下来的种族梦魇，新总统卡加梅也意识到，种族冲突虽然是个社会问题，但根子上还是个经济问题。只有经济大发展，才能让人民摆脱对于资源的争夺，以及由此引起的冲突和愤怒，抛弃掉为了生存而引发的焦虑，过上更加舒适的生活。

卡加梅是中国式发展道路的提倡者，他带领的卢旺达也走出了一条相似的道路。在他的带领下，卢旺达首都中心地区已经高楼林立，进入了建设时期。当初的流亡者已在国外生根发芽，积累了资金和技术，现在大都回到了国内参与建设。于是，这个曾经不稳定的火药桶，现在成了地区的稳定剂之一。

和卡加梅类似的新型领导人在非洲也形成了规模，世界也给了他们新的名号：新一代。

事实上，他们已经是第三代领导人。非洲的第一代领导人大都由于知识结构有缺陷，虽然可以带领人民闹革命，却不懂得搞建设，导致非洲社会生活出现了衰退。第二代领导人大都是军人出身，受到的教育更少，导致了进一步的混乱。第三代领导人大都接受过高等教育，对于非洲问题也就有了更加深入的思考。

正是在这一代领导人的带领下，非洲艰难地度过了独立初期，进入了一个相对稳定的发展期。

这一代领导人也是最务实的，他们知道自己无法解决所有问题，也不试图什么都做，他们大都将目光投在了发展问题上。他们得出结论，要想让非洲迅速同时达到欧美发达国家的政治标准和经济标准是不可能的。在这个阶段，精力更多要放在经济上。只有经济好了，人们才会对国家产生足够的向心力，不再分崩离析，只有到那时，其他的社会问题，比如民主、自由，才有建立的基础。

这一代领导人大多建立了民主选举制度，但又暂时软性冻结了这个制度。由于他们大都曾经力挽狂澜将国家从混乱中救出，国家稳定的基础还不牢固，如果离开了他们的领导，国家可能再次陷入一定程度的争夺和混乱。正因为这样，延长他们的任期有很强的群众基础。

但这也蕴藏着新的风险，即他们死亡之后如何结束这种软性冻结。也许国家问题永远没有标准的答案，有的国家能够顺利度过，但有的国家或许还会出现一定程度的混乱。随着经济的发展，这些国家的混乱程度在降低，恶性事件发生的概率比以前小多了。

我去观察非洲时，发现大部分的非洲国家已经进入了这个阶段。虽然腐败、抢劫、盗窃、暴力时有发生，但大部分人已经有了安全的感觉，普通民众的生活更加稳定了。

在这种稳定之下，社会开始发展，人们开始追求更好的生活。中国的手机、电器、工业品都已经遍布了非洲市场。在土耳其、摩洛哥、印度和中东的一些国家，甚至中国，都有着大批的非洲人存在，他们大都是去做生意的商人。在广州，在一位朋友的安排下，我曾经遇到了几家进货的非洲人，他们穿着从中国购买的服装，对我倾诉着他们对中国的感激之情。

埃塞俄比亚、坦桑尼亚等国家，已经出现了较为复杂的加工业，而肯尼亚、尼日利亚等国则以商业立国。卢旺达这样的国家甚至想在高科技上做文章，抢占非洲的信息高地。

如果要从世界经济的梯度转移来考虑，非洲仍然处于最底层。二战之后，世界经济的发展是在逐渐转移的，在那些后进国家和地区中，首先得到发展的是日本。当日本发展已经定局，世界经济的梯度随即转向了韩国和中国台湾地区。中国大陆作为下一个梯度接力了最近二十多年的世界经济增长。接下来，印度也进入了这一梯度，与东南亚一起开始接纳从中国转移出来的产能。非洲国家由于自身的原因还无法与印度竞争，其发展虽已启动，但也许要等到二十年后，非洲作为一个整体的重要性才会更加显现。

之所以仍然处于发展的最底层，重要的原因除需要时间来彻底稳定政治之外，还有人才和知识积累、产业积聚等，而更重要的却是基础设施的建设，这已经成了非洲绕不过去的缺陷。

埃塞俄比亚是非洲第二大国，由于经历了太多的不幸，那儿的人们一直渴望着经济发展。最近由于政府发展低端制造业，大量的人有了工作。埃塞俄比亚周边是拥有石油资源的苏丹和南苏丹，以及更加富裕的肯尼亚，他们都可以大量吸纳埃塞俄比亚制造的产品，但条件是埃塞俄比亚的交通设施必须进行更新。

坦桑尼亚、赞比亚等国家，对于交通的依赖的问题同样突出，但仅仅依靠非洲人自己的力量依然无法解决。依靠西方的援助，虽然可以解决一部分问题，但由于资金下拨得缓慢，也不能完全解决。从这个角度上讲，中国资金的进入的确可以帮助非洲发展。

但是，中国的援助是不是意味着非洲受益、中国损失呢？答案并非如此：在非洲受益的同时，中国也在双方贸易中获得了足够的利益。

非洲与中国是互惠的

当中美贸易战起，中国企业华为成了美国人相中的目标之一，但华为与当年日本企业、法国企业，以及 2018 年的中兴，表现得都不一样。其余的企业大都低头认输，而华为却显得胸有成竹，不肯屈服。华为的底气何在？在很大程度上，就在于它对第三世界国家市场的占有率。

在十几年前，华为作为后来者，在国际电信市场上受到的歧视并不比现在少，当时的欧美市场大都采取了闭关的态度来对待中国企业华为与中兴。中国企业突破欧美歧视的关键，在于首先在发展中国家开花。利用价格优势，华为和中兴（特别是华为）成了中国企业国际化的先锋，不管是在印度、南美、东南亚，还是在非洲，几乎总是能找到华为的身影。

在占领了发展中国家的市场，获得了更大的话语权后，华为才最终挤进了欧美市场，成了世界的主流品牌之一。如果没有这些发展中国家市场，华为必须在更早时就与西方企业竞争，其难度可能要大得多。

当贸易战发生后，也正是有了发展中国家市场的支撑，华为才有底气采取更加强硬的态度，不担心美国的封杀会断绝它的所有市场。如果不是这样，华为可能早已不得不妥协了。

更重要的是，华为因为其国际化路线使其成了中国企业向外走的黄埔军校。由于华为要求国内的管理层必须在某个时间段去驻外，这使得华为的员工大都具有良好的国际视野，这一点，是绝大多数中国企业不具备的。

我在非洲考察时，也数次接触了华为和中兴的员工，了解到他们艰辛的同时，也增强了信心：中国对非洲的帮助和投资绝没有浪费，而是对于双方都有利。

在国际形势变得越来越对抗时，发展中国家也是中国产品的缓冲市场，有了它们，不仅是华为，中国的其他企业所受到的冲击也会小很多，出口压力也会削减。国内的媒体总是在讨论欧洲市场和美国市场，却没有意识到，欧美之外的其他市场给中国提供了足够大的“气囊”，使中国能够在冲突中避免硬碰撞，不轻易屈服于发达国家的逼迫。

不可否认，投资必然存在着一定的损失，但这种损失与跑到欧美花大量资金购买房产相比，还是微不足道的。

在考察中，我深深地体会到，中国和印度的崛起对于非洲的发展是非常重要的因素。一方面，西方已经进入了后现代化时期，人们的关注点已经过渡到了环保、生活质量等议题，而非洲还处于解决温饱时期，西方的援助将大量的后现代议题带入非洲，这显得过于超前。在某些地区，人还吃不饱饭时，西方的青年人却在号召人们保护动物，甚至为了动物，鼓励人们保持原始生活，不要修路，不要建设城市。

虽然动物需要保护，我却知道，一条柏油路对于一个急需融入世界的社会是多么珍贵！中国带给非洲的恰是其最需要的基础设施建设。

另外，大量中国制造的商品涌入非洲，对于当地的物价也是救命性的。在非洲的许多地方，中国、土耳其和印度制造的商品进入之前，非洲不得不将大量的农产品出口到欧洲，再进口昂贵的工业品，其中价格差别之大令人惊讶。中国产品的进入，使工业品的价格在非洲出现了断崖式的下跌，也让人们享受了更多的物质文明。

与此同时，印度廉价医药的进入，也让非洲人的寿命大幅度提高。在印度之前，西方虽然援助了不少药品给非洲，但非洲药品的价格仍然居高不下，甚至成了奢侈品。只有印度的廉价药品以市场的方式进入，才将药价彻底降了下来，普通人也可以买得起药了，这相当于完成了一次非洲版的医药革命。

我们了解非洲吗？

非洲是中国经济的重要市场，中国是非洲发展的重要投资方。这种互利的关系是否能促进双方的了解呢？

不幸的是，虽然非洲对中国有了越来越深刻的认识，以中国为榜样发展经济的国家也越来越多，但中国人对于非洲的了解却仍然停留在几十年前。这又应了我在本文开头的观点：人们对于外国的认识总是滞后的。

至今，大部分中国人对于非洲的印象无非以下几种。

有的人认为整个非洲是一片黑暗的大陆，充满了无序、混乱和战争。这个印象是错误的，非洲的大部分地区是和平的，而混乱更多是在二三十年前，现在已经进入了相对的平静期和发展期。

有的人将非洲渲染成一片充满了原始趣味的猎奇地。事实上，非洲人虽然仍很贫穷，但他们也在追求现代化，他们希望人们帮助他们脱离原始，走入现代。

有的人将非洲的动物看得比人还重要，这大都是受到了西方环保主义者的影响。人们不应该为了动物而牺牲人类社会的进步，而是在尽量保护动物的同时，更注重人的发展。

有的人完全以歧视的眼光看待非洲，用脏乱差概括那儿的一切。但事实上，非洲普通人的善良和乐观，却是我们需要学习的；非洲的精英阶层也已经形成，他们开始追求生活质量，所掌握的知识也并不比中国人差。

本书的目的，就是通过我的考察，告诉读者一个真实的非洲。那儿的一些国家曾经发生过数十年的战乱，有的甚至至今没有找到出路，但是更多的国家虽然还带着贫穷的痕迹，但人们已经度过了最初的混乱期，开始努力建设自己的家园。

本书希望向读者讲述当年发生的悲剧，同时还要将现在已经隐约可见的光明告诉读者，将他们对非洲的认知提到现在。

本书的第一章和第二章，追溯了非洲过往的历史。读者会发现，非洲在地理大发现之前就是一个多样化的大洲，它的许多地区其实都已经走向了文明，特别是北非和非洲之角的基督教区域更是在罗马时期就有了很成熟的文明。到了地理大发现之前，整个非洲北部和东部又在伊斯兰教的照耀下形成了独特的文明，并被纳入了全球贸易体系之中。

第三章简要地回顾了欧洲人进入非洲以及对非洲的瓜分。这是现代非洲的起点，一系列的问题也在这个时期出现，并一直影响到了现在。

第四章回顾了非洲各国的独立过程。人们常说，非洲的独立可能太早了，以至于社会和政治都还没有准备好。但事实上，即便更晚独立，非洲还是不可能准备好，因为在殖民体系下，许多地区是没有机会去做准备的。本章介绍了非洲第一位为了独立事业而牺牲的殉道者卢蒙巴，从他的遭遇或许可以看到非洲国家与宗主国复杂的关系，以及非洲人的无奈。

第五章、第六章和第九章分别聚焦于非洲国家的三代领导人。第五章中第一代领导人的历史任务就是领导大家走向独立，但这一代人由于知识的缺陷往往对经济建设的认识不足，加上错综复杂的国内矛盾——这些矛盾都来自殖民地时期的积累——使得非洲国家纷纷进入了颠簸状态。但这些领导人又各个不同，有的人将国家带入了混乱，有的人痛定思痛，主动放弃了权力，让国家在稳定中步入了发展的轨道。

非洲的第二代领导人是最复杂的，由于他们在殖民地时期无法受到良好的教育，又是靠武力上台，他们给非洲带去了更大的混乱。但也正是他们的存在，让人们意识到不能这样继续下去，从而强化了对于社会稳定的要求。非洲社会也是在这个时期达到了混乱的顶点，接下来就要走入秩序和发展了。本书并没有回避这个时期非洲的问题，正是要提醒读者，这只是非洲历史的一部分，对非洲的认知必须跨越这个时期，而不是永远停留在那儿。

非洲的第三代领导人大都已经具有了国际视野，这一代领导人务实的态度，让国家有了新的进步。在经过了几十年的混乱之后，非洲国家也大都找到了属于自己的发展道路。

在本书的第七章、第八章、第十章、第十一章，分别谈论了非洲的几个主题。第七章谈论非洲特色的理想主义问题，这种理想主义既带来了一些经济上的灾难，但在另外的层面，又成了非洲理想的源泉。

第八章讲非洲殖民时期遗留下来的最复杂问题：种族冲突。非洲国家的边界都是由欧洲人确定的，在边界内往往存在着一定的种族问题，有的国家比较缓和，有的却很激化，非洲最大的几场灾难大都与此有关。

第十章讨论了津巴布韦和南非的种族隔离制度。人们常常谈论津巴布韦前总统穆加贝，却很少知道，他曾经是一个独立英雄，并为了国家的发展和稳定做出了许多尝试，虽然最终国内复杂的黑白问题让他的尝试没有成功，但这些经验教训却可以用在南非，避免它重走弯路。

第十一章描写了最近几年发生的北非的阿拉伯革命，及其带来的许多后果。作为革命策源地的突尼斯侥幸逃脱了革命的负面后果，但许多其他国家仍然在颠簸之中。到底如何保持一个国家的稳定性，是非洲国家仍须时时警惕的问题。

本书的第十二章，总结了非洲数十年的发展情况。希望读者能够看到，那些作为非洲发展核心的国家已经产生，它们代表了非洲的希望，也能在未来与整个非洲一起步入发展之门。

引子　通往世界边缘的非洲之船

我永远会记得那一艘非洲之船。那是一艘航行在战乱国家深处的船。那是一艘通往曾是古代文明中心，如今却是世界边缘的船。

在短暂而又漫长的十几天行程中，我在船上目睹了贫穷，经历了疾病，看到了战乱的影响，甚至差点遭遇绑架。在登船前，我是一个充满了乐观和冒险精神的青年背包客，但下船时，我成了拖着病后残躯的“老者”，甚至一个台阶就可以让我摔倒，我对非洲这块饱受劫难的土地有了更加深刻的认识，为它的命运感到惋惜。

在船上，我还体会到了怜悯和友谊，我的新朋友照顾患病的我，甚至救了我的命，但他们传达给我的最主要信念，却是对于这块黑色大地的深深热爱。不管它遭受多少劫难，它的人民始终善良、乐观，他们应该得到更好的生活。这种信念让我更加迫切地去追溯非洲社会的来龙去脉，感同身受地写出我的所见所思。

就让我从那艘慢船谈起……

你将成为廷巴克图唯一的外国人

“这是战乱之国，每年都有外国人遭到绑架。你就是外国人，却正要去往风暴的中心！”

在西非国家马里的小城库利科罗，我的朋友贾鲁这么告诉我。

他这么说时，我正要去往一个叫廷巴克图（Timbuktu）的城市，那座城市处于马里的北部，也是马里战争的中心地带。

贾鲁的西班牙文名叫 Diallo，从字面上看，应该是狄亚罗，但当地的发音却类似于英文的 Yellow。在非洲，不管是英文还是法文，都带着很浓的本地口音。比如，我要去的城市廷巴克图，这是欧洲人的叫法，当地人称它为通布图（Tombouctou）。

当我认识贾鲁时，恰好马里的反恐形势进入了一个微妙阶段。2017 年，美国和俄罗斯在伊拉克和叙利亚的反恐战争取得了重大进展，曾经猖獗一时的恐怖组织 ISIS（“伊拉克和大叙利亚伊斯兰国”）吃不住劲儿，士兵们纷纷逃往世界上那些政府控制薄弱的国家。他们常去的地方有两个：一是阿富汗，这里有的省份处于无政府状态，他们一去就填补了政治真空，成了理所当然的“坐寇”；二是非洲的撒哈拉和周边地区，这里的国家很贫穷，政府无力控制局势，也无法剿灭以沙漠为基地的武装分子。马里不幸成了 ISIS 喜欢的国家之一，于是原本就复杂的战争形势突然间变得更加错综。

在 ISIS 去往马里之前的 2012 年，这里就爆发了北方穆斯林反抗南方政府的分裂战争。在法国的帮助下，中央政府本来已经取得了胜利，但 2017 年 ISIS 落脚之后，北方的枪声再次响起。北方反叛的中心城市，就是我要去的廷巴克图。ISIS 以北方为基地，还时不时跑到中央政府控制的南方来搞爆炸和袭击，让政府紧张不已。

贾鲁所在的小城库利科罗，就在首都巴马科的旁边。这里原本是宁静祥和之地，此时也不时受到首都局势的影响，但比起廷巴克图，库利科罗仍然安全得如同天堂一样。

他试图劝阻我，不断地举着例子：一年多以前，就在首都最安全的地方，恐怖分子袭击了一个大酒店，一共死了 20 个老外，包括 3 个中国人；半年前，一辆在南方行驶的国际长途大巴遭到了袭击，也是 20 多人死亡。这些袭击都是发生在公认比较安全的地方，小的袭击更是不计其数。

“可你说的袭击都发生在别的地方，而不是我要去的廷巴克图！”我争辩说。

“那只有一个原因：廷巴克图没有外国人存在了。”贾鲁很快地反驳，“如果有，过不了一个星期，就被绑架勒索赎金去了。赎金，知道吗？ 100 万美元起价，一般是 500 万，1000 万，或者，咔——”他做了个抹脖子的动作。

他继续解释说，在马里战争开始之前，廷巴克图的确不错，那里是整个西非最受外国嬉皮士欢迎的目的地，许多人都在那里生活了好多年。廷巴克图是一个怀念非洲辉煌和控诉西方殖民的好地方，是许多左翼青年的圣地。可战争一来，只要来不及逃走，左翼青年们就成了移动的钱包，被叛乱分子挨个儿抓起来勒索赎金。当然，他们大多穷得叮当响，靠四处忽悠抽大麻，要钱没有，要命一条，下场也好不到哪儿去。打那之后，廷巴克图就没有外国人了。

“如果你去廷巴克图，将是那儿唯一的外国人，不管走在大街上，还是旅馆里，当地人的目光始终都会注意着你。你不知道谁是眼线，也不知道谁把你报告给‘那些人’，他们总能知道去哪儿找你。”

他指了指外面的船（这艘船正是我要进入廷巴克图的工具，因为没有其他的交通方式能让我安全到达那儿）说道：“看这艘船上的人们，他们看上去都是普通人，但你永远不知道他们在想些什么。如果你和他们同船的话，也许他们会偷偷用手机和极端分子联系，告诉他们船上来了个外国人……你还准备去吗？”

我望着贾鲁点了点头：“我要去。”

做这个决定时，是 2017 年 8 月。我距离廷巴克图只有几百千米的水程，为了这趟旅程，我已经准备了数年。这座城市象征着非洲的命运，它曾经那么辉煌，现在却又如此落寞；它曾经被非洲人称为“宇宙的中心”，现在却是撒哈拉沙漠边缘的一座不安定的小城。

可是，为什么我给这座小城赋予了这么多的意义呢？这就要从世界对非洲文明的认知谈起……

慢船通往黄金之都

我之所以如此痴迷于廷巴克图，在于它曾经是探险家们梦寐以求的所在。在中世纪，人们一谈起神秘的非洲，不是想起摩洛哥或者埃及，而是在关注一座叫廷巴克图的城市。这座城市位于撒哈拉大沙漠以南的非洲腹地，被描绘成黄金遍地，如同马可·波罗笔下的中国那么诱人。

它曾经是一代非洲伟大帝国的首都，也出过全世界最富有的人。在 14 世纪时，中国处于元朝，欧洲处于中世纪晚期的泥沼之中，俄罗斯还属于未开化的状态，欧洲人还未殖民美洲，非洲却出现了一个如雷贯耳的名字：坎库·穆萨。他居住在廷巴克图，被称为全世界最富有的统治者。他是一个黑人，财富却傲视所有的白人、黄人和棕人。

坎库·穆萨有多富有？这里举一个例子来说明。

1324 年，作为虔诚穆斯林的坎库·穆萨决定去圣城麦加朝拜，生活于西非的他必须穿过整个撒哈拉沙漠，经过埃及，前往位于沙特的圣城。为此他带了 6 万人开始旅行。其中专门携带黄金的奴隶就在 1 万人以上，每人都带有近 2 公斤黄金。除了奴隶之外，据说还有 100 头专门驮黄金的骆驼，每头都带有几十到上百公斤的黄金。如果这些数字属实，即便按照保守的计算，他携带的黄金也有 20 吨，折合人民币在 50 亿元以上。

他之所以有这么多黄金，是因为他统治的地区恰好处于一个产金地带。中世纪时就已经有商路从西非出发，穿越撒哈拉沙漠，经过北非，把黄金送往欧洲和其他地区。正是由于这种贸易，西非出现了一个庞大的帝国——马里帝国。

坎库·穆萨到达埃及后，整个开罗的金价立刻掉了10%。但这并不是他财富的全部，只是他为了一次朝圣所付出的施舍和供奉而已。

与非洲大部分黑人王朝都湮没无闻相比，坎库·穆萨足够幸运。他经过埃及时，那儿已经有西方人出没，于是他的阔绰和大方被西方文献记载了下来，他的名字才流传到了今天。廷巴克图也因此成了一个遍布黄金的传说之地。

但可惜的是，西方人虽然对廷巴克图的名字早已熟知，却很少有人能够进入那座伟大的黄金之城。要想去往那里，他们必须首先越过地中海，来到摩洛哥或者突尼斯所在的北非，再沿着两条只有个别人知道路线的主要商道（还有无数小道）纵穿撒哈拉大沙漠，才能到达廷巴克图。由于路线是商业秘密，贸然出发不仅找不到路，还会被困在沙漠渴死。

到了近代，西方探索非洲的热情高涨，探险家们开始把廷巴克图当成主要目标。这时，由于大西洋航线的打通，已经有了另一条路可以前往，那就是走水路。

廷巴克图在西非最大河流尼日尔河的河岸北方，距离河干十几千米。这条河整体呈一个巨大的弧形穿过非洲西部，从西向北、东、南，顺时针转一个大圈流入几内亚湾。廷巴克图就在河流弧形最靠北的位置上。欧洲的探险家选择从大西洋坐海船，在西非的西海岸登陆，找到尼日尔河的上游，再登船顺河而下到达廷巴克图。

我最心仪的探险家之一叫芒戈·帕克，他就是走的这条路线，这也是我选择的水路。

帕克坐船经过了廷巴克图所在的河段，但由于土人划了很多小船对他围追堵截，他不敢登陆去往十几千米以外的廷巴克图。就这样，他跨越了半个地球，却受阻于十几千米的道路。他继续顺流而下，企图一直漂流到大西洋去，却最终被土人困住，死在尼日尔河上。

帕克之后，当欧洲人最终到达廷巴克图，却大吃一惊：这里没有所谓的黄金之城，只有一个破破烂烂的小城市。事实上，在很久以前，廷巴克图被北方的摩洛哥人攻克和洗劫后，它就成了世界最偏远之地，也是最落后的地区。

我的这趟行程也带上了象征性意义，表明人类对于未知事物的探索，也表明人类对于过往文明的怀念。

现在的旅行虽然比芒戈·帕克时期便捷，却也并不容易。因为廷巴克图所在的国家马里已经成了战乱之地。原本有一条简单的土路沟通廷巴克图和南部，但现在已经不再安全，剩下的唯一办法，只有像芒戈·帕克一样坐船了。

当我在马里的邻国毛里塔尼亚时，就不断地向人询问马里的安全情况。

毛里塔尼亚最近几年也曾经发生过对外国人的劫持，但那儿的人总是骄傲地告诉我：毛里塔尼亚别提多安全了，只有邻国马里才是最危险的地方。你要去那儿吗？那可要小心了！

为了避开危险的毛里塔尼亚和马里边境，我选择了先从毛里塔尼亚进入塞内加尔，再从不那么危险的塞内加尔和马里边境（位于南部）过境。

塞内加尔首都达喀尔是西非混乱的城市之一，中国人聚居的地方是其抢劫的高发区，有人拿着早餐出去都会被抢，劫匪翻遍身上没钱，就把早餐拿走吃了。这儿的人也告诉我：塞内加尔实在是和平的好地方，真正可怕的地方是马里，那儿打仗呢！

在达喀尔旅馆里，我碰到几名西方游客，看上去都是四处游荡的老油条。他们谈到马里时，都摇着头告诉我不能去，听说我不仅想进马里，还想去廷巴克图，更是脸色苍白，劝我不要去冒险。

然而在几年以前，西方游客说起廷巴克图时却是另一种表情。2012 年之前，他们对这座小城趋之若鹜，将它称为“世界边缘的天堂”。城市不如中国的村庄大，却保存着中世纪流传下来的图书馆，馆里有许多当年的羊皮抄本。这些书最早可以追溯到坎库·穆萨时代，国王朝贡回来，带回来许多穆斯林学者，让这里成了尊重知识的地方。从此以后，家家户户以收集书籍为荣。数百年来，廷巴克图人都小心翼翼地保存着这些宝藏，并吸引了许多西方的左翼人士，他们前来膜拜手抄本，从中寻找非洲曾经强大的证据。

战争爆发后，西方人成了人质，他们被绑架，或者遭受死亡威胁。也是从这一刻开始，廷巴克图从令人向往的天堂变成了令人不安的地方。

到了马里的第二天，我就开始打听那艘传说中去往廷巴克图的航船。马里是一个严重缺乏道路系统的国家。在和平时期，南部与廷巴克图之间只有一条土路相接。战争中，各种军阀在土路上设伏，他们不骚扰当地民众，却对外国人和政府人员形成了巨大威胁。

如果实在迫不得已想出入廷巴克图，只有两条破旧的老船往返于尼日尔河上，可以将人们带到那块边缘之地。理论上，每个星期有两艘航船从首都旁边的小城库利科罗出发，前往下游的城市莫普提，再继续航行到达廷巴克图，最后前往马里与尼日尔的边境城市加奥。

在首都巴马科，几乎没有人知道这两条船。他们纷纷劝说我打消这个念头。“你为什么要去廷巴克图？”一个人问我，“为什么不在南方安全的地方转一转？”

可我想确定那条船到底有没有。

“就是有船，你也会被别人发现，有人拿着枪把你劫走。没有人会救你的，兄弟，所有的人都不敢救你。”

在首都一无所获的我只好前往几十千米外的小城库利科罗。出了首都，几乎找不到会英语的人，在库利科罗，一番寻找之后，一个当地人终于恍然大悟地说：“科曼纳夫，你要找的是科曼纳夫！”

科曼纳夫不是俄国人，而是一家公司的名字，它们的业务就是经营河上的两条船。当我跟随当地人来到科曼纳夫时，我认识了贾鲁，他是这里的工作人员。

终于，我找到了那条穿越在时光之外的航船。

从贾鲁这儿，我知道了航船的确凿消息：的确每个星期有两班船穿梭在尼日尔河上，连接着冲突的南北两方。但这两艘船不是整年通航，只是在夏天的雨季通航，到了冬天旱季就停航了。原因出在一个叫代博的湖上。过了莫普提，尼日尔河穿过这个湖泊，在湖泊的入口处有一片狭窄的、满是沼泽的低地。只有在雨季，河水漫过了这片低地，轮船才能通过；旱季时，代博湖就像是一个得了食道癌的消化系统，那一小点的障碍就让整条航道失去了通航功能。

“幸好你是雨季来的。”他说。

“可是，冬天时人们是怎么去往廷巴克图的呢？”我好奇地问道。

“冬天时可以坐飞机进去。（廷巴克图有个简易机场，每个星期有一趟小飞机）如果不坐飞机，就坐吉普车。当地人不怕，武装分子也不抓当地民众。（偶尔会抢他们的钱，但不抓人）政府的人坐车必须配备荷枪实弹的士兵，结成车队。联合国和法国士兵坐飞机进入，他们怕陆路的地雷。其他的人，谁会没事儿往那儿跑？”

贾鲁不断地试图告诉我，那儿很危险，不要随便去，但见我坚决要去，便把我带到了另一个人面前。他是一位知识分子，职务为公司的调度经理，名字叫索博巴。我们三人认真地讨论了去廷巴克图的可能性。

“如果你非要去廷巴克图，我建议你只待一个晚上。”索博巴建议说。

他告诉我，廷巴克图的确很危险，但我可以打个时间差。武装分子并不住在廷巴克图城里，而是在城外的沙漠里，城内名义上由政府控制。当恐怖分子的眼线发现有外国人到来，他们必须把消息传递出去，沙漠里的人再做好准备在晚上实施绑架。要想策划好，需要的时间绝不止一天。

到了廷巴克图后，找当地最好的酒店居住。头一天进城，第二天一早就离开，就可以赶在他们准备好之前安然逃脱。

“记住，安全的地方只有船上。”索博巴继续说。

由于这两艘船成了连接中央政府和叛乱地区的最主要工具，政府会派出军队保护。航程的前半段，从库利科罗到莫普提，是航行在中央政府控制区，不需要特别保护。到了莫普提后，将会有一支十几人的部队携带武器上船，护送船只到达廷巴克图。

“你很幸运，今天是发船日，晚上就有一艘船发往廷巴克图。”索博巴查了查时间表，告诉我。

之前，两艘船除了到达廷巴克图，还会继续向前，到达马里与尼日尔边境上的城市加奥，这是一个比廷巴克图还要遥远的城市。但由于年久失修，一艘船已经到了故障频发的时期，这艘船只能承担从库利科罗到廷巴克图的航程，发往加奥的船就只剩下一艘了。

我要乘坐的就是那艘故障频发的旧船。按照计划，旧船到了廷巴克图，将进行简单的检修，在第二天开始回程，一来一回恰好需要一个星期的时间。

“记住，只在城里待一个晚上，第二天一早，就回船上等待发船。”索博巴说完，让贾鲁带我去购买船票。三等舱船票的价格在 85 美元左右，包含了一日三餐和简陋的双层床铺，没有被子。

贫穷之船

直到上船，我才知道，这艘船的二三层甲板只有我一个乘客。

船停在科曼纳夫旁的码头上。这里是尼日尔河边的一片平地，搭建了简易码头，恰好可以停泊一艘船。我乘坐的船叫“坎库·穆萨号”，以那位伟大国王的名字命名。它是一艘三层旧船，底舱放货物，也是穷人们睡甲板的地方。底舱的后部是轮机室，前部有一个不大的驾驶舱，驾驶舱后部是提供给客人用的厨房设备。中间一层是二等舱和三等舱所在的位置，尾部设有厕所和淋浴室。上层的前部是餐厅，后部是头等舱。

所谓头等舱、二等舱和三等舱的区别，在于一个房间内有多少张床。头等舱两张床带室内卫生间，二等舱四张床，三等舱四张床八个铺位。二等舱和三等舱都没有室内卫生间。不管是几等舱，都不提供卧具。由于已经服役了很久，整艘船显得脏乱且带着异味。

出发时，二三层甲板上的头、二、三等舱全都空着，在底层的统舱却挤满了当地人。这艘船是去往廷巴克图的主要交通工具，当地人买不起昂贵的舱位，只好出少量的钱（十几美元）购买统舱，睡在甲板上。

出发前，科曼纳夫码头上人山人海，底舱堆满了货物、牲畜。人们在货物的夹缝中、牲畜的排泄物上随便铺点东西，便睡在上面。他们必须在船上待好几天，吃自己带的东西。食品大都是豆子、粗粉之类的素食。在非洲旅行多了，就会发现，不管乘坐火车还是轮船，人们都成堆地挤在一起，互相踩踏拥挤着，这就是他们的生存状况。

底层拥挤成地狱，二三层甲板上却空空荡荡，只有我一位游客。船员们悠闲地在三楼餐厅喝茶、抽烟，我在两楼层之间游荡，直到一群孩子发现了我，跟着我来到了二楼。由于他们是孩子，所以我并没有赶走他们。

这些孩子小的只有三四岁，是战乱之后出生的，他们对外国人充满了好奇，又有些害怕。大一点的有十几岁，经历过和平时代的游客盈门，显得更加大大咧咧，想从我身上找点补贴。

一个十几岁的孩子在我面前有意无意地晃着刀，向我要烟抽。我没有烟。

"Fuck，你要不要 fuck？"他继续问道。他指了指周围的几个孩子，有男有女，最大的不过十一二岁，小的七八岁，"Boy 还是 girl？都可以。"

非洲是卖淫和恋童最严重的地区之一，在许多非洲国家我都碰到过类似的场景。本来应该习惯了，但每一次遇到，还是会让我感到心疼。西非作为非洲最贫穷的地区之一，更是猖獗。卖淫往往和偷盗、绑架一同出现，我决定不再和他谈话。

在我请他出去之前，他继续伸出手来："Money，dollar，one hundred。"夹杂着听不懂的当地话，大意应该是，如果不给钱的话，他会打电话通知廷巴克图的人把我抓起来。

到了后来，围观的人越来越多，底舱的男人女人都被吸引到二楼来了，船员想赶他们走，却做不到。

船长是一名 30 岁左右的年轻人，穿着白色制服，显得英姿飒爽。他建议我到餐厅待到开船。

餐厅在三楼，在开船之前，不允许底舱人进入。这座曾经豪华的餐厅还保留着当年旅游业繁荣时期的痕迹，墙壁上贴着廷巴克图的景点介绍以及旅馆推荐，但纸片早已经发黄、局部脱落。索博巴也在餐厅，开船前，他下了船，临走时再次提醒我，不要在廷巴克图久留。

开船后的第二天清晨，是这一路旅程中最惬意的一天，我已经忘记了开船前的不快，也感受不到任何的风险。我和船员们混熟了。船长是科班出身，还是年轻人，他的副手（大副）却是一位经验丰富的老人。大副吩咐船员带我四处走动。当地人活动的主要区域在下层甲板，也就是统舱所在的位置。统舱的人可以去三楼点餐喝酒，但被禁止进入头、二、三等舱所在的区域。

大副几乎不会英语，他带我到统舱区域走访。经过一夜，统舱的位置已经充满了人体和牲畜的异味。大副不断地指着人们告诉我："Good people... Good... Hungry... Good people... Hungry..."我明白他的意思，他是想说：这些人都是好人。大副不断说这些人 hungry，但他说话时，大部分人都在吃早餐。虽然吃得很糟，但并没有挨饿。我猜，他想说的是这些人太贫穷了，却无意中用错了词……

从视觉上说，尼日尔河并不漂亮，它只是一条充满了浑水的巨大条带。但正因为这条河的存在，马里才成了西非的文明中心。当年，芒戈·帕克也和我一样坐船直下。他所看见的风景和我看见的不会有太大区别。直到现在，岸边还是那些低矮的民居，以及用泥土建成的宗教建筑。许多村子里都会有一个不大的泥塑清真寺，表明这里已经是伊斯兰教区域。当地人的风俗仍然保持着原始特征，在河边常常能看到少男少女们光着身子洗澡。少女的乳房已经膨大，当船开过时，她们无动于衷，没有任何躲避的意思。

河里偶尔能看见船，大部分还没有加装动力系统，只有一小部分带上了象征文明的发动机，表明现在已经是 21 世纪了。

在和船员用单词和手势聊天时，我专门询问了航道的安全情况。他们大都回答：放心吧，到达莫普提之前是没有问题的，到了莫普提，就有军队保护了。

他们示意我，岸边的确可能存在零星的武装分子，但武装分子的小船动力不够，吨位太小，都无法靠近我们的大船，所以我们是安全的。

古老的“坎库·穆萨号”最初行驶得非常快，但接着就出问题了。过了一个城市塞古之后，船在经过一道闸门时撞上了岸边的水泥墩，我听见了巨大的响声。从这时开始，船上的抽水机几乎就再也没有停止工作，动力系统似乎也出了问题。

我上蹿下跳地看船员们修理这艘老船，好让它恢复一点动力，不要再慢吞吞上路，这引起了船长的注意。

在我睡午觉时，船长终于派人把我叫去了。

船长室是一个不大的小房间，船长让我坐下，他的英语勉强能够进行简单交流。他建议我：“到莫普提之前，请不要再去底舱，就在你的房间和餐厅之间活动。”

“这是为了你的安全。”他强调说。

“人们告诉我，在莫普提之前是安全的。”我说。

“以前是，但现在不是了。”船长回答道。在这一段的岸上，最近出现了一个武装团伙，为首的人是一个叫阿玛鲁·孔发的家伙，这是我听船长说的发音，但具体怎么写，我不确定。阿玛鲁·孔发和他的同伙有枪，他们劫持过车辆。如果我们的船没有坏，他们也没有办法，但既然船坏了，他们用普通的小艇就可以登船了。

“到了莫普提，就有军队保护了，但在这之前，船上没有能力抵抗他们。”船长说。晚上是最危险的，我应该把门锁好。更重要的是，我不能在其他人面前露面，因为我们分不清谁是好人谁是坏人，也许早就有人打电话把船上有外国人的消息告诉了武装分子。

这是我第一次感觉到担心。从那时开始，每到晚上，我都会把门从里面闩上，并祈祷着早一点到莫普提。

船走走停停，走一段，就不得不停靠在岸边抽水。一停到岸边，不管是白天黑夜，我都会回到自己的房间，将门闩好睡觉。什么时候到莫普提？没有人能够回答。按照计划，当晚就可以到，但不管我问谁，他们都耸耸肩，摊开手，告诉我无能为力，并示意我不要出现。

直到出发后的第三天深夜，我们的船才终于出现在了莫普提码头上，但我被要求不要出门，只听见外面人声嘈杂，在我的舷窗外果然有了士兵的身影，他们大都穿着迷彩服，斜挎着冲锋枪，头上包着头巾，警惕地望着所有人。

从这时开始，三等舱已经有了其他的客人。我的房间里来了两个去往廷巴克图的当地人，一个是商人，叫马依噶，另一个是一名教师，我没有记住他的名字，交流也不多。

来自北方的马依噶

马依噶的全名是穆罕默德·杜·马依噶。教师是悄无声息独自进来的，马依噶的阵势却很大。有三四个士兵帮助他拿着大大小小的包袱和箱子，进门放在一张床边。马依噶熟练地数着钞票递给士兵们，把他们打发走。

他 50 岁左右，身材高大，几乎剃光了头发，面容严肃。他穿着西装，看上去像中国的乡镇企业家，但言谈举止却又有点知识分子气质。他的英语比船长要好，我们沟通更加方便。

次日和他混熟了，发现他熟练地和士兵们聊天，给他们发烟，有时还把枪借过来摆个造型。我好奇地问他和这些士兵以前认识吗。

“不认识。但他们多重要啊！”马依噶说。他告诉我，最近几年，他已经被抢劫过两次了。“有了士兵，就不会被抢劫。他们是朋友。”和士兵搞好关系，已经成了他本能的一部分。人们的言行总是因为环境逼迫而形成的。

马依噶是北方人，有着一个穆斯林的名字，却并非虔诚的穆斯林。每天的祷告时间，与我们同住的那位教师都会铺上席子，在地板上面朝麦加方向祷告，但马依噶从来没有做过。一次他避开教师告诉我：他是一个非宗教人士，他相信有一个神，但不相信这个神符合任何一个宗教的定义。

他也曾经当过教师，但后来成了商人。即便在北方战争时，他也没有停止过在火线之间穿梭。那两次抢劫都发生在冬天，由于冬天河上没法航船，只能冒险坐越野车穿越不同的控制区。

他讲述了其中一次的情况，我记不清这是第一次还是第二次了。

“连接廷巴克图和莫普提的是一条土路，他们把车一横挡住了路，我们的司机减速绕过时，他们用枪把车逼停。

“一个人问：‘车上都是干什么的？’

“车上一共五个人，他们不抢司机。剩下四个能坐得起吉普的都不是穷人。他们挨个问：‘你是做什么的，去廷巴克图做什么？’

“轮到我，我只好承认自己是商人，要到巴马科去。如果不说实话，怕更吃亏。

“‘哦，那你一定带了钱去进货。’他们从我身上搜出 70 万西非法郎（大约 1400 美元）。他们想都拿走，我和他们争论说：‘如果你们都拿走了，我就没钱进货啦。我破了产，下次你们抢什么？’他们听我说得有道理，给我留了 20 万，拿走了 50 万。其实我更多的钱都没有放在身上，而是电汇走了。其余的人也都交了钱，劫匪都没有全搜走，给他们留了一部分。这还得谢谢我呢！

“他们从来不杀当地人，只要你配合他们，就不会有生命危险。你只要大胆一点就可以和他们说说笑笑，没有什么问题……不要心疼钱，好好配合他们，他们也会照顾你。”

如今的他住在首都巴马科，但父母仍然在老家的村子里，这个村子距离廷巴克图还有 2 个小时的船程。也就是说，他下了这条船，还必须打一艘“船的”才能到村子。带上船的东西并不是他要贩卖的货物，而是带给父母家用的。

我问他：“他们真的不伤人吗？”

“那些所谓的叛乱分子，大部分都是普通人。他们抢劫，是因为这个国家失去了稳定，他们吃不上饭了。”

他显得对这个国家充满了感情，慢慢地和我聊开了。

“你现在看到的全是混乱，你也许不相信，十年前，马里是非洲最稳定的国家之一。它曾经被独裁过，但已经实现了民主。它种族众多，但种族之间的冲突并不多。十年前，人们安居乐业，十年后即便陷入了战乱，但人民还是这些人民，他们即便铤而走险，却并不是坏人。”

马依噶的话激起了我的好奇心。一路上，我所听到的都是谈论马里的凶险，马依噶却告诉我，这里曾经是非洲的和平天堂。

“可我眼里的马里却遍地是失业、贫穷，每个人都告诉我这是战乱国家。它怎么会从你口中的天堂，变成了现在的样子？”我问道。

“你听说过卡扎菲吗？”马依噶反问。

卡扎菲是利比亚的领导人，2011 年死于“阿拉伯之春”运动。利比亚与马里之间隔着巨大的撒哈拉沙漠，并不接壤。我点点头表示听说过，但不解卡扎菲怎么会和马里联系在一起。

马依噶继续说：“正是利比亚的革命导致了马里的叛乱。”

“阿拉伯之春”运动爆发于北方的突尼斯，席卷了阿拉伯世界。利比亚是运动爆发最激烈的国家之一。经过了卡扎菲几十年的独裁统治，各个部落突然间爆发出巨大的反抗精神，共同反对他。但把卡扎菲推翻之后，人们才发现，所谓的部落力量并不是民主的象征，他们之所以推翻卡扎菲，只是为了划分势力范围。许多反叛组织随后激进化了，成了“基地”组织与 ISIS 的外围组织，这些激进组织随后开始了扩张，影响到周围国家，比如埃及、苏丹、乍得等。

正是在这个时期，有人穿越了撒哈拉沙漠，来到了南面的尼日尔，又从尼日尔扩散到了马里。

但导致马里叛乱的直接原因还不是这些武装分子，而是利比亚战争传播的思想：每一个部落都可以独立。这个思想到了马里，让曾经的部族观念复活了。

在马里，南方居住的是以班巴拉人为首的黑人群体，其中班巴拉人占人口总数的 30% 还多。在北方，却有一支特殊的人种。马依噶曾经指着船上的一个青年让我看，第一眼看见他时，我大吃一惊。青年人身材修长，皮肤白皙，卷发，我的第一感觉是，他是西方人，之后意识到他应该是阿拉伯人。

马依噶告诉我："他就是图阿雷格人。"图阿雷格人带有柏柏尔人和阿拉伯人的血统，只占人口的 10%，却分布在广大的北方和东方，这里是大片的沙漠，人口稀少，而南方领土虽然人口占了 90%，土地面积却小于北方。

在近代马里，图阿雷格人与班巴拉人已经学会了和平相处。另外，马里还有许多小种族，也都呈现出复杂的杂居状态，但它们一直是温和的。马依噶就属于桑海人，人口比例大约只有 5% 多一点。

利比亚战争是西方思想中民族独立的产物，却演变成部落之间的混战。这种思想到了马里，让曾经的民族团结消失了。在非洲，几乎每一个国家都是民族混合体，如果实行民族自决，立刻会变得四分五裂。

图阿雷格人和利比亚人一样，有着柏柏尔人和阿拉伯人双重血统。在革命精神的鼓舞下，民族运动突然间复活了，让马里所有人，包括政府，都没有做好准备。

2012 年，图阿雷格人在北方宣布独立。北方的独立让南方政府措手不及。南方政府担任首脑的是阿马杜・图马尼・杜尔总统，这位总统受人尊敬，他执政的时期至今被怀念为马里的黄金时代。他遵守宪法，本来已经处于执政的最后一年，也宣布不参加新的总统选举。北方的独立突然间打乱了政府的政治进度，政府也无力镇压。于是，南方突然发生了军事政变，将这位已经计划下台的总统赶走了。南方的政变，北方的分裂，让和平的马里突然成了战乱之地。

更麻烦的是，北方的图阿雷格人突然发现，由于人口稀少，要想保持独立，必须依靠外来力量。他们向阿拉伯世界发出了呼吁，请求帮助。于是，利比亚和其他阿拉伯地区的极端武装分子闻风而动，来到了这个不设防的国家，将它变成了一个军事训练营地。

在非洲，最主要的极端组织叫"伊斯兰马格里布基地组织"（Al-Qaeda in the Islamic Maghreb，简称 AQIM）。所谓马格里布，是伊斯兰世界对北非（特别是利比亚、突尼斯、阿尔及利亚、摩洛哥四国）的称呼。AQIM 的中心在撒哈拉北面的阿尔及利亚，但随着组织的发展，也向着撒哈拉以南任何中央政权薄弱的区域扩张。

极端分子的到来，让马里曾经的宗主国法国也坐不住了，法国人选择了出兵，帮助马里政府击败了北方军。但法国人能镇压明的叛乱，却无力扑灭暗的反抗。于是，马里陷入了一种低烈度战争：恐怖分子在沙漠中扎营，北方的图阿雷格人虽然被镇压，却与极端分子藕断丝连，等待机会。马里骤然从被人称道的黄金之地变成了人心惶惶的动乱之地。

失去稳定的政局后，马里经济也一落千丈，它是一个对旅游业依赖很重的国家，随着大量的游客遭到袭击和绑架，旅游业很快就崩溃了。由于部族之间的裂痕无法修补，物资和人员的自由流动也不可能了。

“你根据现在的马里，无法想象十年前马里的和平与稳定。”马依噶总结说。

不过，他认为马里眼前的混乱仍然只是事情的表面，真正的原因在更深处。事实上，所有的非洲国家都面临着共同的问题。

“在非洲，我们的命运并不掌握在自己的手中。”他痛心地说。在他看来，非洲的每个国家和每一个人都过着一种被迫的生活，他们的命运由许多偶然因素决定。在西方人到来之前，每一个部族都曾经是独立的，并没有想到要在一个国家的框架之下生活。但欧洲人来了，将非洲带入了现代文明的纷争之中。

马依噶不认为欧洲人是坏的，他们带来了汽车、轮船和药品，让人们更容易生存。同时，他们还将国家这个超越种族的概念传授给了非洲人。现在，不同的种族必须学会在同一个国家架构之下生存。每一个国家都有许多不同的种族。他们的国界都不是自己决定的，而是欧洲人在殖民地时期就已经划定好的，非洲人只有乖乖地继承下来，没有任何重新划分的机会。

如果欧洲人仅仅带来了团结与和平共处的观念，还是有利的。但他们还同时带来了另一个观念，那就是民族自决和民族独立。这个观念甚至影响着欧洲人本身，不管是苏格兰还是加泰罗尼亚都试图独立。对于非洲人来说，更难以把握到底是国家重要，还是种族重要。

按照前一个原则（不同种族和平共处于一个国家之内），大家应该组成同一个政府和平相处；按照后一个原则（民族自决和民族独立），大家应该散伙，各自组成国家。马里的南方政府秉持前一个原则，而图阿雷格人坚持后一个原则，要求独立建国。西方人在两个原则之间也不停摇摆，在叙利亚和利比亚坚持支持种族自决，但在伊拉克、马里，则支持种族联合。

非洲最新的国家叫南苏丹，它原本是苏丹的一部分。英国人在建立苏丹这个国家时采取了前一个原则，把南北两部分不同的种族合在一起，建立了苏丹这个国家。可是后来欧洲人又开始支持民族独立，苏丹在新思潮下又分成了两个国家，结果两个国家都乱了套。

在这两种原则之下，非洲的国家和种族之间、种族与种族之间纷争不断，从独立之初持续到现在。马里在重建国家的过程中曾经是表现不错的，但最近十年重新坠入了这个陷阱之中。

“班巴拉人、图阿雷格人、桑海人，没有人知道他们为什么要组成一个国家，又如何在一个国家下分享权利。他们只知道他们从生下来就是被决定的。他们也不知道为什么要分开，这也是外面传来的。”马依噶总结说。

关于非洲与马里，从历史到现代，他还和我讲了很多，但我的记忆却越来越模糊，因为我遭遇了非洲的另一种危险：疾病。

疾病之船

到代博湖的那天，我们的船终于熄火了，在浩瀚的湖水中缓慢地漂荡着。抽水机一刻不停地从底舱向外抽水。到了夜里，风雨大作，紫色和绿色的闪电不断地在船的四周落下。大风、暴雨，船摇晃着嘎吱嘎吱响。我们足足耽搁了20个小时，才重新龟速上路。

但我已经来不及关心风雨，因为我被疾病击倒了。

对于旅行者来说，非洲的疾病一直是最大的杀手。19世纪之前，进入非洲的欧洲人死亡率超过了50%，他们大都被各种古怪的没有听说过的疾病击倒。到了现代，不仅外来人口死亡率低了很多，就连本地人由于医疗水平的进步，对疾病也更加具有抵抗力。

但对于旅行者来说，非洲的疾病仍然是对生命最大的威胁。

在莫普提，马依噶上船之前，我只是稍微感到喉咙发干。我以为只是普通的受凉，并没有太在意。但随后，除了喉咙不舒服之外，我还感到浑身无力，关节痛，有些低烧。我吃了两片随身带的安乃近，感觉烧退了。

同屋的教师似乎看出我不舒服，他关切地问道："你是不是病了？"

我摇头表示没事。

但接下来一天，症状却越来越明显。白天，我能感到体温在升高，到了夜间却被冻醒，这可是在非洲的夏天啊。我心里知道坏事了，但仍然抱着侥幸心理。

在代博湖的那天白天，症状终于掩盖不住了。身体机能衰退得非常迅速，早上还能走动，到了中午，我感觉腿发软，头晕，不想下床。我躺在床上闭目休息，一只手突然伸到了我满是汗水的额头。是马依噶。

"朋友，你得了疟疾。"他肯定地对我说。

事后确定，我得的是一种叫恶性疟的疟疾。疟疾一般分为三日虐、间日疟和恶性疟等。三日虐以三日为周期，身体反复发热和发冷，间日疟将周期缩短到两天，恶性疟则在一日内反复发作。

以我的疟疾为例，每天中午过后，身体会准时发热，在下午3点左右达到高峰，随后进入一个平稳期。每天晚上睡着时还正常，但半夜却总是被冻醒，不得不把所有的衣服都穿上。

疟疾的传播者主要是携带了疟原虫的蚊子。非洲是疟疾的高发地带，但不同地域又泾渭分明。在北非几乎没有疟疾，但进入与北非摩洛哥比邻的毛里塔尼亚，蚊子突然多了起来，而住宿条件却跟不上。在毛里塔尼亚首都，我住的房间屋顶的木梁突然掉了下来，吓得我半夜跑出去，蚊子飞舞着形成一张网将我罩住。

也许在上船之前，我已经感染了疟原虫，十几天后恰好在最与世隔绝的地方发病了。

对于现代人来说，疟疾如果及时治疗，通常不会致死，但会把人搞得非常脏。除了定时的发冷发热之外，每天都有擤不完的鼻涕，汗臭熏人，眼睛发红，让人隔着老远就能看出来。

但这是建立在及时治疗之上的，如果不治疗，死亡率会立刻飙升。在塞内加尔时，我曾经买了一板治疗疟疾的药，一直没有用上。在登船前，我将部分行李寄存在旅馆里，这板药也放在其中，没有带上船。我以为在船上只待几天就可以回去，疟疾不会这么凑巧在这几天找上门。真得了疟疾时后悔已经来不及了。

我是在最缺乏治疗条件的地方——一艘移动的船上——发病的。

就在我不知所措时，马依噶却开始在他庞大的行李堆里翻了起来。他在一个箱子里翻出了一个巨大的塑料袋，里面装着许多药品。事后我才知道，药品是世界对非洲最大的改变。现代药品的普及使非洲成了人口增长最快的大陆。

非洲人对药品已经到了痴迷的程度，出行时行李中总是或多或少放一些药品。非洲的药品大都来自印度。事实上，印度正在成为全世界仿制药品的天堂，这些药品价格便宜，效果也不错，让普通人能够消费得起，迅速将昂贵的欧洲药挤出了市场。欧洲药失去市场之后，非洲人的寿命却大幅度延长了，这可以视为印度对非洲的最大贡献之一。

如果仔细观察，会发现与我们同屋的教师也总是在偷偷吃药。马依噶告诉我，这位教师并没有得病，而是出于习惯吃药。有些中国人即便没有病也喜欢胡乱吃中药，到了现代，又总是随时吃几片抗生素。由于药品价格下降，非洲人也染上了同样的毛病，把吃药当成一种生活习惯。至少在现阶段，对于药品的滥用还没有表现出多少副作用，反而大幅度延长了非洲人的寿命。

马依噶的药品是带给父母的，他把药品摊开，竟然铺了一床。等我能下床时，查看那满床的药品，能够辨认出治疗发烧的药、拉肚子的药。马依噶还指着一个小盒子神秘地告诉我："这是治疗埃博拉的药……"

马里西南方有三个国家，分别是几内亚、塞拉利昂和利比里亚。2014 年，这三个国家爆发了历史上最严重的埃博拉病毒疫情，所有病例（包括疑似的）一共 28000 多人，确诊 15000 多人，死亡 11325 人。这还不包括在乡村许多因没有及时送诊而致死的人。当地人传说病人一被送到医院就会死，所以故意不把他们送去医院。当然最后的结果仍然是死亡。

作为三国邻居的马里战战兢兢，最终躲过一劫。大概这次事件给人们留的印象太深，所以马依噶给父母的药品里都有专门防治埃博拉的药。但恐怕只是心理安慰，因为据说埃博拉疫苗并没有面世，所有的药品都很难治疗这种病毒。

不管怎么说，满床的药品都彰显了一位孝子对父母的爱，也表明马依噶的确不是穷人。

更重要的是，这些药能够救我的命。马依噶从他储藏的药品里挑了两种出来。第一种是我熟悉的阿司匹林——退烧药。他递给我阿司匹林时，示范性地往自己嘴里也塞了一片，嚼碎咽下，告诉我这会让药品生效更快。

接着，他把一个小盒子递给我，上面写满了法文，产地却是印度。事后，我知道这款药叫蒿甲醚，是中国著名药学家屠呦呦发现的青蒿素的变种。

盒子里只有六粒药片。马依噶示意我一天吃两次，每次一粒，分三天吃完。这是一个疗程的量。他储藏的药品里也只有这一盒，没有更多了。

我看着这盒药，又发愁了。在中国，吃药往往是成把吃，即便是小小的感冒也会吃好几种药，每一种都是两粒、三粒、四粒，很少有一次一粒的。我已经深深体会到疟疾的折磨，远超感冒数倍。但一个疗程只有六粒药，到底会有多大的效果？

马依噶并不知道我的担心，他叫我吃了第一粒，把盒子塞给我，提醒我不要忘记吃。

从那时开始，我就养成了另一个习惯，每天中午和深夜都等待着，看疟疾是否还会准时到来。

当天晚上风雨交加之时，发冷准时到来，而且更猛烈了，我在床上打着哆嗦吃下了第二粒，心中更加忐忑。除了担心身体，更担心到了廷巴克图之后怎么办。在到达码头时，我的身体是否允许我进城，又能否按时出来？会不会病倒在城里，无法出城？我又想起了索博巴的话，如果停留超过一天，危险程度会迅速增加。

从当晚开始，我的症状又增加了一条：每次睡着后都会做同样的梦，在梦里我离开了大地，在空中翱翔，俯瞰大地，将地面上的每一个地理元素都尽收眼底，不管是树木、河流还是房屋都显得那么逼真，就仿佛是实际存在的。我的灵魂仿佛早已经脱离了引力，在非洲的大地上空四处游荡。

在梦中我总是睁大眼睛，想看清楚地面上的每一个细节。有一次，我似乎看见了一艘被围追堵截的小船，它努力地在河中避开那数十条想把它逼到岸边的独木舟。我知道，那就是两百年前帕克的船。帕克到达了距离廷巴克图只有十几千米的河边，却无法上岸，只能随波而下，被土人逼死在河中。

在病痛中，我才更加深刻地理解了非洲的苦难。这片大地虽然富饶，却隐藏着太多的危险，人们要在这里生存，付出的代价可能是其他地区的好几倍。从这时开始，我乘的这艘船仿佛具有了象征意义，它就是整个非洲。我要在十几天时间里，看到和经历贫穷、战乱和疾病带来的所有的苦难。

发病之前，我坚持到餐厅用餐，但发病后身体的虚弱让我很难下床，是马依噶和那位教师轮流将我的饭带回来。几天前我总是将食物吃得精光，但现在病痛让我没有胃口，往往要剩下一大半，被他们倒入河中。我的身体消瘦得非常快，几天时间，大腿已经细了一圈，背包行走积累下的肌肉已经不见了踪影，只剩下两条无力的麻秆。当我拿出手机做镜子照一下时，深凹的两颊吓了我一跳。

第二粒、第三粒、第四粒，药物似乎没有办法阻止疾病，每天我的身体仍然在按时发热和发冷，下床费力，关节疼，头晕。

在外面，船员们在想尽一切办法保证船能动起来。期限一再拖后。按照计划，船应该在四天后到达，但到了第五天、第六天，它仍然在河流上缓慢地漂荡。

我甚至祈祷这艘船再慢一点，因为我的身体吃不消。如果过几天，我的身体能恢复一点，也会更加有勇气进入那座城市。但是，万一身体无法恢复呢？我没办法回答这个问题。

过了代博湖，下一个城市是尼亚丰凯。船在距离尼亚丰凯几千米时，终于失去了动力，船长在当地找到了一条机动船，将古老的“坎库·穆萨号”拖到了尼亚丰凯。我们在尼亚丰凯休息了半天，船员们到岸上去寻找工具对船进行修理。

由于停留时间较长，马依噶和教师都下船了。我拖着患病的身躯也想下船看看。

但就在我走到三等舱的大门口时，门外却站着一个持枪的士兵。看到我走来，他伸手阻止了我，示意我回房间。

我吃惊地望着他，却由于语言不通无法交流。士兵看上去很坚决。

直到马依噶回来，我才知道士兵为何有此举动：两天前，廷巴克图发生了枪战。

战乱中的航船

马依噶带着船长走进了我们的舱房。他们向我简单讲述了枪战的经过。在廷巴克图附近驻扎着一支政府军，并有一支法国军队协同。由于这里曾经是叛乱的核心区，平常士兵都待在营地里，不敢随便活动。

叛乱分子和外来的武装人员则占据了沙漠区域。这里已经是草原区域的最北部，出了廷巴克图市区，立刻进入沙漠，也就离开了政府军的控制范围。

随着ISIS在叙利亚和伊拉克的败退，非洲的极端分子越来越多，他们的活动更加肆无忌惮。之前，双方还并没有产生过多的冲突，政府军满足于控制城镇的幻觉，而极端分子满足于有个巢穴。

但就在我们在代博湖经历风雨的那天，不知为什么，极端分子却袭击了一支政府军部队，双方展开了枪战。从规模上来说冲突并不算大，不管是马依噶还是船长都无法说明参与军事冲突的具体人数，只是说没有多久就结束了。

但冲突本身却让中央政府紧张不已，也让船长充满了警惕，他担心恐怖分子会袭击船只，下令船上的十几个军人都荷枪实弹，进入警戒状态。士兵们用头巾包着头，穿着迷彩服，枪不离手地四处巡逻。作为唯一的外国人，我也受到了士兵的特别照顾，不允许下船。

但这还不是全部，船长之所以前来，是来劝告我不要去廷巴克图。由于他担心自己说不清，所以叫马依噶充当翻译。

马依噶让我相信，船上有外国人的消息已经传到了廷巴克图和极端分子耳中。城市距离码头还有十几千米，这条道路上的防范并不严密，极端分子可以在许多路段截住车辆将我带走。

这意味着，我千里迢迢坐船到距离廷巴克图只有十几千米的地方，却无缘进入。我想到了当年的芒戈·帕克，他也是费尽千辛万苦，才来到了梦寐以求的国度，却在距离十几千米的地方擦肩而过。

“可是，船到了码头之后我该怎么办？”我问道。

“船就是最安全的地方。靠港后，士兵全员在船。”船长说。后来我才知道，由于极端分子大都信奉严格的伊斯兰教义，廷巴克图已经没有了娱乐活动。马里并不是一个严格的宗教国家，人们饮酒、娱乐，显得很世俗。以前士兵们到了廷巴克图，会进城消遣，但叛乱之后，船上已经成了唯一可以娱乐的地方，士兵们也不再被允许下船。

马依噶告诉我，到达廷巴克图后，船会在第二天往回走，开回库利科罗。船长将允许我在船上过夜。我在船上待一晚上，再跟着船回去。如果我不想回库利科罗，可以在莫普提下船，只要到了莫普提，就进入了政府控制区域。

“想一想你的身体，想一想你的命！”马依噶警告我说。

我决定不与他们争辩，心想到了地方再根据我的身体情况，以及局势的变化来做打算。他们把我的沉默当成了同意。内心里，我并不想像帕克一样，距离廷巴克图十几千米，向北望着那条红色的土路，遗憾终生。

我最担心的还是疟疾。我已经吃了六粒药片中的四粒。马依噶一直告诉我会有效的，他有经验，这是最好的药品。但毕竟只剩下两粒了。

我的习惯是等病症出现时再吃药，冷时一粒，热时一粒。就在我准备吃第五粒药时，突然意识到，病症虽然还在，但汗出得没有那么多了。也就是说，我终于看到了好转的迹象。

我把这个情况告诉了马依噶，他显得很淡定，意思是他早就知道会见效的。

到了夜晚，发冷第一次缺席了，或者说，即便还有些症状，但我已经不哆嗦了。我把第六粒药吃下。药已经没有了，剩下的只能寄希望于我身体的抵抗力了。

疟疾曾经是一种致死性疾病，发病后，人体在冷热交替中消耗致死。到了19世纪，人们发明了奎宁，疟疾才逐渐成为可以治疗的疾病。真正让非洲战胜疟疾的却是中国药学家屠呦呦发现的青蒿素，我吃的药就是青蒿素的变种。

遗憾的是，屠呦呦虽然发明了青蒿素，但占据非洲主流市场的并非中国药品，而是欧美的原创药和印度的仿制药。

从这天开始，我的身体的确在恢复，虽然喉咙仍然发干疼痛，关节仍然不舒服，鼻涕还很多，但周期性的冷热逐渐消退后，身体已经不再那么虚弱，吃饭时胃口也好了一点。马依噶让我继续吃阿司匹林，以及另一种消炎药，治疗喉咙痛。

在尼亚丰凯的修理确实有点作用，船航行了八天后，我们终于停靠在廷巴克图的码头上。十几千米之外，就是我梦寐以求的目标。我的身体也已经好转，我却犹豫不决。

我到底该不该进城呢？

事实上，廷巴克图只是一座不起眼的小城市。当欧洲人进入这里时，失望地发现，曾经的世界首富居住的地方现在只是一个充满了沙尘的小镇而已。镇上的房屋大都是土制的，更显得不起眼。我去了能看到的不过是一些红土房子和破破烂烂的街道。

但那毕竟是我的目标啊！

由于下船的人很多，码头上有几辆小皮卡等待着接客，我可以和当地人一起乘车，也许就不会有危险。第二天一早，我可以坐车回来登船，时间也是允许的。

但不知为什么，一种内心深处的恐惧让我迈不开步子。万一他们说的都是真的呢？万一我回不来了呢？

在库利科罗，贾鲁就曾经告诉我关于赎金的事情。在我和马依噶聊天时，他说得更详细。马依噶告诉过我，土匪虽然不杀本地人，却总是绑架外国人，因为可以把外国人卖给极端分子。他的原话是："绑架不都是 DAESH（阿拉伯国家和部分西方国家称 ISIS 为 DAESH）干的，这里的土匪就会绑架。他们把欧洲人卖给 DAESH 的价格是 100 万美元，DAESH 买走后，会要 2000 万美元的赎金。如果是个穷白人，DAESH 会降价，1000 万，500 万……如果再卖不出去，DAESH 就砍掉他的头，这 100 万就算没有了。"

就在我犹豫不决时，马依噶却替我做出了决定。他并没有离开，而是决定陪我待到第二天早上。

不由我分说，他已经告诉我他的决定："明天早上我离开，中午开船，你独自在船上的时间不长，就更安全了。"

我怀着复杂的感情默许了他的陪伴。也许在离开非洲后，我会后悔遇到他。但此刻，我却暗自松了一口气，终于不用纠结了。

马依噶仿佛看出了我的不高兴，他建议我上码头走动一下。不过，必须戴上头巾。他委托一名士兵给我买了一块当地人的头巾，要求我只要离开房间，哪怕是去船尾的厕所，都必须把头巾戴上。只有把额头、耳朵和下巴全裹起来，只露出双眼和鼻子，才算是达到了当地人裹头巾的标准。到后来，船上的士兵们见了我都会竖起大拇指，夸奖我裹得好。到离开马里时，我已经能够熟练地像当地人一样裹头巾了。

回到中国，这块头巾也成了我永久的纪念品。

第二天早上离开时，马依噶深情地指着岸边的土地说："看那儿，马里在远古时代曾是个富裕的大国，我们有伟大的坎库·穆萨王。到了现在，我们仍然是西非的大国，可变得越来越贫穷。非洲的资源并不少，我们却依然贫穷，你知道为什么吗？"

我以为他会控诉西方的殖民体系，但他给出的答案出乎意料：非洲缺乏稳定的社会。

他对中国了解不多，却羡慕中国拥有稳定的社会，这几乎是他对中国最大的了解。"非洲的命运并不是由自己决定的，当我们试图拿回决定权时，不是想团结一致，反而是想分裂。于是，和平没有到来，非洲反而成了战乱之地。"

一个地方只有恢复了长期和平，人们不再担心安全，放心地过日子，才能为将来的生活做出长远的打算。失去了和平与稳定后，无法建立经得起考验的政治架构，才是马里、西非，乃至非洲最大的悲剧。我同意他的说法。

马依噶指望船第二天就离开，但他走后，事情却起了变化。

他刚离开不到 1 个小时，一名黑人青年就叫开了我的舱门。他穿着时髦的衬衫，头发很干净，手里拿着一把钥匙。他告诉我，他是调度经理索博巴派来的。索博巴给他打了电话，对我做出了安排。

"船改期了，后天才会离开，还有两个晚上。"他用不熟练的英语告诉我。

我心里暗暗叫苦，这意味着我还要在这百无聊赖中耽搁两天。马依噶已经离开，船长和大副也不在船上，守卫船的士兵都不会英语。

但突然间，青年的话似乎又给了我希望："你可以利用这段时间进城一趟，哪怕当天就回来，不在城里住宿。这是多么好的机会啊！"

青年打断了我的遐想："索博巴让我来安排你。"他晃了晃手里的钥匙，在码头上一定有一辆摩托车。他告诉我，索博巴要求他带我去廷巴克图，住在科曼纳夫提供的住处，后天早上再把我送回船上。

这可太好了，我默默地感激着索博巴的好意。船长不在，我想等船长回来，向他说明之后再离开。青年表示他可以打电话告诉船长，我不用等待。

就在我想跟他走的一瞬间，我的脑海中闪现出了马依噶告诫的眼神。

我暗自责怪自己太胆小了。但我仍然告诉那个青年：我决定等船长回来再走，或者明天过去，在城里只住一天。劝说无效后，青年礼貌地告诉我他就在岸上等我后，便离开了。

事实上，这艘船在中午时就离开了。就在我躺在床上等船长回来时，船身突然一震，起航了。如果我跟着青年离开，或许就永久地留在了廷巴克图的土地上。

当我再见到船长时，对方斩钉截铁告诉我：调度经理索博巴不会找人关照我，他们也从来没有计划过推迟两天再走。

那一刹那的犹豫让我幸运地躲过了一劫。我才知道，马依噶为什么如此小心翼翼地照顾我了。

穿越非洲两百年

马里只是非洲的一个特例，却反映了整个非洲的一个重要特征。与人们将非洲当作混乱大洲不同，事实上，在同一时间里，非洲五十多个国家和地区中的大部分都是处于和平之中，但非洲国家的稳定性确实又不如其他地区。

非洲人民大部分都希望和平，但他们却无法完全掌握自己的命运。从某种程度上说，非洲仍然在承担别人给他们带来的苦果。

马依噶说的没错，在欧洲人到达之前，非洲并不是一个文明荒漠，它不仅有国家雏形的部落，还产生了若干以贸易起家的巨大帝国。即便不提埃及和埃塞俄比亚，在西非，也以现代马里为中心先后出现了加纳、马里和桑海三大帝国。

在非洲中部的大湖区，虽然国家制度没有西非先进，乌干达历史上却也出现过布干达王国，以及卢旺达、布隆迪王国。在南部的津巴布韦，一个名叫大津巴布韦的文明留下了巨大的石头建筑，给当年发现遗迹的欧洲人留下了难题，他们想否认这是非洲本土文明，却又找不到证据支持他们的移民理论。

即便不说国家，从更大层面上，世界三大宗教里的基督教和伊斯兰教一直在非洲传承，从来没有断绝。在埃及和埃塞俄比亚，基督教文明已经有了近两千年历史，他们的信仰更接近早期纯粹的基督教，而不是后来被改造过的欧洲基督教。

人们也许不知道，在欧洲人去之前，非洲一半左右的土地已经扎下了伊斯兰教的根，这个当时席卷世界的强大宗教给非洲带来了先进文明，也让他们有了反抗西方入侵的思想凝聚力。

但这一切文明的因素在西方入侵之后开始彻底洗牌，原本形成的部落和国家疆界被强行抹平，不同的部落和民族被拉入了没有共同渊源的政治架构之下。

不可否认，西方入侵给非洲带来了现代生活，当地人也开起了汽车，用起了手机。在非洲的任何角落，都已经有了现代科技的痕迹。更重要的是，现代科学产生的医药技术让非洲的人口死亡率迅速降低，即便面临着严重的艾滋病威胁，人们的平均寿命仍然大幅度增长。不管走到哪一个非洲国家，首先映入眼帘的是大批的青年人和儿童，他们虽然生活艰辛，却都坚强地活了下来。

西方殖民体系虽然离开了非洲，却给这儿留下了一个最大的包袱：西方人统治时期任意划分国界，强行把不同的民族拉在一起；到了非洲独立时代，非洲人继承了这种疆界和政治架构，产生了巨大的磨合成本。非洲国家内部，以及国家与国家之间，无法建立一套稳定的政治秩序，让每一个部落、每一个人都感到满意。巨大的摩擦几乎让非洲所有的国家都陷入了强烈的颠簸。

马里曾经是颠簸较少的国家，但在几十年后，随着应力的增大，终于产生了强震。而在其他国家，比如索马里、埃塞俄比亚、卢旺达，更是造成了巨大的悲剧。非洲人在一次次尝试着将西方人留下的不平衡释放掉，但这释放的过程，却如同一次次超级地震，将无数的生命埋葬。

在另外一些国家，为了防止悲剧的发生，强人们开始上台维稳。他们上台的初衷并不是暴政，只是为了维持住殖民体系留下的不稳定架构。但维稳产生的高压最终带来了巨大的统治成本，让政权本身也难以维持。在扎伊尔（即现刚果民主共和国），强人蒙博托成了非洲形象的代表。乌干达的阿明、中非的博卡萨，他们由于缺乏必要的知识，只能依靠条件反射式的高压进行统治，将国家变成了超级监狱。

最近下台的穆加贝声名狼藉，但他也曾经被尊为民族英雄。他既完成了从白人到黑人的改朝换代，又在一段时间内维持了殖民地时期留下的社会结构的稳定。但最终他维持不下去了，必须依靠高压进行统治。在前半段世人将他捧得过高，在后半段又将他贬得太低，但他其实是连贯的人。他曾经努力维持，却又被他维持的社会体系拖住，要想继续下去，只能更加强硬，否则，这个社会依然会崩塌。

要想了解非洲的问题，不能仅仅了解那一个个貌似可笑的将军、领袖、独裁者，而应该了解决定了他们“表演”的社会环境。可以说，当西方殖民体系撤出非洲时，由于国家结构天生的不稳定，必然需要很长时间的局部“地震”，才能出现稳定的国家。如何带领人民度过这个不稳定阶段，本来就是一个巨大的难题，需要时间去解决。

更麻烦的是，这个难题留给了本来知识就不足的非洲人。他们在殖民时期就没有接受过足够的宪政教育，缺乏政治架构能力，当被赋予如此重大的责任时，他们只能依靠权力本能地去构建更加稀奇古怪的政府。于是，非洲成了人类政治的试验田，不同的国家选择了不同的方案，有的选择社会主义，有的选择资本主义，还有的选择威权或者独裁。加上国家之间、部落之间的摩擦，非洲变得错综复杂。

不过，当我们这样泛泛谈论时，又错过了非洲每一个国家的独特性。事实上，经过几十年的试验，现在的非洲已经开始分化。有的国家经受住了“地震”的考验，正在步入稳定期，而有的国家却陷入了更大的不稳定状态。

将非洲看成铁板一块是错误的，非洲的政治领袖也在一代一代演化，从最初的知识不足到如今大多具有全球视野。

非洲的第一代领导人大都是斗争起家，他们相信人定胜天，强调国家控制。

由于第一代领导人无法率领非洲步入发展轨道，第二代领导人依靠政变上台，开始了另一次蛮横的试验，依靠强力、封闭来维持政权的稳定性。著名的非洲独裁者大都出自这一代。

当非洲人理解了独裁的危害时，第三代领导人上台了。他们以反对独裁起家，却又明白非洲的离心力太强，暂时无法过渡到西方式的民主，他们往往建立了民主架构，却又采取威权统治的方法长期执政。这种方法还算不上民主，但比起前两代领导人，这种执政方式已使国家变得更加稳定。

当第三代领导人下台后，有的国家会保持威权制，另一批则会转向更加民主和灵活的架构。从这个意义上说，非洲迟早会和美洲、亚洲一样，产生一批明星国家。

从 2014 年开始，到 2017 年，我曾经两次前往非洲考察那里的社会和政治演化，本书就是在这个基础上写成的。它追述了非洲文明的发展轨迹，从基督教、伊斯兰教进入非洲开始，到西方人对非洲的影响，当然更主要的部分留给了非洲独立后的自我挣扎。

在非洲，基督教是最早落地的现代宗教，除了埃及之外，最著名的基督教国家就是埃塞俄比亚。于是，我们的故事从埃塞俄比亚开始讲起。

AFRICA

第一章

基督文明在非洲

A
JOURNEY THROUGH
TWO
HUNDRED
YEARS

偷渡客雅各布决定在离境前找个姑娘度过最后一夜。

在肯尼亚和埃塞俄比亚的边境附近，许多准备去肯尼亚讨生活的埃塞俄比亚人的最后一项支出是，跑到小酒馆里再亲近一次本国的姑娘。

他们之所以这样，源于两国社会触目惊心的差距。

在肯尼亚，卖淫在法律上是禁止的，虽然在地下从事这个行业的女孩子并不少，但由于这个国家经济发展在东非地区一直处于领先地位，特殊服务的价格也水涨船高，异乡的打工仔舍不得把钱投入到这昂贵的欢愉之中。

而在埃塞俄比亚却是另一番景象，这个国家地处内陆高原，人口众多，资源匮乏，加上历经数十年的战乱，如今是非洲东部最贫穷的国家之一。在灾荒年里，女孩子被迫卖淫补贴家用，据说最便宜的时候每次的费用只有 1 美元。也正因为贫穷，卖淫目前在埃塞俄比亚也是合法的，政府曾经数次讨论要废除卖淫的合法化，但都由于社会反弹而作罢。

2014 年，我在埃塞俄比亚时，由于那几年经济发展不错，一夜风流的价格已经涨到了 200 比尔（人民币 65 元左右）。对于即将背井离乡的人们来说，这个价格仍然是值得的。他们在埃塞俄比亚一侧的小旅馆里，整整一夜紧紧搂抱着姑娘，恨不能将她们的每一寸肌肤都探索清楚，将每一丝感觉都纳入长久的回味之中。他们第二天就要到达异国的土地，也许几年内都无法亲近女人。

雅各布也遵循着这个规律，找了一个女人。

雅各布和我住在同一家旅馆里。

在埃塞俄比亚的小城和乡下，大部分的旅馆都兼做妓院生意。这种小型的旅馆一般都有一个院子，院子周围是几间客房，在临街的一侧有一个小餐馆，餐馆白天卖饭，晚上做酒吧。穿着廉价鲜艳衣服的姑娘们就在酒吧里和客人谈生意，然后入住后面的房间。

我和雅各布是在离境前的那一天，在从迪拉到亚贝洛的车上认识的。那一天，我从沙舍默内出发，换了三趟车才到达亚贝洛。到达时天已经黑了，我邻座的青年建议我和他一同寻找住处。他就是雅各布。

跟随着他，我找了一家便宜但是典型的小旅馆住下。为了表达感激，我请雅各布吃了顿晚餐。这时我才知道他是一个偷渡客，准备去肯尼亚的首都内罗毕讨生活。

他的英语很不流利，但加上手势可以交流。

吃完饭，雅各布决定去找姑娘度过出国前的最后一夜。那时已经是晚上 9 点前后（北京时间凌晨 2 点），旅馆的餐馆已经改成了酒吧，雅各布点了两瓶啤酒，坐下望着角落里几位绚丽的姑娘。

从长相上看，姑娘们的年龄都在 20 岁以下。埃塞俄比亚人种介于白色和黑色中间，是一种美丽的咖啡色，带着一种安于天命的善良表情。埃塞俄比亚的男人带着些许阿拉伯人的特征，显得英俊挺拔。比如雅各布，他高高瘦瘦，戴着墨镜，一副摇滚明星的模样。

在我离开酒吧回去睡觉时，雅各布看上了一个身材微丰的年轻女孩。与其他姑娘不同的是，这个女孩还在酒吧兼职做服务生，一眼看不出她是妓女。她美丽的面容甚至让我也感到心动。

但不管她长得怎样，价格都是固定的——每夜 200 比尔。

第二天早上，我在院子里洗漱时，看到姑娘从雅各布房间里出来。她看见我，莞尔一笑，又显得有些羞涩，转身回屋说了几句话。过了一会儿，雅各布出来了：“哦，纯正的埃塞俄比亚姑娘！来自贡德尔的小甜心！我一夜都没有睡！”他张着手臂动情地对我说，满怀着对夜间的留恋和对白天的憎恨。

我们在他的絮絮叨叨中上路。但慢慢地，雅各布对姑娘的感觉变了，最初他不断地用回味的语气表达着对姑娘的爱慕之情，可后来又忍不住开始贬低她。

“她只是个妓女，跟很多人上过床，她太熟练了，太没有羞耻感。”他总结说。一会儿，他又告诉我：“我只不过是逢场作戏，我是个男人，不能离开女人。”

我认真地听着他的抱怨，却不忍心戳穿他的真实感受：这个马上就要去往陌生国度的青年在怀念即将离开的祖国。他多想留下，找个女人过日子，可是祖国却养活不了他，逼着他去别人的国家，还必须偷渡过去。他试图贬低祖国的一切，为自己的离去提供正当性，但却连自己都说服不了。

雅各布：当社会养活不了人民

从亚贝洛去往边境莫亚莱，我们又换了三次车，一直折腾到下午才过境。在旅途上，我了解了雅各布更多的身世。

他出生在埃塞俄比亚北部的一个小村子里，那儿的人普遍都信奉基督教，所以他有了这个基督教意义的名字。基督教在四五世纪就已经传到了埃塞俄比亚，被当地人普遍接受。

雅各布所在的村子依靠种地为生，而最近这些年，年轻人纷纷外出，去找事做。在路上，他不停地诅咒着祖国。这个国家号称拥有着悠久的历史（在非洲仅次于埃及），却养不起它的人民。

随着这几年的社会稳定和经济发展，埃塞俄比亚国内也有了不少工厂可以打工，但由于尚处于发展初期，存在两个方面的问题：一是工资低，二是吸纳不了这么多工人。所以许多人还是得跑到邻国肯尼亚去打工。在大街上还有不少无业的青年。特别是首都亚的斯亚贝巴，许多人变成了小偷。虽然埃塞俄比亚很少有恶性案件，但却是小偷小摸最严重的国家之一。我在首都时，曾经有一天已经碰到了两个小偷和两个骗子，当第三个骗子的搭讪被我拒绝时，那人就开始威胁我，让我滚出他们的国家。

雅各布曾经走遍了埃塞俄比亚的大小城市，希望找点事做，却并不顺利。他偷渡去过索马里兰，那儿有一个叫柏培拉的港口，雅各布希望从那儿倒腾点东西做点小买卖，但还是失败了。

恰好在这时，在肯尼亚的一位堂哥叫他去内罗毕帮忙，至于去做什么，雅各布没有说清楚。于是，去肯尼亚就成了这名青年的渴望。

但最现实的问题是：他没有护照。在埃塞俄比亚，办理护照并不是一件容易的事，他试图让我明白，他根本无法通过合法途径拿到护照，要想去往肯尼亚只能靠偷渡。

至于如何偷渡，我并没有概念，但雅各布却试图让我相信，偷渡是可能的。这个国家一年有成千上万的人到肯尼亚打工，他们大都没有合法证件，只能依靠偷渡、行贿等手段。只要进入肯尼亚就安全了。

雅各布甚至指望我能够帮助他。

“我能帮你什么？”我好奇地问道。

他也说不清楚，只是说：如果有人盘查他，让我替他说句话，证明我们在一起旅行。

我对非洲的偷渡还完全没有概念，害怕这个青年给我添麻烦，影响行程。但好奇心又让我不肯离开他，想更多地观察这个青年的生活。我打定主意，在不影响我的情况下，我会帮他说话，一旦情况有变，我会立即把实情说出来自保。

就这样，我怀着忐忑不安的心情，带着这名偷渡客到达了口岸城市莫亚莱。

在莫亚莱下了汽车，雅各布的关键时刻到来了。这座位于埃肯边界的小城只是一颗微不足道的尘埃，懒洋洋地趴在非洲东部的红土地上。小城周边方圆几百千米都是稀疏的林地，半干旱的红土充满了蚁穴。由于缺水，这里很不适合人类居住。如果不是因为它是边境，也许住户不会超过一百家。

小城的中心被一座小桥一分为二，一半属于埃塞俄比亚，一半属于肯尼亚。平常，这座桥上都会有人把守，一条绳子拦在中间。雅各布所谓的偷渡，是趁桥上的人吃饭、上厕所或者偷懒的时候，悄悄从绳子下钻过去。雅各布的命运将在桥上被决定。

与中国不同，在非洲过境时人们所持的证件五花八门，拥有正式护照的人并不多，大部分都是由不同部门签发的临时通行证。只要给钱，许多部门，都会随便找张纸写几个字充当通行证。边境官员在检查这些纸时，仿佛是掷骰子般决定哪张纸管用，哪张纸不管用，持哪张纸可以直接过，持哪张纸需要付多少钱。

但大部分人好歹还有张纸，而雅各布连这样的纸都没有。

雅各布甚至连埃塞俄比亚的身份证都没有带，他持有的是不知道从哪儿捡的一张苏丹身份证。这张身份证曾经过塑密封，但已经被水泡成了两片。身份证上模糊的照片显然不是他本人。

他的指望是：如果能够悄悄过关最好，万一被抓，就用这张苏丹身份证冒充，希望边检不熟悉这张纸，在迷迷糊糊中放他过关。

快走到桥头时，我找到埃塞俄比亚的移民局办公室去盖出境章，雅各布在门口等我。10分钟后，我拿着盖了章的护照从办公室出来，却发现雅各布已经闯了大祸。

原来，桥头没有穿制服的守卫，只有两个穿便衣的人大大咧咧坐在地上，看上去像是偶尔坐下来休息的闲人。雅各布一看是个机会，便从绳子下面飞快地钻过去，向肯尼亚一侧跑去。就在刹那间，两个便衣突然弹起来，向这个可怜的偷渡客扑去，将他按在身下。他们就是守卫，而雅各布没有认出来。我出门的时候恰好看到了这一幕。

雅各布被扭到了桥边，他看见我出来，用英语大声地朝我呼救。

两个守卫也挥了挥手，示意我过去。我心不甘情不愿地向他们走去。他们用当地语言审问着偷渡客，并不时地用比雅各布更熟练的英语同我核对。

从他们的问话里，我知道雅各布把自己描述成中国人的小跟班，陪着我从苏丹前往肯尼亚。我一面思考着如何自保，一面小心翼翼地回答着守卫的问题。

“你真的认识他？”

“是的。”我回答，没有告诉他们其实我们昨天才认识。

“你和他一起旅行？”

“是的。”

“在哪里认识他的？”

我沉默了。如果我说是在亚贝洛认识的，他们立即会知道我们只不过刚认识不久。这时雅各布救了急，他喊出了一个我不知道的苏丹地名，意思是我们是在那儿认识的。他说，我们一同从苏丹进入埃塞俄比亚，打算过境去往肯尼亚。

“是吗？”守卫反问我。

我避免直接回答他，而是直视着对方的眼睛，对方将这个表示看成是我默认了。

“这就是说，你们在南苏丹就认识了。可你没有去过南苏丹。”守卫翻着我的护照说。

原来，雅各布说的地名在南苏丹，而我的护照上只有苏丹的签证章，我不可能跑到南苏丹与他认识。2011 年，南苏丹就已脱离苏丹独立。雅各布的谎言被识破了。

我低下头，开始考虑如何自保。显然，保护雅各布已经超出了我的能力。如果他们继续问下去，我们的话将更加漏洞百出。我们甚至没有事先对一对台词，这注定我们会被识破。

然而就在这时，守卫不再问问题了。他们直视着我，指着雅各布，一字一句严肃地说：“我们可以把他放过去，但是，以后不管再出什么事，只有你和他能负责了，记住我的话。”

在我和雅各布还在发愣的时候，他们挥了挥手，让我们过了关。

就这样，雅各布过了第一关：埃塞俄比亚边检。接下来，在桥的另一边还有一关：肯尼亚边检。

过了桥，我们战战兢兢等待着被肯尼亚边检拦截和盘问。最初，一个人都没有看到。

经过肯尼亚移民局办公室时，我走进去申请肯尼亚的落地签，雅各布把箱子往门口一放，借口找厕所，却不知道钻到了哪里去等我。

这次办理签证花了将近20分钟，从移民局走出来时，雅各布的箱子还在，但人不知在哪儿。我的心一下子又提了起来：也许他又出事了。

经过了桥头的折腾，我对这个偷渡客产生了好感。他已经来到了肯尼亚的土地上，我希望他能够到达目的地，而不是被遣返回家。我深深地相信，每个人都有生存权，每个人都应该自由迁移。巴菲特讲过所谓卵巢彩票，即一个人的出生决定了他的命运，我知道这是事实，却并不想承认它的合理性。

我已经决定，只要能够帮助他，就一定会帮他。

就在我着急四处寻找他时，雅各布却突然出现了。原来，他一直躲在旁边的旮旯里，避免被人看到。见我出来了，他才回来。

事情变得无比顺利。前面还有一个关卡，应该有警察，但我们过去的时候一个人都没有。看来，肯尼亚的边境管理比埃塞俄比亚松得多。

我们大摇大摆地到了镇中心的车站，买好了第二天清晨去往肯尼亚首都内罗毕的汽车票，又找了个住处。雅各布甚至得意地哼起了歌。他已经安全地踏上了肯尼亚的土地，虽然没有合法的证件，但却可以自由自在地四处游走。

他总是跟我说："我的中国朋友，谢谢你帮我来到了肯尼亚。"

他又开始向我抱怨昨天没有睡好觉，说那个女孩真折腾，不像是妓女，反而像是女朋友一样贪得无厌。他要好好睡一觉，等到了内罗毕，好精神抖擞地去见亲戚。

第二天清晨天不亮，去往内罗毕的一批班车便在颠簸的道路上出发了。我们怀着快乐的心情望着外面的风景。这条路在不久之后将由中国人铺成柏油路，但在我们经过时，还是颠簸的土路，一路下来可以将人颠散架。

汽车开了 1 个小时，突然在路边停下了。

上来几个人高马大、拿着枪的士兵，走在前面的是一个英语流利的军哥哥，看上去是士官，说话如同英国人一样彬彬有礼，不带任何杂音。

“把你们的护照、身份证，或者其他有效证件拿出来！”他对满车乘客说。

我和雅各布对望了一眼。雅各布还没有从兴奋和憧憬中回过神来。我们知道路上会有检查，但既然边检都过了，检查应该不会太严格。另外，我们都认为肯尼亚的检查也许比埃塞俄比亚要松，所以都没有太在意。

士官挨个儿检查着人们的证件。随着他们走近，我开始为雅各布担心。可雅各布本人看起来很放松，他的情绪带动了我，我将心放回了肚子里。

检查到雅各布的时候，雅各布终于亮出了他的终极武器：那张泡裂了的苏丹身份证。在桥上的边检他都没有拿出过这张纸，这是第一次使用。

“这是什么？”士官带着惊奇的语气问道。

“这是我的签证（Visa）。”

“你的签证？”士官被搞蒙了。

“苏丹签证，我是苏丹人。”雅各布说。

士官和我突然都明白了，可怜的雅各布连签证是什么都没有搞明白，把身份证说成了签证。士官没有说什么，继续检查别人的证件。我和雅各布一度认为他已经过关了。

但是，当士官把车上其他人的证件都检查完了之后，又走了过来，望着雅各布。

雅各布再次把纸片挥了挥。

士官从雅各布手中抢过纸片，向车窗外扔了出去。他继续问道：“你到底有什么合法的证件没有？”

雅各布张了张嘴，想讲故事，但士官打断了他的话，继续说道：“你的合法证件！”

雅各布开始用颤抖的声音叙述他是苏丹人。士官回头唤了一声，一名手持步枪的士兵走了上来。他反转步枪，用枪托朝着雅各布头上敲了下去。

“拿上你的行李跟我走！”士官命令说。

雅各布叹了一口气，顺从地站起来，从货架上拿下了自己的箱子，跟在士官身后走下了车。他没有回头看我一眼。

直到车又上路了，我才看见过道里有几滴血迹，那是雅各布留下的。我没有帮他说一句话，当士兵打雅各布时，我却在想桥头守卫的话：“以后不管再出什么事，只有你和他能负责了，记住我的话。”

我知道，说什么都是没有用的。我说不清自己是怯懦，还是过于明智。我仿佛在看着纳粹带走了一个犹太人，而我却一言不发，保持沉默。

雅各布走后，我才知道，从莫亚莱到内罗毕的道路是肯尼亚政府特别关注的一条路。由于肯尼亚北部和埃塞俄比亚、索马里接壤，索马里的恐怖分子、埃塞俄比亚的偷渡客都从这里乘车前往肯尼亚的中心地区，所以政府对这里的检查力度远远大于其他地区。

雅各布下车后，一路上我们又被查护照不下十次。也就是说，即便他躲过了第一次检查，还会有第二次、第三次，只要坐公共交通，就免不了会被查到。而在肯尼亚的其他地区，我从来没有被查过护照。

也许，雅各布唯一的机会，就是在过境后不要乘坐公共交通，而是打听清楚关卡后，分段赶往内罗毕。但前面的顺利让我们太大意了，以为已经没事了，哪知立刻受到了惩罚……

我再也没有见过雅各布，那名对我炫耀风流一夜的偷渡客。我不知道他是已经回到了祖国，还是仍然被关在肯尼亚，抑或已经到达了内罗毕。

当一个国家让他的人民被迫背井离乡时，它的国民会遭受多少歧视？那些离乡的人即便在异国他乡，也仍然被自己的国家所拖累，他们没有选择，只能默默地忍受着强加给他们的规矩。他们是一群无处可逃的偷渡客。

所罗门后代保佑埃塞俄比亚

雅各布的祖国埃塞俄比亚在近代经历过两次政治失败，1973 年和 1984 年又相继发生了总共上百万人死亡的大饥荒。即便到了现在，干旱和歉收依然隔三岔五来访。但埃塞俄比亚人民却是非洲最骄傲的国民，因为他们是《圣经》里大富翁所罗门王的后代，他们的女性祖先则追溯到了《圣经》里的大富婆希巴女王。

在欧洲人到来之前，埃塞俄比亚是非洲仅存的信仰基督教的政权国家，沉浸在基督的仁慈保佑之下。

从中世纪开始，欧洲一直流传着东方约翰王的故事。由于伊斯兰教的崛起，西方世界最初无法抵抗伊斯兰教的冲击，他们开始传说，在遥远的东方住着一位基督教的国王——约翰王。

至于约翰王在什么地方，人们一时无法确定，但他们却认定某一天，约翰王会在东方攻击伊斯兰教，与西方一起形成夹击，挽救基督教。

当蒙古人横扫欧亚时，有人相信东方的约翰王就是蒙古人。即便发现蒙古人是异教徒，他们仍然寄希望于帮助蒙古人皈依基督教，将他们的首领“变成”约翰王，带领他们去攻击伊斯兰教徒。但可惜的是，当时的蒙古人对宗教并不关心，用现代观点来看，也可以说蒙古族是一个宗教宽容的民族。蒙古帝国的第四代大汗蒙哥曾经在宫廷组织宗教辩论大会，允许基督教、伊斯兰教、佛教公平地竞争。辩论完毕，蒙哥总结说，每个地方都有自己信奉的神，蒙古人也有自己的腾格里大神，这些神或者就是一个，或者不是一个，但何必去强迫他人改信别人的神呢?

到了后来，蒙古人的金帐汗国、伊利汗国、察合台汗国反而都改信了伊斯兰教。位于伊朗的伊利汗国改宗之前，汗国的大汗们曾经与西方恢复了联系，试图联合西方进攻伊斯兰教地区，但西方没有回应。等西方明白过来时，蒙古人已经改信了伊斯兰教。

既然约翰王不是蒙古人，那么东方约翰到底在哪儿呢?

如果一定要找到一个地方，那么必然是埃塞俄比亚。

埃塞俄比亚是非洲地区唯一一直保持基督教信仰的古国。当然，它的基督教与西方的基督教有所区别，是从埃及传过去的，而埃及的基督教被称为科普特派。

如今，埃及仍然保持着一定比例的科普特人口。在开罗，他们居住在特定的科普特区，拥有自己的教堂。由于千百年来的不安全感，科普特区一直有堡垒化倾向。区域外围是一圈围墙，围墙内划分的街区又由许多小门隔开，道路很窄，便于防守。

他们这样做是有道理的，埃及的恐怖行动大都针对这个少数派基督徒们。2017 年，我从开罗市中心坐车前往机场，看到路边一个巨大的科普特教堂正在修缮。旁边的人告诉我，几个月前，就是这个教堂内的爆炸，造成了数十人死亡。

在从埃及去往利比亚的路上，有一个美丽的小港马特鲁港，这里有埃及最漂亮的海滩之一。这座小港曾经是埃及人到利比亚打工的必经之地。当利比亚进入战乱时代，利比亚的恐怖分子把埃及的打工仔都抓起来，鉴别出科普特教徒，让他们并排跪在海边实施斩首，这成了埃及科普特教徒永远的痛。

科普特教徒与普通基督徒的区别在于，他们的教义说基督只有神性而没有人性，所以他们被称为一性论者，而普通基督徒认为耶稣同时具有人性与神性。这个看似不大的问题导致了两派一千多年的分裂。科普特人有自己的教皇，说着古老的埃及语（现在叫科普特语）。破译埃及象形文字的语言学家商博良就是学会了科普特语，才成功释读了那些古怪的符号。

在埃及与埃塞俄比亚之间的苏丹境内，原本还有不少基督教国家，有的甚至存活很久，但最终都被伊斯兰教同化了。只有埃塞俄比亚保留了基督教信仰。

去埃塞俄比亚旅行后，会对它现在保留下来的巨大文明纪念物感到震惊。当埃及处于新王朝时代，埃塞俄比亚已经有了文明的迹象，当时的文明被人们称为 D'mt。这个文明继续发展，形成了伟大的阿克苏姆文明。阿克苏姆文明延续了将近一千年，才彻底衰落。

在埃塞俄比亚城市阿克苏姆，耸立着许多几十米高的巨大纪念碑，它们如同巨剑插向天空，碑身上刻着现代已经无法释读的符号。如果不是因为埃及有了金字塔，那么阿克苏姆石碑完全能够成为非洲古代世界的第一大奇迹。

阿克苏姆依靠贸易立国，当时的埃塞俄比亚还有海岸线，它处于红海的南端，控制红海海口，成了红海贸易的关键一环。

也就是在这个时期，基督教随着贸易来到了阿克苏姆，并成为统治性的宗教。埃塞俄比亚人的信仰非常虔诚，他们不仅相信《圣经》上所说的一切，还认定自己就是所罗门王与示巴女王的后代。所罗门王是位于以色列的犹太人的国王，示巴女王是某个南方王国的女王，曾经去耶路撒冷见过所罗门王。埃塞俄比亚人就对号入座，认为这个南方王国就是阿克苏姆，示巴女王与所罗门王发生关系后回到埃塞俄比亚，后代形成了稳定的族群。

埃塞俄比亚人的皮肤是棕色的，比非洲黑人白一些，明显带有阿拉伯人（与犹太人同属闪族人）的面貌特征，这也被他们用来证明自己是所罗门王的后代。

伊斯兰教进入非洲后，阿克苏姆与海逐渐隔离了，信奉基督教的他们与外界隔绝开来。于是，他们只好从《圣经》里寻找心灵依托，这使得他们的信仰更加虔诚了。

现在的阿克苏姆已经退变成一个小城镇，但仍然教堂遍地，人们不断地进行着各种基督教礼仪活动，成了当地著名的文化标志。

阿克苏姆王国后来被扎格维王朝取代，而扎格维王朝给世界带来了另一大奇迹。他们把首都定在了阿克苏姆以南数百千米的拉利贝拉，在那儿挖了一系列的岩石教堂。这些教堂不是在山体上，而是深入平地之中。从远处看，那只是一片平地，走近了，才会看到人们已经把脚下的岩石凿开，下面变成了教堂。

去往拉利贝拉，会对教堂巨大的规模，以及匪夷所思的设计感到震惊。在古代这需要多少工作量才能做到啊。

由于扎格维王朝已经不再占有海岸线，他们占据的埃塞俄比亚高原又实在易守难攻，当穆斯林占领了周围的土地，反而把埃塞俄比亚这片地区遗漏了，这是他们能够长期保持基督教信仰的关键。

扎格维王朝后期，一位自称所罗门王后裔的人篡夺了王位，建立了所罗门王朝。由于皇族成了“名正言顺”的所罗门后代，埃塞俄比亚的基督教更加有了仪式感，人们把信仰它与尊崇皇帝等同了起来，上帝与世间的统治者合一了。

所罗门王朝的寿命极其漫长，从 1270 年一直持续到 1974 年才告结束。也就是说，当它建立的时候，还是中国的南宋末期，到它灭亡时，中国已经跨越了元、明、清和民国，进入了中华人民共和国。

埃塞俄比亚基督教之所以残存如此长久，不是因为它的强大，而是地理上的孤立，这使得它易守难攻，让外界觉得没有必要打扰这个沉睡的王国。事实上，到了近代，意大利人曾经试图占领埃塞俄比亚，却以失败告终，原因就在于地理因素造成的进攻困难。

但长久的独立却让埃塞俄比亚的皇帝产生了幻觉，认为这是因为他的强大，以及上帝的保佑。于是，皇帝的统治是以绝对的集权为特征的，没有想过要搞改革，更没有打算施行君主立宪制。非洲联盟的总部也设在了埃塞俄比亚，这是埃塞俄比亚末代皇帝海尔·塞拉西争取来的，因为毕竟它曾经是两个非洲独立国之一（另一个是利比里亚），非洲都承认它是最强大的。表面的强大与人民的极度贫穷，构成了埃塞俄比亚的两极。

由于社会没有经过人文主义运动，皇帝被推翻后，另一个统治者门格斯图上台了，人们只是把门格斯图当作另一个皇帝来供奉。这种逆来顺受的特征带给人们极大的悲剧，他们吃苦耐劳，很少反抗。也就是说，只要让他们活着，谁在台上他们并不在乎。

基督教的非洲

虽然埃塞俄比亚是近代非洲唯一的基督教国家，但在古代，基督教也曾经在非洲繁荣过。

人们到达埃及北部城市亚历山大（埃及人称之为伊斯坎德里亚），会发现这里和埃及其他地区风格迥异。这里濒临地中海，即便到了夏天也是凉风习习，与炎热的开罗形成鲜明对比。这座城市之所以叫亚历山大，是因为它是位于希腊地区的马其顿王国亚历山大大帝征服埃及时建立的。亚历山大从建设之初，就带上了浓厚的欧洲风味。至今，人们还认为，亚历山大大帝的遗体就埋葬在这座城市的某处。

在基督教得势之前，亚历山大是世界的学术中心，这里有一个巨大的图书馆，以研究希腊哲学著称。希腊本土衰落后，大量的希腊著作都被转移到了这里收藏。

但是，亚历山大的学术地位却随着基督教的得势而告终。这座城市突然间变成了世界迫害异教徒的中心。由于图书馆保存的是异教徒的思想，所以它也被付之一炬，所有的文献都化为了灰烬。

城市里曾经住着一位美丽的女哲学家希帕提娅，她信奉从希腊流传下来的新柏拉图主义。基督徒得势之后，暴徒们将希帕提娅从车上拉下拖到教堂里，剥光衣服，将她的肉一片片割下来，就这样残忍地把她杀害了。

亚历山大城的人们在信仰上表现得非常极端，却对基督教的思想形成有着决定性的作用。基督教诞生后，人们对于耶稣和上帝的关系一直争论不已。这里有一个典型的悖论：第一，上帝是唯一的神；第二，耶稣是上帝的儿子。请问：耶稣是不是神？

如果回答耶稣是神，那么就有了耶稣和上帝两个神，违背了上帝是唯一的神的论断。

如果回答耶稣不是神，那么作为神的上帝，怎么会生出一个肉眼凡胎的儿子呢？

关于这个问题，当时分成了两大派别，这两派别的学术带头人都和亚历山大城有渊源。其中一派的带头人叫阿里乌斯，他虽然不是埃及人，却在亚历山大担任过长老。他认为，世界只有一个神，就是上帝，耶稣不是神，只是神的创造，所以才会经受那么多苦难，最后被杀死。另一派的带头人叫阿塔纳修斯，他在亚历山大担任主教，官职比阿里乌斯大。阿塔纳修斯认为耶稣是神，但是耶稣这个神和上帝这个神是同一个神，他们是神的不同化身，这就是所谓的同一“体”格，不同的“位”格。到后来这个理论发展成了三位一体理论。

双方斗争得极其残酷，动不动就要置对方于死地。最初得势的是阿里乌斯派，但后来阿塔纳修斯咸鱼翻身，获得了最终的胜利，阿里乌斯派则成了永久的异端。

由于信仰的坚定性，亚历山大城在基督教中的地位一直非常崇高，最初仅次于东罗马帝国首都君士坦丁堡（即现在的伊斯坦布尔），比罗马城都高，到后来影响力小一点了，但也仅次于罗马。以亚历山大为中心，埃及的开罗也被波及，它抛弃了原本的信仰，转变成了基督教城市。

但是，随着伊斯兰教的到来，亚历山大的基督教终于成了少数派。伊斯兰教统治者允许基督教徒保持信仰，只是要交一点税。但不管怎样，随着伊斯兰统治的加固，基督徒的人数在逐渐减少。

一直到现代，亚历山大和开罗仍然有不少基督徒，他们已经当了一千多年的被统治者，但仍然顽强地保持着信仰。我们曾经感慨犹太人能够在一千多年里一直顽强地保持信仰，但实际上，任何一个强信仰的宗教组织都有这种能力。埃及的基督徒由于足够极端，上台后凶狠地迫害异教徒，下台后拼命反抗，他们的信仰才得以长久保持；而伊斯兰教也有不少人特别极端，因此他们能够抵制现代社会的世俗化潮流，并成为信仰的堡垒。

除了埃及之外，北非的其他地区也曾经有过基督教的传播。

北非国家突尼斯有许多罗马时期的遗迹。在首都突尼斯城的旁边，就是著名的迦太基遗址。这里在古代世界的名气比现在要大得多，因为它曾经是罗马最大的敌人。迦太基的将领汉尼拔曾经从突尼斯出发进入欧洲的西班牙，再从西班牙翻越阿尔卑斯山进入意大利，他数次将罗马打得大败，一度差点儿攻入罗马城，但罗马将领西庇阿最终击败了迦太基人。

这座迦太基古城位于突尼斯城旁的海岬上，居高临下监视着地中海海面。

在城市南面，有一个巨大的潟湖，可以容纳一支超级海军。虽然迦太基的名气很响，但现存的遗址却比较零散。除了个别的墓葬之外，大部分的遗存都是罗马人留下的。

当罗马终于费力征服迦太基之后，他们将城市全部破坏，将城市的土地撒上盐，防止人们再次移居到这里，可见他们对于迦太基人的仇恨之深。但是，由于迦太基的地理位置太好，他们平静下来之后，决定在这里殖民，这才有了后面的大浴室、剧场，以及依山而建的别墅群。

与罗马人后来的殖民一样，迦太基本来就是外来人建立的城市，建立城市的人种叫腓尼基人。他们来自亚洲，基地建在现在的巴勒斯坦和黎巴嫩。黎巴嫩的比布鲁斯还残存着当年腓尼基人的海港，他们就是从那儿出发横渡地中海，来到了突尼斯。

腓尼基人到来之前，突尼斯已经有了不少当地人，被称为柏柏尔人。柏柏尔人本身就是一个混血人种，他们与亚洲人、欧洲人的血缘更加密切，与其余非洲人已经有了区隔。对于人类来说，北面的地中海是容易跨越的，而南面的撒哈拉才是真正的死亡之海。

在罗马与迦太基争斗的时期，柏柏尔人被称为努米底亚人，时而为迦太基的臣属，时而为罗马的盟友。罗马得胜后，北非成为罗马属地。于是，在如今突尼斯的土地上保留了众多的古迹，是整个罗马世界保留最好的古迹之一。

突尼斯的杜加保留着世界上最完整的罗马古城之一，在埃尔·杰姆也有一个庞大的角斗场。罗马人入驻后，把他们喜欢的杀戮游戏立刻引入非洲，多少非洲的战士在这里丧命，只是为了让那些所谓的上等人开心一会儿。

如今，迦太基和罗马早已尘封，柏柏尔人却仍然存在。当阿拉伯人从亚洲过来后，柏柏尔人皈依了伊斯兰教，成了伊斯兰教扩张的先锋，并在非洲建立了一系列的国家。

除了突尼斯，北非的阿尔及利亚和摩洛哥境内也有罗马时期的遗迹。只是由于突尼斯与意大利距离最近，所以这里的遗迹最多。而摩洛哥与阿尔及利亚还属于边区。

当罗马人皈依了基督教之后，北非地区也基督化了。

摩洛哥的基督化没有亚历山大彻底，因为罗马帝国在皈依基督不久就分裂成了东罗马帝国和西罗马帝国。东罗马帝国存在时间很长，直到一千年后的1453年才最终灭亡。亚历山大属于东罗马，有几百年时间巩固其基督信仰。而西罗马帝国很快就被从欧洲北方来的野蛮人打败了，这些野蛮人就是如今的法国人、德国人和英国人的祖先。

一支叫汪达尔人的野蛮人从西班牙渡过海峡来到了非洲，破坏了北非的基督教文明。从此，除了埃及和埃塞俄比亚之外，基督教在非洲走向了衰落。

非洲基督教的另一个特点是：它只在撒哈拉沙漠以北传播。埃塞俄比亚由于处于非洲之角的高原，受红海贸易的影响，算是一个例外。由于基督文明穿不透死亡沙海，上帝对于撒哈拉以南的地区也无可奈何。但有一个宗教却穿透了死亡沙海，成功地将影响力扩展到了撒哈拉以南，并使半个非洲都皈依了它，这个宗教就是伊斯兰教。

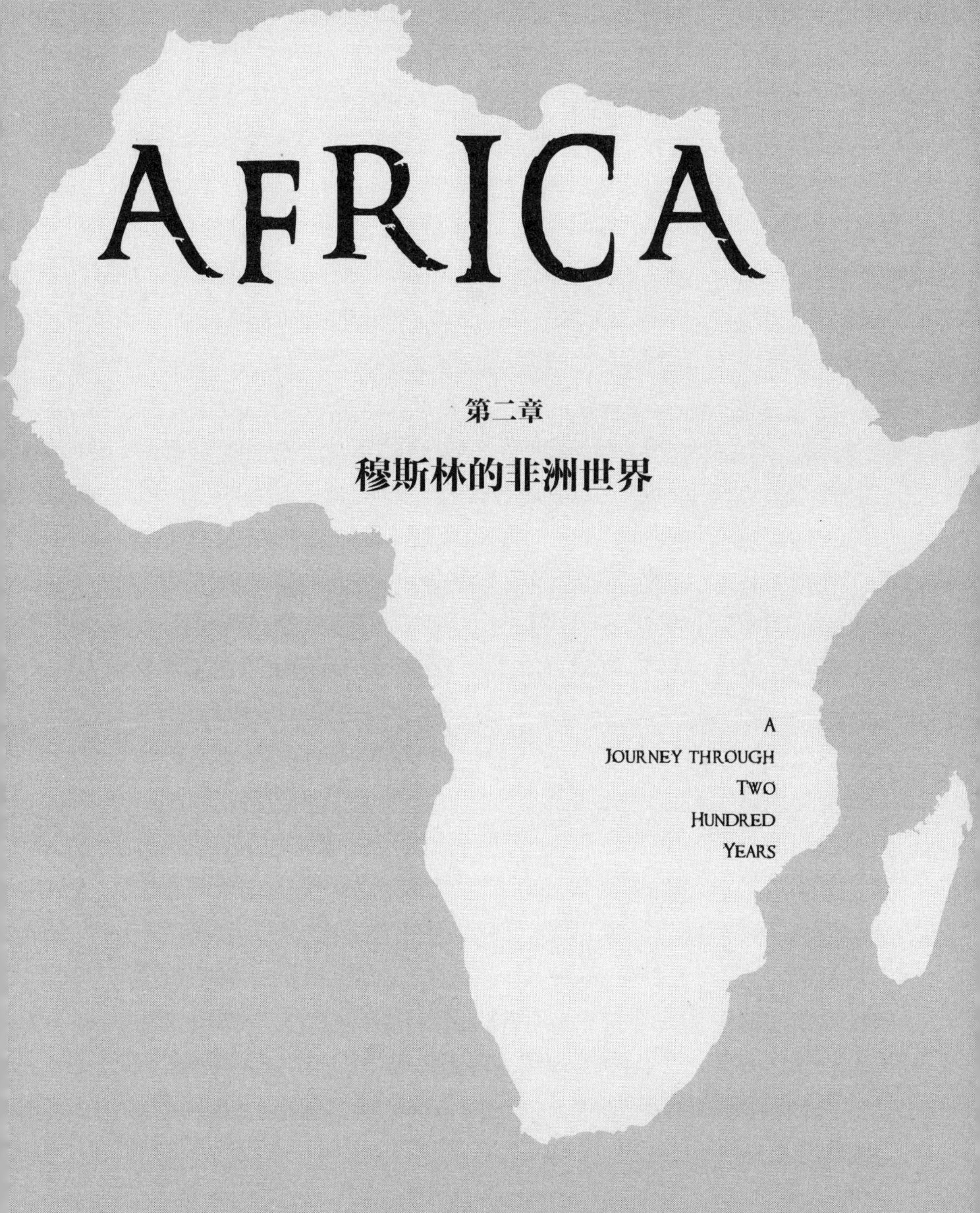

AFRICA

第二章

穆斯林的非洲世界

A
JOURNEY THROUGH
TWO
HUNDRED
YEARS

从摩洛哥的城市丹吉尔的老城区向北方眺望，近处是一片蓝色的大海，远方的地平线上有一条黑色的痕迹，那就是欧洲西班牙的高山了。

只有站在这片非洲边缘的土地上，才知道非洲与欧洲离得多么近。一个人只要体力好，依靠游泳都可以越过这段距离。

丹吉尔距离欧洲还算是直布罗陀海峡中比较遥远的，从丹吉尔往西可以到达一个叫休达的地方，它的对面十几千米外，就是著名的直布罗陀山。在古代，这座岩山被称为赫拉克勒斯石柱，被认为是大力士赫拉克勒斯留下的。石柱以内是便于航行的地中海，从史前开始人们就已经熟悉了地中海的环境，而石柱之外，就是浩瀚的大西洋，直到15世纪末才被人类征服。

海峡周边的政治关系也比较奇特。北面的直布罗陀山挨着西班牙，却属于英国人。南面的休达已经在非洲，紧挨着摩洛哥，却属于西班牙。由于英国人实力最强，他们占据了海峡最好的位置。直布罗陀在历次战争中都是兵家必争之地，即便现在英国的实力已经大打折扣，却仍然誓死捍卫这片巴掌大的土地。西班牙人打不过英国人，却可以欺负摩洛哥人，于是占领了位于非洲的休达。

休达与非洲其他地区用铁丝网隔开，在铁丝网外，居住着大量的非洲难民，他们只要爬过铁丝网，从理论上就到达了西班牙国土。再把带有身份标记的证件烧掉，西班牙就很难把他们遣返回去。因为遣返必须知道他们的国籍，只要他们不说，西班牙就不知道该把他们送回哪儿。

除了翻越铁丝网，另一条途径就是坐上快艇越过海峡到达欧洲大陆。偷渡的主要是以尼日利亚人为代表的西非人，以索马里人为代表的东非人，以及中部非洲战乱地区的人们。最近几年，甚至有许多亚洲人偷渡来非洲，他们来自从阿富汗到叙利亚的漫长战争地带，从亚洲先跑到埃及，再从埃及进入利比亚、阿尔及利亚和摩洛哥。利比亚和摩洛哥是难民的主要渡海地区。这些难民为了进入非洲，相当于绕过了整个地中海。

他们之所以舍近求远选择这样的道路，是为了利用北非国家之间边界的漏洞。不管是埃及与利比亚之间，还是利比亚与阿尔及利亚之间，以及阿尔及利亚与摩洛哥之间，都有着大片的沙漠，边境线又漫长，几乎不可能防住偷渡。

偷渡客们最难通过的地方位于亚非分界线附近。从西奈半岛来的汽车到达非洲大陆之前，乘客必须都下车，手提着行李站成一排，警察牵着警犬挨个儿把所有的包都检查一遍，并把可疑的人盘查完毕，才准予通行。这是在非洲大地上接受的最严格的检查，检查过程也严禁拍照，任何多余的举动都可能导致乘客被扣留。

警察之所以如此小心翼翼，除了西奈半岛是传统的恐怖主义势力渗透区域外，更重要的是因为苏伊士运河。当汽车再次上路，走上一分钟就会进入隧道，从隧道出来，苏伊士运河就被抛在身后了。如果汽车中带有炸药，并在运河下方引爆，将会给埃及的经济命脉造成致命的打击。

虽然现代检查如此严格，但对古代人来说，从亚洲到非洲却是那么简单，他们甚至感觉不到穿越了什么界线，就已经站在了非洲的土地上。

正因为从欧洲和亚洲到达非洲都不算困难，所以非洲从古至今对于其他地区的人们来说都不算陌生。关于古埃及人到底是本地人还是从亚洲回迁的（当然他们最早都是从非洲走出去的），一直争论不休。即便是进入有确凿记载的时代，亚洲和非洲之间也有着频繁的交流。埃及的新王朝不仅占领了非洲，还曾经统治了亚洲的巴勒斯坦和叙利亚，与土耳其的赫梯人剑拔弩张、针锋相对，并签署了最早的和平条约。所谓“和平条约”，往往意味着双方曾经发生过激烈的战争，当他们实在打烦了，才会签订条约。

波斯人也曾经入侵过埃及，波斯王的大军以为世界上最凶险的地方莫过于位于伊朗的盐漠，却不知道世界上还有个更大的撒哈拉。他们对付得了盐漠，但入侵埃及后，却消失在了撒哈拉之中，再也没有走出来。

亚历山大大帝曾经借道叙利亚和巴勒斯坦，从欧洲入侵过埃及。他直达埃及的最西面——撒哈拉沙漠里遥远的锡瓦绿洲。亚历山大的将领们建立了托勒密王朝统治埃及。

除了埃及，突尼斯、摩洛哥、阿尔及利亚，也曾经从属于罗马帝国。但真正对现代北非造成持续影响的，却是阿拉伯人的征服。

阿拉伯人从沙特出发，经过巴勒斯坦、西奈进入埃及，顺着非洲的地中海沿岸到达了摩洛哥，越过了直布罗陀海峡，横扫了西班牙。直到大航海时代，西班牙人才最终把阿拉伯人政权赶回非洲。

从这时开始，北非的重心从突尼斯转移到了摩洛哥。突尼斯之所以成为欧洲文明在非洲的中心，是因为它距离罗马更近。但从突尼斯到欧洲的地中海却很宽阔，不容易通过。等阿拉伯人在西班牙建立帝国时，摩洛哥作为更容易与欧洲沟通的地区后来居上。

突尼斯与摩洛哥的竞争一直持续到现代，作为非洲发展最好的国家，它们在工业、交通等各方面都存在竞争关系。突尼斯工业更加发达，但摩洛哥商业领先。随着 2010 年突尼斯革命引起的混乱，摩洛哥立刻感到了机会的到来，开始更加卖力地招商引资，加大出口力度，沟通欧洲与非洲。

去非洲之前，我以为非洲的伊斯兰世界只限于北非，到了那儿才发现伊斯兰教对非洲的影响比我想的要大得多。到底有多大？

“在欧洲人到来之前，非洲一大半的土地都有伊斯兰的痕迹，受影响的人口更是占了一半多。即便到现在，那些曾经被伊斯兰文明影响过的地区也是非洲最发达的地区。从这个角度说，在欧洲人到来之前，非洲就是一个穆斯林的大陆。”一位在毛里塔尼亚首都努瓦克肖特的学者这么告诉我。

现在，这个穆斯林的大陆还剩下多少呢？

半个非洲属于穆斯林

“我们是一群没有祖国的人，但我们有真正的伊斯兰信仰。”穆罕默德用夹杂着西班牙语的英语告诉我。

那一天，我从西撒哈拉的城市达赫拉坐车前往毛里塔尼亚边境城市努瓦迪布，车上正好遇到了这位名叫穆罕默德的人。

穆罕默德是西撒哈拉人。我们车上坐了六个人，分别是毛里塔尼亚籍的司机，一位在毛里塔尼亚颇受尊重的歌手，一对西撒哈拉的小夫妇，以及西撒哈拉人穆罕默德和我。

歌手是应邀到达赫拉为一个庆祝仪式献歌的，现在已经结束，正要回家。西撒哈拉的小夫妇要经过毛里塔尼亚前往阿尔及利亚。

穆罕默德的路线最怪，我需要做一下说明。

穆罕默德其实是想去往西撒哈拉东边的一个边境小镇探亲，本来是在同一个国家之内旅行，但他却不能直接前往，必须首先坐汽车到另一个国家毛里塔尼亚，再挤上火车，在两国边境上的毛里塔尼亚境内绕上大半圈，到一个叫祖埃拉特的小镇，再重新想办法越过国境线，回到西撒哈拉，才能到达他要去的小镇。

他之所以必须这么走，就因为他是西撒哈拉人。当地人往往直接称自己是撒哈拉人，连“西”字都不要。

对于非洲来说，最困扰的问题之一是：西撒哈拉是一个国家吗？

它位于摩洛哥南面、毛里塔尼亚北面、阿尔及利亚西面，在地图上，它与摩洛哥的边界画的不是代表国境的实线，而是一条虚线。

实际上，这是一个西班牙制造的“国家”。如果没有西班牙人，谁也不会想到这片荒漠一般的土地竟然能捏合出一个国家。它的面积并不小，有 26 万平方千米，比英国还大，但正如它的名称一样，它除了沙漠基本上什么都没有。即便它拥有很长的大西洋海岸，但大海并没有带来雨水，在离海岸几百米的地方，就已经满眼荒漠。在蓝色与黄色之间，几乎看不到一点绿色。

西撒哈拉以南是法国人曾经占领的毛里塔尼亚，北面则是摩洛哥王国。如果没有西班牙人，西撒哈拉将成为摩洛哥王国的自然延伸。但在西班牙的统治下，这片不毛之地上的人们竟然产生了民族感情。西班牙人撤退后，西撒哈拉觉得自己是个独立的实体，不愿意并入摩洛哥，而是要求独立。

现在，西撒哈拉的大部分（特别是海岸地区）由摩洛哥占领，只有东面少数的沙漠地带由当地的游击队占据。即便这样，非洲也有一半的国家承认西撒哈拉的独立。

对于穆罕默德来说，不幸的是他所居住的大城市阿尤恩（西撒哈拉首都）位于摩洛哥控制范围内，而他要去的小镇则在游击队的控制之下。两者之间如果仅仅是政治上的差别还好说，更重要的区别是交通上的。摩洛哥控制区内修了几条柏油路，已经现代化了；游击队控制区内却基本上没有交通，仍然是土路和牲畜的天下。如果直接前往，反而不如绕路来得快。于是，只有两三百千米的距离反而要绕行一千多千米才能到达。

当然，绕路也有许多问题，最大的问题莫过于证件。穆罕默德，以及同车的小夫妇都给我看过他们的身份证，这些身份证是由西撒哈拉政府发的，上面写着“阿拉伯撒哈拉民主共和国（Sahrawi Arab Democratic Republic）”，他们是这个国家的公民。但是，持有身份证并不能让他们出国，他们必须申请护照。而护照却是摩洛哥发的，上面写的国籍是摩洛哥。

他们到底是西撒哈拉的公民，还是摩洛哥的公民，他们自己都不清楚。只知道如果不持有这个写着“摩洛哥”的护照，就无法出国。而他们去往的国家毛里塔尼亚，是承认西撒哈拉独立的，同时也接受摩洛哥护照。

毛里塔尼亚城市努瓦迪布是一个新兴的城市。在这里，有一列据说是世界上最长的火车，它通往西部的矿区祖埃拉特。矿石和海产品是毛里塔尼亚仅有的出口产品，它们肩负着换外汇的重任。

列车车厢一共有 110 节。其中有 108 节是拉铁矿石的，剩下两节一节是火车头，另一节是客车车厢。

由于毛里塔尼亚严重缺乏公路，这列一天一趟的火车已经成了连接毛里塔尼亚北部几个城市不可缺少的交通工具。在等车时，我看到了更多来自西撒哈拉的人。他们有的是借道邻国去串亲戚，有的则是去铁矿区打工。

年轻人扎堆，有说有笑，看不出与其他地方的年轻人有什么区别。直到太阳落山，我都感觉自己是他们中的一员。

但就在太阳落下的一刹那，伊斯兰世界熟悉的召唤人们礼拜的声音响起，突然间，人群安静下来。女人们默默地坐着，不再说话。男人们如同听到了口令，全都站起来，朝着旁边的空地走去。我也不由自主地跟着他们走。

接着，他们排成队，所有的人都面朝麦加跪下，只有我一个人孤独地站着。我仿佛成了这个星球上的异类，孤立无援。

就在这时，一群小伙子站起身朝我逼了过来。“你为什么不跪下？”为首的一个人义正词严地问我。

看到他们愤怒的眼神，我才知道，作为异教徒的我永远无法融入他们的群体。由于常年行走于中亚—中东—非洲的伊斯兰区域，我对每个地方世俗化的程度都有所体会。

最世俗化的是中亚，以乌兹别克斯坦为例，这里的穆斯林经过苏联时期的统治已变得更世俗化。女孩子穿着漂亮的花衣裳，露着头发和脸蛋，在街头偶一回头，让人心都融化了。男人们饮酒作乐，不遵守礼拜规矩。

其次是土耳其和突尼斯。由于与欧洲接壤，土耳其当年的开国者阿塔图尔克为了国家的生存与崛起，强行开展了世俗化运动。虽然这几年社会在回潮，但仍然保持着中东世界世俗化标本的地位。突尼斯也是伊斯兰国家，但世俗化程度与土耳其接近。

再次则是伊朗等什叶派的区域，以及北非明珠摩洛哥（它属于逊尼派）。在历史上，什叶派本身不是一个古板的教派，善于变通。在伊朗，虽然经过了霍梅尼革命，但在民间仍然保持着比较开放的心态。政府也睁一只眼闭一只眼，默许他们的世俗化。摩洛哥的现任国王比较开明，社会也很宽容，甚至比伊朗更加世俗化一些。

传统上最保守的地区包括这几个：巴基斯坦和阿富汗地区；阿拉伯地区。巴基斯坦原本已经开化，但由于国内危机不断，人们回到宗教去寻找寄托，加上政府的鼓励，使得国家日益回到宗教轨道上。阿富汗的中央政府曾经追求过极度世俗化，却由于保守势力的敌视、外国的干涉，重新变得保守起来。至于阿拉伯地区，也不是铁板一块。拥有一半基督教人口的黎巴嫩既有极度自由的一面，也出了最保守的真主党武装。沙特则是保守和宗教主义的大本营。埃及有一个试图世俗化的政府，却又有非常保守的民间。

那么，除了这些区域，非洲的穆斯林到底处于世俗化坐标的哪一个点上呢？在努瓦迪布，我在内心里给他们定了位：即便在最虔诚的巴基斯坦、埃及，也不会强迫异教的朋友下跪。但在这里，如果我不跪下，很可能会被他们痛打一顿，甚至有生命危险。

如果不是穆罕默德，我甚至不知道该如何摆脱这尴尬的局面。在我手足无措时，他已经靠了过来。

“快喊‘安拉至大’！”他低声对我说。

按照伊斯兰教传统，所有喊“安拉至大”的人都被视为穆斯林。我一边喊“安拉至大”，穆罕默德一边帮我向青年们解释。我看到青年们的脸色缓和下来，才敢确定危急时刻已经过去了。让我再背出“万物非主，唯有真主；穆罕默德，是主使者”这句真言，他们才最终放过了我。

事后，穆罕默德告诉我，他向青年们解释：这是中国的穆斯林，那儿的规矩和非洲略有不同，出门在外，就不用礼拜，只须回家把礼拜补上即可。

礼拜结束后，青年们再次恢复了活泼与和蔼，只是我永远不会忘记他们围上来时那愤怒的目光。

当我把这种感觉告诉穆罕默德，他叹了口气："你一定以为他们都是"伊斯兰国"那样的极端分子，对吧？"接着又给出了自己的解释，"他们并不是虔诚的教徒，他们只是借此作为反抗的手段。因为只有信教这件事，是不会被管的。"

穆罕默德继续举例说，从达赫拉到努瓦迪布，一路上经过了三个摩洛哥的检查站，每一个检查站的士兵们都渴望着钞票。司机每一次在驾驶执照中夹上钞票，都会在心里祈求安拉给这些士兵惩罚。

在过关时，填写入境单也要收费，我们的费用是那位歌手帮我们交了，但其他人都不得不交钱，他们边交钱，边祈祷着安拉惩罚收钱的人。

安拉是青年们心中的寄托，被用来对抗世间的不公。穆罕默德总结说，实际上，越不公平的地方，伊斯兰教的信仰越强大。

在塞内加尔首都达喀尔，一名懂得历史的英国人告诉我：其实西非的伊斯兰教是到了近代才巩固的，西方人的到来帮助了伊斯兰教的传播。之前伊斯兰教只是一种外来的信仰，但西方人的到来让伊斯兰教成了团结当地人抵抗入侵的武器。人们突然意识到团结在安拉的旗帜下，能够获得心理上的安全感，并能找到抵抗的力量源泉。

事实上，在非洲的许多伊斯兰教区域，即便到了现代，伊斯兰教的控制力不仅没有减弱，反而加强了。特别在那些贫穷的地区，清真寺是穷人们能够得到安慰和帮助的唯一指望。政府是指望不上的，外国人也提供不了帮助，但在清真寺中，穷人和富人一起朝拜聊天，不分你我。清真寺还提供必要的教育和医疗，这使得人们越来越依赖它们。

因此，即便到了现代，伊斯兰教依然影响了非洲大陆近一半的区域，并没有萎缩，它抵抗住了现代文明的"侵蚀"。

马格里布：曾经的绿色威胁

在世界穆斯林地区中，除了阿拉伯、伊朗、土耳其的主流区域，还有两个重要的连接部，离开这两个连接部，就无法了解穆斯林的全貌。这两个连接部分别是中亚和北非。

所谓中亚，除了现在的中亚五国之外，还包括阿富汗全部、伊朗东部和巴基斯坦北部。这里是世界上最封闭的地区，却位于欧亚大陆的中心地带。伊斯兰教征服了中亚，就此打通了更广阔的传播道路，从中亚五国进入了中国的新疆，从阿富汗、巴基斯坦进入了广袤的印度次大陆。从印度出发的伊斯兰教继续扩张，传播到了东南亚的马来半岛和印度尼西亚群岛。印度、马来西亚、印度尼西亚，其穆斯林人口规模已经远超过阿拉伯本土。

除了中亚之外，北非是另一个重要的连接部。阿拉伯人征服了埃及之后，顺着地中海岸继续前进，占领了利比亚、突尼斯、阿尔及利亚和摩洛哥。这是一条地中海和撒哈拉的双重走廊。伊斯兰教从摩洛哥越过直布罗陀海峡北上，占据了西班牙，同时越过了撒哈拉，将撒哈拉以南地区也伊斯兰化了。如果没有北非，就没有另外三分之一的伊斯兰世界。

在历史上，穆斯林把北非地区称为马格里布，阿拉伯语意为“日落之地”。马格里布也是我国古代记载中离中国最遥远的所在。南宋时期，朝散大夫、福建路市舶提举兼权泉州市舶史（掌管对外贸易的官员）赵汝适写了一本《诸蕃志》，介绍海外各国的情况，其中提到了一个叫默伽猎的国家，他们信奉伊斯兰教。现代人根据描述和读音，认定它就是马格里布。

赵汝适写道：“默伽猎国，王逐日诵经拜天，打缠头，着毛段番衫，穿红皮鞋。教度与大食国（阿拉伯哈里发国）同。王每出入乘马，以大食佛经用一函乘在骆驼背前行。管下五百余州，各有城市。有兵百万，出入皆乘马。人民食饼肉，有麦无米，牛羊骆驼果实之属甚多。海水深二十丈，产珊瑚树。”

宋代时，马格里布仍然处于发展的高峰时期。那时，阿拉伯的哈里发国已经衰落，十字军东征已经开始，但北非的伊斯兰教势力仍然很强大，而且脱离了巴格达的管辖，成了一代豪强。

在突尼斯旅行时，我总是听到人们不断地提到一个城市，它不仅在本国是所谓的圣地，也是整个北非的圣地。他们甚至告诉我，在伊斯兰世界，除了麦加、麦地那和耶路撒冷，第四大圣城就是这里。

这个城市叫凯鲁万。把它称为第四大圣城，中亚的撒马尔罕，伊朗的库姆和马什哈德，伊拉克的纳杰夫或许都不会服气，但从国际上的认同感来看，凯鲁万却不可小觑。北非穆斯林认为如果无法去麦加朝圣，可以到凯鲁万朝圣七次作为替代，两者的功效是一样的。由于麦加距离太远，不是谁都能去成，作为替代品的凯鲁万声名大噪。

凯鲁万之所以出名，首先是因为它曾经是阿拉伯人征服北非的过程中，除了埃及之外的第一大站。665 年，阿拉伯大军从埃及过来席卷北非，攻占了突尼斯。五年后，阿拉伯人在凯鲁万建立了据点（当时凯鲁万还是森林密布，而现在，所有的森林都已消失），把它作为继续进军的中间站，并征服了从阿尔及利亚、摩洛哥直到西班牙的广阔领土。

在摩洛哥的城市非斯，老城区中心有一个巨大的清真寺，叫凯鲁万清真寺，就含有怀念凯鲁万之意。

到了 9 世纪初，随着位于巴格达的正统王朝的衰落，北非的穆斯林迎来了独立时刻。800 年，当时的凯鲁万总督易卜拉欣・伊本・艾格莱卜以凯鲁万为首都建立了艾格莱卜王朝，这个王朝存在到 909 年。这个时期是凯鲁万的黄金时代。

如今凯鲁万仍然保存了许许多多的清真寺，老城区里人山人海，没有停歇的时候。在北非，几乎所有的城市都会有一个老城区和一个新城区。新城区已经与世界上其他城市没有什么区别，老城区叫“麦地纳”，保留着传统的街道和房屋，也是一座城市的商业中心。在这里，小商小贩千百年来就占据了街道和路边的小店铺，传统的手工艺品、食品与从中国淘来的便宜皮鞋、布料随处可见，和谐共存。

在世界上，有两种城市现代化的策略。一种是苏联式的，将原来的旧建筑拆光，建立一座灰色的水泥新城，以彰显现代风格的摧枯拉朽。另一种是传统转移式的，保留老城区，只是在老城旁边建立一座新城。老城保持着城市的商业繁荣，新城显现了现代科技的进步。伊斯兰世界大都会采取第二种策略。

古代伊斯兰国家大部分是逊尼派国家，但在909年的北非，却出现了一个什叶派的国家，它就是法蒂玛王朝。法蒂玛王朝的首都最早在凯鲁万附近，并横扫了北非，最后首都迁移到了开罗，成了一个埃及王朝。

凯鲁万和北非在一位叫齐里的将军的带领下，表面上遵从于法蒂玛王朝，但实际上保持着独立性。齐里王朝又存在了近两百年，持续到1148年。但它的疆域越来越小，而突尼斯的主导地位也让给了更加西面的摩洛哥，它逐渐成为埃及、摩洛哥和意大利争夺的对象，而本身却越来越微不足道，直到被位于亚洲的土耳其帝国吞并。

摩洛哥则是另一番景象。如今去往摩洛哥的游客，仍然以摩洛哥的四大皇城为目标。这四座城市的历史可以概括为一部简单的摩洛哥史。

摩洛哥的独立，是以一场柏柏尔人反对阿拉伯人的大起义作为开篇的。这场发生在739年的大起义摧毁了哈里发在北非西部的统治。柏柏尔人反抗阿拉伯人，主要原因是他们得不到平等的对待，但表现出来的原因则是经义上的。由于阿拉伯执政的是正统的逊尼派，柏柏尔人受到压迫时，伊斯兰教的另一派乘机来到了这里，他们吸引了大量的信徒。这个派别叫哈瓦利吉派。先知穆罕默德死后，围绕着谁应该继承他的位置展开了一系列的争斗，法蒂玛王朝由此分出了两派，一派是正统的逊尼派，而另一派则是拥护穆罕默德女婿阿里的什叶派。在阿里一派中，又分出了一个小分支，他们原本支持阿里，后来又不满阿里，并将他刺杀了，这一派被人们称为哈瓦利吉派。

哈瓦利吉派受到了什叶派和逊尼派双方的排挤，却吸引了柏柏尔人的皈依。在哈瓦利吉派的号召下，柏柏尔人举行了大起义。

起义最终没有成功，哈里发击溃了起义军。但哈里发只收复了突尼斯、西班牙和阿尔及利亚东部，至于阿尔及利亚西部和摩洛哥，则散了架，成了军阀角逐的战场。

在北非四国中，利比亚和阿尔及利亚以沙漠居多，他们的历史往往附着于摩洛哥、突尼斯和埃及。但这一次，阿尔及利亚却走在了摩洛哥之前，建立了北非西部第一个地方王朝——罗斯图姆王朝（776 年建立）。十一年后，摩洛哥建立了信奉宰德派（属于什叶派分支）的伊德里斯王朝。在摩洛哥西部，还有不少地方政权。

罗斯图姆和伊德里斯王朝与突尼斯的艾格莱卜王朝的区别在于，后者仍然把巴格达的哈里发当作名义上的主子，而前两个王朝已经不承认哈里发的统治了。

伊德里斯王朝是摩洛哥独立史的第一章，由于它定都于非斯，也让非斯成了四大皇都的首位。

但此时的摩洛哥还属于部族时期，即便伊德里斯王朝更强，仍然无法统一全国。在它衰落后，摩洛哥全境更是陷入了纷争之中。

直到 1042 年，一个叫穆拉比特的王朝建立了起来，才形成了真正的霸权。王朝不仅统治了摩洛哥的大部分地区，还占据了西班牙南部和阿尔及利亚的一部分。鼎盛时期，它还向南越过撒哈拉占据了塞内加尔河与尼日尔河流域。这个王朝选择了更加靠南的马拉喀什为首都。

穆拉比特王朝之后，穆瓦希德王朝（定都马拉喀什）、马林王朝（定都非斯）、瓦塔斯王朝（定都非斯）相继崛起。后两个王朝已经丧失了西班牙的土地，却占据了阿尔及利亚、突尼斯，甚至撒哈拉以南的部分领土。

萨阿德王朝再次把首都选择在了马拉喀什。到了 1666 年，阿拉维王朝建立，并一直延续到了今天。阿拉维王朝的首都选择过梅克内斯，后来则是现在的首都拉巴特，它们和非斯、马拉喀什共同构成了四大皇城。

摩洛哥历史上真正能够称得上帝国的只有穆拉比特王朝和穆瓦希德王朝，这两个王朝不仅占据了本土，还在东南北三个方向都进行了扩张。突尼斯、阿尔及利亚都在帝国的版图之内。在穆瓦希德王朝后期，随着势力的衰落，突尼斯和阿尔及利亚虽然仍臣属于王朝，却已经形成了独立的政治实体。这三个国家的现代雏形已经悄然发育。只是，突然到来的奥斯曼人占据了突尼斯和阿尔及利亚，将他们的现代化进程再次打断。

摩洛哥、突尼斯和埃及三个国家由于伊斯兰教传播时间较长，信仰比较稳定，已经形成了丰富的传统社会。这使得北非的历史与非洲的其他部分区分开来。其他很多国家从来没有过独立统治，也缺乏现代文明的熏陶，因此建国后变得更加艰辛。但北非三国特别是摩洛哥与突尼斯，却并非从一张白纸上开始建设，哪怕没有西方的冲击，它们仍然是世界上比较发达的国家。到了今天，这里的人民过着较为安定的生活，这生活带着传统的痕迹，又有着现代的烙印。

萨赫勒：越过撒哈拉

1076 年，位于现在毛里塔尼亚、马里境内的加纳帝国遭到了致命一击。

从北非的摩洛哥、阿尔及利亚穿越撒哈拉，到达沙漠南侧，就到达了真正的非洲，我们称之为“西非”。欧洲人到达之前，西非历史上曾经出现过三大本土帝国，加纳帝国就是第一个。

古代加纳帝国与现代加纳共和国在地理上并不重合。现在的加纳曾经被英国人称为“黄金海岸”，在西非的南部与大西洋相邻，而古代的加纳帝国则更靠北，位于毛里塔尼亚和马里的边境地区，属于内陆，没有延伸到南面的黄金海岸。

在加纳帝国统治的后期，撒哈拉的北面已经是穆斯林的天下。这时的伊斯兰世界是分崩离析的，摩洛哥境内处于部族时期，许多部族各自为政，互不隶属，没有能力对外扩张。直到一个名叫伊本·雅辛的人出现，形势才有了变化。

在现代沙特的历史上，它之所以能够迅速扩张，得益于一个叫瓦哈比的教派。这个教派提倡艰苦朴素，战斗力强。沙特王室皈依了瓦哈比，突然爆发的战斗力让它成了中东豪强。

瓦哈比式的爆发在伊斯兰世界其实并不少见。11 世纪的摩洛哥恰好就经历了一次。

伊斯兰教历史上有著名的四大法学学派。伊斯兰教采用教法制，也就是说，人间的法律都是根据《古兰经》来的，不管是判决人们结婚离婚，还是惩罚杀人偷盗，都要从《古兰经》中寻找依据。如果《古兰经》中找不到依据，世间还流传有许多先知穆罕默德当年说过的话（叫圣训），也可以用来做法律。与中国的典籍作对比，《古兰经》相当于中国的五经，而圣训则相当于中国的《论语》。

但由于人间事务过于复杂，必然还有很多情况是《古兰经》中没有提到，并且圣训中也没有说过的，这些事情该怎么判决呢?

围绕着这个问题形成了两大派别：意见派和圣训派。意见派是温和派，认为如果找不到依据，就由教法官根据实际情况进行类比，或者按照自己认为正确的意见进行判决。圣训派则是死硬派，认为经文和圣训中必然包括了一切情况，因此必须紧扣圣人言，不准发挥。

前者的代表人物是伊拉克人艾卜·哈尼法，后者代表人物是沙特人马立克。意见派演化成了哈乃斐派，圣训派演化成了马立克派。

后来，围绕着这个问题又形成了四大派别，按照从保守到自由的程度分别是罕百里派、马立克派、沙斐仪派和哈乃斐派。

最温和的哈乃斐派成了伊斯兰世界的主流派别，作为斗争失败者的马立克派却保留着强硬的姿态，他们来到了非洲，开始传播。

伊本·雅辛就是一个马立克派。他是一位学者，却投靠了一位摩洛哥的酋长雅西雅·伊本·易卜拉欣。学问和政治联姻了。

在伊本·易卜拉欣的帮助下，伊本·雅辛开展了穆拉比特运动，这个运动的核心就是要推广马立克派的教法统治，采取的手段则是武力。他建立了一支强大的军队，开始向南扩张。在撒哈拉北部，有一座叫西吉尔马萨的小城，这座小城现在已经成为废墟。但在历史上，它却是南北纵穿撒哈拉沙漠的起点。

从这里出发，伊本·雅辛开始了征服萨赫勒之路。

在非洲，萨赫勒是一个特殊的名词，指的是撒哈拉以南的草原地带。这里紧邻着沙漠，却已经适合人类生存。这里的人种和撒哈拉以北的人种不同，在北方以阿拉伯和柏柏尔等浅色人为主，而在萨赫勒区域，却居住着黑人。历史上，北非人与欧洲人、亚洲人的联系更加便捷，而与萨赫勒区域的黑人却隔着巨大的死亡之海，只有数条商道可以贯通。人们必须带上数十只到数百只骆驼，历尽千辛万苦才能到达沙海的南岸。

伊本·雅辛的圣战队伍前来，终于打破了西非的孤立状态。在经过了最初的屠杀之后，萨赫勒区域的人逐渐开始改信伊斯兰教。

加纳帝国衰落后，被马里帝国取代。西非三大帝国的后两个：马里帝国和桑海帝国，都已经是伊斯兰国家。他们信奉的是马立克派教义，这个严格的教派在原产地式微后，却意外地在非洲找到了知音。

在现代的毛里塔尼亚、塞内加尔和马里，都能找到许多虔诚的穆斯林，他们严格遵守礼拜规则和各种教义，严肃程度让阿拉伯人都感到汗颜。马立克教派的影响已经深入到了当地人的生活之中。我在努瓦迪布碰到的那群青年人，遵循的就是马立克派的规矩，但他们虽然遵守，却并不一定知道什么是马立克派，他们只是从小就被教导着怎么做罢了。

当我从边境坐车去往塞内加尔城市圣路易时，碰到的另一件事也可以说明西非人对教义的尊重。那天本来车已经晚点，但太阳落山时，车上的人突然间如暴动一般集体要求司机停车。司机只好将车停在了路边，人们蜂拥着下车，奔到旁边的泥地上，开始磕头，生怕时间晚了。即便是阿拉伯人，也允许在行进途中暂时搁置礼拜，但在非洲的角落却仍然保持着最虔诚的姿态。

虽然征服的过程不免血腥，但是随着商道的打通，西非被纳入伊斯兰世界贸易体系之中，进入了快速发展时期。

不管是毛里塔尼亚还是马里，甚至尼日尔，都保留着不少沙漠古城遗址。这些遗址当年都是撒哈拉之中重要的贸易站点。

比如，我曾经前往的廷巴克图以富有著称，这里的黄金产出如此之多，使得人们相信马里帝国的国王坎库·穆萨是世界上最富有的人。在毛里塔尼亚有古城欣盖提和瓦丹，马里有古城廷巴克图和加奥，尼日尔有古城阿加德兹和津德尔，这些古城构成了复杂的贸易网络，让死亡之海不再成为隔绝之海。更难得的是，古城中都有不少图书馆，保存着大量的古代《古兰经》和圣训，表明了当初人们的虔诚和博学。

在西非的国家中，随着地区的不同，虔诚程度也不一样。北方的毛里塔尼亚、马里是重要的伊斯兰教区域，而南方靠海的加纳、利比里亚则已经看不出太多的伊斯兰痕迹了。有的国家北部和南部差别都很大，比如尼日利亚的北部是伊斯兰教区域，出了著名的恐怖组织“博科圣地”，南方则已经是基督教区域了。正因为南北差异太大，尼日利亚有着强烈的离心倾向，这导致了内战与混乱。

宗教这个因素在影响了人类数千年之后，至今仍然是冲突的根源之一。

东非：有种文明叫斯瓦希里

在中国15世纪的《郑和航海图》中，记载了东非地区的两个地名：麻林地和慢八撒。熟悉非洲地理的人一眼就看出了这部书的真实性。

如今，在东非肯尼亚的境内，印度洋的海岸上有两个著名的城市：马林迪和蒙巴萨，它们就是地图中的两个城市所在。这两个地名可能证明了郑和到达的最远所在。据记载，郑和七下西洋中，走得最远的可能是第六次。在这之前，他到达了索马里境内的木骨都束，也就是现在的索马里首都摩加迪沙，第六次则完成了超越。

虽然我们不知道郑和在马林迪、蒙巴萨看到了什么，但根据当时欧洲人的记载应该可以猜到：船员们也许会惊讶地发现，他们来到的不是一片蛮荒之地，而是颇具规模的文明城邦。

这里以黑人为主，大部分却带有伊斯兰传统，居民的皮肤并没有像其他地方的黑人那样黝黑，海岸上的语言也相对统一，一种叫斯瓦希里语的语言成了当地的普通话。

如今的斯瓦希里语仍然是民间的通用语言，如果一个人会斯瓦希里语，就可以通行东部非洲的几个国家：肯尼亚、坦桑尼亚、刚果，以及乌干达、赞比亚、马拉维、布隆迪、卢旺达、莫桑比克。所谓斯瓦希里语，本来是属于非洲人的班图语，阿拉伯人来到后，又吸收了大量的阿拉伯语词汇，形成了一种混合语言。这种语言本身就代表着阿拉伯的影响力。

至于建筑风格，也与郑和一路上经过的印度、阿拉伯颇有相似之处。实际上，这里有很多的阿拉伯、印度商人存在。

在蒙巴萨，城市里最雄伟的建筑是一座葡萄牙人留下的堡垒，叫耶稣堡。这座堡垒建设在城市南部的一块靠海的岩石之上，从下面望去雄伟壮观。修建城堡的岩石采用的是当地的珊瑚礁。即便到了现在，仍然可以看到岩石上珊瑚的花纹。数门大炮耸立在城堡四周，透露出这是一个易守难攻的所在。

郑和来到这里时，耶稣堡还不存在，又经过了一百多年，当葡萄牙人发现了绕过好望角的新航线，决定寻找一个东岸的基地，便于向印度航行，蒙巴萨才开始进入葡萄牙人的视野。

1593 年，葡萄牙人占领了蒙巴萨，开始修建耶稣堡。以耶稣堡为中心，葡萄牙控制了周围海岸约一百年的时光。随后，他们尝到了穆斯林的厉害。1696 年，位于亚洲的伊斯兰国家阿曼开始进攻葡萄牙人，双方经过两年多的争斗后，最终葡萄牙人被赶走了。

在东非的历史上，阿曼苏丹家族是一支不可小视的力量。阿曼位于阿拉伯半岛，在陆路上被沙特与其他国家分开，显得与世隔绝，但历史上的阿曼在海外却是一大豪强，影响力从印度海岸一直到东非。

到了 1840 年，阿曼人甚至把首都从阿拉伯半岛迁到了东非海上。在东非，除了蒙巴萨，阿曼的另一个（也是更加重要的）主要据点就是桑给巴尔，阿曼人把首都就迁到了这里。

桑给巴尔位于坦桑尼亚外海上，是一个小群岛，拥有桑给巴尔和奔巴两座主岛，以及周围的一些小岛。桑给巴尔岛曾经是东非最富庶的地区，因为它拥有得天独厚的贸易条件。

早在欧洲人到来之前，阿拉伯人就把这座岛作为基地开展贸易，整个贸易网络辐射东非区域，甚至远达马达加斯加和莫桑比克海岸，在亚洲方向则直达阿拉伯和印度。这里有世界上最好的白色沙滩，整个沙滩纵向长达数千米。涨潮时，海水从数千米外追逐着人的脚步，直到把沙滩全部淹没；退潮时，海水又会在一两个小时内后退数千米。

桑给巴尔的首府是著名的石头城，大片的古老建筑足以媲美欧洲，让人不敢相信它是非洲的一部分。

但桑给巴尔的名声并不好，原因在于奴隶贸易。如今，欧洲人对当年的非洲政策进行反思，最主要的落脚点是奴隶贸易。但非洲的奴隶贸易并非从欧洲人开始，而是在阿拉伯人统治时代就很兴盛了。

古代阿拉伯人有贩卖奴隶的传统，不管走到哪儿，他们都把战争中的俘虏当成奴隶来买卖。阿拉伯人的奴隶来源极其丰富，从北欧的俄罗斯人、欧亚草原上的钦察人、中亚的突厥人，到印度人、西欧人、非洲人，无所不有，只要能获得，都可以贩卖。在巴格达、大马士革等市场上，即便再正直的人也不认为买几个奴隶有什么不好。

但阿拉伯人也不是始作俑者，他们买卖奴隶的习惯又是从欧洲的罗马学来的。罗马人对待奴隶更是一绝，不仅用奴隶来干活儿，还让他们互相厮杀，血溅角斗场。

阿拉伯人对待奴隶也并非一味虐待。一名奴隶如果有头脑，他便有很大的机会升入其他社会阶层。许多大臣都是奴隶出身，甚至在埃及的马穆鲁克王朝，连统治者都是从前任统治者的奴隶中升上来的。

阿拉伯人在东非的贩奴基地就在桑给巴尔，即便到了现在，人们仍然可以认出当年贩卖奴隶的地点。那儿盖了一座教堂，教堂所在的讲坛，就是当年奴隶的拍卖台。在院子里，还有当年关押奴隶的地窖，狭小的空间和生锈的脚镣诉说着奴隶们的苦难。

19 世纪，欧洲人都停止了奴隶贩卖，桑给巴尔却仍然保存着这种交易，英国人甚至不得不依靠武力威胁，才将它取缔。

桑给巴尔除了奴隶之外，提供的主要是黄金、象牙、宝石，以及非洲的其他特产。它们被卖给阿拉伯的王公贵族，以及从亚洲到欧洲的有钱人。它的进货渠道位于东非大地的内陆地区。

桑给巴尔富起来之后，带动了整个东非的发展，也将伊斯兰教传播到了内陆地区。另外它也影响到了许多还没有伊斯兰化的区域，文化暂时没有传播过去，贸易却已经打了头阵。这其中最著名的是大津巴布韦。

1868 年，欧洲人亚当・伦德尔在非洲展开了一次狩猎之旅。他来到了如今的津巴布韦境内，发现了一片鬼斧神工的建筑遗址。这片遗址规模之大，让人感到不可思议。

三年后，他把这个发现告诉了一位德国探险家卡尔・毛奇。毛奇参观后，立刻认定这个建筑是当年所罗门王与示巴女王留下的。他之所以到《圣经》中去寻找依据，是因为他不相信落后的非洲人能够创造出这样的奇迹。

毛奇不知道，伦德尔和他的发现只能算是重新发现。实际上，在 16 世纪，就已经有葡萄牙人来到过这里，并留下了相关记录。

经过后人的研究，这片被命名为大津巴布韦的建筑的确是非洲人建立的，不过这得益于阿拉伯穆斯林与非洲人的贸易。

穆斯林最远到达了坦桑尼亚南方的海岸上，并在那儿建立了一系列的贸易城邦，他们做生意的对象，就是内陆的黑人。在津巴布韦历史上，它有着丰富的黄金资源。10 世纪的阿拉伯人马苏迪的名著《黄金草原与珠玑宝藏》，就已经记载了非洲南部的黄金。到了 12 世纪，阿拉伯人已经与黄金产地的非洲民族取得了贸易联系，形成了丰富的贸易链条。

大津巴布韦恰好处于这条黄金贸易的通道上。他们将西部的黄金转运到海岸卖给阿拉伯人，赚取中间的差价，并积累了巨大的财富。

当海岸上的伊斯兰王国大修宫殿时，大津巴布韦的领袖们也按捺不住争胜之心，开始大肆建设。他们的建筑与伊斯兰风格迥然不同，形成了今天我们仍然能够看到的南部非洲奇迹。

在伊斯兰的刺激下，东非形成了丰富的文化层次，最外层靠近海岸的是以伊斯兰信仰为主的社会。但并非只有穆斯林，在和平年代里，许多印度人借助信风的帮助来到东非安家，他们大都是买卖人，经营着各种各样的商店。

即便到了现在，坦桑尼亚、肯尼亚、乌干达的许多百货店仍然是由印度人经营的，他们从印度进口廉价的商品，再卖到当地。有的人告诉我，他们已经在非洲待了好几世，甚至亲戚中都有了不少非洲人。唯一让他们区别开的是，他们保持了印度教的信仰。

这里还有许多印度教的神庙，与伊斯兰教和基督教的庙宇比邻而居。有人告诉我，在这里基督教是上等人的信仰，伊斯兰教是大众的信仰，而印度教则显得粗俗，这大概是因为印度教庙宇过于花哨，又由于财力不足而显得有些粗糙。

再往内陆走，随着伊斯兰教影响的减弱，基督教的影响力开始显现。基督教是西方殖民非洲时留下的，在许多当地人心中已经扎了根。非洲的伊斯兰教是一种个人化的宗教，人们以礼拜的方式与安拉沟通，基督教反而成了一种集体化的宗教。教堂里，人们敲锣打鼓，载歌载舞，极具非洲特色。这或许与传教士们的努力有关，为了传播信仰，他们改造了基督教严肃的一面，将非洲的歌舞成功地引入其中，形成了快速的传播。但即便这样，伊斯兰教仍然遍布于富有的精英阶层，并传遍了大半个非洲的土地。

伊斯兰教从北非、东非向其余地区扩展，已经占去了半壁江山。如果再有几百年时光，也许整个非洲就会变成一片绿色信仰的天地。但这个进程却突然被打断了，因为欧洲人来了。

AFRICA

第三章

欧洲人：带来了文明，也带来了动荡

A
JOURNEY THROUGH
TWO
HUNDRED
YEARS

在非洲旅行时，即便这些国家已经独立，但还是能感受到曾经的宗主国对原来的殖民地意味着什么。

布基纳法索首都瓦加杜古的规模相当于中国南方的小型城市，街道大都是土路，两旁以平房和两三层的小楼为主，整个首都只有一家大型超市。

走进这家超市，商品琳琅满目，但价格上却透露出一丝古怪。比如，1 升牛奶的价格折合人民币不过六七元，但一小杯（150 毫升）的酸奶却价值 10 元以上。为什么两者的差别这么大？原因在于牛奶是本地产的，而酸奶则是从法国或者西班牙进口的。

这样的价格差异随处可见，当地产的袋装水 1 升折合人民币不到 1 元，而外国产的瓶装水 1 升则高达 6 元。罐头的进口来源有两个，分别是欧洲和同属于非洲国家的利比里亚，前者价格是后者的三到四倍。

布基纳法索缺乏许多必要的轻工业，如果酸奶能做到国产化，就能把价格大大降低，但当地的轻工业不发达，只能承受高昂的进口成本。

以饮用水为例，一位超市经理告诉我为什么当地生产不了瓶装水，不是水的问题，而是当地生产不了合格的塑料瓶。就因为瓶子的问题，瓶装水只好进口。整个超市的商品，在国内生产的不会超过 10%，大部分都要从原来的宗主国法国进口。

这些年进口商品的价格已经降了不少，原因不在于法国的慈悲，而在于亚洲国家的崛起。以前电器都必须从法国进口，现在改为主要从中国进口。以前的药品更是普通人吃不起，自从印度药崛起之后，整个非洲都成了印度药的天下。一家药店的驻店医师告诉我，如果没有印度药，整个非洲每年都会多死数百万人。西方虽然每年都援助非洲大量的药品，但这些药品不是被浪费了，就是被政府官员拿走卖了高价；印度不会免费给非洲药品，但由于价格低廉，普通人买得起，反而让非洲的普通人得益。

除了亚洲的一些国家之外，供应非洲便宜货的国家还有土耳其、埃及、摩洛哥和突尼斯等，这些国家都有一定的工业基础，它们成了非洲的主要商品供应国。

“中国和印度，是我们的指望，他们是非洲的朋友。”店员感慨说。

但即便已经有了不少中国和印度的便宜货，超市也不是当地的普通人能随便进的。对于普通人来说，折合人民币每天两三元就可以吃饱，他们也许一年也不会进一次超市。

布基纳法索只是非洲国家的一个样本，许多国家都存在类似的现象：一个国家越缺乏工业，进口的工业品越贵，当地产的初级品越便宜，两者的差价越大。

如果这只是经济学的一个现象，那么还可以通过贸易拉平。但对殖民地时期的非洲来说，更不公平的是，它们的贸易不是自由的，而是受到强迫的。

比如，法国殖民时期，许多殖民地是没有办法从英国购买商品的，更别提从亚洲国家购买，它们也没有权力决定自己的农业品应该卖给谁，只能被强制性地卖给宗主国。

正是靠这种强制性，宗主国能够从殖民地体系中吸纳大量的资本，以供养宗主国的人民。这是一场零和游戏，宗主国所得，就是殖民地所失。

也许有一天，当人们回顾欧洲对非洲的影响时，会发现奴隶贸易虽然被不断批判，却并非影响非洲最深远的事件。真正影响非洲社会结构的反而是不那么起眼的边界的划分，以及普通商品的贸易剪刀差。欧洲人到来之后，非洲人发现自己被卷入了现代的大旋涡之中，失去了回到从前的那条道路。

“2C”与“2S”的竞争

即便到了现在，我们仍然能够看出欧洲对非洲瓜分的痕迹。

2014 年，我访问了苏丹。当时南苏丹刚刚独立不久，苏丹仍然沉浸在领土分裂的伤痛之中。

苏丹除了首都之外的大部分地区都没有干净的饮用水。由于是伊斯兰国家，人们喜欢在家门口放一个陶罐，装水供来往的行人饮用。但在苏丹，这些陶罐中的水大都是浑浊的，外人喝了会拉肚子。

在我访问时，苏丹首都喀土穆还只有一栋高楼，剩下的都是泥泞的村庄。由于社会资源太匮乏，教育自然也无法保证。但我在通往埃塞俄比亚的边境地区，却遇到了一位英语流利的苏丹商人。他穿着衬衫和笔挺的裤子，显得文质彬彬，与我遇到的大多数人形成了鲜明的对比。

当我把这一印象告诉他时，他谦虚地说：“这没什么。其实有一段时光，我们苏丹人都受过非常良好的教育，只是现在消失了。年龄大一点的人都享受过那段时光。”

我想他指的可能是苏丹独立之前的那段时光，那时候英国和埃及共同管理苏丹，没有战乱，也没有分裂。

果然，谈到现实，他的眼光暗淡了：“我不知道为什么，”他继续说，“为什么好好的国家必须分成两个，你不理我，我不理你……结果南边也完蛋了，北边也完蛋了……难道这样就叫好日子？”

南苏丹拥有着丰富的石油资源，但是炼油厂和通往海边的管道却在苏丹境内。南苏丹与苏丹交恶后，南苏丹不供给苏丹石油，苏丹不准南苏丹使用管道和炼油厂，结果立刻形成了双输的局面：北方陷入了贫困，南方进入了战乱，当非洲的其他国家大都慢慢进入了稳定期，曾经稳定的苏丹却变成了最新的战乱区。

到底为什么要分裂？也许根子不在苏丹本身，而在于殖民地时期的遗留问题。其实苏丹本身就是一个依靠宗主国强行捏合的国家。

19 世纪，欧洲对非洲采取殖民竞赛时，存在着两个特殊的名词，一个叫"2C"，另一个叫"2S"，也代表着两个国家的野心。

所谓"2C"，指的是英国人对占领非洲的规划。非洲是一个庞大的大陆，英国人不可能占领全部，但它希望有一条贯穿非洲大陆的轴线，这条轴线南北绵延数千千米，从北面埃及的开罗（Cairo）一直延伸到南面南非的开普敦（Cape Town）。这条轴线包括了现在的埃及、苏丹、南苏丹、乌干达、肯尼亚、坦桑尼亚、赞比亚、马拉维、津巴布韦、博茨瓦纳、纳米比亚、南非、斯威士兰、莱索托等十四个国家。除了这条轴线，英国人还占领了一些其他区域的零星国家，如西非的尼日利亚、冈比亚、加纳、塞拉利昂等。

当英国制定了"2C"战略时，法国作为英国最大的竞争对手，也相应地制定了"2S"战略。既然英国人从南向北寻找轴线，法国人就要从东向西寻找轴线。法国在非洲最重要的领地，亦即"2S"战略的西端包括两块：第一块是阿尔及利亚，这里距离法国只隔着一个地中海，已经被当作法国本土的延伸；另一个则是塞内加尔（Senegal），它位于西非的大西洋海岸，是法国在西非最早的立足点。塞内加尔就是"2S"的西端。

塞内加尔有一个叫圣路易（Saint-Louis）的城市，这座城市建在一座小岛上。在塞内加尔与毛里塔尼亚两国之间，有一条叫塞内加尔河的界河。当这条界河来到大西洋海边，向南拐了个弯，河流距离入海口还有几千米的地方形成了一个小岛，就是圣路易了。

这个小岛保存了完好的殖民地建筑，带有浓厚的欧洲风格，可见法国当初多么用心于建设。

除了圣路易，塞内加尔首都达喀尔则是法属西非的政治中心，也是整个西非地区（除了尼日利亚）唯一具有大都市风范的城市。

“2S”的另一端在遥远的非洲东海岸，也是著名的非洲之角的索马里（Somalia）。在这两个遥远的“S”中间，则是一连串的国家，它们横贯了西非、北非和中非。现在西非的国家中流行一种叫西非法郎的货币，这些国家当初都属于法国殖民地，它们是塞内加尔、马里、布基纳法索、贝宁、多哥、尼日尔、科特迪瓦。另外，还有已经退出使用西非法郎的毛里塔尼亚和几内亚，曾经也是法国殖民地。在中部非洲，还有一群使用中非法郎的国家，也曾经臣属于法国，他们是加蓬、喀麦隆、乍得、中非共和国和刚果（布）。另外，有一个小国曾经是西班牙殖民地，现在也在使用中非法郎，它是赤道几内亚。

北非最发达的两个国家突尼斯和摩洛哥成了法国的保护国，阿尔及利亚则成了法兰西共和国的一部分。

从面积上说，法国在非洲的殖民地比英国还要大，但法国占据的大都是穷山恶水之地，特别是在撒哈拉周围，许多地区都没有禀赋单独成立国家，却被法国强行分割开，成了单独的殖民单位。这些殖民单位分别独立后，成了一个个先天不足的国家，由此带来的问题一直困扰到今天。

英国和法国都想打通大陆，但“2C”和“2S”实际上是有冲突的。双方都希望贯穿非洲，但南北轴线与东西轴线必然交会于一点，这一点到底属于谁呢？

现实中，这一点就位于现代国家苏丹（包括后来分离的南苏丹）的境内。谁占领了苏丹，就意味着谁的战略得到了实现，失败一方的轴线则会被分割成两部分。

1898年，一支法国的探险队从大西洋海岸的法属刚果，即现在的刚果（布）出发，穿越非洲来到如今位于南苏丹北界内的法绍达小镇（现在称为科多克）。法绍达小镇位于尼罗河的正源白尼罗河河边——英国人“2C”战略的必经之路上。法国人的占领引起了英国人的不满，在英国著名将领基钦纳的率领下，一支舰队顺河而上来到法绍达，双方形成了对峙。偏远小镇上的对峙轰动了世界，人们以为两国会大打出手，但法国却在衡量了利弊之后让步了。这次让步也注定了法国人无法实现它的“2S”战略。

这次让步导致法国人在苏丹以东只占领了如今属于吉布提的法属索马里。吉布提是非洲最小的国家之一，只有一个港口以及一点附属地。如果当初法国人占领了苏丹，很可能会通过对吉布提与苏丹的双重施压进攻埃塞俄比亚。法国人的失利，让埃塞俄比亚成了少数保持独立的非洲国家之一。

法国的失利，还让苏丹成了一个古怪的国家。在这个国家的北部，是受伊斯兰教影响的区域，它的居民大都是伊斯兰教徒，而南部（法绍达以南）是伊斯兰教没有影响到的区域，以当地的巫术信仰为主。英国人为了统治方便，将南北两部分合并成了一个政治实体，由英国和埃及共同管理（埃及又由英国控制）。苏丹独立后，南北双方的差异越来越大，最终造成了分裂。

在瓜分非洲的欧洲国家中，还有一个小国参与颇深，它就是葡萄牙。

在地理大发现时期，葡萄牙是最主要的角色之一，它发现了绕过好望角通往印度的航线，并首先到达了印度的西南沿海。它在中国和印度都留下了永久的痕迹：在中国是澳门，而在印度则是著名的嬉皮士圣地果阿。

葡萄牙在非洲的势力虽然已经衰落，但仍然保留了三块殖民地。一块在西非，是夹在法属殖民地中间、靠近大西洋的一小块土地，叫几内亚比绍。另两块更靠南，分别位于大陆两侧，靠近大西洋的现在称为安哥拉，靠近印度洋的称作莫桑比克。这三块土地的地理条件都称得上得天独厚。

欧洲人经手的奴隶贸易最早发源于西非，几内亚比绍就是一个不错的奴隶贸易站。后来，西非奴隶资源枯竭，贩奴船渐渐南去，才在刚果河口附近形成了新的贩奴聚集地。

非洲是一个气候复杂的大洲，除了北方的沙漠区、南方的稀树草原区之外，中部还有一大片密林区，这块密林区分布在巨大的刚果河流域。这里外人最难进入，却是养活黑人的一片沃土。在这里，欧洲人与当地的酋长勾结，获得了大批的奴隶。

刚果河流域也因此被三个国家瓜分：法国抢占了北部，形成了后来的刚果（布）；比利时抢占了中部，形成了后来的刚果（金）；葡萄牙获得了南部，也就是现在的安哥拉。

莫桑比克是印度航线的补给站。当绕过好望角的船到了印度洋需要补给时，往往会选择两个地点：第一个是大陆上的莫桑比克，另一个是大岛马达加斯加。葡萄牙人占领了大陆，法国人则占领了海岛。

大航海时代葡萄牙最大的竞争对手西班牙在非洲的地盘相对要少一些。西班牙曾经是最有条件占领非洲的欧洲国家。穆斯林曾经从摩洛哥越过直布罗陀海峡占领了大半个西班牙，随即西班牙的基督徒从穆斯林手中夺回了欧洲。他们本来可以一鼓作气杀向非洲，将北非收入囊中，但西班牙将穆斯林彻底赶离欧洲不久，哥伦布就发现了新大陆，从此西班牙就将重心放在了美洲。在非洲大陆上，它只占领了摩洛哥邻近直布罗陀海峡附近的一些领土和岛屿。另外，在如今的摩洛哥和毛里塔尼亚之间，有一块叫西撒哈拉的沙漠地带，也成了西班牙一块用处不大的占领地。

在赤道附近的大西洋海岸上还有一个叫赤道几内亚的国家，它是非洲最小的国家之一，也曾经是西班牙的殖民地。在殖民时代，赤道几内亚是一块鸡肋，独立后却发现了大量的石油，成了巨富之国，也是贫富差距最大的国家。按照人均收入算，它已经是世界富国，但这个国家的大部分人民仍然生活在温饱线之下。

当别国忙于瓜分非洲时，南欧三雄的最后一位——意大利也在非洲试图抢占领土。意大利瞄准的是与之隔海相望的利比亚，以及非洲之角地区。

非洲大陆在东方的红海地区形成了一个巨大的角，人们习惯上称之为非洲之角。这里现在以索马里海盗闻名于世。之所以海盗们能在这里聚集，是因为它重要的战略地位。由于旁边就是红海，而红海的顶端就是著名的连接地中海的苏伊士运河，大量的船只都要从这里经过，于是非洲之角海域成了海盗们的狩猎场。

2017 年，中国的第一个海外保障基地设在了非洲之角的吉布提，也是看上了这里的重要战略地位。

意大利当初也看上了非洲之争的战略地位，才决定对它动手。意大利抢占了非洲之角北岸的厄立特里亚，以及东岸的索马里。

现代索马里之所以有如此大的离心力，就是因为当初意大利抢占的只是东部地带，而靠北的另一块土地索马里兰是由英国人占领的。独立后的索马里是由这两块分别属于意大利和英国的殖民地拼接而成的，因此形成了政治上的离心力。

加上法国占领的巴掌之地吉布提（当时叫法属索马里），非洲之角的海岸就被分成了四个碎片：意属索马里、英属索马里、法属索马里和意属厄立特里亚。

在瓜分中最大的受害者是非洲之角的主体国家埃塞俄比亚。之前的埃塞俄比亚是一个有海岸线的国家，也曾经在贸易中获得了极大的利益，但当法国、意大利和英国将非洲之角的海岸占领后，埃塞俄比亚变成了一个彻底的内陆国家。特别是法属的吉布提和意属的厄立特里亚，它们原本是埃塞俄比亚与外界沟通的必经之路。

获得海岸之后，意大利人并不满足，他们要占领的，除了厄立特里亚之外，还有整个埃塞俄比亚高原。1894 年，意大利以不到 2 万人的兵力入侵埃塞俄比亚。他们打了三年，大部分军力都消耗殆尽，最终不得不承认了埃塞俄比亚的独立。这一次入侵，也让欧洲其他国家看清了意大利的孱弱。德国首相俾斯麦嘲笑说：在瓜分非洲的餐桌上，意大利人有个极大的胃口，可惜牙齿却坏了，吃不进去。

到了 1935 年，意大利已经进入了墨索里尼的法西斯时代，它再次获得了好机会入侵埃塞俄比亚。为了对付纳粹德国，同盟国想拉拢意大利，不得不对它采取宽容政策，以免它彻底倒向德国。这次入侵的结果与世界局势有关：最初意大利占了先手，世界都在默许它胡作非为；但第二次世界大战时，意大利彻底投靠了德国，盟军立刻来了个 180 度大转弯，帮助埃塞俄比亚打败了意大利。

对于西欧的国家而言，非洲的国家只是一粒棋子，它们没有思想、没有尊严，到底怎么用它们，完全看西欧人的心情。

埃塞俄比亚的两次抗意战争也注定了这个国家的悲剧。在抗意战争中涌现出的偶像就是它的末代皇帝海尔·塞拉西，他保持了国家的独立，也看清了欧洲人对非洲的蔑视。他想尽一切办法加强非洲的实力，联合非洲兄弟国。但他的轻举妄动也耗干了国家财政，从此埃塞俄比亚陷入了二十多年的混乱之中。

在所有瓜分非洲的国家中，有一个成了失败者。它曾经占据了不少土地，却由于成了战败国，不得不把殖民地交给别人。它就是德国。

历史上，日耳曼民族的神圣罗马帝国曾经是中世纪最强大的帝国，但随着英国、法国、西班牙等民族国家的形成，松散的帝国成了进一步发展的障碍。到了 19 世纪，神圣罗马帝国破碎的躯体形成了两个核心：普鲁士和奥地利。最终普鲁士利用普奥战争将奥地利排除在了联盟之外，又在普法战争中击败了阻挠德国统一的法国，建立了新的德意志帝国。

当德意志帝国形成时，非洲的瓜分已经开始，德国人匆匆上阵，在“争夺日光下的地盘”这一口号下，占领了几片非洲土地。

德国占据的地方以东非的土地最为优越。在英国人的“2C”计划中，从南部到北部的连接点位于东非的坦桑尼亚和肯尼亚，英国人早已占有了肯尼亚，德国人却抢走了坦桑尼亚。

现代坦桑尼亚的国名 Tanzania 分为三部分，分别是坦噶尼喀（Tanganyika）的 Tan 和桑给巴尔（Zanzibar）的 Zan，以及代表土地的 nia。它的国土也由截然不同的两部分组成，分别是大陆部分的坦噶尼喀，以及印度洋靠近大陆的岛屿桑给巴尔。其中坦噶尼喀的名字又来源于国土西境的大湖坦噶尼喀湖。桑给巴尔则一直是一个独立的伊斯兰教苏丹国。

坦噶尼喀和桑给巴尔组成联合国家是 1964 年的事。在 19 世纪，德国并没有占领岛屿桑给巴尔，而是占领了大陆部分的坦噶尼喀。

坦噶尼喀德国殖民地的存在，将英国人的“2C”计划打断了。

在庞大的坦噶尼喀旁边，还有两个小国布隆迪和卢旺达，曾经也是德国的殖民地。这两个小国曾经位列东非最强大的部族国家，它们的疆域在所有的东非部族中排进前三（最大的是乌干达的布干达王国，它是英国的保护国）。由于它们的强大，所以没有被整合进入其他更大的殖民地之中。但时过境迁，其他经过整合的殖民地打破了部族界限，形成了更大的国家，这两个曾经强大的部族反而成了弹丸小国。

在非洲西南部，德国还占领了如今属于纳米比亚的土地。而在西非，德国获得了喀麦隆和多哥兰两片殖民地。

从面积上说，德国能在短时间内抢占几大片土地，已算反应很快。但随着一战中德国的战败，战胜国强迫德国交出殖民地，转手给另外的国家。

德国最重要的殖民地是坦噶尼喀，转给了英国。英国人终于彻底打通了“2C”，控制了非洲的大动脉。

两个小国卢旺达和布隆迪转给了比利时。从此，在比利时的统治下，两国进入了黑暗时期。

在西南非洲，纳米比亚被送给了英国人控制的南非联邦，直到1990年才获得独立。

西非的情况更加复杂，德属喀麦隆被分成两半，分别给了英国和法国。英国人又将它的那部分一分为二,一部分并入了尼日利亚，另一部分与法国部分一起，形成了现代喀麦隆的疆域。

德属多哥兰也被分成两部分，英国占领的部分并入了旁边的英属殖民地黄金海岸（也就是现在的加纳），法国部分则成了法属西非的一部分，独立后成为多哥。

在所有殖民地中，最糟糕的莫过于比利时人控制的殖民地。不管是比利时国王主动去抢的，还是一战后从德国人手中继承的，都变成了非洲最黑暗之地。比利时继承的卢旺达和布隆迪，由于比利时人不断挑拨民族对立，民族伤疤至今无法愈合，在1994年更是发生了举世震惊的种族灭绝事件。

而在比利时国王直属殖民地刚果（金），从它成为殖民地的那一天开始，就遭受了世界上最残酷的压榨。

所谓殖民地，所有权并不是铁板一块。比如，法国殖民地都是属于中央政府的，英国的殖民地就更加多样。以印度为例，在1857年之前，印度殖民地属于东印度公司所有，直到后来印度人反抗太激烈，公司统治太霸道，英国女王才将殖民地的统治权收归英国政府。

而比利时的刚果殖民地更加特殊，它并不属于比利时政府和人民，只属于比利时国王利奥波德二世。

19世纪后半期，利奥波德看到其他国家都纷纷瓜分世界，也按捺不住寂寞。但比利时在欧洲是个无足轻重的小国，实力并不足以分一杯羹。

利奥波德采取了投机取巧的方法，他首先将自己装成非洲的爱好者和保护神，以私人的名义资助了著名探险家亨利·斯坦利。斯坦利恰好在“非洲的亚马孙”——位于赤道上的刚果河流域考察，这一片土地由于没有探查清楚，还没有进入欧洲的瓜分版图。

斯坦利考察完毕后，利奥波德以慈善和保护当地人的名义，请他继续在这里修建道路，并带上了一大摞协议，哄骗各村的酋长在协议上按了手印。非洲人在按手印时，根本就不知道这些纸上写的是什么，但利奥波德获得了这些手印后，随即宣布刚果河流域是在他保护之下的。

甚至欧洲人瓜分非洲的高潮也是由这个利奥波德促成的。为了让他的鲸吞合法化，1876年，他在比利时首都布鲁塞尔主持召开了一次会议。会议名义上是探讨如何开发和帮助非洲，实际上却是在划分势力范围。会议过后，欧洲强国已经获得了伙伴们的谅解，名正言顺地将非洲变成了殖民地。利奥波德也如愿以偿地将对刚果的占领“合法化”了。这片土地是比利时本土的70倍，利奥波德称它为刚果自由邦，他本人任国王。

在非洲地图上，任何人只要望一眼，就会对非洲中南部一片巨大的领土感到吃惊。它横亘在中部，仿佛是非洲的中心，那么巨大。它还是非洲最大的雨林区，矿产资源也极其丰富。

这片土地如此富饶，却被称为“黑暗之心”。这是英国作家康拉德一部小说的名字，这部小说虽然意在冒险，却也写出了比利时人对刚果的敲骨吸髓，让利奥波德声名狼藉。

国王本人总是以慈善示人，谈起刚果自由邦，始终满怀善意地表示自己是在尽心尽力帮助非洲人。在“善意帮助”的同时，大量的非洲物资被运回了比利时，不是交给比利时人民，而是交给国王本人。

直到后来，人们才逐渐查到国王到底怎么帮助刚果的：他建立了比美国奴隶制黑暗百倍的奴隶制度，依靠强制劳动，让人们帮助他搜集象牙、矿产，到后来种植橡胶和可可。只要一个黑人无法完成割胶任务，或者无法缴纳足够的橡胶税，比利时人不仅惩罚他本人，还要砍掉他家人的手臂。许多孩子还没有长大，就因为父亲无法缴税而失去了双臂。

杀人更是家常便饭，白人监工体会到了作威作福的乐趣之后，将这里变成了地狱一般的存在。据统计，在利奥波德统治期间，刚果（金）有1500万人被杀。

但不管怎么揭露，刚果（金）仍然是比利时的殖民地，充其量不过是从国王手中转移到了政府手中，残酷的状况一直持续到了二战之后。

不平衡的新秩序

在非洲，至少有三个人向我讲述过世界的不公平。他们认为，造成现代非洲诸多问题的原因是欧洲当年的殖民政策。正是他们随意划分国界、挑拨民族关系，才造成了这些新兴国家独立后的四分五裂和战乱不断，但欧洲人却并没有为他们当年的错误而受到惩罚，反而是让非洲人承担了所有的后果。

一个索马里兰的居民举例说，这就像是欧洲人偷了东西，可是真主没有惩罚他们，反而把非洲人的手砍掉了。

在非洲人看来，他们的一切命运都是被动承受的。以苏丹为例，从建立苏丹这个国家开始，苏丹人就无权参与这个进程，他们只是被装在了一个国家的套子里。英国人决定把南北苏丹合并时，只是图方便，却没有想到，南北双方本来就是不同的种族，有着不同的信仰，他们从来没有在一起生活过。

几十年过去了，虽然纷争不断，但两个地区间已经生长出一定的有机联系，在经济上互相依靠，有的人已经开始将统一的苏丹当成了事实。就在这时，世界却突然说，苏丹还是分开好，免得打架。这样分开的结局，也不是苏丹人自己决定的，而是在联合国的主导下完成的。

到底是当初的合并错了，还是后来的分裂错了？这个问题很难回答。

欧洲人建立新秩序带来的不平衡随处可见，在后来的冲突热点地区，几乎都有着明显的源头。不平衡又可以总结为三类。

第一类，原来是一个种族，但后来被不同的殖民者占领，被强行分成了两块。二战之后独立时，人们将这两块重新合并在一起，却发现他们已经过不到一家去了，产生了巨大的离心力。

埃塞俄比亚和厄立特里亚就属于这样的情况。厄立特里亚的种族与埃塞俄比亚北部是近似的，也都信奉基督教，但厄立特里亚被意大利占领，埃塞俄比亚却一直保持着独立。二战后，人们终于决定要让非洲独立时，埃塞俄比亚领回了厄立特里亚，却发现这儿的人已经不愿意再回来了，于是厄立特里亚爆发了反对埃塞俄比亚的独立斗争。

索马里也有着同样的情况。占领索马里的分别是意大利和英国，意大利的统治很混乱，却占了人口的多数，英国的统治更有秩序，但人口稀少。当他们再次合并到一起独立之后，意大利占领区成了主导者，但英属索马里（即索马里兰）却并不愿忍受对方蛮横的命令，一直寻找着独立的机会。

第二类，原来是许多个种族，殖民者为了便于统治，将它们合并成一块殖民地。当这块殖民地独立后，各个种族都无法在这个国家框架之下找到舒服的位置，于是斗争迭起。苏丹就是这样的例子。

除了苏丹，在西非的尼日利亚，是由三块原本没有隶属关系的区域拼凑而成的，北方是伊斯兰教区域，南方分成东西两部，都是更加开放的沿海种族。如果不是英国人，这三块区域无论如何都不会成为一个国家。英国人撤出后，这三个民族之间随即爆发了激烈的争斗，他们都试图争取国家的控制权。控制权只有一个，民族区域却有三个。这种斗争的离心力一直持续到了今天。

利比亚、马里、尼日尔、乌干达、刚果（金），也都有同样的问题。

除了这两类之外，还有一类更糟糕的情况。这类情况是：在成为殖民地之前，国家内部就有着不同的种族，种族之间有激烈的矛盾。殖民者来了之后，不仅没有设法消弭矛盾，反而借助一方打击另一方，更加激化了双方的冲突。当殖民者撤出后，这样的国家必然陷入内战的泥沼。

这类国家最典型的代表，就是爆发了种族灭绝的卢旺达和布隆迪。

在欧洲人去之前，卢旺达和布隆迪有两个分界不是特别明显的民族：胡图族和图西族。他们有着共同的来源，只是社会地位不同，两个种族之间又有着一定的血缘关系。严谨的德国人到来后，种族界限加深了。那时的德国对于人种论的崇拜达到了令人吃惊的地步，在国内区分优劣人种，在海外也推行这套理论。德国将卢旺达和布隆迪交给比利时之后，比利时人更是加强了这方面的灌输，用来分化两个民族的关系。胡图族和图西族在错误理论和政治阴谋的指引下走向了血仇的不归路。

“回到非洲”运动

在非洲的大片附属国与殖民地之间，还有几个特殊的国家（地区）显得与众不同。

在拥有漫长历史、较为发达的几个国家中，信奉伊斯兰教的埃及、突尼斯、摩洛哥都已经成了欧洲人的保护国，但是信奉基督教的埃塞俄比亚却保持着独立。

与埃塞俄比亚一样独立的，还有一个不起眼的小国——利比里亚。

说到利比里亚，就不得不提到发端于英国、美国和法国的“回到非洲”运动，以及在运动中分别产生的塞拉利昂、利比里亚和加蓬三国。

1787 年，两艘特殊的船驶向非洲海岸。这两艘船上的乘客非常古怪，其中包括 340 名黑人和 70 名妓女。船的航行目的却很人道：与之前流行的把非洲人绑架离开非洲不同，这两艘船要把黑人送回非洲定居。

19 世纪，随着贩奴高潮的过去，欧洲一些国家开始探讨由此造成的社会和人权问题。当时社会普遍的心态是：贩卖黑奴、以人为奴隶是极其不人道的行为，应该绝对禁止，必须将现有的黑奴都解放掉；但即便再开明的人，也不敢否认，如果解放黑奴，会造成巨大的社会问题。

在大部分社会，外来人种不管以什么方式融入社会，都会造成原有社会的恐慌。在英国，随着自由黑人出现在伦敦，人们首先感到担忧的是在家庭道德上。

虽然很少有证据证明黑人对白人妇女有过骚扰和强迫，哪怕是双方自愿的婚姻都很少，但英国人还是担心社会中如果存在大量的黑人，会污染他们纯净的血统。

1772 年，英国的一个小册子这样写道：英国的下等妇女特别喜欢黑人，其中的道理下流得让人难以启齿；只要法律允许，她们甚至不惜与马或驴结合。这些太太一般都给那些黑人生下了一大窝崽子。照这样下去，只要再过几个世代，英国人的血液就要被这些混血儿搞得污秽不堪了；再则由于各种机缘以及人生的盛衰变迁，这种血统混杂还可能散播得更广泛，甚至波及人民中的中等以至更高等的阶层，直到整个民族都变成像葡萄牙人和摩尔人一样的肤色，一样的思想卑鄙。

以人为奴不人道，需要将其释放，但同时不能让自由黑人生活在欧洲，这两种想法结合起来，就产生了让黑人回到非洲的思潮。

最先行动的是英国人，他们在西非的大西洋海岸上找到一片土地，准备把在英国获得自由的黑人送过去建立新国家。

1787 年，英国人弄了两艘船，将 400 多名乘客送往非洲海岸。其中包括 300

名男黑人、40 名女黑人，还有几名白人工匠、职员和他们的家属。在船上，竟然还有 70 名妓女，据说是被骗上船给未来定居点的居民提供人道服务的。

也许后来的人们都会温情地提起这次回乡之旅，但真实的情况却让人感到吃惊。实际上，在离开英国之前，乘客人数还要更多，但在等待时已经出现了大批的死亡。一次热病流行，死亡人数就达 50 人以上。当船到达西班牙时，又死了 14 人。

到了塞拉利昂海岸，他们为新家园选择了一个具有诗意的名字——“自由城”。但第二年，死的死，逃的逃，只剩下 130 人。几年后，不堪其扰的当地土著黑人终于一把火烧掉了自由城。剩下的人四散奔逃，很多人变成了职业捕奴人，抓捕新的黑奴卖给那些还没有禁止奴隶贸易的国家。

英国人并没有放弃建设塞拉利昂，但从来没有成功地将这里变成黑人的天堂国度。到最后，塞拉利昂成了英国的一片殖民地，他们带着理想而来，最终却妥协于现实。

英国人在建设塞拉利昂的同时，法国人和美国人也各自推出了不同版本的黑人家园，这就是后来的加蓬和利比里亚。加蓬并没有坚持下来，成了一块再普通不过的殖民地，并入了法属中非。由于美国人没有殖民统治传统，利比里亚因此坚持了下来，成了非洲少有的独立国家之一，也是唯一纯黑人统治的独立国家。

“回到非洲”运动由于利比里亚的存在而留下了成果，甚至成了黑人们向往的地方。它如同一盏明灯，打破了人们所认为的黑人没有能力组建国家的偏见。利比里亚一直有着正规的选举制度，宪法从美国借鉴而来，国名利比里亚（Liberia）来自“Liberal”（自由）这个英文单词，首都蒙罗维亚（Monrovia）来源于当时的美国总统门罗（James Monroe）。

利比里亚参与政治的黑人大都来自美国。这些黑人的祖先来自非洲的四面八方，他们的老家或许在刚果河，或许在遥远的东非。他们都被送到了利比里亚这个地方，事实上形成了一个特殊的小“非洲合众国”。

虽然利比里亚是非洲自由的灯塔之一，但它的建立过程却充满了艰辛和苦难。从美国而来的黑人已经适应了新世界的气候，重新回到非洲，来到这个热带的森林地区，必须再次适应。更难的还不是气候原因，而是和当地土著黑人打交道。对于土著黑人来说，美国黑人是比欧洲人更加麻烦的入侵者，欧洲人尚且是实力更强的白人，当地土著黑人已经承认了他们的优势地位，但这些新来的黑人有着和他们同样的黑皮肤，却一口英语，带着白人的格调，这让当地土著黑人更加受不了。双方随即陷入了冲突之中。

这种冲突让利比里亚从建立之初，就没有很好的扩张基础，也没有将民主扩大到所有人，而是只局限在了移民黑人的内部。当美国的援助逐渐断绝之后，几个大的移民家族控制了利比里亚的政治，将之变成了一个由寡头控制的国家。

由于政治的不稳定以及周边关系的紧张，利比里亚的经济也没有打开局面。美国人发现，虽然利比里亚成功地建立了国家，有了和美国类似的宪法，但是宪法是很难移植的。即便到现在，很多人仍认为，如果世界上其他国家采用与美国同样的宪法，就能达到美国式的繁荣，但利比里亚的经验却告诉我们，这是不可能的。每一个国家都有着不同的国情，这些国情决定了哪怕是想进行制度平移都很难做到。

利比里亚和塞拉利昂这两个在“回到非洲”运动中建立的政治实体都存在严重的结构性问题，这导致他们缺乏对外扩张的能力。他们将更多精力放在了整顿内部秩序上，错失了成为区域性大国的良机。此时这两个国家之外的西非，已经是法国的天下。当法国人将它们周边地区变成法属西非的领土后，这两个国家变得与世隔绝，慢慢地被人遗忘了。

在西非，其他法语国家沟通频繁，国与国之间有着较为便利的交通，但这些国家与利比里亚和塞拉利昂的边界却非常偏僻，至今仍然是泥土路，一到雨季就无法通行。更不幸的是，2014 年，这两国加上旁边的几内亚爆发了严重的埃博拉病毒疫情，周围的国家对它们更是谈之色变，甚至不惜与之断绝往来以避免埃博拉病毒的扩散。

但无论如何，当非洲其他地区在 19 世纪经历了欧洲瓜分的狂潮时，利比里亚仍然保持着独立性。到了20世纪，正是因为这少数独立国家的存在，才让其他的非洲地区有了信心，选择了独立。在漫长的一百多年里，利比里亚虽然也经历了疾病、贫穷、封闭，却顽固地坚持着选举制度，这种制度虽然不完善，却证明黑人也是能够建立起属于自己的现代国家的。

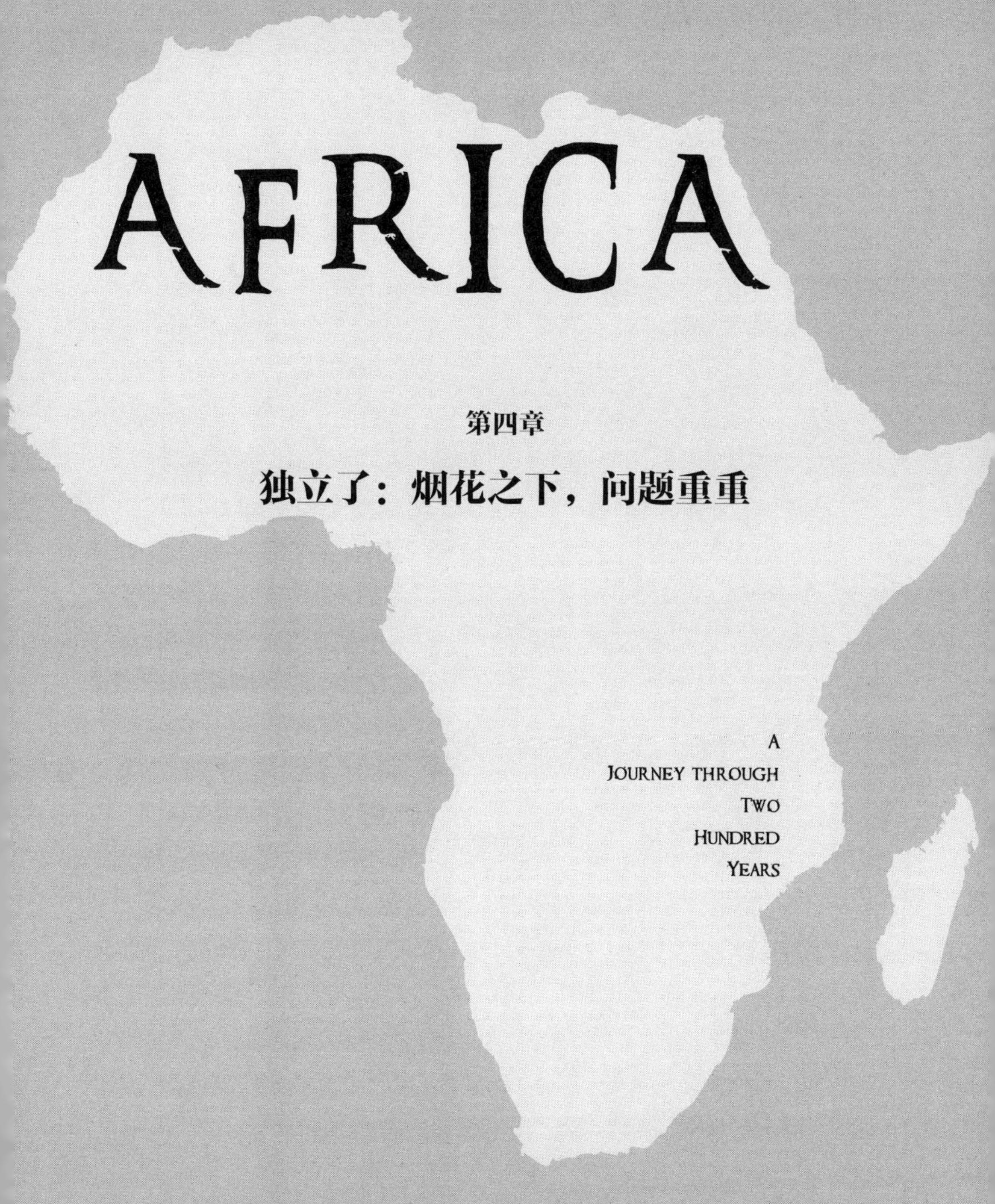

AFRICA

第四章

独立了：烟花之下，问题重重

A
JOURNEY THROUGH
TWO
HUNDRED
YEARS

数年之间，加纳突然从欢迎中国人的国家变成了对中国人限制最多的国家。

加纳出了一位联合国秘书长科菲·安南，也养成了相对开放的心态，欢迎天下朋友的光顾。但是，从北非开始直到西非，我费尽心机想拿到加纳签证，却都以失败告结。在摩洛哥首都拉巴特的加纳大使馆里，一位微笑的女士接待了我，但当她发现我是中国人时，立刻皱起了眉头，告诉我无法办理。“你们中国人太多了。”她委婉地说。

“我不是去工作，我是去旅游。我知道加纳是最早独立的非洲国家，也知道恩克鲁玛……”我试图让她看出我是一个旅行者。

她犹豫了一下，还是拒绝了：“你没有办法证明你不是去淘金的。”

在塞内加尔、马里，我也碰到了同样的遭遇，他们无不暗示我，他们无法确定我不是去加纳打黑工的。

一名在加纳打工的中国人告诉我他的遭遇。那天半夜，他和二十几个中国工人睡在屋子里，突然间，门被踹开了。土匪来了！有人从梦中坐起来喊道。人们还没有反应过来，就被硬邦邦的枪管捅到了下巴。中国人也有两把枪，但一切发生得太突然了，根本来不及反抗。

一个人想逃跑，有人在他的背后开了一枪，他扑倒在地上。“我以为他死了，可是他不停地喊，老子不敢了，不敢跑了，别开枪！还问我们英语的投降怎么说，有人告诉他之后，他就一遍一遍趴在地上喊‘Surrender’（投降）。他被踹了几脚，又被拎起来扔回我们堆里。”

所有的人都被揪出来，由于天太热，有的人习惯不穿衣服睡觉，他们连衣服都没来得及穿，光着身子就被扔进了车厢。

在他们身后，屋子里值钱的东西被洗劫一空，最重要的是那包黄金，有几公斤重。为了防盗，带头大哥睡觉时将黄金放在被子里，也被翻出来拿走了。

卡车上路后，他们回望住处，那里已经燃起了熊熊大火，将他们在加纳的一切都烧光了。

抓他们的人不是土匪，而是加纳的军人。军人们是在捣毁非法淘金的窝点，二十几个中国人都是非法进入加纳淘金的。

到底有多少中国人在加纳，没有具体数据可查。加纳的金矿非常丰富，一个小矿有时候一天就出产好几百克黄金，简直比抢钱都快。

不仅是中国人，世界上许多国家的人都到这个“黄金海岸”（加纳独立之前的名字）来碰运气。他们之所以能来，也和加纳本地人的配合有关。有的警察为了赚钱，只要有贿赂就网开一面。海关有时也会将非法劳工放入境内，当地的酋长也默许外国人开采。军人抓他们，也带着利益的因素。这个在加纳打工的中国人虽然被抓了，但当他支付了 2000 美元后，就被释放了。

作为非洲第一个获得独立的国家，加纳曾经是非洲的骄傲。几十年后，经过了动荡的它仍然贫穷。但在这些混乱之外，人民的生活其实又有了改善，大的动荡已经结束了，国家已经更接近一个整体，人们更加务实。虽然淘金带来了一定的混乱，但为了让国家在未来走向更快的发展通道，黄金所换来的资金被用来修建道路等基础设施。

这样的局面，虽然与当年开国者恩克鲁玛的理想有着巨大的差异，但这是一个后殖民国家从独立过渡到发展阶段必然经受的颠簸。

谁是恩克鲁玛?

谁是恩克鲁玛？

在西非如果有人问这个问题，一定会受到嘲笑。但在七十多年前，几乎每一个人都带着困惑这样提问。

1947 年，黄金海岸的一个傀儡政党——黄金海岸统一大会党（United Gold Coast Convention，简称 UGCC），请回了一位名不见经传的律师担任秘书长，这个人就是恩克鲁玛。

UGCC 的成员主要是黑人，却是一个与英国人合作的党，他们寄希望于在宗主国的帮助下获得自治，却又不离开宗主国的怀抱。但请回的秘书长却把事情带离了既定轨道。十年后，恩克鲁玛已经取代了 UGCC，还让加纳完全脱离了英国人的控制，成了二战后非洲第一个独立的国家。

一时间，恩克鲁玛成了非洲的象征，世界的聚光灯都打向了这位微笑随和、文质彬彬的黑人领袖，他被塑造成了一位新的英雄。

美国作家约翰·甘瑟在他的书《非洲内幕》（*Inside Africa*）中这样记载恩克鲁玛：他是个单身汉，也喜欢同妇女（包括白人）在一起，他没时间结婚，总是说黄金海岸每一个妇女都是他的新娘；他不抽烟不喝烈酒，偶尔喝一点香槟，还是个素食主义者，连咖啡都不喝；他对那些浪费时间的体育活动、名利和琐事毫无兴趣；他喜欢一点古典和当地音乐；他是个工作狂人；他被称为“非洲的尼赫鲁”“非洲之鹰”。

但对中国人来说，最感兴趣的还不是恩克鲁玛本人的活动，而是英国人怎么会让一个殖民地独立？在中国人的思想中，领土问题寸步不让，一旦获得，绝不可能让出来。英国人既然已经将非洲、亚洲的大片土地占去了，怎么又会同意它们独立呢？这要从英国人二战后的政策说起。

领土问题，对于中国人是个是非问题，但对于欧洲人来说，却是一个成本问题。

19 世纪，英国人吞并了整个印度，达到了大英帝国殖民体系的巅峰，但也从这时开始，他们发现维持殖民体系的成本太高昂，小小的岛国承受不起了。

付不起维持殖民体系的成本，当初的葡萄牙人和西班牙人都有过体会。地理大发现之后，葡萄牙主导了从欧洲绕过好望角到达印度的航线。为了保住航线，它占领了一系列的战略要地，从西非到东非，再到阿拉伯世界，以及印度西南海岸，都有葡萄牙人的堡垒。为了保住这些战略要地，葡萄牙必须投入大量的人力和物力，养一支庞大的舰队。小小的葡萄牙根本拿不出这么多人和钱来，只能眼睁睁看着战略要地一个个被英国人、荷兰人夺走。

西班牙在美洲的殖民看起来很成功，但为了把殖民地黏合在一起，必须动用大量的船只。狡猾的英国人利用海盗抢劫和绑架西班牙的货船，就可以让殖民地与宗主国之间的交通瘫痪。最后美洲殖民地独立的呼声一起，西班牙根本没有能力来维持殖民体系。

英国旗插满全球之后，也发现面临着同样的陷阱：殖民地越来越不听话，为了镇压它们，投入的资本日益增加，超过了英国本土获得的好处。

最让英国人头疼不已的是印度。印度是英国最重要的殖民地，为本土提供了大量的商品，是英帝国贸易体系中不可缺少的一环。1857 年印度人发动了反英大起义，这次起义虽然被镇压了，但英国人意识到，如果出现第二次起义，英国动用武力也没有用了。

从这时开始，英国人开始考虑走另一条路的可能性。这条路是：让印度的精英阶层加入殖民政府，教会他们治理国家，并让印度逐渐走向自治。如果这条路足够平稳，英国就不会和印度走向对立，印度即便自治了，仍然会停留在英国的贸易体系之中。这样的做法既可以减少英国的统治成本，同时也保证了贸易往来。

英国人在印度的试验步履蹒跚，他们时而想放手，时而又舍不得放权；印度人时而配合，时而开始另一波反抗。二战后，由于英国人从印度征了许多士兵，当这些军人复员时，英国人突然意识到，如果再不放手，这些杀过人的士兵将有可能率领印度人采取激进的行动。印度的独立事业随之加速，并于 1947 年实现了独立。

印度的独立是一次理论和实践相结合的成功示范。对英国人来说，他们提出的逐渐独立、维持贸易关系的做法是可以实现的，不仅对宗主国冲击不大，对殖民地的冲击也不大。

印度的独立引起了一系列的连锁反应。这一方面是印度独立的示范作用，另一方面则是美国主导的国际体系进入了一个崭新的阶段。

美国是唯一不要殖民地的西方强国，它本身就是殖民地出身，对于由别的国家控制一个民族带着天生的反感。二战结束后，在规划国际秩序的纲领性文件《大西洋宪章》中，美国总统罗斯福宣称，宪章不仅适用于战胜国，也适用于许多发展中国家以及殖民地。在他的鼓动下，世界进入了一个争取独立的时期。英国、法国等拥有殖民地的国家虽然不赞同美国的说法，却也无可奈何，只得准备后事。

在英国的殖民地中，继印度之后，独立事业轮到了非洲的黄金海岸。

在英国人统治时期，黄金海岸并不贫穷。这里曾经出产黄金，又引进了可可种植作为支柱产业。英国人也有意识地吸引当地的精英阶层进入政府。这种做法，使得黄金海岸比英国其他的非洲殖民地拥有更多独立的条件。

1947 年，在英国人的支持下，黄金海岸的精英们组织了政党——黄金海岸统一大会党。党领袖是一位叫丹夸的人，正是这个人，提出将具有殖民地色彩的黄金海岸改掉，他选择了西非三大帝国的首位——加纳——作为这个未来国家的名字。实际上，当年的加纳帝国主要在现在的马里境内，并不包括现在加纳的土地，但这个国名能够鼓舞整个西非的独立事业。

丹夸做过政治领袖，也创立过黄金海岸最早的报纸。他选择了与英国人配合。在求得谅解的情况下缓慢独立的这条路，与英国人的想法一拍即合，这也是最稳妥的道路。作为早期的政党，统一大会党需要正规化，于是丹夸在别人的推荐下，决定聘请一个全职的秘书长，这个人就是恩克鲁玛。丹夸没有想到，这项任命不仅毁掉了他的政治生涯，也差点毁掉了加纳和平独立的进程。

与丹夸的合作主义倾向不同，新秘书长恩克鲁玛是个十足的斗士。

恩克鲁玛出身于小商人家庭，当过小学教员，之后去美国留学。当时世界正处于一个革命化的时代，恩克鲁玛在美国用黑格尔、尼采、马克思、列宁的理论武装到了牙齿，并组建了非洲学生联合会，开始了政治尝试。

离开美国后，他前往英国攻读法学博士，又组织了西非学生联合会，还有一系列争取西非独立的斗争机构。社会主义和泛非主义是恩克鲁玛最强大的两张牌。

丹夸和统一大会党希望同英国人合作，让政权和平过渡，恩克鲁玛却认为离开了斗争，就无法独立。他回到黄金海岸后，领导了大量的群众运动，一会儿要求增加工资，一会儿要求抵制外国货。在他的感召下，黄金海岸的社会情绪一天天向着激进化奔去。两年后，丹夸受不了这个精力无限的秘书长，两人分道扬镳。此后，恩克鲁玛组织了自己的政党——人民大会党（Convention People's Party）。

在黄金海岸自治的过渡议程中，宪法是一个主要问题。英国人决定召集一个由当地人组成的委员会，编写一部新宪法。宪法中将授予当地人更多的权利，逐渐过渡到独立。

丹夸等温和派都被邀请加入宪法委员会，恩克鲁玛却被排除在外。英国人的举动惹恼了恩克鲁玛。为了证明人民大会党的力量，他发动了一次全面的罢工，这场罢工以暴力收场。得到了口实的英国人立刻行动，将恩克鲁玛及其同伴逮捕，判刑三年，让他进监狱织渔网去了。

英国人是一个守规矩的民族，他们原本以为，恩克鲁玛进了监狱，就不会干扰他们举行加纳历史上的第一次大选了。按照法律规定，只要刑期超过一年，就不具有代表资格，不能参加选举。

但恩克鲁玛是学法律出身，他找到了法律的漏洞。他声称自己的刑期虽然是三年，却是由三个不同的判决、各判刑一年凑出来的，如果单独衡量每一次判决，刑期都不超过一年。英国人还没反应过来，恩克鲁玛已经报了名。英国的监狱里总是充满了各种小纸条和传话人，恩克鲁玛在监狱里发动了竞选攻势。

选举结果一出来，英国人大吃一惊：恩克鲁玛的人民大会党占据了总共38个议席中的34个，成了绝对的第一大党。

英国人面临着艰难的抉择：到底承不承认这次选举的结果？如果承认，意味着恩克鲁玛将上台，并必然被议会选为政府总理，一个在监狱里的总理将成为世界的笑柄；如果不承认，那么人民大会党已经通过选举显示出了民心向背，整个国家将立刻陷入一片混乱。

经过衡量，英国人决定接受选举结果，抛弃了更加温和的丹夸，选择了恩克鲁玛。他从监狱里出来后，走上了总理的宝座。

恩克鲁玛当上总理虽然并不意味着独立，但是意味着准备工作的加速。

与其他非洲国家不同，加纳虽然有恩克鲁玛的激进运动，但英国人还是耐心地做着准备工作，将所有的制度搭建好。直到恩克鲁玛实在等不及了，一次次利用民意驱赶他们，英国人才在六年后让加纳获得了独立。

这是非洲第一个从殖民地转化为独立国家的例子。十年前，恩克鲁玛还是一个名不见经传、在英美混日子的穷孩子。十年后，他已经成了世界瞩目的焦点。

非洲从来不缺乏这样的传奇人物，他们鼓舞着一代又一代的青年，幻想着有朝一日可以突然成名。这种想法有励志的一面，也带着急功近利的因素，由此带来了一出出悲喜剧。

在恩克鲁玛的鼓舞下，全非洲进入了独立时代。

“日不落帝国”解体了

在所有拥有殖民地的欧洲国家中，在治理上以英国人留下的遗产最丰富。

殖民地管理的难点，在于如何建立一个有效的政府，以及如何处理殖民地政府与位于本土的中央政府之间的关系。英国人摸索出了一套“联邦制”的架构，每个殖民地都由英国国王和议会派出总督作为殖民地的行政领导。可另一方面，总督虽然拥有很大的权力，却也不是大权独揽，殖民地往往会设立一个类似于议会的机构。这个机构的权力也许没有真正的议会大，但总督必须尊重它，从而对总督形成一定的制衡。

在这个类议会机构中，最初的成员往往都是英国的白人，到了一定时候，会逐渐吸纳当地的精英分子参加。这种方法很适合培养出一批懂政治和行政的当地人，直到他们能够担负起行政重任，殖民地才不会在独立后退化回更加落后的形态。

在印度，英国人正是通过这种方式培养了尼赫鲁一代的精英分子，从而完成了无颠簸的独立过程。在缅甸，由于这个培养期比较短，加之担当开国元首的昂山将军意外被刺，因此缅甸在独立后进入了混乱时期。

而在非洲，英国人面临的最大问题是：当地人已经等不及了，他们迫切地希望独立，根本没有考虑政治条件是否成熟，是否有足够多的行政官僚来接管政府。非洲的教育也比印度落后得多，许多国家连识字的人都凑不够，又如何谈建立有效的政府。

英国人的自私也帮了倒忙。在印度这样的国家，所谓当地精英指的是印度人。可是，在英国殖民地肯尼亚，所谓当地精英，却是已经扎根在非洲的白人，黑人仍然被排斥在政治之外。

按照英国人的计划，加纳独立是因为这个国家独立的条件已经相对成熟。这个相对成熟的国家却被恩克鲁玛搅了局。英国人还没有做好完全的准备之前，就被迫放手了。那些还没有达到独立条件的国家又该如何？

英国在非洲的势力范围分成了如下四类。

第一类是西部非洲的零散殖民地，这包括了最早获得独立的加纳，以及尼日利亚、冈比亚、塞拉利昂等国。这一类国家最早进入英国人的独立规划，并按部就班地进行着。

第二类是英国的保护国埃及，以及英国和埃及的双重保护国苏丹。这两个国家不算完全的殖民地，它们早就存在着由当地人组成的政府，只是这个政府必须受英国人制约。他们拥有很强的独立倾向，但英国人在埃及有着重要的利益——苏伊士运河，很难下决心放手。不过，埃及人帮助英国人做了了断。1952 年，对英国人软弱的埃及国王被推翻了，发动政变的是埃及的英雄纳赛尔。纳赛尔推翻了埃及的国王统治，建立了表面上的共和制。在一次次的争执之后，埃及人强行收回了苏伊士运河，结束了英国的特权。

埃及独立后，纳赛尔认为要将英国人赶出苏丹，唯一的办法是宣布苏丹从埃及独立，结束托管。于是，苏丹也于 1956 年获得了独立的地位。

苏丹是英国人拼凑的国家，北方信奉伊斯兰教，属于阿拉伯文化圈，南方则属于非洲文化，更加原始，独立后长期受到北方压制。在西部，还有达尔富尔区域。这里曾经是独立的达尔富尔苏丹国所在地，苏丹国被英国人征服后，将这一区域并入了首都位于喀土穆的苏丹国家，但达尔富尔的独立倾向一直保留了下来，形成了达尔富尔问题。

第三类是英属东非，这包括了英国殖民地肯尼亚、乌干达，从德国手中得到的坦噶尼喀，以及位于海中的保护国桑给巴尔，再加上更靠南的尼亚萨兰（现在的马拉维）、北罗德西亚（现在的赞比亚）。

这些地区不仅更加原始，而且英国人也舍不得放手。以肯尼亚为例，这里已经有了许多定居的英国人，他们占领了大片的土地，开始了农耕生活。如果从经济角度看，肯尼亚农场对于英国的重要性要远高于加纳。如果从黑人教育角度看，它的起步很晚，黑人中缺乏与上层沟通的政治人士，政治上更加不成熟。这两点决定英国人并不想从这里撤出。

可是，随着加纳的独立，肯尼亚的黑人也开始骚动，这让英国人不得不迫于压力，做出一些让他们独立的承诺。

南部还有几个小国，被称为“女王毯子上的跳蚤”。这几个小国嵌在南非的中间和周围，分别是贝专纳兰（现在的博茨瓦纳）、巴苏陀兰（现在的莱索托）

和斯威士兰。在南非，最早来的白人是荷兰人，他们占领了南非后，形成了一个新的群体——布尔人（荷兰人的后裔）。这些“小跳蚤”就是当年布尔人没有征服的小硬块。当英国人打败布尔人获得南非后，也顺便把这些小国收入囊中。它们对于英国没有什么重要性，英国人也并不在意他们是否独立。

第四类是最复杂的，有两个地区虽然是英国的保护国，却是由当地白人统治的，它们是南非和南罗德西亚（现在的津巴布韦）。

南非的白人是布尔人，英国人依靠武力成了布尔人的主子，布尔人又是当地黑人的主子。

南罗德西亚的白人是英国人的后裔。这里与相邻的北罗德西亚和尼亚萨兰不同，后两个地方白人还没有建立起更加稳固的社会结构，独立后就是黑人的天下。但由于南罗德西亚的白人来得早，他们已经渗透进了社会的方方面面。即便英国人撤出，这里的白人也可以迅速接手政权，形成一个类似于南非的种族隔离国家，由白人进行统治，控制经济命脉，但社会主要构成还是黑人。

南非除了本土之外，还有一块殖民地叫纳米比亚。这里原本是德国的殖民地，由英国人交给了南非。一旦英国人撤出，纳米比亚必然会成为南非独立控制的附属区域。

在英国人的四类领地中，他们打算放手第一类，但不幸的是，当第一类放手之后，第二、第三、第四类也全都跑出了笼子。英国人如同打开了潘多拉魔盒，再也收不住了。

紧随加纳之后，第二个独立的是尼日利亚。

尼日利亚是非洲第一人口大国，也是一个民族构成非常复杂的国家，从传统上它可以分为三大民族区域。

第一个区域是北部，属于伊斯兰教区域，占据了全国领土的一半多，人口也在一半左右，他们主要分成了两个族群：豪萨族和富拉尼族。两大族群之间存在着斗争，但在对付非伊斯兰教地区时却团结一致。这一区域与外界接触较少，宗教信仰又不相容，文盲程度很高，也更加排外，即便是周围的西非国家也对这个区域敬而远之。我在西非旅行时，一提起尼日利亚，其他国家的人都会首先提醒我不要去北部。这里出现了令人谈之色变的“博科圣地”组织，它是世界著名的恐怖组织之一。

而尼日利亚的西南部是另一个拥有独立传统的区域。这里居住着约鲁巴人。由于开化较早，城市发展有基础，首都拉各斯（后来迁到了阿布贾）就在这个区域。拉各斯是非洲最大的城市，一度号称世界前三。它建立在拉各斯岛上，贫民窟林立，街道混乱，却拥有无限的活力。

第三个区域是东南部。这里居住着一个拥有商人传统的民族——伊博族。伊博人没有形成更大的政治实体，却由于四处流浪，足迹遍布尼日利亚几大地区，控制了各地的商业。他们和欧洲人接触后，也迅速接纳了欧洲文明。更重要的是，这里是尼日尔河入海的三角洲所在地。这个三角洲是世界上最丰富的石油资源存储地之一，伊博族居住的地区也一跃成为尼日利亚最重要的经济区。

英国人要将这三部分捏合到一起，必然会产生磨合问题。如何在政治架构上考虑三者的利益，让他们合作共赢，而不是互相厮杀？

之前，虽然北方的人口更多，但由于北方的经济和教育比较落后，导致懂政治的精英十分缺乏。在设计制度时，英国人出于人口因素，让北方地区占的政治比重最大，甚至超过了南方两区的总和，这就给后来的不稳定留下了口子：北方的穆斯林酋长只要掌握了本区的选票，就能左右南方两区的政治。

为了防止一方独大，英国人还设立了半自治体制，三部分都是半自治的政治实体，在此基础上组成联邦。这种结构或许可以防止一方独大，却增加了国家层面的政治离心力。

一个国家的宪法架构需要经过长时间的实践，才能最终稳定。但英国人却没有足够的时间让尼日利亚去磨合了。1960 年，在加纳独立三年后，尼日利亚也独立了。

英国人最难以抉择的是以肯尼亚为代表的第三类殖民地。在这些地方，白人已经融入了当地的经济生活，如果要把政权交给黑人，势必意味着白人要放弃大量的财产和土地。

英国人希望，殖民地即便要独立，也是一种围绕着白人的独立，在当地落地生根的白人仍然可以控制土地资源以及政治资源。在达到这个效果之前，英国人不想放手。

在东非，对英国人最重要的殖民地有六个：肯尼亚、乌干达、坦噶尼喀、南罗德西亚、北罗德西亚和尼亚萨兰。而在六个殖民地中，又有两个白人最密集的核心，分别是北方的肯尼亚和南方的南罗德西亚。

在肯尼亚，英国人已经控制了最好的土地，土著基库尤人被赶走。这些白人的身家性命已经押在庄园上，他们是反对脱离母国的死硬派。另外，这里还存在着大量的印度人，他们甚至比英国人来得都早。印度人肯服从英国人，但绝对不会服从黑人。

在南罗德西亚，同样存在白人阶层，他们不愿放弃利益给黑人。而在北罗德西亚和尼亚萨兰，由于白人少，问题反而简单得多。

按照英国人的打算，他们想建立两个联邦国家。其中一个围绕着肯尼亚建立，包括乌干达和坦桑尼亚，由白人作为政治主体，同时在印度人的帮助下，又照顾一定的黑人利益，形成一个国家。

另一个围绕着南罗德西亚建立，将北罗德西亚和尼亚萨兰合并，形成另一个国家。

这种模式让英国人的损失最小，又满足了殖民地的独立要求，可能是调整最小的方案，也是最能保护各方利益的方案。但事与愿违，英国人建立这两个联邦的过程都不顺利，反而激发了两地的独立意识。

首先表现出暴力独立诉求的是英国人在东非最大的据点肯尼亚，这里的白人最多，占据的土地也最多，引起的民族冲突也最激烈。肯尼亚也出了一位独立领袖，他是现在肯尼亚总统小肯雅塔的父亲老肯雅塔。

老肯雅塔并不是一个如同恩克鲁玛那样严肃的领导人，他本人是个花花公子，乐于享受，还曾经到过莫斯科接受过世界革命的培训。实际上，他对于惬意的英国式绅士生活充满了向往。

肯雅塔曾经在英国生活，二战后，突然决定回家乡闹独立。他本人并没有多少暴力倾向，但不巧的是，回到家乡时，正碰到了肯尼亚历史上最血腥的自发性叛乱——茅茅叛乱。英国人认为这次叛乱是肯雅塔组织的，他因此走了霉运，被抓起来判了刑。

茅茅叛乱事实上是当地被剥夺了土地的基库尤人自发组织的、以杀害英国白人为目的的运动，这次运动给英国人在非洲的统治留下了一缕血腥的记忆。最终死亡的白人平民是三十几个，英国人杀害的黑人却有一万多。

肯尼亚危机过去后，尼亚萨兰突然间也闹了起来。领导尼亚萨兰独立运动的是一位德高望重的黑人医生海斯廷斯·卡穆祖·班达。

班达本来已经在英国定居，当北罗德西亚、南罗德西亚和尼亚萨兰合并的消息传来，他突然间拍案而起，回到故乡。英国人合并三个殖民地，是为了把南罗德西亚的白人样板强加给黑人主导的北罗德西亚和尼亚萨兰，这引起了后两者的极大不满。

班达回国后号召人们反抗英国人，他也因此进了监狱。但英国人经过了肯尼亚和尼亚萨兰的两场抗议运动，已经心灰意冷。他们匆匆地决定让这些殖民地尽快独立。

一旦决定了，剩下的事情就不再纠缠。曾经肯尼亚白人的利益是英国政府考虑的重心，现在他们只能自求多福。

南北罗德西亚和尼亚萨兰的联邦也解体了，三个国家各自独立。对于北罗德西亚和尼亚萨兰没有什么问题，但南罗德西亚则问题重重。当地的白人不想失去权力，宣布建立白人控制的国家，于是这个国家的黑人继续闹革命，争取把白人推翻。

从 1961 年到 1968 年，英国的非洲殖民地纷纷独立，不仅是西非和东非的各个国家，就连南部的几个“小跳蚤”也都被授予了独立地位。

1961 年，英国人控制的南非也脱离英联邦独立了。只是，这时的南非是一个由布尔人控制的国家。为了防止人口占大多数的黑人来抢夺白人的利益，这里实行了严格的种族隔离，直到三十年后才得以取消。

法兰西帝国的“器官”们

在非洲殖民地历史上，法国是唯一一个与英国同等量级的国家，它的殖民地从面积上讲超过了英国，人们也总是拿法国和英国的殖民地政策作对比。

与英国的间接管理不同，法国推行的是直接管理。英国的每一块殖民地都是一个拥有健全功能的小政权，有一个总督代表着行政分支，也有一个类似于议会的机构负责立法事务，具有一定的自治权。法国的殖民地却和法国本土的其他地区一样，是法兰西帝国里的一个不能独立运行的零件。

如果用人体来比喻殖民地和帝国，那么英国的殖民地就是一个个单独的小孩，英国是这群小孩的托管人；法国的殖民地却只是法兰西这个庞大身体里的一个个器官，它们共同组成了一个身体，共同维持法兰西的运转，缺乏独立生存的能力。

在殖民地管理上，法国也比英国严格得多。一个殖民地只具有单一的功能，它们为帝国生产某种单一的原料，有的甚至连原料加工都不会做，只能送到母国去加工，完了之后再运回殖民地。

这种单一模式，使得法国的殖民地都不具有独立成长的条件。法国人这么做，主要是因为他们的国家是集权式的，早已习惯了集权思维。但另一方面，这也是防止殖民地脱离帝国的一种措施。

即便到了现在，殖民地已经脱离了法国几十年，许多国家仍然不得不服从于这个体系。它们生产单一产品，缺乏加工业，忍受着法国强加的高价。

可是，当加纳从英国独立后，原本安静、缺乏条件的法国殖民地也突然要求独立，法国政府无力镇压殖民地的呼声。

法国在非洲的势力范围包括了如下几类。

第一类是北非的阿尔及利亚，这里由于靠近法国，居住了大量的法国人，一直被认为是法国的本土。阿尔及利亚在独立之前人口是800万左右，其中法国人占115万左右，虽然只有百分之十几，但在整个非洲地区，已经算是殖民化最彻底的。如果要将这里放弃，意味着这100多万法国人都要回到法国本土。但他们在法国已经毫无财产，不可能回去了。

第二类是北非的其他两个保护国：摩洛哥和突尼斯。这两个国家有自己的统治者，但法国作为宗主国拥有极大的权力。

第三类是法国在西非、赤道非洲的两个殖民地联合体：法属西非和法属赤道非洲。其中法属西非包括八块殖民地：塞内加尔、马里、布基纳法索、贝宁、尼日尔、科特迪瓦、毛里塔尼亚和几内亚。法属赤道非洲则包括了另外四块殖民地：加蓬、乍得、中非共和国和刚果（布）。此外还有从德国人手中获得的两块托管地：多哥和喀麦隆。这些地区受法国中央政府直接统治，它们甚至在法国议会中也有代表，少数精英分子甚至能在法国国内担任部长职务。

第四类是东非的零星殖民地，主要包括吉布提（法属索马里），以及印度洋上的大岛马达加斯加，还有若干小岛，比如留尼汪岛。这些小岛如今仍然掌握在法国手中，但马达加斯加却早已分离。

随着英国人在加纳的独立试验的展开，法国殖民地也进入了骚动期。法国人明白他们的殖民地政策必须调整，如果不主动调整，那么就必然要被动等待暴动。

法国人的计划是这样的：在北非，由于阿尔及利亚已经深深地法国化，因此，阿尔及利亚必须作为法国的本土对待，并逐渐在政治架构上融入法国本土政治；至于其余两个保护国摩洛哥和突尼斯，则允许它们在与法国友好的基础上，逐渐实现独立。

在东非和印度洋的零星殖民地中，马达加斯加曾经武装反抗过法国的统治。其统治成本太大，法国无法维持，它的独立似乎无法避免。吉布提的地方不大，只是一个港口国家，比较容易控制。它于 1957 年就获得了半自治的地位，但到 1975 年才真正独立。它在法国的殖民地策略中只处于从属地位。

法国看重的，还是西非和中非连成片的广大区域。法国人一直在培养当地精英分子，培养他们的爱（法）国热情，试图将这片区域同化，让它们在一定的政治安排下并入法兰西利益共同体。也就是说，法国并不想看到西非和中非独立，但必须授予它们更大权力。法国希望安排一种“邦联”结构，让它们满足于一定程度的自治，又在外交和经济上听从法国的领导。

那么，法国的目标可以实现吗?

首先遇到问题的是摩洛哥和突尼斯两个保护国。法国在退出摩洛哥之前，希望扶持一个亲法的国王。于是军队出面将原本仇视法国人的国王穆罕默德五世废黜，另立了一个听话的国王。不曾想，这样的做法引起了摩洛哥人的反抗。法国人觉得这里并不是他们的核心利益所在，只好恢复了穆罕默德五世的王位。

在突尼斯，一个叫哈比布·布尔吉巴的人脱颖而出。虽然突尼斯也有国王，但国王对法国人言听计从，并不符合突尼斯人的胃口。这里的国王正式称号叫贝伊，是奥斯曼土耳其帝国统治时期形成的，但其威望并不强。布尔吉巴借机成为领导独立的领袖。

在数次逮捕布尔吉巴之后，法国也认定不值得花如此大的精力去维持一块迟早要分离的土地。

1956 年，法国人允许突尼斯和摩洛哥双双独立。一年后，已经是王国首相的布尔吉巴主持制宪会议，废除了国王，建立了共和国。至今，摩洛哥仍然是一个王国，而突尼斯则保持了共和国的地位。

两个保护国的问题解决后，最让法国人头疼的还是阿尔及利亚的问题。

2013 年，我曾经在老挝遇到过一位法国青年尼克，他的祖父母就是阿尔及利亚的法国移民。

由于老挝曾经也是法国的殖民地，我们自然谈到了法国殖民地问题，由此引出了二战英雄、法国总统戴高乐。尼克义愤填膺地告诉我，虽然世界把戴高乐当成英雄，但阿尔及利亚的移民后代永远不会原谅他。

他回忆起祖父母说过无数次的故事："在阿尔及利亚局势最紧张时，戴高乐跑到了阿尔及利亚，安慰那些移民说：'法兰西永远不会抛弃自己的儿女。'大家都相信了他。但是，他离开一个星期后，消息传来，法兰西已经准备放弃阿尔及利亚。这表明那100多万法国移民已经失去了家园。"

严格地说，为了将阿尔及利亚变成本土，法国人拿出了巨大的诚意。按照法国中央议会（国民会议）的规定，阿尔及利亚可以在议会中占据27个席位，其中大约一半给阿尔及利亚的法国人，另一半给土著穆斯林。在阿尔及利亚的地方议会中，一共120个席位将在穆斯林与法国人之间平分。

但这样的诚意远远达不到阿尔及利亚穆斯林的期望。法国议会总席位是577席，即便将27席全都分给阿尔及利亚的穆斯林，也只是杯水车薪，根本无法撼动法国人的整体优势。更何况是对半分，让在人口比例上少得多的白人与穆斯林享有同等待遇。

更不合理的地方在经济和社会上，法国人几乎控制了阿尔及利亚的经济命脉，给穆斯林留下了大量的贫困人口。阿尔及利亚的地理条件并不优厚，本来就养活不了太多人口，当法国人拿走过多，穆斯林自然会变得更加贫困。

面对法国人的同化，穆斯林以起义来做出反击。领导穆斯林起义的，是后来成为阿尔及利亚第一任总统的艾哈迈德·本·贝拉。1947年，本·贝拉成立了一个武装斗争组织，并在两年后开始实施恐怖行动。他被捕后，被判处了八年徒刑。

不想，本·贝拉从监狱里逃了出来，变得更加激进。从1954年开始，他领导的"民阵"组织开始了大规模的破坏行动。法国作为回应，也派出了大量的军队对"民阵"实行报复。到了高峰时期，法国有50多万军队停留在阿尔及利亚，相当于两个法国平民就要受到一个军人的保护。这种过度的武力使用，给法国带来了巨大的负担。

但起决定作用的还是法国政府的不稳定。因为在亚洲的中南半岛（越南、柬埔寨、老挝）吃了败仗，法国政府一直处于不稳定状态。到了 1958 年，法国军队在阿尔及利亚已经取得了重大进展，但法国政府却倒台了。新的中央政府迟迟组建不起来，没有人愿意接手。“民阵”也在这时故意制造对军人的处决事件，这件事扩展开来，又让阿尔及利亚的法国总督倒了台。从中央政府到阿尔及利亚地方政府，他们都无所作为，这让法国人意识到共和国已经接近失败了，他们选择了二战时期的领导人戴高乐出来收拾残局。

法国人选择戴高乐，是希望他表现得足够强硬，打胜对本·贝拉的战争。戴高乐最初也希望这样做，但他是个务实的人，当他明白已经没有胜算时，骤然间转向，法国人开始逐渐退出阿尔及利亚。

1962 年，阿尔及利亚在经过了八年战乱，失去了 50 万条人命之后，终于赢得了独立。

尼克的祖父母曾经在阿尔及利亚奋斗了大半生，但阿尔及利亚一独立，狂喜的穆斯林开始疯狂庆祝和驱赶。法国移民只好扔下一切，跑回了法国。

回到法国后，作为外来户的他们一贫如洗，甚至连容身的住处都没有。他们不仅没有受到同胞的欢迎，反而被本地人欺负、嫌弃。他们只能从头开始打拼，对于这些从殖民地回来的人来说，重新生活的难度之大可想而知。

殖民地政策在创立时给当地人带来了不平等和压迫，在结束时，又给白人移民带来了灭顶之灾。

在西非，我曾经碰到过另一名法国人，他去过除了阿尔及利亚之外的所有西非、北非国家。当我问他为什么没有去阿尔及利亚时，他回答，因为阿尔及利亚对法国人进行了严苛的限制，所以他几乎不可能拿到签证。看来，双方的恩怨至今还没有化解。

与阿尔及利亚的血腥冲突相比，法国其他非洲殖民地反而更加容易获得独立。既然连最舍不得的阿尔及利亚都守不住，其他地区更是无可留恋。

但与阿尔及利亚有石油资源、足以自立不同，法国西非和中非的十四块殖民地却都是典型的“器官式”穷国。这给了戴高乐足够的信心，他认为这些地区离开了法国根本无法生存。

二战之后的法兰西第四共和国期间，法国组成了一个以英联邦为模板的体系——法兰西联盟（French Union）。这个体系以法国本土为核心，其他殖民地和海外领地可以派出少量代表参加议会，却必须接受法国的全盘领导。

戴高乐上台后，试图改进这个体系，创建了另一个叫法兰西共同体（French Community）的组织来取代法兰西联盟。从联盟变成共同体，其核心是在保留法国本土与殖民地纽带的前提下，给予殖民地更多的自治权。在起草宪法时，他甚至邀请了一部分愿意配合的非洲人士来起草。

根据新宪法规定，法国在非洲的两大殖民地联邦政权法属西非和法属赤道非洲都不再存在，取而代之的是十二个小的政治实体，这十二个政治实体直接受共同体领导，没有中间阶层。

共同体有一个总统，由法国总统担任，并负责处理司法、金融等事务。同时建立一个共同体会议机构，充当共同体立法的角色，只是这个机构从来没有起过作用。

戴高乐对法兰西共同体信心十足。西非和赤道非洲的每一个小殖民地的人口都只有几百万，每个殖民地只生产一两种初级产品，缺乏工业条件，它们离开法国几乎不可能生存。法国还培养了一批亲法的政治家，这些政治家甚至被邀请去制定宪法。他们一旦回到家乡掌了权，必然对法国忠心耿耿，帮助维持新的政治架构。

但戴高乐的政治安排却在一个“调皮孩子”的手中毁于一旦，这个人就是后来的几内亚总统艾哈迈德·塞古·杜尔。

塞古·杜尔是一名坚定的非洲本位主义者，又是恩克鲁玛的强烈支持者。戴高乐为了表现出各个殖民地是自愿加入共同体的，在宪法的条款中规定，每个殖民地都可以举行全民公决，选择是否批准共同体宪法。如果批准，就加入法兰西共同体；如果不批准，这块殖民地就将独立出去。

为了避免大家选择独立，法国在投票前加了许多威胁：如果选择留在共同体，就可以继续享受法国的补贴与帮助；一旦选择独立，法国将立刻撤走一切人员和资本，不再对独立国家提供任何帮助。

绝大部分殖民地都明白，一旦法国人撤离，当地连会写字的人都找不出几个，更何谈组织政府？他们都乖乖地投票留在共同体。只有一个例外，就是塞古·杜尔领导的几内亚。

几内亚投票前，戴高乐亲自跑了一趟，做最后的努力让他们留下。但他看见的却是几内亚对法国深深的敌意，他知道大势已去。公决中 95% 的人投票赞成独立。

几内亚独立的当天，除了少数自愿留下的，法国人几乎全部撤离，他们说到做到，将所有能移动的、有价值的物品全部带走，无法移动的就砸烂。法国人一离开，几内亚的政治、经济、金融完全瘫痪。独立让几内亚付出了倒退十年的巨大代价。

法国人之所以这样做，是想杀鸡骇猴，避免其他殖民地选择独立。

事实证明，这种威胁在短期内的确有用。在法兰西联盟改变成法兰西共同体的过程中，除了几内亚和从德国接手的多哥和喀麦隆独立了出去，其他十一个都留在了共同体之内。

但长期来看，几内亚的独立又的确瓦解了法兰西共同体。虽然法国人撤离了，但几内亚并没有屈服。塞古·杜尔成了非洲人的英雄，是不屈服于强权的典范。非洲人为他欢呼的同时，苏联也对它提供了巨大的帮助。一旦苏联插手几内亚，美国人立刻不甘示弱地跟进了。塞古·杜尔拿着苏联和美国的钱，将国内的反对派一一镇压，开始了他长达二十六年的执政生涯，直到去世。

他的境遇似乎给非洲的政治家指明了另一条出路。于是，法兰西共同体很快就解体了。在共同体成立两年后，十一个殖民地先后宣布独立。戴高乐本来试图挽救法兰西帝国，不料却加速了它的解体。

非洲国家虽然独立了，却并没有摆脱法兰西的阴影。

即便现在，这些非洲国家对法国的依赖仍然很严重。它们缺乏工业，必须从法国进口大量的加工食品、机械，并支付高昂的价格。它们出产的初级产品也主要销往法国，或者通过法国转运。

随着最近几年中国在非洲影响的扩大，非洲可以把初级产品销往中国，也有了更加廉价的工业品。这对于法国的地位是一种严重的冲击，但仍然不足以解决西非对于法国的依赖。

西非和赤道非洲对法国依赖的另一种表现在于金融。至今西非仍然在使用一种叫西非法郎的货币，而赤道非洲则使用中非法郎。

使用西非法郎的国家一共有塞内加尔、马里、布基纳法索、科特迪瓦、尼日尔、多哥、贝宁、几内亚比绍这八个国家。其中多哥是德国殖民地，后来被法国托管，虽然提前独立，但加入了法国的货币联盟。几内亚比绍是葡萄牙殖民地，也选择了加入货币联盟。在法属西非中，几内亚没有使用西非法郎，毛里塔尼亚曾经加入过货币联盟，但后来退出了。

使用中非法郎的国家有赤道几内亚、刚果（布）、加蓬、喀麦隆、乍得、中非共和国这六个国家。其中喀麦隆是德国殖民地，后来被法国托管，而赤道几内亚原本是西班牙殖民地，后来加入了中非法郎货币联盟。

这两种法郎对法国法郎（以及后来的欧元）的汇率是固定的，任何国家不能随便调整。它们都出现在欧元之前，是世界上最早的国际统一货币。

人们对于西非法郎和中非法郎的看法，也是大相径庭的。有的人认为，货币联盟是法国继续遏制非洲国家独立的表现。为了维持汇率稳定，法国要求各个国家必须将出口换汇的大部分外汇放在法国控制的银行之中。在许多人看来，一个国家无法支配自己的贸易收入，就意味着主权的不完整。许多泛非主义者也将两种法郎视为新殖民主义的表现。他们说由于法国撤退时砸烂了几内亚的一切，其他国家为了不让法国破坏，不得不加入货币联盟，让渡经济主权，以换来法国的援助。

但两种法郎的好处也是巨大的。任何新兴国家都不可避免地遭受恶性通货膨胀的威胁，他们的政府由于财政困难，总是偷偷加印钞票。但是西非和中非却由于使用了非洲法郎，政府无权加印钞票，反而幸运地避免了恶性膨胀的发生。从这个意义上来说，非洲法郎保护了这些国家的币值稳定。

不过，反对者又可以说，法郎币值的稳定造成了新的问题。比如，我发现西非的物价比其他非洲地区偏高，这就是由于使用了不能随意贬值的非洲法郎。物价的昂贵，让这些国家的产品缺乏出口竞争力，间接地造成了社会的贫困。

孰是孰非可以一直争论下去，但即便是最反法的人，当看到另一个国家的惨状，也会承认法国人能够让殖民地顺利独立，已经算是一种成功。在比属刚果，由于宗主国的罪孽，人们哪怕想要和平都是一种奢望……

卢蒙巴：第一位殉道者

1961 年 1 月 17 日晚上 9 点 41 分，一支小型的行刑队带着三名囚犯来到了刚果（金）城市伊丽莎白维尔附近一片与世隔绝的丛林地带。三名囚犯都已经被打得伤痕累累，血迹斑斑。

跟着行刑队一起的还有几名浑身酒气的人，他们是宣布从刚果（金）独立的加丹加共和国的总统冲伯和他的几位部长。还有几名白人，分别是一名比利时的警察署长和三名军警。

这些人将三名囚犯领到已经挖好的墓坑边，依次枪决。最后一名戴眼镜、身材瘦长的囚犯仿佛至死也不相信现实，还在问行刑人：“你们打算杀掉我们？”他得到了确认的回答。

他们死后，尸体先是被埋葬，随后又被挖出来切成碎块，扔进强酸里溶解掉，剩下的骨头被研磨成粉抛撒掉，从此人们再也找不到尸体的痕迹。

最后一名死去的人叫帕特里斯・卢蒙巴，他是刚果民主共和国（首都为利奥波德维尔，现称为金沙萨）的首任总理，也是领导这个国家取得独立的人。在半年前，他才兴高采烈地宣称，刚果（金）这个巨大的国家终于摆脱了欧洲的那个蕞尔小国——比利时。但半年后，在比利时人的推动下，刚果（金）已经分裂成三块，卢蒙巴也死于非命。

卢蒙巴作为非洲独立的第一位殉道者被记入了历史。如今，连他死亡的城市，也都改了名。最早时，这个城市叫伊丽莎白维尔，为的是纪念比利时国王阿尔伯特一世的王后伊丽莎白。卢蒙巴死后五年，这座城市更名为卢蒙巴市，只是卢蒙巴的尸骨已融入刚果（金）的大地之中。

非洲殖民地中，最糟糕的是由比利时控制的。它们在独立之前遭遇了敲骨吸髓式的压榨，留下了严重的社会问题和结构失衡的局面。比利时人不情愿地离开后，留下的仇恨立即毁掉了这几个国家。

比利时在非洲的势力范围包括一个巨大的殖民地（比属刚果）和两个保护国（卢旺达和布隆迪）。

两个保护国是从德国手中继承来的，由于国土面积较小，它们并没有成为比利时关注的焦点。但比利时人仍然把仇恨注入这两国的不同民族之中。

在两国执政的是一个叫图西族的少数民族，而被统治的多数是胡图族。比如在卢旺达，胡图族的人口大约是图西族的四到五倍。

非洲的种族界限大都是模糊不清的。也许在几百年前还是同一个部族，只是后来由于不同的社会地位或者生活环境，形成了较为（不是完全）封闭的通婚圈子，分化成了不同的种族。

以图西族和胡图族为例，他们的肤色、语言都没有太大差别。在非洲历史上，有一个超级种群班图人，他们从中西部非洲出发，横扫了整个非洲，取代原来更加黝黑和瘦小的俾格米人成了非洲的主流人群。图西族和胡图族其实都是班图人的后裔，血缘上没有太大差别。

两个种族在婚姻上和社会地位上也并非完全封闭的。在欧洲人到来之前，两个民族来往密切，可能只是因为政治地位的不同，他们才称自己是图西人或者胡图人。

但自从欧洲人进入卢旺达、布隆迪后，图西族和胡图族的对立突然加剧了。

在 19 世纪的欧洲，一股极其可怕的暗流涌动着，它叫人种学。人种学家们走到哪儿都喜欢带上尺子，将当地的土著人测量一遍，根据体貌粗糙地划分出人种，至于这些体貌是不是遗传得来的，则很难证明。

人种学发展到后来，成了纳粹种族灭绝政策的重要依据。二战之后，人们决定将人种学冰封起来，避免它再兴风作浪。但在欧洲之外，人种学却阴魂不散，成了种族冲突的助推剂。

德国人到来后，经过测量，他们认为图西人是高大瘦弱的，拥有更高的智商，胡图人则较为矮胖，且智力低下。自从欧洲人这么说了之后，当地人也逐渐接受了这种荒唐的理论。

德国人退出后，比利时人由于与这两个保护国更加疏离，决定采用制造分裂的方法维持自己的影响力。在初期，他们依靠图西族人来统治。在允许两国独立之前，布隆迪仍然维持着图西人的统治。卢旺达由于采取了民主制，人口众多的胡图族人突然成了统治阶层。

由于胡图人长期处于社会劣势，在经济地位、教育背景上都较为落后，无法实现有效治理，他们统治的方法也只好越来越依赖仇恨和民族主义，将美丽的千山之国卢旺达变成了冲突频发之地，注定了后来的悲剧。

卢旺达和布隆迪是两个小国，比利时人并不十分上心。但对于面积巨大的比属刚果（面积为比利时本土面积的 70 倍），比利时人则倾注了无数的心血。这些心血包括：统治刚果（金）的第一任君主利奥波德二世杀害了数百万刚果人，虐待致残的人不可计数，从刚果（金）掠夺走的财富都变成了利奥波德的私人财富。国王成了名副其实的大富豪，与之相比，比利时本土反而只是国王财富的添头。

利奥波德的统治在西方殖民圈里引起了巨大的反感，康拉德的小说将这里描写成地狱，各个国家也纷纷指责他的罪恶行径。他死后，继承人终于将刚果（金）从私人领地改为由比利时政府管辖。但这时刚果（金）又发现了巨大的矿产资源：钴产量占全世界的一半，铜矿占全世界的十分之一。这些矿产资源加上丰富的橡胶资源、钻石资源，使得比利时继续从刚果（金）抽走巨额财富。

在比利时抽走财富的同时，刚果（金）却依旧贫穷。刚果（金）人缺乏教育，加上逆来顺受的性格，使他们成了比利时人利用的工具。

就在独立之前两三年，比利时还不曾有让刚果（金）独立的想法，他们仍然躺在这巨大的血腥财富之上做着春秋大梦。但独立的声音却从英国和法国殖民地悄然传来，而刚果（金）独立的吹号手，就是比利时人恨之入骨的卢蒙巴。

事后，人们总是指责卢蒙巴有性格缺陷，只能革命却不懂得治理。但如果放在大背景中看，卢蒙巴却没有其他选择的可能性，他是被逼的。比利时从来没有想过要教给黑人怎样统治，他们的暴行又激起了黑人的普遍愤怒。在这样的背景下，不可能出现一个尼赫鲁式的调和者。

在比属刚果，黑人只能读小学，没有机会上中学和大学。卢蒙巴上到小学四年级就辍学了，接下来做过店员、推销员，逐渐积累下了口才和演讲技巧。工作和生活中的遭遇，让他对比利时统治的实质看得一清二楚。他身材瘦长，带着一种魅力型领袖的气质，这让他脱颖而出，成了黑人中的佼佼者。

在刚果（金）独立之前两年（1958 年），卢蒙巴发起了刚果（金）民族运动，并从加纳取来真经，开始在社会层面上与比利时人对着干。抗议声此起彼伏，暴力冲突也时常出现。在卢蒙巴的带动下，刚果（金）各地也涌现出许多政治团体，并逐渐在全国层面上联合起来，向着独立努力。

也许卢蒙巴和其他独立领导人都没有想到，比利时人是这么不堪一击。刚果（金）的骚动传到比利时国内，引起了比利时人普遍的担忧。他们担心会发生法国在阿尔及利亚，或者英国在肯尼亚（茅茅运动）的遭遇。担忧的结果是比利时人准备撤了。

于是，民族运动刚刚兴起两年，比利时人就匆匆撤出了刚果（金）。这样的胜利来得过于简单，卢蒙巴显然还没有做好从革命思维向统治思维转变的准备。

比利时人虽然准备撤，但是面子还是要的。1960 年 6 月 30 日，刚果（金）独立这一天，比利时国王博杜安专门从比利时飞过来，要参加这个隆重的庆典。

庆典在上午 9 点开始，在黑人歌手的助唱下，杀人者和被害者在一片和谐声中济济一堂。

11 点是讲话时间，博杜安作为长者做了一篇冠冕堂皇的讲话，他纪念了他的祖父、老暴君利奥波德，并赞扬了比利时在刚果（金）的统治多么崇高。但博杜安也提出了一些有用的建议，比如，他提醒刚果（金）独立后不要急于做社会改变，而是要保留原有秩序，直到对政治有了足够的了解，确信能做好的时候，再更改不迟。

博杜安坐下后，由刚果（金）首任总统（也是象征性的国家领袖）约瑟夫·卡萨武布讲话。总统很有涵养，他没有指责比利时人。按照计划，这个环节并没有安排总理卢蒙巴讲话，虽然他才是实际掌权人。

但会议的主持却突然邀请卢蒙巴上台讲话，人们有些奇怪，他们不知道，其实是卢蒙巴自己要求主持人打破程序留给他一点时间。他的时间并不多，只能发表一篇简短的讲话。这篇发言后来被称为比属刚果的《独立宣言》。

卢蒙巴首先感谢了刚果（金）人民，他说刚果（金）独立是民族运动抗争获得的，并不是比利时人的恩赐。

接着他开始历数刚果（金）人民在殖民制度下遭受的种种不公平：强迫劳动，种族迫害，被掠夺土地和资源，以及肉体摧残。

接着他转向了对未来的展望：独立已经将所有的伤害消除了，在民主的制度下，刚果（金）人将拥有社会正义和公平的薪金，种族歧视不会再有，刚果（金）人将成为非洲的骄傲和样板。

这篇讲话过后，卢蒙巴为自己树了一个永恒的敌人：比利时人。国王博杜安强压怒火，维持到了庆典和宴会结束。

事实证明，卢蒙巴说的是实话，只是过于张扬了。虽然独立了，但刚果（金）还有大量的比利时人，他们充斥在经济发展的各个方面，以及军队之中。这篇讲话让比利时人认定卢蒙巴是必须除去的角色，他们不能容忍一个不感谢前主子的黑人。

与此同时，由于比利时人在刚果（金）不发展教育，黑人的文化水平还不足以单独管理国家。刚果（金）独立之初，一年毕业的大学生不超过30人，完成初中教育的只有100多人。有文化的黑人数量不足，使得政权操纵在各色比利时雇员手中。比利时人实际上是给了刚果（金）二选一的选项：要么继续让比利时人控制政府的行政工作，从而继续把持刚果（金）的资源；要么让这个国家毁灭。

事实上，这样的冲突也必然会发生，只是由于卢蒙巴刚强的性格，本土黑人与比利时人的矛盾提前爆发了。

起初，在首都军营里一名比利时指挥官与黑人士兵发生冲突，引起了哗变。如果是一位成熟的政治家，他首先会选择稳定局势，等事态平息下来之后，再逐渐地培养本土官员，撤换比利时人。但卢蒙巴并没有压制士兵，而是决定将首都军队中的比利时军官全部替换，将总参谋长也换成了他的心腹蒙博托。

卢蒙巴的强硬给了黑人更大的勇气。于是，对比利时人几十年来的愤怒突然间在整个国家爆发，士兵们伙同普通民众一起对比利时人采取行动。比利时人在作威作福几十年后，终于尝到了羞辱的滋味。

但这种报仇的快感却是一把双刃剑。社会乱套之后，卢蒙巴开始感受到国内外的双重压力。在国外，比利时人卷土重来，他们以卢蒙巴无力保护比利时人为借口，迅速出兵，占领了机场等战略要地。卢蒙巴不懂谈判和争取时间的重要性，立刻宣布断绝与比利时的外交关系，将比利时的出兵视为武装入侵。

但比利时人仍然有牌可打。在比利时人到来之前，刚果（金）并不是一个国家，而是无数个部落。在传统上，刚果（金）可以分为三个区域，分别是靠近大西洋的以首都利奥波德维尔（现在的金沙萨）为核心的西部区域，东南部的加丹加区域，以及靠近卢旺达、乌干达的东北部地区。

加丹加地区是刚果（金）的矿物中心，也是比利时人最舍不得放弃的地区。为了继续保留利益，比利时人在这里扶持了军阀冲伯，并向这个区域派来了军事援助团，而且带来了财政援助。冲伯于是宣布建立加丹加共和国，从刚果（金）独立。

在中央政府控制区和加丹加之间，还有一小块盛产钻石的地方叫南卡塞，也乘机宣布脱离刚果（金）。卢蒙巴一面求助于联合国向比利时人施压，一方面着手对付分裂主义者。

在联合国的压力下，比利时人决定撤出军队，采用更加隐蔽的手段支持分裂势力，不管是加丹加还是南卡塞，背后都有比利时人的影子。

就在这时，卢蒙巴犯了两个错误：第一，他采取武力镇压南卡塞，这造成了众多平民的死亡，给外界留下了口实；第二，当西方国家都无法提供帮助时，他决定向苏联求助，因此惹恼了美国人。美国立刻将之纳入冷战思维中进行考虑。于是，一场“阳谋”发生了。

这场“阳谋”的目标就是除掉卢蒙巴。事后，人们发现卷入其中的势力有很多，除了比利时人之外，参与者中还有美国人的身影。其他国家，甚至联合国也知道这件事必然会发生，却都袖手旁观，等待着“阳谋”成为现实。大部分人之所以默许，是因为他们已经找不到解开刚果（金）之结的办法。或者说，比利时人离开时设的局，已经决定了这个国家必将付出血的代价。

最先出手的是名义上的总统卡萨武布，他宣布解除卢蒙巴的职务。卢蒙巴也针锋相对地宣布卡萨武布被解除了职务，刚果向着更加混乱的局面滑去。这时，卢蒙巴任命的参谋长成了“阳谋”的主角。他在比利时和西方人的支持下，发动了政变，宣布暂时由军队托管政权。

此时，卢蒙巴在首都仍然受到联合国的保护，暂时没有生命危险。但另一件事情却决定了他的命运。

在首都乱成一团时，卢蒙巴派遣他的一名追随者基赞加前往东南部地区，以城市斯坦利维尔为中心建立根据地。基赞加取得了大约三分之一的国土，建立了一个叫刚果自由共和国的政权。这个政权的出现引起了首都政治家和军阀，以及西方人的恐慌。他们认定，只有卢蒙巴死去，才有可能解开刚果（金）的乱局。

11 月 27 日，卢蒙巴躲在汽车里逃出首都，想前往东部的根据地，这使他离开了联合国的保护范围。他被捕了。

比利时人一直躲在幕后，蒙博托也不愿意脏了手。他们将卢蒙巴送给东南加丹加地区的军阀冲伯，这就有了本节开头的一幕。

卢蒙巴成了非洲独立史上第一个著名的殉道者。即便到了今天，人们仍然纪念他，在非洲的许多城市里都有叫卢蒙巴的街道，这象征着殖民地人民对殖民主义的反抗精神。

当然，人们仍然可能争论说，如果他更有技巧，而不是一味蛮干，也许通过灵活的手段能够解开这个死结。但更可能的是，刚果（金）在比利时人统治之后，就已经没有了避免暴力的可能性。

比利时的几个殖民地和保护国后来的命运，也证明了卢蒙巴的无辜。

卢蒙巴死后，刚果（金）在独裁者蒙博托的手中暂时被捏在一起。加丹加的冲伯几经起落，最终还是逃往了西班牙。他被戏剧性地绑架到阿尔及利亚，死在那里。基赞加则继续从事政治，并在 2006 年至 2008 年担任了刚果（金）总理。蒙博托成了西方世界的宠儿，他的政权是世界上最腐败的政权之一。比利时人已经淡出，法国人成了他的新靠山。直到 20 世纪 90 年代，原本比利时势力范围内的另一场危机导致了他的下台。

刚果（金）的国名改成了扎伊尔，后又改回刚果（金）。为了去除殖民地的痕迹，首都的名字从利奥波德维尔改成了金沙萨，斯坦利维尔改成了基桑加尼，伊丽莎白维尔改成了卢蒙巴。

刚果（金）由于疆域太大，民族过多，独立之前比利时人留下的基础太差，成了非洲国家悲剧的代表。但从另一面看，这样的悲剧并不由非洲人所决定，在非洲众多国家独立之前的殖民地时代就已经注定了。不管是卢蒙巴还是蒙博托，以及后来的卡比拉，都只是为了将这个庞大的国家捏合成型，让四分五裂的疆土上成长起民族主义的凝聚力；不管是用鼓动的方法，还是暴力的手段，都是为了塑造所谓的民族性。刚果（金）虽然经历了战乱，但并没有分裂，这本身就是一定程度的成功。

当然最好的塑造方法还是利用经济，只有当经济发展了，人们的日子好过了，才能避免分裂和战乱。经过几十年的混乱之后，刚果（金）也走上了这样的一条发展之路，尽管比别国走得要慢，因为它有太多的历史缺陷要靠时间去弥补。如果卢蒙巴能知道他的时代之后的国家走向，也许会感到一些安慰。

南部非洲的僵局

在非洲所有地区中，除了最混乱的刚果（金）之外，南部地区的局势也较为复杂。

南部非洲局势之所以复杂，是因为这里的殖民活动发展较早，已经有大量的白人在此定居。别的国家往往能够将国家独立和民族独立一次性完成，但在南部非洲，国家独立并不等于民族独立。这一地区的国家独立，往往是土生白人从外来白人手中接过政权。但是，土生白人对于当地黑人的压迫可能更加严重。

在南部非洲，主要矛盾爆发在两个地区：南非与后来成为津巴布韦的南罗德西亚。这两个地区的白人已经在此生活了数百年。

南非的白人主要是来自荷兰的殖民者。在英国人来到之前，荷兰人已经建立起了属于白人的共和国，他们从黑人手中夺取了土地。这些土生白人被称作布尔人。到了 19 世纪末，英国人与布尔人发生了战争，这就是英布战争。英布战争的结果是布尔人战败，南非成了英国的保护国。

而在南罗德西亚，白人人口达到了 20 万以上。1953 年，英国人试图把南罗德西亚和周围的两块殖民地北罗德西亚及尼亚萨兰合并，称之为罗德西亚与尼亚萨兰联邦（Federation of Rhodesia and Nyasaland）。之所以这么做，是因为南罗德西亚的殖民政权更加稳固，而其他两个地区则以黑人为主，白人控制力较弱，形成联邦后，通过南罗德西亚的政权来控制其他两个地区会比较容易。

但这个试图稳定三方的做法不仅没有奏效，反而造成三方都脱离了英国。首先，以黑人为主的北罗德西亚和尼亚萨兰选择了独立；其次，就算是以白人为主的南罗德西亚也不再愿意忍受英国人的支配了。

英国人在退出之前，设计了南罗德西亚的政治框架：南罗德西亚的议会一共65席，其中白人占据50席，剩下的在愿意参与政治的黑人中进行分配。这样，当地的白人就控制了政治，将占人口绝大多数的黑人变成了点缀。

1961年，首先是南非从英联邦退出，成立了南非共和国。虽然名为共和国，但它只是白人的共和国，对于黑人来说，则意味着比英国人统治时期更加严苛的种族隔离。

1965年，南罗德西亚也宣布独立。

在南部非洲历史上，出现了两名不屈的黑人斗士，他们共同作为反抗白人统治的象征，激励着黑人为了自由而奋斗。在南非，这个人是纳尔逊·曼德拉；在南罗德西亚，这个人是罗伯特·穆加贝。

2017年11月，穆加贝在津巴布韦（原来的南罗德西亚）的统治告终，已经93岁高龄的他在军事政变后怆然下台。他的身后则是命运未定的津巴布韦。

但年轻时的穆加贝却是南部非洲的民族斗士，他不仅激励着南罗德西亚人民寻求自由，还是种族隔离更加严峻的南非人民的一盏明灯，同时，也是世界范围内种族和解的榜样。

穆加贝的两个截然相反的形象，也反映了世界思潮的变迁。二战之后，人们强调的是民族独立，那些领导民族独立的人受到了全世界的追捧。这些人包括了古巴的卡斯特罗、埃及的纳赛尔、利比亚的卡扎菲、越南的胡志明和朝鲜的金日成。

但随后，世界潮流转向，人们更加强调民生，那些能搞好经济的人得到了赞扬。非洲第一代领导人往往由于知识结构的限制，在经济议题上普遍缺乏必要的技巧，鲜有成就。如果他们活得更久，到了老年，又会被世界过度丑化。

也许真正的原因是当初世界把他们捧得过高，后来又贬得过低。其实他们从来没有太多改变，改变的只是世界潮流，以及人们对于人权和主权矛盾的困惑。

AFRICA

第五章

第一代的梦想家

A
JOURNEY THROUGH
TWO
HUNDRED
YEARS

任何一个发展中国家，都深深地隐藏着一种困惑。我们可以称之为“皮埃尔之惑”，其典型代表来自一本小说。

在俄国作家列夫·托尔斯泰的名著《战争与和平》中，描写了一位内心充满了矛盾的主人公皮埃尔·别祖霍夫。他一方面向往民主与自由，崇拜法国革命；另一方面，又深深地根植于俄国的背景之中，当拿破仑入侵俄国之后，他逐渐被卷入俄国民族主义的高潮。

简单说，皮埃尔所困惑的是，人权与主权的矛盾。人权，是指每一个单个的人的权利；而主权，则是作为一个集体的民族的权利。这两者有时是相辅相成的，但有时又是互相抵触的。对于现代世界来说，最难处理的就是，当两者发生冲突时，到底是人权优先还是主权优先。

在小说开头，刚从法国回来的皮埃尔更加向往自由、民主，重视人权，对于以沙皇为象征的主权主义嗤之以鼻。但当法国皇帝拿破仑入侵了俄国，皮埃尔发现，虽然他仍然爱好自由、民主，希望人权优先，却不由自主地参与了1812年的卫国战争，与他曾经向往的法国为敌，站在了民族主义的立场上，牺牲掉人权诉求，满足于国家独立和主权优先。

向往人权优先，却为现实所迫，不得不首先拥抱主权，这就是“皮埃尔之惑”。

这种困惑不仅出现在俄罗斯，在所有落后、遭受过殖民与侵略的国家，都会发现这一对矛盾。在它们还没有独立的时候，首先感受到的是外来民族的不公平政策，于是寄希望于抱团，扩大实力，争取整个族群的独立。从逻辑上讲，当整个族群独立后，国际地位会随之提升，其中的每一个个人的地位也会更加有保障。

但是，当国家取得独立后，主权已经成了事实和基础，如何行使主权就成了大问题。如果行使不好，不仅不能保证人权，还可能对人权造成进一步的践踏。

而要合理地行使主权，保卫人权，就不是革命这么简单的事情了。它需要复杂的制度设计和政治理论支撑，而这却是那些争取独立的梦想家所缺乏的能力。

由于带领人民获得独立的领导人往往都很强势，他们对于人权这个概念并不特别看重，反而更加乐于操纵政权这个概念。这些人的思维不可能立刻转变，于是曾经的功臣迅速成了民主和自由的障碍。这个问题在非洲国家尤其突出。

平心而论，非洲的第一代领导人并非阴谋家，他们大都带有良好的愿望和坚决的行动力。他们和当年世界其他地区领导了独立的领导人一样，希望在短时间内以显示出殖民地独立之后的优越性。就像当年卢蒙巴在独立讲话中所说：是时候团结起来大干一场了，让世界知道我们不仅能够独立，也能建设好家园。

但是，他们到底能否解决这个“皮埃尔之惑”呢？

加纳的“传道士”下台了

1966 年 2 月，中国人民的老朋友加纳总统恩克鲁玛突然出现在北京。准确地说，他只是借道中国，并会见了中国总理周恩来。他的目的地是越南，去会见胡志明，调解愈演愈烈的两越问题。他得到了越南战争参与方美国的认可，美国甚至停止了轰炸北越，以给他的访问留出时间。

与此同时，在加纳国内北部，大约有600名士兵突然接到调往首都阿克拉的命令。士兵们得到消息，调动他们是因为恩克鲁玛即将在越南与胡志明达成协议，他们会被派往越南参加战争。还有人被告知，他们不是前往越南，而是去南部非洲的南罗德西亚，去帮助那儿的黑人游击队抗击白人政权。

士兵们忐忑不安，怪罪着这个不知天高地厚的领导人。在他们看来，恩克鲁玛上台后，并没有给士兵好日子过。一个国家建立后，本来应该把重心放在国内建设上，但恩克鲁玛却选择了首先在国际上扩大影响力，而忽略了国家自身资源的不足。他喜欢作为世界领袖之一，代表非洲不断地参与各种外事活动。他还组织各种类型的泛非主义大会，试图在非洲成立联盟。同时，他深知殖民主义对非洲的破坏，继续指责欧洲的新殖民主义者换了一种方式（即在经济上）继续掠夺非洲。为了表达支持，他还资助各国的游击队对抗白人，甚至在周边国家（加纳周围都是法国殖民地）培植反政府武装。这些举措虽然对于反殖民地斗争是有利的，却恶化了加纳与周边国家的关系，还使得加纳经济不堪重负。

加纳本身是一个还算富裕的小国，但当它扮演了如此众多的角色之后，财政破产了，人们的日子越来越难过。就连保卫政权的军队也对恩克鲁玛不满，认为他在军费上过度偏向人数不多的首都卫戍部队，至于其他士兵却因军费不足而忍受着贫穷。如今，又要将他们丢进海外战场上，士兵们的怒火越来越大。

到了首都，当他们的怒气已经高涨时，指挥官突然告诉他们，与其忍受恩克鲁玛的种种乱指挥，不如在首都发起一场兵变。加纳历史上第一场军事政变就这么发生了。

事实上，参与政变的不仅是加纳的军人，还可能包括前宗主国的英国人，以及欢迎他前往越南的美国人。这或许又是一出类似于刚果卢蒙巴式的“阳谋”，大家都知道某件事情会发生，大家都有心促成它，但大家又都认为自己实际上并没有参与。

英国人和美国人之所以无法忍受恩克鲁玛，是因为他变得太激进了。恩克鲁玛是一个敏锐的分析家，却由于太超前，超出了世界能够承受的程度。比如，对外，他不断地鼓励所有的非洲国家造宗主国的反，劝它们不要依赖宗主国。这种说法从长期来看是正确的，要想发展经济，必须自立自强，但是在当时，却很少有国家能够这么做，因为家底太薄弱了。在对内政策上，由于过于急躁地想发展经济，他实行“计划经济”体制，建立大型国有企业，建立统购统销制度，企图加大政府对于经济的控制力。事实上，不仅仅是加纳，任何一个刚独立的国家都习惯于加强政府指导以加快经济发展，却由于加强了政府权力，不仅经济没有发展上去，反而造成了腐败的出现。

对外政策的强硬和对内政策的失误，让恩克鲁玛落入了前宗主国预设的概念之中。前宗主国将他宣扬成一个无法打交道的人，将加纳宣传成一个贫穷却坚硬的反西方堡垒。

在北京的恩克鲁玛头一天还是总统，第二天就变成了流亡者，他突然变得无家可归了，去越南的任务也不存在了。

更令他感到难受的不是英国人、美国人和加纳军人的作为，而是加纳人民的反应。当人民听说恩克鲁玛下台后，不仅没有伤心和愤怒，反而自发地庆祝起来。由于恩克鲁玛没有改善他们的生活，他们一厢情愿地认为，只要推翻了恩克鲁玛，就可以回归到以往的日子。他们以为，伟大领袖下台后，就不用再承担那么多责任，缴纳那么高的税，可以拿回已经国有化的资源和土地了。

加纳到现在仍然在纪念恩克鲁玛，是因为经历了后来更多舛的命运，他们又重新想起了这个领导他们走向独立的人。但恩克鲁玛为什么在当初会落到如此地步？其实他的问题也是非洲第一代领导人普遍遇到的问题。

刚刚独立的非洲，最迫切的不是变革，而是维持稳定。当英国人、法国人、比利时人撤走后，如何维持政治稳定地运行？最好让人们感觉不到政权的变迁，该做生意的继续做生意，该教书的继续教书，政府照常运转，维持秩序的维持秩序，保卫安全的保卫安全。

但由于殖民地政府没有履行让当地人接受教育的义务，独立时非洲黑人中懂得行政工作的人数量不足，要想维持政治的稳定并不容易。英国人虽然也很腐败，但他们至少懂得如何避免任人唯亲、减少腐败。非洲的领导人普遍没有这种意识。当行政人员数量不足时，总统总是倾向于任命大量的熟人，以为靠熟人就可以控制社会，靠人情就能避免腐败。但实际上，在总统身边会迅速形成一个小圈子，这个圈子占据了过多的资源，让整个社会对他们感到不满。

同时，熟人在行政治理上也和总统一样毫无经验，当这些没有经验的人代替了制度，成为社会的主导力量之后，整个社会就进入了衰退甚至崩塌的阶段。

非洲的第一代领导人往往也是最相信人定胜天的一代。他们亲手领导了独立运动，眼看着一个不存在的国家从强大的对手手中挣脱而出。他们相信，只要自己愿意，就可以做成任何事情。从这个意义上，他们不会放权，只会想着抓取更多的权力。

当腐败出现时，他们不考虑建设制度，而认定这是自己权力不够造成的。只要能够控制国家的方方面面，看清任何人的任何行为，就可以杜绝腐败了。但事实上，谁也不可能掌握一个国家的方方面面，抓权的举动只会将更多的权力从宪法转移到总统的熟人小圈子，这会进一步破坏社会的正常运转。

恩克鲁玛上台后就总感到权力不够，他推出了一系列的法律，剥夺反对党的权力，甚至认为反对他就是反对真理，就是犯罪。这种做法使得英国人当年制定的宪法失效了。

在经济上，一个政府如果想做更多的事情，势必要花费更多的钱财，但政府花的钱必然都来自税收。加纳作为小国，能够承受的税收是有限的，如果负担加重，只会造成民间经济的凋敝，从而进一步影响国家的税收。

但经济问题必须要有一定的知识结构和经验才能明白，恩克鲁玛对此完全不了解。他浪费了太多的钱在许多不必要的面子工程上，却没有考虑到民间已经不堪重负了。

加纳的主要经济作物是可可，在独立之前，可可农属于加纳比较富裕的阶层，于是他们成了加纳政府主要的征税对象。

为了向可可农征税，政府建立了一套统购统销的制度，可可农不得擅自买卖可可，必须由政府统一收购后，再卖给海外的商人。按照正常程序，政府应该按照市场价向可可农付钱，但由于政府总是缺钱，就故意压低收购价格。于是，在恩克鲁玛执政的五年间，可可收购价格下降了 60%，可可农已经接近破产。

黑市横行，农民们不愿把可可卖给政府。恩克鲁玛只好想其他的办法。他建立了许多国营农场，但这些农场随后就陷入了计划经济的通病：岗位上充斥着领导的亲信，却没有人去干活。恩克鲁玛为国营农场配备了不少进口设备，却没有人会用，也没有人去学。这些人不仅不能创造价值，反而成了社会的负担，只拿工资不干活儿。

当经济接近崩溃的边缘时，恩克鲁玛不仅认识不到这是因为自己搅乱了经济的正常运行，反而认为这是市场经济的弊端，解决方法应该是全盘国有化，实行更多的计划经济。

在这种基调下，他转向苏联寻求帮助，建立了更多的国有企业，希望通过投资大型项目来带动国家的发展。

不幸的是，他的大型项目大都是没用的。他曾经建设了巨大的总统府，但这带不来效益。他建设了不少炼钢厂、造船厂，但这些工厂从建成的那一天开始，就由于规划不合理、找不到足够的技术工人、没有原料等各种原因停工。

更无奈的是，整个政府都缺乏最基本的财务知识。作为一个共和国，连国家财政数据都没有。总统并不知道国库有多少钱，也不知道一年的预算应该是多少。他只管拍脑袋想项目、签字，或者听别人描绘宏大的目标。到他下台时，加纳的国库早已空空如也，甚至在他下台很多年后，不知还会从哪儿冒出来他签过字的项目。

到了 1964 年，对他的批评声已经不绝于耳。为了压制批评的声音，他取消了多党制，实行一党制，以为这样就可以控制住反对他的人。但这样的做法适得其反，因为这时距离他下台已经不到两年了。

恩克鲁玛下台后，长期居住在几内亚。几内亚领导人塞古·杜尔是另一位反殖民的先锋，他对恩克鲁玛充满了敬意，也让这位非洲最大的梦想家没有太过于凄惨。但是，他的政治生涯已经结束了。他死后，加纳人仍然记得这个带领他们去追逐梦想的人。

恩克鲁玛一生的成就在于他是一个梦想家和行动家，能够敏锐地发现机会，帮助祖国完成独立。但他的知识缺陷注定了他无法带领国家完成第二次转型，从独立转到发展经济上来。但是，这并不影响他作为一个政治家的地位，因为他对于殖民体系的认知，对于非洲联合的梦想，至今仍然在鼓舞着非洲人，只能说他过于超前了，超出了时代能提供的舞台，他想做的事也太多了，超出了国家经济的承受能力。

并非所有的第一代梦想家都像恩克鲁玛一样是被推翻的，也有领导人在经过无数次尝试和失败后，承认了自己的错误，将政权让给了接班人后安然退休。这其中最著名的就是中国人民的另一位老朋友：坦桑尼亚的尼雷尔。

伟大导师的乌托邦

在坦桑尼亚，除了出入国境有海关之外，在国家内部也设立了海关。

如果从坦桑尼亚的非洲大陆部分前往海岛桑给巴尔，到达桑给巴尔首府石头城时，海关人员会询问游客准备在岛上待多少天，并在护照上写上离境日期，盖入境章。虽然桑给巴尔属于坦桑尼亚，但一切手续都和进入另一个国家一样。

游客离开海岛时，海关人员还要检查护照，看游客停留是否超期。但这一次，他们不会在护照上盖离境章，这是境内海关与境外海关的唯一区别。

海关之所以这么做，是因为桑给巴尔和坦桑尼亚的大陆部分曾经是两个国家，合并后，在制度上仍然有许多残留，海关检查就是其中之一。

1964 年 4 月 26 日，非洲的东部出现了一个新的国家。这个国家的名字在历史上从来没有出现过，它就是坦桑尼亚（Tanzania）。

在这之前，地球上存在两个国家坦噶尼喀（Tanganyika）和桑给巴尔（Zanzibar）。坦桑尼亚这个词实际上是由坦噶尼喀的 Tan 和桑给巴尔的 Zan，再加上当作土地讲的词尾 nia 构成的。

担任坦桑尼亚总统和副总统的，分别是原来坦噶尼喀的总统尼雷尔，以及原来桑给巴尔的总统卡鲁米。

坦噶尼喀曾经是德国人的殖民地，一战德国人战败后，它的殖民地被转手，坦噶尼喀就成了英国的保护国。到了 1962 年，英国人将政权交给了一位名叫尼雷尔的黑人领袖。尼雷尔并不是一个强硬的民族分子，他选择保留作为英联邦成员的地位。第二年，坦噶尼喀旁边的岛国桑给巴尔也最终从英国独立出来。

桑给巴尔是阿拉伯人在东非的中心，一直由苏丹统治，英国人即便把它变成了保护国，也保留了苏丹的名义。然而独立后，苏丹统治并不长久，两个月后，它被推翻了。

推翻苏丹政府的是一位面目不清名叫奥克罗的乌干达人。由于桑给巴尔几百年来一直是由阿拉伯人统治的，参加政变的黑人明白，如果想让政变成果长存，除了大规模迫害和驱赶阿拉伯人之外，必须依附于更加强大的黑人政权。

在东非大陆上，有两个黑人“大国”，分别是肯尼亚和坦噶尼喀。坦噶尼喀离桑给巴尔更近一些，但肯尼亚在政治上更成熟一些。桑给巴尔必须选择其中一个组成联邦政府，才能抵消阿拉伯人几百年的影响力。

奥克罗想和肯尼亚而不是更近的坦噶尼喀联合，但不幸的是，他在一次对坦噶尼喀的访问中一去不复返。坦噶尼喀先是扣留了他，又把他驱赶到肯尼亚和乌干达，他再也没有回到桑给巴尔。

奥克罗亲手扶持的卡鲁米成了桑给巴尔总统。卡鲁米选择了与坦噶尼喀联合，他本人成了联合后的新国家坦桑尼亚的副总统。为了安抚桑给巴尔人，合并之后桑给巴尔仍然保持着很强的独立性。卡鲁米将岛屿当作自留地，继续驱赶阿拉伯人，实行一党制。直到几年后他被刺杀，坦桑尼亚中央政府才拥有了更大的话语权。

在合并中，受益最大的是原来的坦噶尼喀总统、后来的坦桑尼亚总统尼雷尔。他由于使坦噶尼喀从英国人手中和平独立，声名大振。现在又和平地合并了另一个国家，更使他成了地区的领袖人物。

尼雷尔也不愧为领袖，在所有的非洲领导人中，他是最具有理想精神、最温和又最无私的独裁者。他平易近人、身无余财、善于鼓动，对理想充满了热情。他在处理国际关系上显得很温和，即便实行集体主义，也没有和西方政府彻底搞僵，为国家争取了大量的外汇援助。他的改革大业失败后，人们仍然爱戴他，相信他做的一切都是为了人民，只是由于经验和知识不足的原因让他无法取得成功。

如同在其他地方，伟大领袖常常被称作导师，在坦桑尼亚，尼雷尔也有一个专门的名字：Mwalimu（斯瓦希里语中的“导师”）。

人类历史上出现过许多乌托邦理论，在非洲有一个最著名的理论，创造者就是尼雷尔，这个理论叫“乌贾马”。

所谓“乌贾马”，在斯瓦希里语中是“大家庭”的意思，它是一种集体农庄，象征着非洲特色的集体主义。

1967 年，尼雷尔发布了《阿鲁沙宣言》，这份文件探讨了类似坦桑尼亚这样的不发达国家应该如何发展经济的问题。虽然坦桑尼亚与世界关系很好，能够获得大量的援助，但尼雷尔却很清醒地知道，不能对外援形成依赖，因为一旦上瘾，则意味着大量的铺张浪费，以及高额的外债。

既然不能依靠外援，那么就只有一条路可以走：自力更生。

在非洲，自力更生又必然以农业为主。由于还有许多人吃不上饭，只有把农业搞上去了，才能谈其他产业的发展。

但是，在一个刚刚成立的国家，人民的素质都还很低下，如何才能让他们认识到农业的重要性呢？显然必须靠政府的指导。于是，一个非洲特色“社会主义”框架就出现了。

尼雷尔的“社会主义”框架主要包括如下内容。

第一，实行一党制。这一点是为了统一人们的认识，提高政府的效率。为了封住批评的声音，他甚至采取了预防性拘禁的手段，不用等待问题发生，只要认为你有问题，就可以抓人。

第二，在工业上，为了集中力量办大事，必须以政府和公有制为主导。他把大量的银行、工厂都变成了国有企业，那些规模小、不重要的企业继续由私人掌握。奇怪的是，当其他国家试图进行国有化时，它们往往会引起巨大的反抗，但坦桑尼亚进行得却很平静。富人大多数是外来的白人和印度人，他们成了利益受损方，许多人选择了离开，但同情他们的人却很少，根本掀不起风浪。黑人大都是穷人，这个政策对他们影响不大。坦桑尼亚的工业本身也是小部门，政府的国有工业实际上许多是新建立的，私人感觉不到损失。真正对普通人影响大的是第三项政策。

第三，建立乌贾马。尼雷尔显然听说过其他国家的集体农庄，他的乌贾马也是依靠国家的强制力，让农民把土地聚集在一起，实行集体耕种。

有的国家的集体农庄在一两年之内就强行推行下去了，坦桑尼亚的乌贾马却推行了十年，才将人们都赶进了农庄。

不出所料，人们进入乌贾马之后也出现了严重的后果，社会经济出现了紊乱。成立农庄的目的是增加粮食产量，但尼雷尔显然高估了人心。进入农庄后，反而没有人干活了，偷盗盛行，磨洋工的现象严重。

除了农业，工业国有化也导致了大量的浪费。不管怎么强调纪律性，怎么实行一党制，仍然无法解决效率问题。

到了 20 世纪 80 年代，人们已经看出，所谓的乌贾马和非洲特色社会主义制度已经失败了。不仅别人看清了，就连创始人尼雷尔也看出来了。和其他非洲领导人不同，尼雷尔是一个勇于承认错误的人。当他意识到自己的政策无法推行时，他辞职了。

但尼雷尔的政策是不是一点优点都没有呢？也并不是。

我在坦桑尼亚访问时，发现他的政策遗产至今仍然保留着。

第一，最大的遗产是教育，在非洲，坦桑尼亚的识字率是最高的。

对于后殖民地国家而言，一个最重要的问题是当地受教育程度太差，大部分人都不识字，根本没有办法融入现代文明之中。他们只能在家种地，不具有进入工厂的能力。

但在坦桑尼亚，由于采取了强制性的上学措施，集体农庄的孩子必须学文化。坦桑尼亚的识字率达到了 90% 甚至更高，在街头或者农村随便碰到的人都可以写字和阅读。当政府重新实行私有化和市场经济之后，坦桑尼亚人大量涌入工厂和商业部门，他们接受教育的优势就发挥了出来。

可以说，虽然乌贾马的教育方式不适合培养大学问家，却很适合培养整齐划一的工人。首先要普及基本教育。当基本教育发展到一定程度，再追求多元化，这也许是坦桑尼亚摸索出来的最大经验。

第二，坦桑尼亚的公共设施，包括医院、清洁水设备，甚至包括现在的电信设施，都处于非洲国家的前列。

第三，在尼雷尔的鼓舞下，坦桑尼亚人追求幸福的冲动要比别的国家更强烈。在其他非洲国家，哪怕发展较好的肯尼亚、埃塞俄比亚，人们也总是抱怨生活的艰辛，更多看到的是黑暗面而不是光明面，但坦桑尼亚人的精神状态却要好得多。这或许是因为他们曾经有一个真诚的、善良的领导人。

第四，尼雷尔给坦桑尼亚留下了较为稳定的政治局势。对于一个新兴国家而言，最麻烦的是第一任领导人往往会长期在台上不肯退位，而以后的领导人又威望不够，很快出现党争，甚至引起整个社会的动荡。

但在尼雷尔的榜样之下，坦桑尼亚的政治局势一直是比较稳定的，有着较为正常的政府轮替，给国家的发展留下了好的环境。

它和国外的关系也一直很好，西方世界与俄罗斯、中国都把坦桑尼亚当作一个重要的伙伴，非洲几个内陆小国也把坦桑尼亚的港口作为与世界联系的重要枢纽。

1985 年，改革失败的尼雷尔主动放弃了总统位置，将执政权交给了他的继任者。按照他本人的说法，他是一个理论家和思想家，却不是一个好的领导人。坦桑尼亚重回资本主义轨道，开始了经济自由化改革。

经济自由化让坦桑尼亚进入了高速发展阶段。这或许是因为尼雷尔时期的经济已经糟糕到了极点，稍作改变，就开始了报复性反弹。但问题也随之出现，许多儿童失去了强制性上学的机会，也就不去读书了。少了政府的强制医疗措施，各种疾病也频频爆发。这或许是问题的两极，要发展就必须忍受一定的不平等，而想强行弥补不平等又会阻碍发展。

但不管怎样，坦桑尼亚一直是非洲最令人尊重的共和国之一。也许真相是：对于刚刚独立的殖民共和国，要想完全不衰退是不现实的。政治家们能做的，是在保持政治稳定的同时，加强人才培养，让本国人能够尽快接手政局。只要政局足够稳定，有充足的人才，那么发展是可以期待的。

尼雷尔走了许多弯路，却保持了稳定，没有放松教育。这比起那些虽然有选举，却无法保证局势稳定，只能靠贿选和强迫来维持政权的国家已经好太多了。

那一条沟通亚非的铁路

与尼雷尔的坦桑尼亚一样走计划经济和威权主义的，还有它的邻国赞比亚。它被中国人记住，是因为出了一个对中国最友好的领袖肯尼思·卡翁达，以及一条中国援助的著名铁路。据说，毛泽东的“三个世界”的理论，就是在和卡翁达谈话时首次提出的。

2017 年，我从西非回国，在埃塞俄比亚首都亚的斯亚贝巴的机场转机。由于地理位置的原因，亚的斯亚贝巴已经成了中国人前往非洲的最大中转站，不管是去西非、东非还是南非，最便宜的方式都是在这里转机。埃塞俄比亚航空也因此成了非洲最大的航空公司之一。

机场里已经写满了中文。有专门的中文服务生帮助乘客，还有中国人喜欢喝的白酒售卖，中国餐馆就开在机场里。处处都是中国人，有公务人员，有民营企业员工。公务人员主要分为两种：一种是官方机构的外交人员和研究人员，另一种则是各种国有企业的驻非职工。民营企业主要投资房产、矿产、食品等领域。

在机场我碰到了一名刚刚从赞比亚回来的中年人。他是去赞比亚投资的，目标竟然是耕地资源。

他告诉我，赞比亚的土地很便宜。便宜到什么程度？200元人民币就可以承包一亩生地九十九年。当然，要把生地变成熟地，仍然要花费不少。在赞比亚，最重要的是水资源。土地必须离水源近才有价值，再开挖水利设施保证每一寸土地都得到灌溉，同时还要清除生地上的杂草和树木，施肥、松土，加起来一亩地的改造成本是3000多元人民币。

“算上改造成本，还是很便宜，我们估算，大约两到三年时间就可以回本。剩下的九十多年都是可以赚钱的。”这名中年人告诉我。

与他的谈话让我感到眼前一亮，这说明了中国投资的多元化。以前中国人认识这个叫赞比亚的国家，只是因为它的铜矿和铁路。

在坦桑尼亚和赞比亚之间，有一条长长的铁路线叫坦赞铁路，这是中国援助非洲的早期标本工程。

非洲的铁路都有这样的特点：刚刚建成时，铁路可以维持每天跑一趟的频率，但随着年久失修，运行能力大大减弱。从一天一趟，到三天两趟，再到一周两趟，最后一周一趟，直到完全停运。

在西非有一条法国人修的著名铁路，从塞内加尔的首都达喀尔开往马里首都巴马科。当我访问时，这条铁路已经走完了它最后的旅程，从一周一趟过渡到了彻底停运。那条锈蚀的铁路线仍然嵌在大地的肌体里，但已经被垃圾填满，处于逐渐消失的过程中。

2014年，我乘坐坦赞铁路时，它正衰退到中途，维持着一个星期两趟的发车频率。由于管理能力和技术实力没有提升，哪怕多增加一趟都很难做到。

我乘坐的是坦赞铁路的支线，从坦桑尼亚西部城市基戈马经过首都多多马，到东部大城市达累斯萨拉姆，也是一周两趟。火车没到的前两天，人们已经纷纷往基戈马聚集，有的住在旁边的小旅馆里，有的就直接睡在树下。只有带有卧铺的一等车票和二等车票可以提前订票，如果是坐票或站票，只能当天买。到了火车出发日的凌晨，火车站门口挤满了人，他们是去买票的，稍晚一点，就买不到坐票了。

火车站的工作人员也有忙不完的活儿，从两天前就得开始准备。没人知道他们在准备什么，总之所有人都很忙，一周两趟的火车已经让所有人筋疲力尽。

火车原定下午发车，但是直到傍晚，从达累斯萨拉姆发过来的列车才到。一时间火车站热闹起来，从反向来的乘客如同蚂蚁一样从车上下来，看到那个场景的人们会以为车上有无穷无尽的人。大约过了 2 个小时，人们才全部下车。

直到半夜，火车才再次上路，踏上回程。我从基戈马坐到首都多多马，路程大约有 700 千米，却要跑 20 多个小时，时速大约在每小时 30 千米。即便这样，火车仍然摇摇晃晃、走走停停，带着一副要脱轨的样子。

列车上所有人都对中国人很友好，都纷纷告诉我，这条铁路是中国人创造的奇迹。一个服务人员问我："如果在中国，跑这么远（700 千米）需要多少时间？"

我回答："如果是高速铁路，2 个多小时就足够了。"

那人站起来，带着不相信的表情离开了，他大约以为我在说谎。

据说，这条铁路经历过数次破产。其实人民群众对火车的需求很充分，每一列火车都挤得满满的。当地人把火车当成了生活的一部分，如果离开了它，生活会倒退很多。即便增加到每天一趟，仍然会供不应求。

但问题在于，如果要增加运行，就必须有更多的车厢和火车头，公司已经没有钱购买了。就算有钱购买设备，也养不起这么多的司机和列车员，更何况还有许多不干活的关系户。即便真的能够裁掉那些关系户，引进司机和列车员，也无法排出一天一趟的时间表，因为那牵扯到过于复杂的协同。就这样，这条铁路正在衰落的过程中。

在坦桑尼亚的邻国肯尼亚，一条时速上百千米的新型铁路已经由中国建设完成。2014 年，我在进行非洲之行时，这条铁路还没有开工；到了 2017 年，它已经建成通车了，这就是中国速度。但中国速度放到非洲必然减慢。新铁路的车票供不应求，需要提前很多天订票。即便一天再增加几趟也同样满座，但它仍然每天只运行一趟。

另一方面，不能因为管理问题就否认了铁路对于非洲的重要性。事实上，一条铁路的出现，是足以改变一个国家的生活习惯的。它连接的许多小村子在铁路出现之前，是完全与世隔绝的，就因为有了铁路，人们突然间和遥远的大城市联系起来，从最偏僻的地方去往首都最多也就两三天时间，这样的时空转变对于非洲人尤其重要，将他们从遥远的过去拉到了现代化的今天。

至于铁路的退化，也并非永远无解。虽然现在看上去，人们还不得不承受退化，但随着非洲的发展能够产生足够多优秀的工程师时，他们自然能够接手铁路的日常维护和调度工作。所谓"授人以鱼不如授人以渔"，学会捕鱼是需要时间的，现在的非洲还处于学习的过程中。

坦赞铁路的建设，和赞比亚领导人卡翁达分不开。赞比亚于 1964 年从英国手中独立，之后进入了计划经济时期。卡翁达主持了全国的公有化改造，土地属于国家，外资银行被接管，其他大型企业政府都要控股。赞比亚经过改造后，经济一落千丈，但是政府的税收却是有保障的。

赞比亚的税收之所以能保障，靠的是铜矿和钴矿。它是世界第四大产铜国，而钴矿储量达到了全世界的 18%，产量为世界第一。

不过，赞比亚在地理位置上有一个严重的缺陷：它是个内陆国家，没有港口。它必须通过其他国家的转运才能出口，这就使得一条铁路成了必需。

但是，经过国有化改造的赞比亚却拉不到投资。西方国家见识了卡翁达的作为，总是担心钱打了水漂，虽然想要投资，却又不断观望，承诺投资却总是不给钱。正是在这样的环境下，卡翁达找上了中国，于是坦赞铁路风风火火开工，于 1976 年全线建成通车。

坦赞铁路对于赞比亚的好处是巨大的，可以将本国的资源经过坦桑尼亚的港口达累斯萨拉姆出口到海外。作为回报，中国能够从赞比亚进口大量的铜和钴。四十年前，因为中国工业没有多少需求，还看不出优势。随着经济的发展，到现在人们意识到这是特别好的战略资源。

但是，一条坦赞铁路并不能挽救赞比亚的经济。到了 20 世纪 80 年代，不仅工业没有发展，就连人们吃饭都成了问题。卡翁达只好走回头路，重新考虑私有化问题。

在私有化的同时，政治上多党制也在恢复。卡翁达为了保证国家的行政效率，实行了一党制。但随着 20 世纪 80 年代末的东欧剧变，一党制弊端凸显，只好改回多党制。第一次多党制选举就使卡翁达下了台。

尼雷尔是主动下台，卡翁达是被动下台，但他们的共同点是，他们都热爱自己的祖国，是有原则的人。卡翁达接受了败选的事实，没有动用权力去改变选举结果，这是非洲少有的和平更替之一。由于尼雷尔和卡翁达的胸襟，这两国也保持了难得的和平，即便它们经历过波折，却一直保持着相对稳定的局势。

私有化运动开展后，由于人们缺乏维护公有铁路的热情，坦赞铁路的运输能力大幅度下降，在短短的二十多年后就提前进入了衰退期。但中国与两国已经在谈后续的新铁路修建，相信随着埃塞俄比亚与肯尼亚的铁路样板工程建成，非洲将出现更多的中国铁路。坦赞铁路作为第一条，必将被人们永远铭记。

肯尼亚：永远混乱，永远增长

在东非，有一个特殊的国家。这个国家永远处于混乱之中，却又总是能够在混乱中保持最基本的秩序，不发生动乱。它在政治上一直保持着连续性，至今没有发生过政变和大的对内镇压。它的官员很腐败，社会贫富差距巨大，但是经济却非常活跃，一直处于增长之中。

它周围的国家中，坦桑尼亚曾经陷入过发展的泥沼，卢旺达发生过种族屠杀，乌干达也发生过内战，苏丹发生了国家分裂，埃塞俄比亚有过两代领导人的独裁，索马里四分五裂，只有位于中央的它泰然处之，在一片混乱之中悠然自得。它的人民似乎永远在吵架，却从来没有大打出手。

这个国家就是肯尼亚。如今，外国资本要想前往东非地区，首选的落脚点就是肯尼亚。虽然人们都知道这里的警察和官员非常腐败，时常要靠贿赂才能通行，但这里至少还有规则存在，只要努力，事情都可以走通。

外国资本在肯尼亚落脚后，再前往周边国家发展。肯尼亚首都内罗毕就这样成了东非的经济、金融枢纽。市中心高楼林立，市郊却充斥着世界最大规模的贫民区，两者共同构成了这个非洲大都市。

肯尼亚是非洲国家发展最自然的样本。如果一个国家在独立后没有陷入内战、政变和外来入侵，也没有发生分裂，而是按照它自然的节奏发展下去，那么就有可能变成另一个肯尼亚。

肯尼亚今天的特性来自它的国父肯雅塔。1964 年，肯雅塔由于领导了对英斗争，成了肯尼亚的国父。这个国家在独立之前采取首相制，英国女王仍然是名义上的国家元首，但独立后转变成了总统制，国家元首变成了黑人总统。

肯尼亚独立后，肯雅塔并没有像邻国的尼雷尔那样立刻开始雄心勃勃的社会主义计划。由于经过了茅茅运动，肯尼亚独立的过程比坦桑尼亚更血腥。但独立之后，总统肯雅塔却没有表现出丝毫的雄心壮志，更没有对英国或者资本主义表现出深仇大恨。

他似乎是一个无所作为的人。他的确在理论上提出，要实行非洲特色的混合经济，即一定的社会主义加上一定的资本主义。但是在实践时，也许是因为他太懒了，实在懒得将理论变成现实。于是，肯尼亚就顺着原来的惯性向前走。

在独立之前，来自英国的白人控制了不少土地和企业；独立之后，这样的政策照样继续下去。肯雅塔没有想到要去没收这些人的土地，而是仍然坚持着资本主义的方向，继续鼓励他们经营下去。唯一不同的是，鼓励白人的同时，也鼓励黑人开办企业。

另外，肯雅塔对于政府官员也没有任何限制，只要他们愿意开办企业，都是允许的。结果，肯尼亚的黑人政府官员、知识阶层纷纷创业，很快开办了一批企业。十年间，黑人开办的企业或者在企业中所占的股份已经占据了肯尼亚的半壁江山。

虽然黑人当官的多了，但是肯雅塔也并没有清理政府中的白人雇员，在技术性的职位上，白人继续干着他们的活儿，与独立之前没什么区别。后来随着黑人竞争力的提升，白人雇员的数量少了下去，但这更是一种自然竞争的结果，政府的强迫性不大。

肯雅塔也曾经想过要通过赎买的方式，将一部分白人土地转移到黑人手中，也的确做了一小部分工作，让一批黑人拥有了土地。但由于行政效率低，做得很不彻底，最后土地问题的解决也主要靠自然流转而不是行政命令。

当时的非洲国家总是陷入站队的麻烦之中。由于处于冷战时期，它们不是选择资本主义阵营，就是选择社会主义阵营，以期获得更多的援助。肯雅塔虽然在经济上实行放任自由主义，在外交上却保持中立，和哪一方都保持着良好关系。当然，他和英国的关系仍然是最好的，这是因为肯尼亚可以从英国拿补贴。

由于处于东非，与印度次大陆只隔着一片海洋，肯尼亚也是印度人出海闯荡的最佳地点之一。这里的印度人控制了小买卖和一定的金融行业。肯雅塔对印度人的打击让这个阶层受到了很大的伤害，许多人移民英国，离开了肯尼亚。

肯雅塔执政的那些年，人们形容他自由放任，认为总统干活无非是等睡醒了，带着他的班子四处转一转，指点一下，晚上唱唱歌、跳跳舞，结束一天的生活。总统几乎什么都不用做，只是顺其自然地让肯尼亚人民自己找事儿做罢了。但谁也不明白，为什么唱歌过后，肯尼亚的经济就继续发展了。当周围国家一片混乱时，肯尼亚人却享受着难得的和平气息。

当然，对肯雅塔也不能过于神化。实际上肯雅塔的放任自流也带着许多问题。首先，肯尼亚的宪法是没有任期限制的，只要肯雅塔不死，他可以一直竞选连任，没有人能把他赶下来。如果他活得足够长，那些没有解决的问题就会积累下来，总有一天会造成混乱。

另外，由于他对官员不加限制，肯尼亚的腐败在他的任期内就有了愈演愈烈的苗头。官员们借助权力为自己牟利，由于全国经济处于增长之中，人们也不大在乎。当这种行为成为全社会的风气时，就有可能会失控。

事实上，肯尼亚一直是一个贫富差距很大的国家。肯雅塔实行的政策有利于经济发展，但不利于缩小贫富差距。这个问题迟早会爆发，只是被拖到了他死后。

肯尼亚虽然实行多党制，但在肯雅塔时期，一直是执政党一家独大，肯雅塔没有必要对选举做太多限制就可以顺利当选。但到了他执政末期，已经有人对他的地位提出挑战，抨击他的不作为和资本主义倾向，肯雅塔只是简单地将反对者抓起来，不予理睬。他有足够的威望，可以表现得独裁一点，人们仍然爱戴他。但当他死后，继任者如果没有这个威望，就可能将这种独裁倾向变成真正的独裁。

1978 年，肯雅塔死了。肯尼亚将何去何从，是继续保持稳定，还是积弊大爆发？

接替肯雅塔的是副总统丹尼尔·阿拉普·莫伊。如果说肯尼亚人对肯雅塔充满了感激，对莫伊的感情则要复杂得多。人们和我谈起肯雅塔，都带着骄傲和感激，但谈起莫伊却总是遮遮掩掩，一副不想提他的表情。但莫伊仍然和肯雅塔一样，他们的头像被印在肯尼亚的硬币上，提醒人们他们曾当过总统。

一句话，莫伊是一个绕不过去的、塑造了肯尼亚现在政局的人。

在莫伊时代，肯雅塔留下的问题开始爆发。莫伊不具备肯雅塔的威望，无法获得人们无条件的支持。对于反对派，他必须依靠镇压的手段，才能保持自己一直在台上。担任总统四年后，莫伊通过法律规定了肯尼亚的一党制。当时反对他的人正要组织新党参与竞争，却从此成为非法。接着，莫伊通过审查资格的方式，让所有批评他的人都失去了竞选资格，他终于可以长期任职了。

由于没有了批评者，莫伊的亲信集团变得更加腐败和不受控制。肯尼亚的腐败深入到了每一个角落，政府官员公然向外国人索贿，警察随意抓人和勒索，法官们根据案件的严重程度订立收费标准，中饱私囊。在肯尼亚，没有什么事情是钱搞不定的，从开办企业到杀人脱罪，只要给钱都可以解决。

然而奇怪的是，莫伊政府虽然腐败至极，但肯尼亚的经济仍然是东非最好的。莫伊统治时期，在整体方针上并没有改动肯雅塔的政策。这里仍然实行重商主义和放任主义，也没有闭关锁国。准确地说，莫伊政府无力控制社会的每一方面，它给民间经济留下了大量的机会，使得肯尼亚仍然一枝独秀。

肯尼亚如同一个现代潮流中颠簸的传统之舟，没有规划，没有助推。掌舵人不仅无力掌控，而且还监守自盗，但这个小舟保持了政权的稳定性，因此躲过了更大的灾难，跟随着潮流漂到了现在。

莫伊虽然也曾经镇压甚至暗杀过反对派，但肯尼亚的反对派一直存在。

1992年，当人们再也不愿意忍受莫伊的独裁和政治高压开始反抗时，莫伊表现出了强硬的姿态。但随后，国内发生了小规模骚乱。国际社会仍然处于摧毁东欧堡垒的兴奋之中，对一切独裁都表现出不容忍的态度。他们针对莫伊政权进行了制裁，取消了对肯尼亚政府的援助。

作为非洲外向型经济代表的肯尼亚一遭受制裁，莫伊就受不了了，立刻屈服。于是，肯尼亚修改了宪法，将多党制引回到政治之中。肯尼亚总统一直是没有任期限制的，现在这个漏洞被堵上，设立了最多两期制。因为宪法修改不能追溯既往，所以莫伊还可以连任两届，然后下台。

当然，人们知道莫伊是必须再连任两届的，在这过程中他会通过一切手段，作弊也好，胁迫也好，保证自己不会随便下台。

肯尼亚的政治稳定表现在，即便人们对莫伊很不满，即便知道他作了弊，但并没有考虑立刻用暴力推翻他，而是将精力集中在十年后。他们阻击了莫伊一切想更改宪法任期制的企图，并认真准备十年后的大选。从这一点看，肯雅塔时期建立的对宪法的尊重已经保留了下来，人们学会了在宪法之下做事情。

2002年，莫伊在徒然挣扎之后，不得不怆然下台。反对派领袖姆瓦伊·齐贝吉在竞选时差点遭到暗杀，在车祸中受了伤。他竞选获胜后，坐着轮椅参加了就职仪式。内罗毕人山人海欢呼莫伊下台，为这个肯尼亚历史上最腐败的时期画上了句号。

肯尼亚人民并没有形成秋后算账的传统。莫伊下台后，不仅没有被追究，还时常出席一些政治性活动。由于他对政治和国际形势都熟悉，还被任命担任过苏丹的和平特使。肯尼亚社会被每一个强人打下了烙印，但不管是好是坏，它都带着这些烙印继续前行，而不是试图将它们擦去。

齐贝吉以反腐的口号上台，但他的第一个任期还没结束，人们就已经知道，依靠他不可能完成反腐的任务。在肯尼亚大酱缸之中，新来者必须先学会同流合污，才能顺利地执政。政客们上台已经形成了一个术语，叫“轮到我们吃饭了”（it’s our turn to eat），这也成了一本畅销书的名字。

由于齐贝吉过于不受欢迎，2007年他在充满争议的第二任选举中勉强获胜。到底他是否真的当选已经不重要，这成了骚乱的契机。在肯尼亚充满了混乱的历史中又加上了一笔，这次骚乱造成了上千人的死亡。骚乱的结果是，齐贝吉不得不做出让步，在分权协议中，让他的对手拉伊拉·奥廷加担任了总理一职。

肯尼亚的政客们熟练地控制着制度平衡，不让这座大厦倒塌，同时又获取各自的利益。至于肯尼亚的社会，在骚乱之后，虽然裂痕加大，但仍保持着足够的稳定。

西非的现实主义者

英国的殖民地纷纷独立之后，虽然和宗主国保持密切联系，但在政治上，一般都有一个独立运作的政府，经济上也比较多元化。法国的殖民地却正好相反，由于独立之前它们只是法兰西帝国的“器官”，自给自足能力极差，即便独立后也必须依靠宗主国才能生存。

在法国位于西非的殖民地中，只有一个极端的例外：几内亚。

从独立开始，领导人塞古·杜尔就采取了疏远法国的做法。戴高乐也是火上浇油，在几内亚确定从法国脱离之后，他撤走了一切法国援助和法国控制的设施。不管是资金还是物品，能带走的全部带走，不能带走的就砸烂，决不留给几内亚新政府一丝一毫。这种做法消除了法国对几内亚的影响，但也让几内亚人对法国没有了一丝好感。

由于几内亚缺乏必要的资金，疏远法国就意味着必然要寻找其他的金主。塞古·杜尔选择了东方阵营作为靠山，但这仍然无法弥补被排斥在西方市场之外的损失。

为了与西方对抗，塞古·杜尔选择了强调自己作为反对殖民主义的主将的地位，这让他收获了大量的崇拜者以及许许多多的称号，从非洲的伟大领袖到非洲革命的导师，等等。但这样做的负面影响，是整个国家陷入了浓厚的个人崇拜之中，从立法、司法到行政，都是他一个人说了算。

为了防止法国人的破坏，塞古·杜尔还特别注意防范海外势力。他总是担心“帝国主义亡我之心不死”，收紧了国内控制，他的所有对手都受到了怀疑。在这样的气氛之中，几内亚的经济也在骤然滑落。

法国的殖民地大都是沙漠和半干旱草原气候，几内亚却属于雨林地区。这里雨水充足，自然条件比其他国家好，在殖民地时期就已做到自给自足。可经过独立之后的行政退化，已经很难保证人民的温饱需求了。

塞古·杜尔一直把持着权力，直到 1984 年去世，才由他的总理路易斯·兰萨纳·贝阿沃吉接了班。之后军事政变这个恶魔又悄然而至，一名叫兰萨纳·孔戴的军官发动政变夺取了政权，几内亚继续在闭关锁国的道路上飞驰。兰萨纳·孔戴时期，几内亚实行了经济自由化政策。由于总统权威已经不如塞古·杜尔，统治也就相对温和。但几内亚的政治一直无法正常化。经济虽然进行了自由化，但仍然无法满足国内的需求。

兰萨纳·孔戴死于2008年，他死后，随即又发生了军事政变。直到2010年，几内亚才在国际社会的干预下，开始了一次较为正常的总统选举，选出了阿尔法·孔戴担任总统。

在这之前，几内亚的行政一直处于瓦解的过程之中，每一任总统的权力都比前一任小，而社会动荡、种族冲突却处于加深的过程当中。到了这时，国家似乎已经走出了建国之后的磨合阶段，慢慢地进入了稳定期，可以开始建设了，但就在这时，2014年，西非爆发了埃博拉病毒疫情，几内亚作为核心三国之一又遭受了沉重打击。

几内亚选择了与宗主国彻底决裂，但大部分法国殖民地却选择了另外一条道路：它们知道在短时期内很难从一个“器官”成长为完整的个体，要想避免独立之后的混乱，就必须与宗主国搞好关系，继续依赖宗主国的输血，直到肌体已经足够强壮，才能脱离宗主国的保护。

在西非，有两个人是这种思想的代表人物。他们分别是塞内加尔首任总统利奥波德·桑戈尔，以及科特迪瓦首任总统乌弗埃-博瓦尼。法国有邀请殖民地精英进入政府组织的传统，两人都曾经担任过法兰西共和国的部长。作为黑人的代表到巴黎任职，这已经是莫大的荣耀。他们也尽心尽力地想办法维持法兰西共同体的统一，是共同体的倡导者。

虽然他们都想与宗主国搞好关系，但不同的统治风格导致了国家的不同走向，政治研究者对此颇感兴趣。

人们谈起塞内加尔的桑戈尔，首先想到的不是一位总统，而是一位文学家、诗人、法兰西学院第一位黑人院士。他出版了多部诗集，甚至受到过哲学家萨特的称赞。

在他多姿多彩的一生中，最惊险的时刻是在二战中参加法国军队的经历。1940 年，德国入侵法国，桑戈尔和其他非洲士兵一并被俘。在被俘的当天，德国人决定将这些黑人士兵全部处决。行刑队拉开排枪，桑戈尔知道死亡即将降临，连忙大喊："法兰西万岁！非洲万岁！"

这时，法国的白人俘虏中走出来一名军官，向德国人劝说，杀死黑人俘虏有损于雅利安和德国军队的荣誉。战争初期的德国人还保留着军人的绅士风度，接受了劝告，让黑人士兵归队。

桑戈尔临刑前的呼喊代表了他内心最深处的意识：非洲殖民地已经是法兰西的一部分，殖民地离开了法国，将无法生存。

桑戈尔早年的活动空间大部分在法国本土，之后才回到非洲。而科特迪瓦的乌弗埃-博瓦尼却是从另一条路走向领导之位的。他出身于酋长家庭，很早就在科特迪瓦进行政治活动，参加了当地议会的选举。法国人早就看出他可以成为同盟者，有意培养他的政治参与度。

两人虽然都赞成与法国保持密切的联系，但想法又有所区别。桑戈尔首先的站位是从法国本土立场上思考，认为殖民地应该与法国成为一体，而不是分成不同的实体。乌弗埃-博瓦尼由于更早就参与了殖民地内部的政治运行，更赞同殖民地首先是独立的实体，然后在更大空间内与宗主国保持联盟关系。

两者之所以有这种区别，还和塞内加尔与科特迪瓦在法兰西共同体中的不同地位有关。

塞内加尔是法国在非洲的最早落脚点，法国人最早在塞内加尔河口建立了圣路易殖民地，之后又将塞内加尔首都达喀尔作为整个法属非洲的中心。直到现在，达喀尔仍然是西非最繁华的大城市之一，这里高楼林立，仿佛是加入了十倍混乱元素的法国城市。著名的达喀尔拉力赛就曾经长期将这里设为比赛的终点，而起点则是法国的首都巴黎。直到最近，由于恐怖袭击的影响，达喀尔拉力赛才转战南美，离开了非洲大陆。

在法国人的心目中，塞内加尔和达喀尔永远是非洲的中心。只要法属非洲保持在共同体之内，塞内加尔就能够享受足够的优惠政策。法国人的钱要从达喀尔流向非洲的其他地区，而其他地区的物资很大一部分也要经过达喀尔转向欧洲各地。

与塞内加尔不同，科特迪瓦是法国后来才建立的殖民地。这里由于靠近雨林地区，更适合经济类作物的种植。法国人到来后，大量地引进咖啡和可可，使得科特迪瓦的经济突飞猛进。

乌弗埃-博瓦尼深知法国市场的重要性，科特迪瓦的咖啡和可可必须依靠法国才能打开欧洲市场。他认识到必须与法国搞好关系，才能保证科特迪瓦的发展。

但科特迪瓦与塞内加尔的不同在于：塞内加尔是法属西非的中心，法国从其他地区征税，有一部分税收补贴到了塞内加尔，特别是达喀尔；而科特迪瓦作为一个后起的经济新星，虽然富裕程度上已经超越了塞内加尔，却要缴纳更高的税给法国。也就是说，科特迪瓦缴纳的税，一部分被法国中央政府用来补贴塞内加尔了。

乌弗埃-博瓦尼希望各个殖民地政府完全掌握自己的税收和财政，在这个基础上达成联合。可是，一旦法兰西共同体失去了征税权和财政权，就意味着这个联盟过于松散，没有办法维持。

桑戈尔和乌弗埃-博瓦尼虽然都认同法国的影响力，却又互相指责，加上几内亚等国的示范作用，使得法兰西共同体垮了台。独立后，两国却又要依靠法国的援助来发展经济，它们并没有摆脱法国的影响。

桑戈尔和乌弗埃-博瓦尼是一对现实主义者，他们开辟了一条殖民地独立后也与宗主国保持紧密联系的道路。这条路可能是最为稳妥的，不会给独立后的国家的政治带来太大的断裂，又保持了经济的连续性。但两国的发展又由于两人统治风格的不同而分道扬镳。

塞内加尔独立后，桑戈尔在经济上也追求社会主义和政府干预，不过他还有另一条原则：独立后不要做出太多改变，继续依靠法国。他甚至被指责为新殖民主义的代理人。

在其他国家，由于白人撤离，在黑人之中一下子找不到足够的行政人才，从而造成了行政退化。桑戈尔对这种现象很警惕，他宁肯重用合格的白人，也不愿意为了所谓黑人的解放，将职位授予那些没有能力的黑人。他虽然赞成社会主义，但人们提到将外国资本收归国有，他立刻将这种想法否定了。外国资本在塞内加尔仍然大行其道，法国军队继续驻扎在塞内加尔，法国控制着塞内加尔的银行系统。

这样做的好处是，塞内加尔的行政退化更加缓慢，也没有出现巨大的混乱。但这样做也带来了无数的问题，最大的问题是塞内加尔的经济无法独立。

在法国殖民时代，塞内加尔就以种植花生成了法国社会的一个“器官”。独立之后，它没有发展出多样的工农业，仍然依靠出口花生赚取外汇。如果说其他国家往往会陷入过于心急取代海外资本的陷阱，塞内加尔则是行动过慢而造成了问题。

当法国取消了花生补贴，同时国内的旱灾影响了花生的产量，塞内加尔的经济迅速下滑。

另外，由于过于依靠法国，塞内加尔出现了债务上瘾现象。独立后的二十年间，它的对外债务增长了约 20 倍。出口一出问题，立刻陷入了偿债危机。

随着经济的熄火，塞内加尔国内也变得更加不稳定。桑戈尔从一个和蔼的受人尊重的老诗人，不得不摇身一变，转换成镇压国内反抗的半独裁者。在此之前，他依靠个人魅力取得选票易如反掌，这使得塞内加尔形成了一个事实上的一党制国家。当引入暴力之后，塞内加尔眼看就要向着独裁滑去。

但就在这时，桑戈尔诗人的敏锐却突然起了作用。他意识到其中的危险，也知道自己作为第一代领导人的局限。1976 年，桑戈尔宣布进行政治改革，允许成立三个政党，他自己领导一个中间政党，同时建立了一个左派政党和一个右派政党。

当这项改革取得稳定后，1980 年，桑戈尔又做了一项令人震惊的举动：他宣布自己退休，成了非洲历史上第一个主动退休的领导人。1981 年 1 月 1 日，桑戈尔正式离职，接替他的是他的亲信阿卜杜・迪乌夫。

迪乌夫没有辜负桑戈尔，继续了上一任领导开始的政治改革。在下一次选举中，他进一步取消了政党限制，让所有的政党都合法化了。

迪乌夫的统治并非一帆风顺。实际上，每一次大选都充满了喧嚣，竞争对手互相指责大选舞弊。迪乌夫有时不得不借助政权的力量，对对手进行打击。但整体而言，塞内加尔的政治已经进入了较为平稳的轨道。

即便如此，人们对塞内加尔的政治仍然有疑虑，因为迪乌夫是由桑戈尔指定的，担任总统的期限达二十年之久。虽然塞内加尔表面上看起来开放了党禁，也有了选举，但如果没有完成一次政党轮替，就不能证明这样的政治是稳定的。

2000 年，选举的常胜将军迪乌夫终于失败了。在这一年的大选中，第一轮迪乌夫获得了 41.3% 的选票，而他的最大对手阿卜杜拉耶・瓦德只获得了 30.1% 的选票。就在人们以为这又是一次为迪乌夫举行的大选时，在第二轮，他的竞争对手们突然联合起来，选票都集中地投向了瓦德，最终迪乌夫以 41.5% 对 58.5% 输掉了大选。

迪乌夫再次让等着看热闹的人们大跌眼镜，就在人们等待政治斗争时，迪乌夫却宣布接受大选结果，平静地和对手完成了交接。就连对手瓦德也不得不承认，迪乌夫应该因和平交接获得诺贝尔和平奖。

桑戈尔和迪乌夫的表率作用在塞内加尔树立起了标杆，为接下来的政治家提供了样板。2012 年，瓦德在一片争议声中寻求第三任期，但败于他的竞争对手马基・萨勒，他同样迅速地接受了选举结果，完成了交接。

在萨勒之前，塞内加尔总统任期数次改变，从五年改为七年，又从七年改为五年，之后又调回到七年。萨勒竞选时承诺，将总统任期缩短回五年。不管什么情况，总统都只能连任一届。2016 年，在塞内加尔的全民公决中，萨勒实现了他的承诺。塞内加尔的民主政治在经过了四代总统之后，变得更加坚定。

塞内加尔在诗人桑戈尔手中充满了颠簸，而科特迪瓦最初的日子却要好过得多。塞内加尔被法国将命运绑在了花生上，而科特迪瓦不仅有咖啡，还有可可、棕榈油、橡胶，它们是法属西非的经济引擎。

独立之后，首任总统乌弗埃-博瓦尼认为，民主制只适合于成熟的国家，而对于刚刚成立的非洲国家而言，最重要的是维持稳定性，而这个要求只有一个类似于酋长制的家长式制度才能做到。

与塞内加尔的举步维艰不同，酋长乌弗埃-博瓦尼满手好牌。他也和桑戈尔一样采取了全面靠拢法国的政策，保证法国投资，把与法国的贸易放在最优先的位置。同样，他不信任黑人的治理能力，在政府中大量吸收法国人。在法国的帮助下，科特迪瓦迅速进入了繁荣期。

同样是接受法国的帮助，科特迪瓦之所以走得更加顺利，也是因为它的资源。在二战后，世界都处于极端繁荣之中，对于经济作物的需求极其旺盛，不管科特迪瓦能生产多少咖啡、可可，都不难找到买主。法国雇员保证了政府的正常运转，生产效率也屡创新高。二十年间，科特迪瓦的农产品产量增加了 3 倍，科特迪瓦成了世界最大的可可出口国。

由于有足够的外汇，科特迪瓦开始发展工业。在总统的倡导下，科特迪瓦不仅发展农产品加工业，还建立了一系列的现代工业部门，包括公路、电站、港口，甚至把他的家乡——一个小村庄，打造成了雄心勃勃的首都城市。大部分的大型工程是不赚钱的，它们只是为了满足总统的雄心壮志，并没有考虑到运行成本。但是科特迪瓦承担得起这些工程的损失，也没有人在意它们是否有效率。

由于政府手里掌握着大量的工程，科特迪瓦的官员腐败现象触目惊心。

虽然科特迪瓦的政府收入很多，但仍然不够花。于是，政府又通过各种渠道，以科特迪瓦未来的收入为基准，引进了大量的借贷资金。同样没有人在乎怎样归还，他们认为只要经济继续增长，世界继续贪得无厌地对科特迪瓦的产品充满渴望，好运就会继续下去。

但是，突然有一天，好运结束了。

20 世纪 70 年代，西方世界的发展突然陷入了停滞，西方人的胃口也缩小了，但非洲的供应还在扩大。几乎在一夜之间，咖啡和可可的价格就从巅峰跌入了谷底，可可的价格只为原来的四分之一，咖啡的价格也跌了一半。

科特迪瓦的外债是以农产品价格不断上涨作为预期的，一旦价格反转，也就意味着政府不可能偿还得起规模巨大的外债。一旦人们的预期反转，世界资本市场就对这个新兴的国家关闭了。政府收入腰斩，开支却还在增加。与此同时，海量的资金仿佛预感到了危险，开始从各种渠道出逃，更是雪上加霜。

科特迪瓦在挣扎了十年之后，宣布破产。繁荣的奇迹如同幻觉一般消失了。

乌弗埃-博瓦尼对科特迪瓦最大的影响还不是经济，而是政治。这位老人认为自己还可以扭转局面，不想放弃权力，他压制住了几乎所有的反对派，以确保自己每一次选举的胜利。直到 1993 年他去世，也没有放弃权力。

在塞内加尔，桑戈尔放弃权力的那一刹那，成了政治改革的契机。塞内加尔的资源禀赋比科特迪瓦差很多，如果没有一个稳定的政治，遇到的麻烦也会比科特迪瓦多很多。但依靠桑戈尔的明智，塞内加尔渡过了建国之后的稳定性危机。

而乌弗埃-博瓦尼死后，科特迪瓦由于没有经过民主的锻炼和真正选举的熏陶，立刻变成了政治角逐的主战场。

接替他的总统贝蒂埃为了保住权力，用各种手段打击政敌。但是，到了 1999 年，贝蒂埃在政变中被前参谋长盖伊推翻。这一次军人统治时间不长，第二年就让位给了民选总统洛朗·巴博。

2002 年，科特迪瓦国内矛盾终于爆发，发生了内战。内战的双方是政府军和北方叛军。由于北方有许多来自布基纳法索的移民，这些移民在乌弗埃-博瓦尼时期受到了总统的容忍，属于总统的铁票。到了新时代，他们受到的歧视越来越严重，于是爆发了内战。

这次内战打打停停，直到 2010 年，才达成新的协议举行选举。选举中，新总统候选人、来自北方的瓦塔拉与老总统巴博各自坚称自己获得了选举胜利，双方只好再次用战争说话。这一次，瓦塔拉取得了胜利。

瓦塔拉的胜利被视为对乌弗埃-博瓦尼政权的一次清算。在 2000 年，瓦塔拉就想参加选举，但他的竞争对手却制定了法律，要求候选人父母都是科特迪瓦公民，并且在选举前五年都住在国内。瓦塔拉的父亲来自布基纳法索，瓦塔拉虽然担任过科特迪瓦总理，却在1994年到1999年期间，在国际货币基金组织任职。就这样，他被禁止参加总统选举。2011年，他终于获胜，然而科特迪瓦已经历尽沧桑。

这个西非禀赋最好的国家暂时获得了平静，但它的矛盾并没有得到解决。最新的领导人由于是靠战争上台的，能否将和平持续下去直到完成政权更替，仍然是个未知数。只有一个政权完成了至少一次和平的政治交替，我们才能初步判定它可能已经走出了建国之后的颠簸。按照这个标准，科特迪瓦将在未来数年内获得检验。

“泛上校”的大联合

非洲的第一代领导人还有一个共同的特点：他们大都是泛非主义者。所谓泛非主义，就是认为非洲必须齐心协力对付世界上的强权，非洲不应该被视为很多个国家，而应该作为一个大洲，发出共同的声音。

在这些领袖中，著名的除了加纳的恩克鲁玛、埃塞俄比亚的塞拉西皇帝之外，就要数利比亚的领导人卡扎菲上校了。

卡扎菲不仅是一个泛非主义者，还是一个泛阿拉伯主义者、泛伊斯兰主义者，凡是和“泛”沾边的，都是他的选择。他虽然已经在2011年的阿拉伯革命中死去，但在非洲和阿拉伯世界，却仍然被视为一个英雄。在乌干达、马里等许多国家，都还有以他的名字命名的街道或者建筑物。非洲人和我谈起他时，与外界对他的评价大相径庭。外界习惯于将他描绘成一个狂妄的人物，但在非洲人和阿拉伯人眼里，他却是给世界带来了发展动力的人。

为什么会有这么大的差异？原因在于他在革命之初采取的一项措施。

1969年，卡扎菲发动政变推翻了利比亚国王，结束了国王制。他的革命其实是全盘照搬邻国埃及的做法。十七年前，埃及人纳赛尔发动政变推翻了埃及国王，建立了共和国。

正是纳赛尔和卡扎菲两个人，各为发展中国家做出了一项重大贡献。

非洲独立之后，和原宗主国之间最大的分歧是经济上的。原宗主国作为一个政治实体虽然已经撤离，但在经济上的影响力却还存在。大企业一般控制在欧洲人手中，而矿产资源必须卖给欧洲人。当然价格也是不合理的。以石油资源为例，刚刚结束了殖民地时期，世界的石油合同都称不上是市场经济的产物，而是殖民时期半强迫的结果。

石油合同的合同期大都是几十年。在签订之初，由于信息的不对称和宗主国的决定权，收益上石油公司拿大头，产地只能拿小头。大型的石油公司也不是市场的产物，而是西方政府的工具，出产的石油产品必须首先满足宗主国的军工需求。

如果不打碎这种经济绑架，非洲国家就无法做到财政自由。可是要想和平结束经济绑架，需要花费足够长的时间，等到老合同到期了，才能签订新合同做出改变。在到期前的几十年里，必须忍受不平等。

这是发展中国家必然经历的困境，要想改变弱势地位，必须依靠时间、机遇和双方的善意。民国时期，中国为了废除不平等条约，也是等待了二十年，才终于成功。如果是小国，花费的时间会更长。

纳赛尔的埃及和卡扎菲的利比亚却为非洲指出了另一条更加便捷的道路。

埃及与西方的纠纷主要在苏伊士运河，这条河对英国太重要，英国想方设法不把控制权交出去，而是将运河交给一个公司管理，而这个公司又由英国政府控制。公司甚至拥有驻兵权，在苏伊士驻扎了英国士兵。

纳赛尔上台后，和英国人协商不成，便宣布强行收回苏伊士运河。世界都等着看英国人大发雷霆，但是英国人喷了半天口水，灰溜溜地撤走了。之后英国虽然暗地里支持以色列，但至少不敢明着与埃及人翻脸。

埃及的做法告诉发展中国家：西方已经成了纸老虎，对于新的秩序无能为力。卡扎菲乘机再下一城。

卡扎菲革命成功后，立刻宣布西方给石油的定价不合理。利比亚出口的产品主要是原油。当时世界上给石油定价的，是西方的大石油公司。西方企业总是联合起来压价，把石油价格压得很低。各大产油国都有心抬价，可是由于西方石油公司形成了事实上的垄断，谁敢闹就封杀谁。

伊朗曾经试图抗击英国人的盘剥，英国人立刻在全球封杀了伊朗的石油。双方几近鱼死网破，伊朗受不了了，请美国出面协商了一个折中的结果，保住了些许面子。伊朗的遭遇让其他国家更不敢这么做了。

卡扎菲却并不信这个邪，他单方面宣布，石油价格不应该由石油公司定，而应该由产地定。为了实现这个原则，他不惜减少产量，以提高价格。世界又等着看西方国家怎么惩治利比亚，但令人大跌眼镜的是，西方又让步了！

从此以后，石油的定价权从石油公司转移到了产油国手中。石油输出国组织（Organization of the Petroleum Exporting Countries，简称 OPEC）从此成了一个强有力的组织，产油国发了大财。

这一切都是从卡扎菲上校的抗争开始的，他无意间让世界知道，西方并没有看上去那么强大，第三世界只要足够强硬就能够夺回商品定价权。从钻石、黄金、铜、钴、铁，到咖啡、可可、花生、象牙，非洲的原材料都曾经被人为地压低了价格。卡扎菲实际上给其他国家指了一条出路：抬高价格以获得更大收益。

虽然实践上大多数国家的抬价行为都失败了，但卡扎菲的成功已经成了神话。人们总是记得：利比亚成功了呀，其他失败的一定是哪儿没有做好。

他的威望迅速提高，成了阿拉伯世界和非洲世界的双重领袖。他也很享受这样的地位，不断地指导其他国家应该怎么做，将自己的形象彻底和“反帝”绑定在一起，最后甚至被自己的形象给绑架了，人们一谈起这位上校，首先想到的是他的“反帝”角色。

利比亚由于有石油，人口又少，花钱的地方并不多，积攒了大量的外汇储备，这些钱就被卡扎菲用来支援非洲和阿拉伯世界的兄弟们。

卡扎菲的事业铺得很广，在阿拉伯世界，他曾经支援巴勒斯坦抗击以色列，还送去了不少武器，对以色列航班搞恐怖活动。他曾经指责埃及在纳赛尔死后变质了，所以支持埃及国内的反对派。他不断地呼吁阿拉伯国家大联合，建立统一的国家。他以身作则，尝试过不同的合并方案。首先想和埃及、叙利亚联合组建国家，但失败了；又和阿尔及利亚、突尼斯谈，也没有成功。

在世界范围内，他支持了各种各样的反政府武装，从英国的北爱尔兰，到西班牙的巴斯克，再到菲律宾和泰国。

在非洲，他的活动更加频繁。几乎所有反政府武装都受到过他的资助，区域涉及摩洛哥控制的西撒哈拉地区，埃塞俄比亚控制的厄立特里亚地区，西非的尼日尔、马里、乍得。卡扎菲也并不是只支持反政府武装，那些能够和西方对着干的政府也都获得过他的资助，比如乌干达的阿明政府。

第三世界之所以需要这样一个人，是由于之前他们受到了太多不平等的对待，却又无能为力。当西方世界需要非洲市场时，他们祭出了自由市场理论，可是非洲的市场没有一个是完全自由的，大都是宗主国设定的。这时恰好有一个人打破了西方理论的神话，他便成了万众瞩目的对象。在非洲，只有利比亚能承担这个角色，这也和利比亚拥有大量石油却人口稀少的自然禀赋有关，否则，卡扎菲也无法获得足够的收入来支撑他的泛联合主义。

但是，第三世界的关注又无法为卡扎菲和利比亚带来足够的利益，他们每一个国家都太弱小了，最多只能替利比亚说句话，却帮不上任何忙。直到老年，卡扎菲才意识到他只不过是个被利用的角色。他撒出去的钞票换来的成果极其有限，即便成功帮助对方上台，但只要一上台，对方就会立刻和他拉开距离。

至于所谓的各种“泛”，也都无果而终。人们谈论各种“泛”，只是为了要他的钞票。阿拉伯、非洲的每个国家都各打自己的算盘，他们走向了更加分裂，而不是联合。

可惜的是，等卡扎菲认清这一点时，一切都晚了。他开始转型向西方靠拢，不再刻意把自己打扮成反潮流的英雄。但他的钱袋子却扎不住，最初是撒向了第三世界，后来改成了撒向西方的各种体育、慈善活动。

直到他被人民抛弃，死在枪下，他都没有明白，自己只不过是个没有被世界接纳的孤独者。

AFRICA

第六章

利维坦狂欢

A
JOURNEY THROUGH
TWO
HUNDRED
YEARS

1979年6月，加纳陷入了一片血雨腥风。

在一座位于泰西市的军营里突然之间关押了大量的罪犯，这些罪犯并不是普通人，而是被认为应该对加纳的衰落负责的政客和军人。

其中最显赫的是三位前总统，他们分别是阿克瓦斯·阿曼卡瓦·阿弗里法准将、伊格内修斯·库图·阿昌庞将军以及弗雷德里克·威廉·夸西·阿库福中将。与前总统们关在一起的还有五位军方的高级将领。他们的命运掌握在一个名叫罗林斯的人手中。

裁决最终下来，三位前总统和五位将领都将被判处死刑，他们分别被带出去，面对着行刑队遭受枪决。他们的死为推翻恩克鲁玛后的混乱埋了单。

恩克鲁玛倒台后，加纳并没有因此而结束混乱。短短的十几年时间，加纳经历了两次军政府时期和两次共和国时期，一共七位总统如走马灯一般匆匆走过，以上三位更是在1979年被枪毙。

加纳历史上，将恩克鲁玛时期称作第一共和国。到了1981年，罗林斯终于决定自己干。他换了两部宪法，这两部没用的小册子代表着短命的加纳第三、第四共和国。

如果要总结加纳这段时间的走向，可以归结为持续滑落。恩克鲁玛虽然不懂得治理，却带有很强的理想主义色彩。推翻他的是约瑟夫·亚瑟·安克拉中将，他建立了第一军政府，本人还算正直，也不失理想色彩，却同样无法解决无孔不入的腐败问题。在一次受贿丑闻中，安克拉怆然下台，将位置留给了阿克瓦斯·阿曼卡瓦·阿弗里法准将。

阿弗里法也不是个恋权的人，他意识到无法利用军人统治来发展加纳，必须还政于民选政府。于是，在他的张罗下，加纳第二共和国仓促亮相。阿弗里法在经过了短暂的过渡期后，将政权让出。

但第二共和国只存在了三年时间，就遭遇了连环军事政变。1972 年，阿昌庞将军推翻了第二共和国，加纳进入了第二次军政府时期，也是最坏的时期。这时，独立之后所有的理想主义色彩都已经褪尽，参与政权就是为了利益。

阿昌庞执政五年后，再次被推翻，政变的是阿库福中将，但阿库福的位子还没有坐稳，就又遭遇了连环政变，将他推翻的就是罗林斯空军上尉。

罗林斯试图恢复加纳的秩序，除了将三位前总统枪毙之外，他还再次开始了建立民选共和国的尝试。在他的安排下，加纳第三共和国匆忙登场，并有了一位民选的总统希拉·利曼。但他也是第三共和国唯一的总统，这个共和国存在的时间比第二共和国更短，到了 1981 年，罗林斯再次发动兵变，推翻了亲手设立的第三共和国，开始了另一次军政时期。从恩克鲁玛下台到罗林斯上台的十几年间就成了加纳史上最黑暗的时期，之后才又出现了曙光。

如果要划分加纳的领导人，可以把恩克鲁玛当作第一代领袖，而阿弗里法准将、阿昌庞将军和阿库福中将则可以视为第二代领袖，罗林斯是第三代。

非洲领导人中，有一个规律：那些最独裁的往往出自第二代。第一代领袖大都是理想主义者，他们希望非洲有一天成为一片人间乐土，只是由于他们的知识不够以及社会还没有稳定下来，理想无法实现。第二代之所以上台，却往往由于人们对第一代不满，让他们钻了空子以政变的形式上台。他们是在殖民地时期长大的，缺乏必要的教育，有的甚至是文盲。上台后，他们最大的诉求是掌控权力，但由于缺乏必要的政治经验，只能依靠本能，建立起一个个奇形怪状的政权。非洲就是在这些人的带领下，进入了一个利维坦狂欢的时代。

从政治的发展来看，他们的上台是政治的延续，是无法避免的。也正由于第二代领导人的折腾，使得人们更加意识到了政治的问题，到了第三代领导人掌权后，非洲才开始认真考虑起发展的问题，从而渡过了这段最危险的时期。

如今，非洲的第二代领导人大都已经离去，非洲也进入了一个相对稳定的时期。但历史的经验往往从失败中获取得更多，回顾第二代领导人的教训，是非洲永远无法停止的课程。只有这样，才能提醒人们稳定和发展是多么重要，所谓“不折腾”这三个字中又藏着何等真理。

苏格兰国王和奥斯卡影帝

在东非国家乌干达，至今人们提起阿明，仍然不知怎么评价。

乌干达是东非的内陆国家，国土面积不大，经济上比起邻国肯尼亚、坦桑尼亚要更加落后。它要从世界进出口，必须依靠肯尼亚和坦桑尼亚的港口。但这里的人们总是乐呵呵的。与肯尼亚、坦桑尼亚有着众多的穆斯林不同，乌干达的基督教更加发达。但人们参加基督教会，更多是为了消遣，一到周末就跑到一块儿敲锣打鼓唱圣歌，显得无忧无虑。只要教会允许他们按照非洲的方式唱歌跳舞，就会获得大发展。

乌干达历史上经过了战争和独裁，好不容易进入了和平时代，所谓“得欢乐时且欢乐”。而所谓的独裁时期，主要指的是阿明时代。

在世界其他地方，人们谈起阿明总是带着古怪的成分，将他当成一个怪人。但在乌干达，当我提起阿明时，许多人的反应并不是愤怒，而是兴高采烈地和我讲阿明时期的逸事，如他如何赶走了不受欢迎的奥博特，如何揶揄西方，他刚上台时怎么样调动起整个社会的狂欢情绪。当然，舞会总有结束的时候，由于缺乏治理能力，阿明最终带来的，还是战乱和衰退。

在非洲国家中，乌干达是最能体现现代政治与传统政治相冲突的国度。

英国人接管乌干达之前，这片土地上存在着数个黑人王国。英国人来了之后，将这些王国都变成了保护国。如果是普通的保护国，那么英国人应该依靠黑人国王进行间接统治。但乌干达的奇特之处在于除了保留了各个国王之外，英国人还建立了一套自己的行政系统，这就形成了殖民地政府与保护国政府同时存在的局面。

这种情况在世界上并非没有蓝本，最典型的是印度。英国虽然在印度建立了殖民地政府，但还是保留了数百个大大小小的土邦邦主，每一个邦主就是一个小国王。印度独立时，英国的殖民地政府把权力交给了尼赫鲁领导的印度中央政府，可是这些土邦邦主怎么办呢？他们以前是具有实际行政权力的小国王，印度中央政府要想稳固，就必须把他们都废除掉。但如果要废除他们，又会引起普遍的反抗，那建国之初就会充满血腥。

尼赫鲁采取的做法是：允许这些土邦邦主保留财产权和象征性的尊崇地位，但必须让他们交出行政权。这很像宋太祖赵匡胤的政策，你可以当地主，受尊敬，却不能掌权。

土邦邦主这个阶层被解决掉，是印度独立后之所以能够稳固的最大原因。

在乌干达，英国人离开之后，又如何处理中央政府和地方上的小国王之间的矛盾呢？

乌干达境内有五个王国，分别是托罗王国、布索加王国、布尼奥罗王国、鲁恩祖鲁鲁王国，以及布干达王国。这五个王国的实力并不均衡，其中地盘最大、实力最强的是布干达王国。这个王国占据了最富饶的中南部，靠近非洲第一大湖维多利亚湖，甚至连乌干达的首都坎帕拉都借用了布干达王国的首都。

乌干达独立时，并没有像印度那样，将国王的行政权力剥夺，而是给各个王国保留了很大的自治权。更麻烦的是，乌干达在独立后进行选举时，布干达的国王（国王在布干达当地语言里叫“卡巴卡”，当时的国王是爱德华·穆特萨二世）被选为乌干达的总统。

乌干达实行总理负责制，总统只是一个象征性的职位，但即便是象征性的职位，由一个国王来担任，也会让其他平行的王国感到紧张，它们害怕自己在中央政府中的地位受到影响。

与其他国家独立之初就有一个主导性的政党不同，乌干达由于族群关系过于复杂，没能形成一个稳定的拥有绝对多数议席的政党，总理的地位也不那么稳固。

在独立之初，该国有三个主要政党，分别是支持布干达国王的“只要国王党”，支持世俗中央政府的民主党，第三个政党则是由对布干达不满，想要联合起来避免布干达掌握主导地位的其他地区组成的松散联合体，号称乌干达人民大会党（Uganda People’s Congress）。

在议会选举中，一共有 92 个议席，“只要国王党”占据了 24 个，民主党占据了 24 个，人民大会党占据了 44 个，都不够绝对多数。

人民大会党的党首叫米尔顿·奥博特，他将人民大会党和“只要国王党”联合形成了多数派，自己因此成了国家总理。

但在执政的过程中，奥博特发现自己永远处于微弱的摇摆式平衡中。即便布干达是他的盟友，但很多时候却是反对他的，而人民大会党由于是松散的群体，也总是在不断地分裂，使得执政变得更加困难。

最后，乌干达政治的另一面——南北问题——显现了出来。在乌干达，南部是和布干达一样的班图人，而北部则是和南苏丹类似的尼罗人，两者的来源是不同的。

布干达在对付奥博特的过程中，总是打南北牌，最后变成了南方的班图人与北方的尼罗人之间的斗争。

由于历史原因，在英国人殖民时期，乌干达的军队就以尼罗人为主。奥博特的政权越收缩，越要依靠军队；越依靠军队，南方人越疏远他。

到了 1966 年，奥博特的政治平衡终于维持不下去了。他命令军队袭击了位于首都坎帕拉的布干达王宫，国王仓皇出逃，幸免于难，作为流亡者死在了欧洲。奥博特颁布了一部新的宪法，彻底废除了双重体制，解散了各个王国，形成了完整的共和制。

事实证明，在一个种族关系复杂的国家，表面上的共和制反而不如传统制度。在共和制下，奥博特成了逍遥法外的统治者，他迫害异己，暂停议会。乌干达人开始怀念以前的日子，甚至期待有人挺身而出，将他赶走。就连西方国家也不喜欢他，不介意他倒台。

当人心所向时，必有人为之。这位解救大众的英雄就是阿明。1971 年，当奥博特前往新加坡参加英联邦会议时，家乡却传来了政变的消息。奥博特只好逃往与他关系不错的邻国坦桑尼亚蛰伏起来。

阿明上台后，整个乌干达都陷入了狂欢气氛中，人们以为奥博特一走，好日子就会自动到来。阿明最初的举措也让人们吃下了定心丸，仿佛乌干达将迎来一个盛世时期。他把奥博特关押的政治犯都释放了，取消了管制性的法律。由于布干达国王已经死在英国，阿明用盛大的仪式将他的尸体迎回，葬在了乌干达。

在乌干达首都西南方向的一座小山上，有一座世界文化遗产，它是历代布干达国王安葬之地。国王们都安葬在屋子里，屋子用厚厚的茅草垒成，看上去很别致。但现在的人们只能从照片上看到这些显得有些粗糙又很奇特的建筑了。2010 年的一场大火将建筑的主体部分烧毁，可见非洲的世界遗产有多么脆弱，它们大都是由不可持续的材料建成的，如茅草和泥土，需要人们不断地维护。

阿明还撤换了奥博特政府腐败的官员，并向人们保证，军事政变只是权宜之计，很快就会举行选举。于是，全乌干达的人们开着花车，载着阿明，在全国四处巡游。

这个时期也是乌干达国家形成的关键阶段。在这之前，人们总是把自己当作是某一个王国的人，对于联邦国家这个概念的认同感却很弱。虽然民众与阿明的狂欢看上去是一种无聊的仪式，但却给所有的人打上了乌干达这个标签，让他们有了国民身份的认同感。这一点，可能是阿明留给乌干达的最大的遗产，也是为什么至今当世界对阿明表现出不屑时，乌干达人却仍然对他开着善意的玩笑，并没有过分讨厌的原因。

但巡游总有结束的那一天，国家是要靠实实在在来治理的。

巡游结束后，到了真正治理国家阶段，人们却发现，作为第二代领导人最典型的代表，阿明的治理能力并不比奥博特高明，甚至更糟糕。为了发展经济，必须听从领袖的教导，可是领袖本人对于经济问题也并不了解，人们更加不能理解领袖的意图。最后，为了维持秩序和贯彻政策，领袖只好依靠警察和军队。

在推行新政的过程中，秘密部队回来了，反对派继续被清洗。阿明不想承认的事实是：不是人们不理解领袖，而是领袖对治理国家一窍不通，不会算账，不识字，也不懂得放权的道理。人们开始对阿明感到失望。

不过，阿明倒不担心人们的失望，经过了狂欢的洗礼后，他已经发现了保持人们拥戴的好方法。这个方法就是：继续制造让人们参与狂欢的机会。只要狂欢还没有停止，乌干达人就会团结在他的周围。

在他看来，经济糟糕必然是有外来的破坏，他认定这是控制了工商业的印度人干的。这时的他还不敢拿白人开刀，亚洲人则成了替罪羊。乌干达有一个庞大的以印度人为主的亚裔群体，他们大都有英国和乌干达双重国籍，是全国的经济和技术核心。阿明不断地宣传亚洲人窃取了属于黑人的财富，他限定这些印度人必须在三个月之内离开乌干达。

乌干达人并没有意识到，一个国家损失掉一个成熟的商人阶层是多么的危险，反而认为阿明做了一件大好事，帮助黑人找回了财富。亚洲人背井离乡，将土地、房产都留在了这块他们奋斗了一辈子的土地上。他们带走的，除了资本之外，更重要的是专业技能和管理技能。他们走之前，乌干达的财政垮台了；他们走之后，乌干达的经济崩溃了。

乌干达的经济崩溃后，阿明为了获得援助，开始依靠利比亚的卡扎菲、扎伊尔（现称刚果民主共和国）的蒙博托，以及苏联和民主德国。它们给乌干达带来了大量的援助，但这些援助并没有形成生产力，大都被阿明身边的人拿走了。

当乌干达人民意识到这一步大错特错时，阿明在国内的地位一落千丈，于是对平民的控制接踵而至，人民开始钳口结舌。

但到这时，阿明的政治资本还没有被他挥霍完。亚洲人被清理后，如果要继续保持国内人民的凝聚力，就轮到了白人被清理。

1977 年，英国与乌干达断交。此前，阿明已经无数次挑战英国和英联邦，甚至呼吁由他来取代英国女王作为英联邦的元首。由于他曾经在苏格兰军队中服役，他甚至称自己是“苏格兰王”。到了 2006 年，好莱坞拍摄了一部关于阿明的影片，名字就叫《最后的苏格兰王》。

英国人和阿明断交后，阿明立刻宣称自己打败了大英帝国，是大英帝国的征服者。

在中国古代，有给统治者上尊号的传统，比如，最爱慕虚荣的皇帝之一宋真宗的全称是：膺符稽古神功让德文明武定章圣元孝皇帝；明太祖的全称是：开天行道肇纪立极大圣至神仁文义武俊德成功高皇帝；清太祖努尔哈赤的称号更加长：承天广运圣德神功肇纪立极仁孝睿武端毅钦安弘文定业高皇帝。这并不是中国人特有的毛病，欧洲人也喜欢一连串的缩略字母。

如果一个英国人曾经获得过一枚杰出服务勋章（Distinguished Service Order），他会得意地在自己的名字后面加上 DSO 三个字母，让人一看就心生妒忌。如果一个英国军人能获得一枚军功十字章（Military Cross），就可以加上 MC 两个字母。

阿明的尊号把这些都包括进去了，他的全称是：尊贵的终身总统，阿明博士，伊迪·阿明·大大阁下，VC，DSO，MC，全球走兽和全海洋鱼类的主宰，非洲特别是乌干达的大英帝国征服者（His Excellency，President for Life，Field Marshal Al Hadji Doctor Idi Amin Dada，VC，DSO，MC，Lord of All the Beasts of the Earth and Fishes of the Seas and Conqueror of the British Empire in Africa in General and Uganda in Particular）。

其中，在乌干达语里“大大”是对男人的一种尊称，VC 则是阿明自创的一枚勋章“胜利十字章”(Victorious Cross)，另外，他在国内大学曾经获得了博士学位。

与其他非洲第二代统治者不同，在外人眼里，阿明更像是一个蹩脚的演员，认真地演着正剧，观众却总是笑场。

但他的演技竟然被另一个人弥补，在电影《最后的苏格兰王》中，扮演阿明的是著名的黑人演员福里斯特·惠特克。依靠着对这个独裁者深刻的刻画，惠特克获得了奥斯卡影帝，也算间接地帮助阿明圆了演员梦。

但是，也不要小看了阿明的做法。实际上，人们之所以喜欢看，主要是因为在貌似滑稽的表演之下，他又带着对世界秩序的敏锐观察。当美国总统尼克松因为“水门事件”下台后，他发去慰问电报，这让那些对美国不满的人捧腹大笑。当巴勒斯坦发生慕尼黑惨案，以色列的运动员被杀害，他向联合国发去贺电，赞扬巴勒斯坦人和希特勒杀害犹太人的行动。当中苏发生边界摩擦时，他自告奋勇前来调解。这些事件虽然可以看成一个非洲小国的不自量力，却又是当时国际政治的一部分。事实上，阿明将许多国家在联合国论坛上不敢说的话，以表演的形式说了出来，特别是将非洲人的不满和困惑通过一种极端的形式表现出来。

正是因为这种暗含的意义，他的做法让非洲国家趋之若鹜。不管是在国内，还是在非洲，他都被看成是一个敢于反抗西方的英雄。于是，一大堆荣誉向他砸了过来。

1975 年，阿明当选非洲统一组织的主席，为此他专门佩戴上大量的勋章出现在会场上。到了 1977 年，乌干达进入了联合国人权委员会，这也是许多第三世界小兄弟共同努力的结果。

阿明的身份也在非洲和世界上表现得极端分裂。即便到了现在，非洲人也并不十分讨厌阿明，并将他列入当年反抗西方霸权的领袖之列；但在西方，他被宣传成一个滑稽小丑，还是个杀人魔王，甚至吃过人肉。

在乌干达历史上，阿明统治时期是乌干达国际地位最高的时期。即便到现在，乌干达在总统穆塞韦尼的领导下成为地区小霸王，在国际上的影响力还是比当年小了很多。

但不管阿明怎样提升乌干达的国际影响力，乌干达国内的经济却仍然一蹶不振，哪怕依靠国际补贴也没有什么效果。事实上，即便尊重他的人也知道，问题出在了他本人身上，这个不学无术的人只是一介蛮夫，根本不懂治理国家，却阴差阳错地出现在了领袖的位置上。

1979年，阿明终于碰到了硬钉子，这次他不幸地将注意力转移到了邻国坦桑尼亚头上。

此时的坦桑尼亚正在尼雷尔的乌贾马集体化中挣扎，也同样受到了世界的嘲笑，看上去是个软柿子。阿明以坦桑尼亚支持反对势力为借口侵入坦桑尼亚，企图吞并历史上有争议的卡盖拉区。不想这次他碰到了强硬派。

坦桑尼亚总统尼雷尔早就看不惯阿明的做法，立刻派遣大部队进入乌干达，如摧枯拉朽一般推翻了阿明，将老总统奥博特重新推上了台。阿明的统治在一片瞠目结舌中告终。人们知道他维持不下去了，但没有想到会以这种方式结束。

乌干达面临的问题是，不仅阿明没有行政能力，前总统奥博特做得更糟糕。奥博特之所以下台，就是大家都希望他下台，阿明才乘机发动了政变。这次，阿明把国家的经济搞崩溃了，再靠奥博特能够救得过来吗？

事实证明，奥博特同样无法拯救乌干达，至少阿明还将乌干达捏成了一个整体，奥博特却只懂得依靠北方的军队，利用强权来镇压国内的动乱。于是，乌干达爆发了持续五年的游击战争，30万人死于非命。直到1985年，一个叫穆塞韦尼的游击队领袖依靠武力夺取了政权，乌干达才在穆塞韦尼的领导下进入了平静期。到此刻，乌干达独立之后的动荡才宣告结束，进入了下一个建设时期。

但在人们赞扬穆塞韦尼的建设时，事实上，也不能完全否认阿明对于乌干达的国民性塑造起到过的作用。

如果说阿明更多表现的是滑稽，那么另一位著名的第二代领导人却让人笑不起来了。

博卡萨:“中非的拿破仑”

1979 年 12 月 20 日夜，一架法国飞机迫降在中非帝国首都班吉的姆波科国际机场。还没等人们反应过来，从飞机上突然下来一队法国士兵，他们没有遭到太多抵抗就占领了机场。

随后又来了两架飞机，数百名法国士兵来到了这个名义上的主权国家。士兵们确保占领了机场之后，向空中发送了信号。在中非的邻国乍得首都恩贾梅纳，另一批法国士兵正在军事基地里待命，收到信号后，他们纷纷登上飞机前往中非。

法国的入侵行动是为了推翻中非帝国的皇帝博卡萨。皇帝把法国人当作长期盟友，和当时的法国总统德斯坦，以及后来的法国总统密特朗，一直都称兄道弟，他怎么也想不到推翻他的竟然是法国人。

法国人的行动选在博卡萨不在国内之时，他正和另一位好兄弟利比亚的卡扎菲见面。法国人甚至都没有给他掩盖罪证的机会。

博卡萨虽然倒了台，却也并不是善主。推翻他之后，法国人扶持了中非的前总统达科上台。达科决定首先去接收皇帝在国内的财产。在博卡萨的住处，他们发现了大量的钻石珠宝等奢侈品，当然还有不少色情图片。

最恐怖的是，在博卡萨的一栋别墅的冷藏室里，达科的人发现了两具尸体，其中一具带着头颅，却少了一条腿和两条胳膊，人们辨认出这是一位数学教师。在同一栋别墅的水池里，还有许多白骨碎片，据说这是博卡萨饲养的鳄鱼吃掉的人类的遗骸。

此前，博卡萨曾经在登基当皇帝的宴会上，用开玩笑的语气告诉参加仪式的法国合作部部长，他们正在吃人肉，当时人们就怀疑这位皇帝真的吃过。

找到尸体这件事被传了出来，总统达科公开宣称博卡萨吃过人肉。传到后来，又变成了博卡萨曾经用人肉招待过法国的嘉宾，包括一个名叫德斯坦的人。不幸的是，德斯坦正是当时的法国总统。

皇帝吃人肉的传言让法国人吃到了苦头，但这位中非皇帝带给法国的痛苦还不止这些。失去了国家的博卡萨请求到法国避难，最初法国拒绝让他在本土定居，只准许他去往前法国殖民地——科特迪瓦。博卡萨再次抱怨法国人不够义气，他声称送过德斯坦两颗巨大的钻石，竟然换不来法国人的友谊。这件事经过法国报纸的报道，成了大丑闻，德斯坦也因此在1981年的选举中失利下台。

四年后，博卡萨终于被允许居住在法国，因为他曾经在法国军队服役，有权退居法国本土。但即便住在巴黎，他仍然不停抱怨法国人对他太冷淡，自己太贫穷。他决定写回忆录来赚钱。由于回忆录内容太火爆，还没有开卖就被禁止了。德斯坦再次成了受害者，书中不仅重复了送给他钻石的事儿，还继续爆料当他访问中非时，博卡萨甚至给他找过女人。得到好处的不止德斯坦一人，在博卡萨当家的那些年，法国各种部长们都喜欢往中非跑，博卡萨宣称给他们都送过礼。

一个小小的中非人能够在法国政坛搅起这么大的浪花，也反映了法国后殖民地政策脆弱的一面。法国是前宗主国中最舍不得放手的：一方面，前法国殖民地由于缺乏独立的资源，往往走得步履蹒跚，希望与法国维持关系；另一方面，法国也希望继续向前殖民地国家倾销商品。双方的意愿使得法国对于非洲的干预特别多，但也正因如此，法国的政局也受到了非洲的影响。

对于中非而言，在很长的时间内，博卡萨都是这个偏远国家唯一的世界名人。如果没有他，这个国家对于世界上绝大多数人来说就像不存在一样。

法国的殖民政策造就了许多悲剧性的国家。以中非共和国为例，这片土地在独立之前被称为乌班吉沙里（Ubangi-Shari），地名来自两条河——乌班吉河和沙里河。它位于非洲中部，完全不靠海，是世界上地理最封闭的国家之一。

现代人可能永远搞不明白法国人为什么要在非洲划出这么多奇怪的行政区，很可能法国人认为非洲殖民地永远不会从法国独立出去，所以从来没有考虑到一旦独立，它们完全没有生存能力。结果，中非共和国从独立的第一天开始就面临着无法克服的困难。

中非的第一任总统达科是博卡萨的表兄，从他上台，他就清楚地知道国家的窘境，也知道为了保持这个新国家的完整性，首先必须要让民众得到一定的好处。中非最大的资源是钻石，这也是唯一能让人民获得好处的东西。钻石矿控制在几家特许公司手中。达科上台后，宣布废除特许经营，允许私人开采钻石。这项政策使得中非的钻石产业急剧扩大，达科也因此获得了足够多的拥护。趁着这段时间，达科巩固了他的政权，为了强化统一性，他打压反对派，将政体改成了一党制。

但接着，这个国家就毫不意外地陷入了停滞。这种停滞可能没有任何解决的办法。要想在这块封闭的土地上发展经济，几乎是不可能的，它缺乏资源，又由于太封闭没法发展工业，更由于教育的缺乏，这里几乎没有合格的人才来操纵机器。

当人们不再支持达科，政变就顺理成章地到来了——博卡萨将军上台了。

博卡萨刚掌权时，也得到了不少同情分。他出身穷苦，头脑简单，不管是法国人还是中非国内民众，都对他充满了好感。

但与达科一样，博卡萨对中非的发展也没有对策。经过短期的尝试，他就发现要想留在台上，还是只有两种方法：讨好民众和任人唯亲。讨好民众的做法都被达科用过了，中非只有钻石，没有别的资源可以利用。博卡萨唯一能做的，就是加强集权，在台上留一天算一天。

博卡萨把他的反对派们全都送进了监狱，以折磨他们为乐。当他倒台后，人们发现的那些尸骨，都是他折磨反对派的罪证。他不懂得政治，但知道必须把权力抓在手中。于是废除了正规的政府部门，所有的部委首脑都是他兼任的。在他看来，全国只要他一个人有思想就够了，其他的人只要有耳朵和手就行。

除了抓权，博卡萨也很知道尽快享受的道理。他娶了十几位妻子，有二十几位情人。他有 55 名登记在册的子女，以及无数的私生子。他的妻子来自不同的大洲，有欧洲的德国人、瑞典人，还有亚洲的中国台湾人、阿拉伯的突尼斯人，还有好多非洲人。

拥有这么多后代，自然要准备足够的资产。博卡萨的资产主要分布在法国，这是他要前往法国避难的原因。

他自己有大批的财富，也必须允许他的党羽各自捞点小钱。于是亲信们占据了各种位置，经营着中非本来就稀少的工商业，赚了钱都转移到国外。

仅仅依靠国内的资源显然不够挥霍，博卡萨对于如何利用“国家”这个招牌也很在行。首先，作为一个前法国殖民地国家，必须和宗主国搞好关系。法国是一个很乐于“帮助”前殖民地的宗主国，只要能够扩张法语世界的影响力，与英语世界对抗，法国并不排斥支持一批独裁者。博卡萨和法国的总统、许多部长都是铁哥们，这保证了不管他怎么做，法国都不会轻易批评他。

靠法国可以保证政治稳固，却无法保证资金充足。于是博卡萨转向了东方阵营，捞取援助。当然这钱还是不够用，于是博卡萨盯上了财大气粗的阿拉伯国家。他甚至皈依了伊斯兰教，并和利比亚的卡扎菲打成一片。为了表现自己是虔诚的伊斯兰教徒，博卡萨甚至规定小偷在被抓住后要割掉一只耳朵。到小偷第三次被抓住时，已经没有耳朵可割了，就砍掉一只手。

到了博卡萨统治的晚期，他突然受到法国皇帝拿破仑的启发，决定自称皇帝。他准备了昂贵的皇冠和豪华的典礼，并广发英雄帖，请全世界的领导人都来参加他的典礼。但典礼那一天，除了法国象征性地派去了部长，其他大国都没有动静。到这时，人们就已经意识到，他快撑不住了。

让法国决定放弃博卡萨的是这样一件事。1979 年 1 月，皇帝突然命令首都的全体学生必须都购买新式校服，而校服是由博卡萨的亲信工厂生产的。这实际上又是一次腐败行为。以前人们不得不忍受，但这次因为预感到他统治不会长久了，人们决定反抗。小学生们上街游行，接着青年人因为找不到工作也开始上街游行了。

到了 4 月，形势恶化了。博卡萨开始逮捕学生。许多学生遭受了酷刑。据称，有的学生在监狱里遭到了殴打，有的被博卡萨本人用权杖击碎颅骨而死。

对学生施加的暴行终于让法国意识到必须放弃博卡萨了。于是，这才有了本节开头那一幕。

不过，中非的问题并不在于具体的领导人，而在于它的地理位置和资源。博卡萨可以被推翻，但是问题依旧存在。法国人可以换一个中非领导人，却无法帮助中非解决根子上的问题，也不会投入过多的资源去改善遥远国家的民生。

重新上台的达科并没有控制住局面，两年后，人们对达科再次感到失望，安德烈·科林巴将军适时地发动了政变。科林巴将军统治中非共和国达十二年之久。由于前两任都采取了集权主义的套路，科林巴将军决定反其道而行，走经济自由化之路。当然这样做的目的主要是为了从国际货币基金组织拿到援助。至于政治上，仍然是披着共和外衣的独裁制。法国人仍然是将军背后最重要的支持者。

在非洲，最大的问题是无处不在的腐败。中非共和国经过前两任总统 / 皇帝肆无忌惮的统治，腐败更成了绝症。科林巴将军治下也无力扭转，只能随波逐流。于是，将军的亲朋好友控制了国家的经济命脉，社会问题由分配不均演变成族群斗争。到了 1993 年，将军在国际舆论的压力下举行了选举，他竞选失败了。继任者帕塔塞统治十年后，再次因政变被推翻。

中非共和国进入了十年轮回，每十年左右，老的领导人彻底束手无策了，就会有一个新的领导人依靠政变上台，继续尝试十年。

在新上台的弗朗索瓦·博齐泽·扬古翁达的十年“轮回”期间，中非共和国陷入了低烈度内战之中，这场战争被称为“丛林战争”。叛乱的一方为老总统帕塔塞的支持者。

到了 2013 年，新总统变成了老总统，再次被推翻。中非共和国又进入了下一个循环，不稳定状态持续到了今天。

在非洲，大部分国家在经过了数十年的颠簸之后，往往会找到一条弥合之路。到这时混乱也就过去了，国家将开始另一个建设时期，虽然有的建设慢一些，有的快一些，但整体而言，人民会逐渐感觉到生活水平的提高，以及生活的安定。到这时，国家才算找到了一条属于自己的道路。但中非寻找的过程却更加复杂，可以作为一个特例，原因就在于这个缺乏资源、远离海洋的国家是如此封闭、隔绝于世，它没有成为一个稳定国家的资源和资本，只能依靠法国的支持勉强支撑着。从这个角度看，博卡萨的出现，也许只是非洲悲剧的一个缩影而已。

博卡萨也成了非洲统治者的一个特例样本，其余统治者，比如阿明，即便在治理上并不擅长，却依然热情地投入到黏合国家的工作中，但博卡萨的统治却很少表现出正面意义；还由于与法国说不清道不明的关系，他不仅将本国折腾得底朝天，还将法国的政局搅乱，让人们看到了后殖民时期的非洲与前宗主国之间藕断丝连的关系。

阿明和博卡萨都是非洲第二代领导人里的佼佼者，但当他们面对另一个蕞尔小国的独裁者时，仍然自叹不如。但这个小国却突然间走了运，利用一种全世界都需要的资源获得那难得的发展机会……

赤道几内亚：石油成为救世主

在非洲西部的几内亚湾旁，有一个在地图上几乎看不见的小国，国土面积只有 2.8 万平方千米，人口 122 万。这个小国是世界上最奇怪的国家之一，它是非洲最“富裕”的国家，人均 GDP 超过 1.4 万美元。如果按照购买力平价进行调整，人均 GDP 更是将近 3.5 万美元，绝对达到了发达国家的水准。

但平均水平并不能拯救国家的整体状况，它还具有另一个更加极端的特征：根据联合国的统计，这个国家大约有一半的人口甚至没有干净的饮用水，婴儿 5 岁前的夭折率达到了 20%。在世界的人类发展指数排行中，它只排第 135 位，而在政治自由度、人权指数等排名中，它更是位于非洲的倒数，在世界上也是最后几位。

这个国家叫赤道几内亚。它之所以显得如此极端，是因为 1996 年，美国人在该国发现了大量的油田。在这之前，赤道几内亚一穷二白，是非洲最穷的国家之一。随着石油的开采，它的 GDP 飙升。

这就给了我们一个观察的窗口，当一个国家从贫穷突然变得富有时，到底会发生什么。首先，当石油被发现后，大量的石油收入并没有惠及普通人，而是被以总统奥比昂为首的少数人瓜分，这增强了奥比昂对国家的控制力，以及对政敌的镇压。看到了赤道几内亚的情况，才知道所谓国富并不等于民富。

但从长期来看，到了一定程度，石油资源必将有一部分流入民间，这就产生了另一种现象：政府被迫将一部分资源使用在民生上。对于赤道几内亚而言，最重要的民生之一就是教育。要想了解这个国家的全貌，必须从它建国时开始谈起。

赤道几内亚曾经是西班牙的殖民地。当欧洲其他国家瓜分非洲时，西班牙仅仅在几内亚湾附近抢到了一小片土地。宗主国在这里生产咖啡、可可和木材，但由于殖民地体量太小，对宗主国而言一直是个鸡肋的角色。

1968 年，西班牙让赤道几内亚独立。为了在其独立后继续控制这里，西班牙人故意选择了一位平庸的人来做总统。他叫恩圭马，曾经四次参加考试，才考取文官资格。西班牙人发现他是个唯唯诺诺、便于控制的人，就一路扶持他，确保他在选举中胜出，成了赤道几内亚的总统。

但西班牙人却忘记了查一查恩圭马的背景。恩圭马的父亲是被西班牙人殴打致死的，他的母亲在父亲死后自杀，9 岁的恩圭马因此成了孤儿。有人认为，这件事对他的伤害不仅是感情和心理上的，还有可能给他的头脑造成了损伤。

独立不到半年，西班牙人就知道自己错了。恩圭马开始煽动全国的反殖民情绪。他宣称，赤道几内亚虽然独立了，但实际上仍然是西班牙的附庸。看哪，西班牙的旗帜还在国家上空飘扬！

在他的鼓动下，黑人们冲向城市里西班牙人的住处，开始了大规模破坏。西班牙人纷纷逃离，赤道几内亚的经济随即垮掉。

恩圭马是靠选举上台的，西班牙人也给他配备了一个官员班子。这批官员中有人认识到不能靠煽动来治理国家，试图扭转全国性的混乱。但他们立刻遭到了恩圭马的镇压，数十人被杀害，有的是被折磨致死的。在恩圭马任职之初，全国有 12 位部长，其中 10 人被处决。随着这些理性官员的消失，西班牙人全都撤离了。赤道几内亚当时的人口只有 40 万，其中西班牙人有 7000 人，从这时开始，西班牙人作为一个族群彻底消失了。

在赶跑了西班牙人之后，恩圭马开始对知识阶层下手，除了政府部长，接下来就是国会代表和高级文官。他们如果足够聪明，就早已逃离出国，只要稍微晚走一点，就进了监狱。

代替知识阶层的，是恩圭马的各种亲戚，以及他的打手。这些人大都是文盲出身，对于治理一窍不通。但恩圭马并不在乎，他把赤道几内亚变成了一个彻底的文盲国家。这里没有中央银行，因为中央银行行长已经被处决了。国库钞票都藏在他的家里，随时可以花。也没有统计局，因为统计局局长也死了。

在消灭了智识阶层之后，恩圭马就成了真理的象征，他自称是“世界唯一的奇迹”，以及“教育、科学和文化的大师”。

人们普遍怀疑恩圭马的精神出了问题，因为他做了一些极其残忍荒唐的事情。比如，在 1975 年圣诞节，他将 150 名政敌赶入体育场，让士兵们穿上圣诞老人的衣服，将政敌杀死在体育场之中，屠杀时体育场中还播放着西方的流行乐。

由于原来农场和林场的工人都已经跑光了，恩圭马只好靠抓捕弄来另一批人，强制他们劳动，这又导致了许多人逃离了这个国家。

为了防止人们逃离，他不惜闭关锁国，除了海洋之外，整个赤道几内亚只有一条道路通往外界，恩圭马在这条路上埋上地雷，将那些企图逃跑的人炸死。

在他统治期间，赤道几内亚号称非洲的达豪集中营。有人甚至说，恩圭马的屠杀比当初纳粹做得还彻底。

1979 年，整个国家五分之一的人口已经消失，恩圭马终于把魔爪伸向了他的家族。在这之前，家族是作为他的利益集团存在的。恩圭马这一年处决了他的几位家族成员。其中之一是他的侄子，也是国防部副部长奥比昂的兄弟。这一次，他终于惹恼了家族成员，他们发动了政变，将恩圭马推翻了。

恩圭马早已将他的三个儿子送出了国。在他逃走时，他烧掉了大部分外汇，剩下的带在身边。两个星期后，他被从丛林之中揪了出来。

由于民愤太大，恩圭马家族决定把他牺牲掉，于是组织了一个军事法庭对他实施审判。他被判决对全国 8 万起屠杀负责，被判处了 101 次死刑，合并执行死刑。在执行判决的当天，他和另外 6 名心腹一起被枪决了。

由于恩圭马在文盲国家不断地进行个人神化宣传，全国上下几乎都相信他是打不死的神人，国内的士兵们甚至不敢向他开枪。所以，恩圭马家族只能从遥远的摩洛哥租了一支行刑队过来执行死刑。

到这时为止，赤道几内亚与中非共和国一样，表现的是一种无望，如果没有足够的资源以及文化储备，这样的国家在短期内是很难稳定住的。在非洲，虽然大部分国家都能趋于稳定，但总有少数的特例由于过于缺乏禀赋，不得不接受更长久的混乱。

但是，赤道几内亚又是幸运的，恩圭马死后，石油的发现给了它一条新的出路。

恩圭马死后，他的侄子奥比昂继承了总统的职位。在奥比昂执政早期，赤道几内亚几乎没有什么变化。

在恩圭马时代，总统既是行政首脑，也是立法者和司法者，掌控一切权力。奥比昂虽然表面上新定立了宪法，但依靠操纵和家族统治，仍然可以牢固地掌握住政权。人们分不清这是一个共和国还是王国。

由于缺乏自然禀赋，世界自从恩圭马倒台之后，也就不再关注这个国家，让它自生自灭去了。但到了 20 世纪 90 年代，赤道几内亚发现了大量的石油资源，再次将这个小国拉回了世界的视野之内。

随着石油的发现，首先表现出来的是奥比昂对于国家的掌控力变得更强。一个国家要想在人民的观念内变成一个国家，必然要经历集体认同阶段，而这个过程有的是自然形成的，有的则必然借助于强力。

在牢牢地稳住了国家政权之后，一些变化也随之而来。在恩圭马时期，国内的知识阶层已经被消灭殆尽。奥比昂等人意识到，要想治理国家，就必须依靠文治而不是武功，培养知识阶层已经成了一项重要的工作。

奥比昂投入最大的是教育。随着政府收入的增加，奥比昂规定了强制性的义务教育。作为对比，在恩圭马时代，全国文盲率几乎是 100%，而奥比昂却成功地将年轻人的文盲率降到了 20% 以下。

一旦解决了教育问题，随着石油财富的增加，其余的问题也在缓慢地软化。不可否认，赤道几内亚至今仍然是最腐败的国家之一。2017 年，随着津巴布韦总统穆加贝的倒台，执政长达三十八年的奥比昂已经熬成了在任时间世界第二长的执政者。在他身前的只有喀麦隆首脑保罗·比亚。比亚从 1975 年开始任职，已经达到了四十二年。由于喀麦隆与法国有着良好的关系，他历经风雨和国际批评之后，仍然在任。

赤道几内亚如今仍然享受着石油带来的红利，虽然我们无法预测，一旦石油红利过去，到底它是陷入资源衰竭重新回归贫穷，还是找到其他的出路，但至少它目前已经保持了稳定，并随着人们文化水平的提高，脱离了当初无望的局面。

民主明灯换不来经济发展

在非洲的利维坦名单中，除了新建立的国家之外，也包括当年的明灯之国。

在 1847 年独立之后，利比里亚就以世界上仅有的黑人共和国著称于世。它是黑人建国的指路明灯。当其他地区的黑人忍受着殖民主义的奴役时，人们总是能想到，在遥远的西非海岸，还有一个名叫“自由”的国家由黑人进行统治，人们可以行使选举权，从黑人中选择总统。

这个明灯已经维持了一百多年，在它的感召下，非洲终于迎来了大规模的独立潮。然而，在这些独立国家纷纷想方设法搞建设时，却发现曾经的明灯突然间变得暗淡了。

1979年，利比里亚第20任总统托尔伯特迎来了他人生中（也是利比里亚）的一次重大机会。这一年，托尔伯特当选了非洲统一组织的主席，利比里亚也将承办该年度的非洲首脑会议。

世界上的许多国家在主持国际会议时，都会在国内大肆铺张，不惜增加人民负担。托尔伯特也认为这样做是值得的。为此，他拨出了年度政府财政的一半用作会议开支。在托尔伯特的大力撒钱下，会议办得非常隆重和成功。

但参加会议的非洲首脑们怎么都想不到，就在第二年，托尔伯特还没有卸任一年任期的主席，以稳定著称的利比里亚就乱了套。

先是爆发了粮食起义，起因在于托尔伯特花钱过量，只好减少财政补贴，提高粮食价格。人们开始四处示威。政府调集军队与人民对抗，好不容易控制住了局面。粮食起义让非洲首脑们有些意兴阑珊，毕竟利比里亚是因为接待他们才大肆花钱的。

但就在首脑们松了一口气时，突然间传来消息：利比里亚发生了政变，托尔伯特总统（也是当年的非洲领袖）被捕后被挖出了内脏和眼珠，他的尸体被扔在了大街上。

民主是否一定会带来稳定和繁荣？在看了利比里亚的例子之后，也许答案并非那么显而易见。

作为由美国释放的黑奴建立的国家，利比里亚的宪法基本上模仿了世界上最好的宪法之一——美国宪法，也有行政、司法和立法三个相对独立的分支，总统和议员靠选举上台。

既然和美国的架构类似，那么利比里亚是不是应该成为非洲最繁荣的国家？答案却并非如此：利比里亚一直不温不火，难以步入发展的轨道。它的民主是一种沉闷而缓慢的民主，与非洲急需的经济发展绝缘。

它的国土面积狭小，只有11万平方千米。但想在这狭小的土地上旅行却并不容易，因为利比里亚最缺乏的是道路。现有的道路以土路为主，由于处于雨林地区，一旦到了雨季，所有的道路都会变成烂泥潭，陷在其中几乎寸步难行。

人口只有450万，却分布在十几个部落之中，很难整合进入同一个政治框架之下。

另一个问题是：为什么好的政治架构和宪法却没有带来经济上的繁荣呢？答案是：统治者和当地人民是隔离的。

从美国来到利比里亚的黑人只有几百个，他们在首都蒙罗维亚建立了基地。但在蒙罗维亚之外，则是当地部族的地盘。这些部族并不了解美国来的黑人要干什么，美国来的黑人也并不关心当地部族的命运。

在很长时间内，当地部族与利比里亚政府是完全脱节甚至对立的。后来利比里亚政府强行将他们并入了国家之中。可是，当地部族并没有感到自己是利比里亚人，也没有享受到所谓的自由。

一百多年来，利比里亚的政治一直控制在美国移民的后代手中，他们的人数只占全国总人口的1%，不管是选举还是民主，都局限在这些人内部，其他99%的人只能接受被统治的命运。

由于统治阶层与人民的分离，利比里亚还错过了对外扩张的最佳时期，无法将更远的土地并入国家。利比里亚被法国的殖民地和英国的殖民地环绕，局促在非洲的一个小角落里，也丧失了变得更加强大的机会。

到了1980年，利比里亚的总统已经在移民后代内部传了20任，托尔伯特就是第20任总统。但所有这20任总统又可以被看作是同一任总统，因为他们实行的政策是类似的，就是拒绝融入当地，把自己打扮成不伦不类的美国人。不管谁担任了总统，首先想到的不是治理国家，而是如何为家族谋取利益。当地部族也并不在乎谁当总统，千人一面而已。

这种做法长期以来都被容忍了，但随着非洲其他国家的独立，利比里亚那99%的人被唤醒了。他们突然间意识到，虽然自己的国家一直是独立的，但从经济发展和政治权利的角度来看，反而不如周边那些新独立的国家。

到这时，利比里亚国内开始出现了隐蔽的反对声音，一百多年的统治方式也就不再稳固了。如果把前面20任总统统称为第一代，那么，发动政变的士兵多伊的确可以算是第二代领导人。

与利比里亚历来风度翩翩的政治家族不同，多伊是实实在在的土著出身。他出生于利比里亚土生部族克兰族，中学函授毕业。在发动政变时他只有29岁，是个军士长，连军官都不是。他的出身仿佛是对利比里亚政治传统的嘲讽。

所谓政变，只是一次幸运的胡闹。一天晚上，多伊带着16名士兵爬进了总统府将总统打死，与总统一起死亡的还有27名守卫。政变就这么意外地成功了。

多伊虽然职位很低，也没有权威，但他很擅长制造群众场面。总统死亡后被开膛破肚，连同其他死难者一起被扔在大街上，让狂欢的人群朝他们扔石头，喊口号。在狂欢中，更多的人开始接纳多伊，听从他的指挥。

多伊带着他的人在这个从来没有发生过政变、市民已经被吓傻了的首都横冲直撞，将托尔伯特的部长和高级官员一一逮捕。这些人被以腐败的罪名审判，并被判处死刑。

为了进一步显示权威，托尔伯特的13名部长被扒光了衣服绑着走过首都的街道，接受人们的戏弄和嘲笑。他们被押到了海边，绑在电线杆子上，遭到行刑队齐射。多伊宣布：遭受那些美国家族压迫了一百多年的人们自由了！

在人们的嘈杂声中，默默无闻的多伊军士获得了足够的权威，成为利比里亚共和国的第21任总统。

与其他第二代领导人的武夫形象不同，多伊虽然文化程度不高，却总是把自己打扮得文质彬彬。他自称多伊博士，穿着西装，戴着眼镜，留着厚厚的头发，如同从好莱坞电影里跳出来的人物。他信誓旦旦要治理好国家，却由于缺乏治国的必要经验，只能依靠高压和暴力维持统治。他镇压反对派，查封反对派报纸，将大量的职位授予同种族的人。

但多伊的统治又是稳固的，其原因在于他在冷战中摸准了风向，把利比里亚变成了美国人在非洲的冷战伙伴。从很早开始，利比里亚就是美国的情报中心和航空监视基地。多伊上台后，更是允许美国人对几内亚湾进行 24 小时全天候的监视，加强了美军的机动作战力量。

美国人虽然与之前的利比里亚政府也保持了良好的关系，但经过评估，决定与多伊打交道。大量的美元流入利比里亚，帮助多伊维持政权的稳固。

但另一面，美国人的帮助又总是带一点理想色彩。他们虽然帮助多伊，却要求他进行两方面的改革：第一，改变一党独裁的局面，进行多党制选举；第二，改善利比里亚的经济状况，以免美国的援助都打了水漂。

1985 年，在美国的压力下，多伊不得不举行多党制选举。为了保证自己当选，他先把竞争对手抓了起来，又派兵开进了校园，将激进的学生控制住。暴力不时发生，失控的士兵甚至强奸了女学生。

不管多伊怎样控制局面，大选还是变成了闹剧。统计选票时，随着形势逐渐明朗，多伊看来必败无疑。就在人们等待最终结果时，突然听说选票已经被封存了，为的是进行“更加公正”的点票。十几天后，多伊宣布自己以 50.9% 的选票当选总统。这个数字刚过一半，正好可以保证多伊在第一轮胜出。

就在人们纷纷质疑选票结果时，美国政府却称赞这是民主的第一步而接受了选举结果。

但并非所有的人都愿意接受。选举结束不久，多伊曾经的伙伴、后来的反对派奎翁巴将军决定发动军事政变，推翻多伊。这位将军从塞拉利昂进入利比里亚，一路杀向首都蒙罗维亚，并控制了电台。就在人们以为政变成功，开始欢呼的时候，多伊却重新控制了局面，将奎翁巴捕杀。

美国人虽然接受了选举结果，却继续施压要求多伊整顿经济。这次，他们派来了一个专家小组，专门帮助多伊整顿政府财政。

专家小组徒劳无功地与多伊政权周旋，最后不得不撤出。他们的报告促使美国政府最终决定放弃对多伊的支持。在他们看来，多伊和他的官员完全没有现代财政观念，是不可救药的。

失去了美国的帮助，利比里亚立刻陷入了内战的泥沼。这次反对多伊的是军阀泰勒。泰勒得到了利比亚总统卡扎菲（他反对美国支持的一切），以及科特迪瓦总统乌弗埃-博瓦尼、布基纳法索领袖孔波雷的支持。

泰勒从科特迪瓦出发进入利比里亚，利比里亚第一次内战爆发。在这次内战中，多伊总统被俘，他被审判的录像带成了非洲最热门的录像节目。在录像里，审判者将多伊剥得只剩内裤，边喝啤酒边审讯。多伊在承认倒台后被杀。

利比里亚的第一次内战持续了八年，导致 40 万人死亡。1997 年，双方达成了新的选举协议，选出了泰勒作为总统。但一年多以后，冲突再起，第二次内战持续了四年多，又有 15 万到 30 万人死亡。泰勒在国际压力下不得不流亡，利比里亚才再次举行了选举，暂时恢复了平静。

如果说多伊在利比里亚的政变带来了什么正面效果，那就是打破了原来的大家族统治，让普通利比里亚人意识到了自己也是可以参与政治的。多伊的统治又让人们意识到了政治稳定是多么重要。利比里亚是有选举传统的国家，从多伊之后，他们仍然保持了选举的传统。他们再也不希望发生政变，而是希望通过手中的选票来解决实际问题。

事实上，从 2006 年开始，利比里亚进入了较为和平的时期，它迎来了一位温和的女性总统埃伦·约翰逊·瑟利夫。在瑟利夫的领导下，国家恢复了相对宁静，开始了动荡之后的弥合时期，瑟利夫本人也在 2011 年获得了诺贝尔和平奖。瑟利夫担任了两届总统下台后，继任的同样是通过和平选举上台的足球明星乔治·维阿。

这两人都是具有国际视野的总统，在担任总统前，瑟利夫长期在联合国以及其他国际金融机构任职，而维阿则长期在欧洲踢球，他们对于世界的了解，有助于帮助这个贫穷的国家。在他们的带领下，利比里亚进入了一个专家治国的时代。三十多年前那场政变更多是作为一场噩梦存在于利比里亚人的心中。噩梦结束后，他们进入了一个新的时期，而不是噩梦之前的那种静止社会。

在非洲，流行着四大独裁者的说法，人们习惯于把阿明、博卡萨、恩圭马，以及扎伊尔总统蒙博托称为四大独裁者。人们谈起非洲，首先想到的是独裁、落后，这也是这些独裁者留给世界的印象。所谓“好事不出门，坏事传千里”，在很长时间内，他们的影响还在继续发酵。

但我们更应该看到，所谓的独裁者，只是政治形势的产物，当一个国家国内矛盾找不到合理的解决方案时，就会出现荒谬的方案，产生劣币驱逐良币的现象，不合格的人被推向前台。不仅是在非洲，在其他任何大洲、任何国家也一样，一旦出现了政治退化，上台的往往都是庸人。他们手段强硬，善于抓权，对于真正的政治却一窍不通。

我们还应该看到，历史是在发展的，独裁者现象主要出现在非洲的第二代领导人中，这一代由于特殊的环境，缺乏治理能力。当这个特殊的时期过去之后，非洲已经很难再出现这样的人了。当人们谈论非洲时，往往还停留在这些人身上，这样的认知错位在世界上的其他地方也会存在，但在非洲却表现得更加明显，事实上非洲已经走过了这个时期。

在四大独裁者中，博卡萨和恩圭马都是庸人，他们没有能力领导国家，却被阴差阳错地推上了前台。为了保住职位，他们只有依靠本能将权力紧紧抓在手中，杀害政敌、冻结选举。那些帮助他们抓权的人成了内部人，立刻陷入了腐败之中。

与博卡萨和恩圭马不同，阿明的理想主义色彩更浓厚。最初，他有心将国家治理好，却由于缺乏能力，只能用古怪的表演吸引人的眼球，希望延迟自己下台的时间。蒙博托则是因为前总理卢蒙巴的失败，而被推向了前台。

这些独裁者之所以能够在位，还和世界的冷战秩序有关，他们的背后几乎都站着几个东西方强权。蒙博托、恩圭马投靠的是西方，阿明投向了东方，博卡萨则东西通吃。当人们进入冷战思维后，所谓的道义和真理都被置于一边，全都变成了算计和斗争。即便是现在，在中东、东亚还都充斥着冷战色彩的非道义支持。独裁者们总是善于利用强权之间的夹缝，求得生存环境。

与东西方阵营的算计相比，作为独立力量的中国却表现得更加理智，从一开始中国与非洲打交道，就带着很强的君子之交的成分，不干预对方的政治，却尽量帮助非洲发展。虽然由于对方的政治整合还没有结束，中国的帮助所带来的效果也是有限的，但到了今天，仍然坚持独立自主的和平外交政策的中国却发挥了更大的作用，不仅帮助了非洲的发展和稳定，还让非洲成了中国的大市场，解决了中国一部分产能过剩的问题，形成了互惠。

四大独裁者还有一个共同的特点：他们只是为了抓权，在意识形态上并没有做出太多的贡献，他们不在乎资本主义、共产主义、宗教主义，他们关心的只是权力本身。

在非洲还有另一类领袖，他们本身就是意识形态的产物，他们选择了非洲式的“教条主义”，造成了比四大独裁者更大的灾难。

AFRICA

第七章

第二代领导人的试验

A
JOURNEY THROUGH
TWO
HUNDRED
YEARS

2014 年的埃塞俄比亚首都亚的斯亚贝巴是一个奇怪的城市，它如同一个巨大躯体摊在广袤的埃塞俄比亚高原上。这里雄伟的现代建筑与破烂的贫民窟共存，中国人帮助修建的铁路和公路旁边就是布满了肮脏水坑的土路。这种景象正好反映出它贫困的过去，更反映出它追赶世界的急切，那些旧的痕迹还没有消失，但新的时代却已经展开了。

在非洲，最重要的机构是一个叫非洲联盟（African Union）的组织。这个组织成立于 2002 年，它的前身是著名的非洲统一组织（Organization of African Unity），成立于 1963 年。从非洲统一组织转换成非洲联盟，本身就代表着人们观念的转变。在第一代领导人执政时，大家总是热切地盼望着一个联合的非洲，最好变成同一个国家，不管是恩克鲁玛还是卢蒙巴，都认为非洲就是非洲人的非洲，只有联合的泛非主义，才是非洲最终的出路。但是到了 21 世纪，人们已经承认，所谓的统一是不可能的，更好的办法是建立一个松散的联盟，来处理国家之间的关系，互相提供帮助，并在对外问题上形成一致的立场。这已经比第一代领导人的理想退缩了，却更加符合现实。

不管是非洲统一组织，还是非洲联盟，既没有选择加纳的首都，也没有选择坦桑尼亚、埃及的任何一个城市，而是选择了高原城市亚的斯亚贝巴作为总部。

亚的斯亚贝巴是座富裕的城市，世界著名的长跑健将们退役之后投资的高档酒店里，充斥着非洲五十多个国家的政府代表及其家属，酒店旁边就是花花绿绿的高档夜生活区。但亚的斯亚贝巴也是个贫困的城市，在距离高档酒店不远处，成片的小旅馆里虱子和臭虫随处可见，花上 10 美元就可以找个廉价的妓女陪睡一晚。

在亚的斯亚贝巴的一位老人家里，我看见一幅装在镜框里的画像。他告诉我："这是我们的皇帝海尔·塞拉西！"

他把镜框翻了过来，背后装着另一幅画像，老人继续说："这是我们的主席门格斯图。"

我以为这是为了表达对他们的敬意，但当我们聊起来时，老人才告诉我："这两个人是埃塞俄比亚的两大魔鬼（埃塞俄比亚人信奉基督教，因此常把他们讨厌的人称为魔鬼），你以为我把他们挂在这里是为了纪念他们的善心？错了，我是为了提醒自己，以前我们过的是什么样的日子。现在这个时代，家里挂皇帝，已经没人管了，所以我把他放在正面，但是主席还不能随便挂，所以他就只好去背面了。"

老人把镜框挂在厕所边上，原来也是有讲究的："皇帝死在厕所里，所以我把他挂在这儿；至于主席，他杀了那么多人，上帝竟然不管他，让他活到现在。"

厕所打扫得很干净，但显得有些简陋，与寒酸的镜框倒也匹配。

老人总结说："只有随时看到他们，我才能跟孩子们说，现在的日子虽然很苦，可是比起魔鬼盛行的时代来，还是要强多了。孩子们都以为我疯了，甚至不好意思把我挂皇帝和主席像的事儿告诉别人，害怕别人以为我是个坏蛋。但我只是想纪念一下我们可怜的埃塞俄比亚人民，纪念一下我们过去的经历。只有不忘过去，才能珍惜现在的日子。"

埃塞俄比亚是非洲苦难最多的国家。其他国家也经历过混乱，但是埃塞俄比亚既经历过独裁，也经历过另一种极权的蹂躏，饥荒、战争、分裂纷至沓来。

但它又是个骄傲的国家，在非洲，它的历史最悠长，信仰最坚定，即便在西方殖民的年代里，也依旧傲然地保持独立。如果说加纳和利比里亚是独立的象征，那么埃塞俄比亚就是非洲永恒的象征。

埃塞俄比亚人也是非洲最勤劳的民族之一。现在的政府开始学习中国，实行工业化革命，建立了大量的工厂，这些工厂之所以运行得不错，就在于埃塞俄比亚人吃苦耐劳，忍得住工业化的洗礼。他们吃苦耐劳的品格，就与以前经历的痛苦有关，当机会来临时，历史提醒他们一定要抓住机会去追求更好的生活。

老人所说的第一个魔鬼——皇帝海尔·塞拉西，并不是一直以魔鬼的形象出现。在几十年前，他是非洲的大英雄。即便到了现在，还是有不少人以同情的语气谈论他，认为他死得冤，不应该得到这样的结局。现代的埃塞俄比亚，皇帝也不再是禁忌，人们经常谈论他和他的时代。

这位英雄成名时，恩克鲁玛、卢蒙巴、尼雷尔等人还是不出名的小孩子。但是，他为何又成了老人口中的魔鬼了呢？

埃塞俄比亚皇帝海尔·塞拉西

虽然恩克鲁玛、尼雷尔是非洲独立运动的象征，但与海尔·塞拉西比起来，他们的地位仍然相形见绌。

海尔·塞拉西之所以出名，是因为意大利人拙劣的入侵行为。在二战前的一百多年间，意大利一直在打非洲之角的主意。他们占领了不少海岸地区，现在的索马里南部、厄立特里亚都曾是意大利的殖民地。但他们最想入侵的，还是古老的埃塞俄比亚。

在近代，埃塞俄比亚一直沉浸在独立的荣光之中，独特的所罗门王朝统治了近千年，皇帝们的政府如同中世纪一般，是绝对集权的，与现代社会格格不入。由于地势高，即便丢失了所有沿海区域，它仍然能保住高原上的核心区域。

意大利在 19 世纪末发动过一次入侵，结果殖民者被打败了，意大利军人死得比埃塞俄比亚军人都多。

墨索里尼上台后，再次发动了入侵。在英国等同盟国的帮助下，埃塞俄比亚再次打胜了。二战后，埃塞俄比亚成了光荣的战胜国。在非洲国家大都没有独立时，埃塞俄比亚就以接连两次打败欧洲强国而闻名。这一点很像当年的阿富汗，虽然阿富汗是一个中世纪的部落制国家，却是各大帝国野心的坟墓。

领导埃塞俄比亚抗争的，就是皇帝海尔·塞拉西。在与埃塞俄比亚距离遥远的美洲国家牙买加，有一个奇怪的基督教分支，叫拉斯塔法里派，这个教派崇拜的核心人物竟然是埃塞俄比亚皇帝海尔·塞拉西。

牙买加人之所以崇拜这位皇帝，把他神化成先知，原因就在于埃塞俄比亚是一个基督教国家，还是一个黑人国家，海尔·塞拉西就是这个黑人国家的元首。当全世界黑人需要一个领袖时，他就脱颖而出了。

塞拉西皇帝出生于 1892 年。

1916 年，埃塞俄比亚唯一的女皇佐迪图登上了皇位。之所以第一次选择女皇，是因为所罗门家族出现了继承人危机，从最近支的男性线上已经找不出候选人。佐迪图是一名虔诚的保守分子，但这并不妨碍她先后有四位丈夫。

之前埃塞俄比亚从来没有出现过女性执政的情况，佐迪图虽然登上了王位，但并没有直接执掌政权，而是选了一位摄政王，这位摄政王就是她的堂弟海尔·塞拉西。

摄政王逐渐巩固着自己的势力，被选为女皇的继承人。女皇终于感觉到了危险，叫她最后一位丈夫发动战争反对摄政王。结果，摄政王胜利，女皇连惊带吓死了。1930 年，海尔·塞拉西开始了他长达四十四年的皇帝生涯，加上摄政王时期，一共统治了埃塞俄比亚五十八年。

他当上皇帝不久，意大利人就开始发动侵略。到二战结束时，埃塞俄比亚皇帝已经名满天下，成了基督教的圣徒。

圣徒也面临着复兴埃塞俄比亚的最好时机。他不仅想要埃塞俄比亚富强，还想把整个非洲之角统一起来。

意大利虽然没有成功获得埃塞俄比亚的核心区，却占领了北部沿海的厄立特里亚地区，这里曾经是埃塞俄比亚的势力范围。厄立特里亚在成为意大利殖民地之前，曾经是受奥斯曼的影响，但大多数人口仍然保持着基督教信仰。

意大利在二战战败后，厄立特里亚成了英国的托管地，但海尔·塞拉西却试图根据传统，让它加入埃塞俄比亚。这一次，他成功了。

至于意大利的另一块殖民地索马里，也在非洲之角上，却由于它主要信仰伊斯兰教，被英国人与英属索马里合并在一起，成立了索马里国家。

皇帝虽然没有拿到索马里，却已经将疆土大大扩充，是现代埃塞俄比亚面积最大的时候了。埃塞俄比亚虽然是一个国家，架构却是一个帝国。除了皇帝和他统治的核心区域之外，还有许多外围区域，比如厄立特里亚，还有东部的伊斯兰区域、南部的少数民族区域等。这些区域并没有将皇帝当作理所应当的统治者，而是将其看成是外来人。

帝国模式具有天然的不稳定因素，皇帝应该更加小心，避免过分地收税。另外，统治的重心应该放在国内，维持好国内秩序，而不应该在国际问题上多花钱。

但作为非洲的“领袖”，皇帝却无法收缩自己插手的范围。他本人也把自己当作天然的非洲大统领，为此投入了大量的精力。他把非洲统一组织的总部争取到了埃塞俄比亚，并且经常出席各种国际活动。

与此同时，本国事务却毫无起色。由于政治架构过于古老，国家缺乏正常的政治运行规则，甚至连国家账本都没有。所谓政治，只是皇帝每天随口下的各种矛盾的命令，而皇帝的信息来源只是周围的亲信。他花钱如流水，慷慨地赏赐给所有的亲信，却不知道自己的国库还有多少钱。一旦臣下汇报缺钱了，就立刻向民间索取。

这种统治的随意性终于压垮了埃塞俄比亚，各地纷纷反叛，帝国摇摇欲坠。

接着是令人瞠目结舌的 1974 年大饥荒，这场发生在埃塞俄比亚北部的饥荒导致数万人饿死，皇帝却无动于衷，丝毫没有节省的意思。

最终决定皇帝命运的还是军队。当军队的补给也受到影响时，一场小规模的兵变引起了雪崩效应，全国也开始了针对皇帝的游行活动。

一群下级军官乘机发动兵变，将皇帝推翻，埃塞俄比亚也由此进入了更深的灾难之中。

门格斯图的实验室

1974 年 9 月 11 日，皇帝被参与兵变的士兵组成的委员会关押在首都的一座监狱中。士兵们试图让他交出财产，皇帝负隅顽抗。

到了晚上，皇帝突然被带到了电视机前，被强迫坐下，看起了电视。这天电视上播放的是一位英国导演乔纳森·丁布尔比拍摄的纪录片，名字是《被掩盖的饥荒》。

在片子中，埃塞俄比亚北部饥荒与皇帝的大吃大喝被巧妙地剪辑在一起。皇帝看完后，陷入了一言不发的沉思之中。

实际上，这部片子本身也是有问题的，导演为了突出饥荒的程度夸大了数字。片子原来的名字叫《未知的饥荒》，革命委员会故意将名字改掉，为的是彻底摧毁人们对皇帝的信仰。

埃塞俄比亚是一个虔诚的国家，皇帝虽然好大喜功，却谈不上残暴，对埃塞俄比亚也充满了热爱。即便他被赶下了台，还是有很多人不认为他有罪，甚至把他当作埃塞俄比亚独立的象征。委员会需要利用宣传将皇帝的权威彻底打倒，让他变成罪犯。

委员会的目的达到了，皇帝被迫下了台，他的数十位高官被处死。一年多以后，他死了。关于他的死也是众说纷纭，有的说他是正常死亡，有的说他是被人用枕头闷死的。他的尸体在多年以后，才在一个厕所里被发现。老人所说的皇帝死在厕所里，指的就是这件事。

推翻他的人用大饥荒的宣传让皇帝声名狼藉，但埃塞俄比亚的饥荒并没有结束。到了 1984 年，埃塞俄比亚进入了更大的饥荒之中，也是全世界最严重的大饥荒之一。在高峰时期，每周都会有一万多人饿死。

而这一切，都是拜推翻皇帝的人所赐。在他的领导下，埃塞俄比亚开始了非洲历史上第一个完全计划经济的试验，国家被引入更大的灾难之中。

在埃塞俄比亚首都亚的斯亚贝巴最大的广场旁边，有一座庄严的建筑，它以黑色的大理石做墙面，在墙上用金色的埃塞俄比亚的阿姆哈拉文和英文镶嵌着：殉道者纪念馆。

纪念馆里的陈设并不是从推翻皇帝的门格斯图执政时期开始，而是将时代首先定在了皇帝统治末期。在一张照片上，一位老人伸出双手乞讨着，他的眼神已经不再抱任何希望，却还是机械地伸出了双手。他的命运没有人知道，却通过照片将永恒的控诉传递到了未来。

皇帝的奢华与民间的苦难，导致了革命的爆发。接着，门格斯图政权上台了。在纪念馆中另一张著名的照片上，年轻的领导人门格斯图正把一个红色的瓶子扔向下方的群众。整个照片是黑白的，只有瓶子里的液体是红色的。这是一张戏剧化的照片，门格斯图通过这个动作，让人们明白，所谓革命就是要让一切人都沾染上红色，不是杀人者，就是被杀者。

在随后的展览中，我们回顾了当年的血雨腥风：施暴的刑具，受害者的遗物。如同柬埔寨纪念馆中的照片墙，这里也挂出了大量的照片。照片上的人都已经死亡，却留下了最后的形象供人们凭吊。

纪念馆的最后一部分是受害者的尸骨。在展示柜里，不能够确定身份的死者的头骨、肋骨、腿骨被分门别类地堆放在一起。能够确定身份的，就把尸骨单独放在格子里，格子的玻璃门上贴着死者生前的照片，以告诉人们，这些无辜的骷髅当初都是一个个活生生的人。有的尸骨上还带着行刑的刑具，他们很多人是被绳子勒死的。

从博物馆出来，小院子里立着一尊雕像，三个哀伤的女人或望着远方，或低头垂泪。在雕像的基座上，用阿姆哈拉文和英文双语写着：再也不要重来。这句话，或许是经历了皇帝和主席双重打击的埃塞俄比亚人内心最深处的呼喊。

埃塞俄比亚的革命领袖门格斯图所在的机构被称为“杜尔格”，在阿姆哈拉语中的意思是“委员会”。在首都市中心附近，还保留着当年杜尔格时期所建立的纪念碑。那是一个金光灿烂顶着红五星的建筑，让人看了肃然起敬，却想不到，它所代表的是一个肃杀的政权。

我曾经询问过许多人，为什么埃塞俄比亚反对皇帝独裁的运动，会演变成另一场暴政，竟然没有人能够回答。但我却知道，一个饱受独裁奴役的国家，在打碎独裁的过程中，是非常容易堕入另一种极权之中的。

1974 年，人们发动了一系列的游行试图推翻皇帝，但最终起作用的，却是一群中低层的军官。他们发动兵变推翻皇帝之后，建立的组织就是杜尔格。

即便中低层军官掌了权，埃塞俄比亚也没有立刻陷入灾难。虽然皇帝已经没有了，但社会基础还在。只要不打破这个基础，就不会无休止地混乱下去。

杜尔格在上台之初，实际上也获得了人们的支持，如果这个时候他们能够将精力转向发展社会和经济，那么可能会取得不错的效果。但不幸的是，杜尔格是由一群不懂得治理的普通士兵和基层军官组成的。按照规定，埃塞俄比亚的 40 个军队单位，每个单位选派 3 名代表组成杜尔格。士兵们不信任高层军官，认为他们和旧政权联系过于紧密，而高层军官也不愿意参加由普通低级军官和士兵组成的组织。

门格斯图是埃塞俄比亚第三师的一名普通军官，驻扎在埃塞俄比亚东部的穆斯林聚集区。一天，他的师长突然决定把他送去当杜尔格代表。师长之所以这么决定，是因为他认为门格斯图是一个麻烦制造者，把他送走就眼不见为净了。他怎么也想不到，这个决定为埃塞俄比亚制造了多大的灾难！

杜尔格的成员大都是头脑简单的军人，门格斯图很快就从中脱颖而出，成了主要人物。他开始把自己心目中的理想主义蓝图变为现实。在他的鼓动下，首先废除了君主制，软禁了国王，枪毙了国王的大臣们，清洗了军队的高层。强大的社会基础瞬间被打碎，从此埃塞俄比亚成了一盘散沙，只能听门格斯图的了。灾难的条件已经具备。

1975 年，门格斯图操纵杜尔格决定：埃塞俄比亚从此要走极权主义和计划经济道路。于是，原本只是政治斗争，现在灾难突然向普通人逼近。

年初的短短三个月内，杜尔格首先把金融系统（银行和保险业）国有化了，接着又把商业企业也收入囊中，最后杜尔格宣布土地归国家所有。

杜尔格的做法立刻遭到了国内人民的激烈反对。埃塞俄比亚是个帝国，周围的民族都是受奴役而不是自愿加入的。从厄立特里亚到东部穆斯林区域，再到南方的少数民族区域，纷纷开始起义。

即便在主体区域内，人们也不愿意成为计划经济下的沙尘，而是更想守住自己辛辛苦苦积累的财产。

换成其他人，也许会在政治上选择暂时放弃强硬的做法，但这并不符合门格斯图的理想主义。他决定用武力对付反抗。

首先被清除的是杜尔格之中的反对派，他们被关在杜尔格办公的所在地，被机枪扫射而死。接着，全国开展了轰轰烈烈的屠杀活动。

屠杀纪念馆的那些尸骨，就是在建立新政权时留下的。那位邀请我去家里的老人回忆说，在屠杀的高峰时期，所有敢于说话的反对派都被屠杀殆尽，不管是否有过反抗的行动。他比画着告诉我，这些人从家里被带走时，不管男女老少，胳膊都被拧到身后捆起来，用纸板写上名字和罪名，挂在脖子上。首都的街道两边，常有一连串的人坐在街边的地面上，他们都是要消失的人。亲人们被带走，就意味着可能再也见不到了。能够被辨认出姓名的是极少数幸运者，大多数尸骨都处于无法辨认的状态。

到了 1978 年，门格斯图终于满意了，埃塞俄比亚已经被建成了他心目中的样子。

但是，这个政权到底怎么样呢？

1985 年，歌曲《天下一家》（*We are the World*）席卷了全球，它的制作阵容强大，由天皇巨星迈克尔·杰克逊和莱昂纳尔·里奇创作，演唱者更是几乎囊括了美国第一流的歌手，其中独唱者就达到了 21 人。

这首歌其实是一首慈善曲目，将世界的目光引向非洲的一个国家，它正遭受着最严重的饥荒。但奇怪的是，这个国家本身却不仅不承认饥荒的存在，还千方百计阻止人们为那些即将饿死的灾民提供帮助。这个国家就是埃塞俄比亚。

与 1983 年开始并持续了三年的大饥荒相比，皇帝统治时期的 1974 年饥荒已经算不了什么。1983 年饥荒的主要成因是一场“完美风暴”，任何单独的原因都不可能造成如此重大的灾难，必须是众多原因叠加而成。

这些原因是：第一，国有化政策将农民赶离了土地，国家已经一穷二白；第二，四处爆发的小规模叛乱仍然在持续，为了应付战争，政府已经完全破产，无力进行哪怕一丁点儿救助；第三，更为荒唐的是，政府的心思根本没有在灾民身上，而是放在了另一件“大事”——搞庆典上。

1984 年，在这个奥威尔调侃过的年份里，埃塞俄比亚是在无数人的死亡和辉煌的庆典中度过的。庆典是为了纪念杜尔格革命十周年。

由于花费过高，必须从农民手中征收更多的粮食。按照计划经济的做法，粮食征收额是由中央政府先定一个数目，再层层下分至每一个村庄。当征收额度下发到村庄时，却发现村子里早就没人了。在北部区域，人们已经为了食物逃散了。

为了应付粮食征收，加上不能把灾民放到首都去影响各国嘉宾的心情，政府在路上围追堵截，要将他们抓回去，要死也必须让他们悄悄地死在家乡。

当埃塞俄比亚大饥荒再也无法掩盖时，世界各地的媒体都偷偷到了饥荒发生地，发出了无数的报道，但杜尔格仍然否认饥荒的发生。

根据印度经济学家阿玛蒂亚·森的研究，只要允许信息、物资和人员自由流通，再大的歉收也不会造成饥荒。因为人们可以移居到别处谋生，而且只要有足够的信息，世界其他地方的粮食就可以调拨到灾区去帮助灾民。饥荒发生的最重要的原因往往是政府设置了太多的障碍，让想救援的人们得不到足够的信息，也让逃荒的人们无法离开家乡。

在埃塞俄比亚，信息、物资、人员三者的自由流通全部被阻断，造成了这次特大的饥荒。在死了上百万人之后，国内的反对声终于透过了重重阻碍，被门格斯图听见了。他决定采取强有力的措施制止饥荒。

制止饥荒的方法是：将北方灾区的移民迁到南方的荒地上去。于是，在被阻止了很久不能离开家乡之后，北方的灾民们又突然被政府抓走，匆匆送往了南方。

他们到达南方后，被扔在荒地上，没有干净的水，没有住处，没有种子，没有工具，一切都是那么仓促，等于是把人扔在那儿等死。

杜尔格在饥荒中所表现出的残忍，让埃塞俄比亚人再也无法忍受这个政权。人们回想起当年杜尔格怎么批评皇帝时期的饥荒，再做一个对比，发现它不仅没有进步，反而变本加厉了。杜尔格批评皇帝铺张浪费，不顾人民死活，但他自己同样大搞没用的工程，把救命钱都浪费掉了。杜尔格批评皇帝把饥荒隐藏起来，但隐藏更深的反而是它自己。

饥荒结束后，埃塞俄比亚的反抗势力突然间得到了加强，杜尔格的财政能力却已经减弱到了无法控制全局的地步。1987 年，门格斯图解散了杜尔格，换汤不换药地建立了一个叫埃塞俄比亚人民民主共和国的政权，执政的还是同一批人。各地的反抗并没有停止。1991 年，门格斯图终于倒台了。

门格斯图并没有因为他所犯下的屠杀罪行而受到惩罚。就在政权倒台的同时，津巴布韦总统穆加贝向门格斯图伸出了友谊之手，提供了避难权。当时的津巴布韦仍然是西方的宠儿，为了让穆加贝同意不驱逐白人，西方政权还在讨好着他。穆加贝收留一只丧家之犬，并不足以引起太多的反对。

门格斯图倒台后，人们找到了当年死去的皇帝的尸体，当地的基督教组织为他举行了隆重的葬礼。

世界文明发展史上有一个规律：经过了太多灾难的民族容易变得温顺，带着一点怯懦和听天由命，但它们的生命力又非常顽强，在任何环境下都可以生存。

埃塞俄比亚人由于碰到过太多的波折，是非洲人中最有韧性的民族。只要和平一恢复，他们立刻擦干眼泪，开始建设新的生活。虽然仍然有无数的短板，但埃塞俄比亚的恢复速度也是惊人的。特别是最近几年，随着中国援助的到位，首都的面貌在短期内已经出现了极大的改观；乡村仍然贫穷，却也不会轻易饿死人了。

在与当地人交谈时，我发现即便是穷人，也都带着逆来顺受（或者叫乐天知命）的态度。他们总是告诉我，现在的生活已经比两个“救世主”时期好多了，虽然人们还是很难找到工作，不得不背井离乡去打工，但和平得来不易。政府只要给他们和平，不干扰他们的正常生活，他们就已经很知足了。这或许是两位“救世主”留给他们的最大遗产。

在整个非洲的行程中，埃塞俄比亚是对我触动最大的国家。这里的人们为他们的历史而骄傲，为现在的贫穷而羞愧，但他们并不怨天尤人，而是在新政府的带领下尽快地实行工业化。中国对埃塞俄比亚的援助也是多元的，从铁路、公路到工厂。为了吸引世界上其他地区的人们前往，埃塞俄比亚还特别注重将首都亚的斯亚贝巴打造成为整个非洲的中转站之一，埃塞俄比亚航空也是非洲最好的航空公司，起到了连接非洲与世界的作用。

埃塞俄比亚的门格斯图试验以悲剧告终，但在西非，另一场社会试验虽然也失败了，留下的遗产却并非纯粹是负面的。那儿的人们至今仍在怀念大地之子桑卡拉，或者可以称他为“非洲的切·格瓦拉”。

桑卡拉：非洲的切·格瓦拉

1987 年 10 月 9 日，在非洲国家布基纳法索举行了一场纪念古巴革命者切·格瓦拉的活动。格瓦拉生前以古巴革命和游击战争出名，甚至到非洲培训过游击队，却无功而返。他提倡暴力，不吝杀人，也死于暴力，可谓死得其所。但不知为什么，世界竟然把这样一个屠夫式的人物捧成了革命与自由的象征，在非洲也不例外。

在格瓦拉死亡二十周年时，布基纳法索总统桑卡拉决定举行纪念活动。在活动上，桑卡拉评价说："格瓦拉教我们要从内心深处对自己的能力有充足的信心。他激励我们，给我们信念，坚信斗争是唯一的源泉。他是我们正在建造的这座自由世界大厦的公民。这是我们为什么说切·格瓦拉也是非洲人和布基纳法索人的原因。"

桑卡拉这么推崇格瓦拉，事实上，人们已经称他为"非洲的切·格瓦拉"。与格瓦拉一样，他也信奉社会主义，不拘小节，出口成章，是个偶像级的人物。

这个"非洲的切·格瓦拉"同样也死于非命：纪念活动刚过去一周，一场流血政变在布基纳法索爆发，桑卡拉和他的 12 名官员一起被杀害。

桑卡拉死后，他的尸体被肢解后埋葬，不准人们纪念。但到了 2015 年 5 月 25 日，非洲独立日这天，他的尸骨终于被发掘出来，成了人们纪念的圣物。据说，在尸骨中发现了十几粒子弹。

杀害他的是他的战友孔波雷。桑卡拉死后，孔波雷担任总统二十七年，才在群众示威后被赶下台。他下台前，整个西非，包括布基纳法索就已经开始纪念桑卡拉。孔波雷只好说桑卡拉是在交火中被误杀的。孔波雷下台的那一天，就是桑卡拉在国内封圣的时刻。

桑卡拉到底有什么魔力，让布基纳法索这个世界上最贫穷的国家之一如此纪念他呢？

原因在于他给非洲树立了一种理想。

非洲国家大都存在"裙带"式腐败的问题，桑卡拉却是个例外。作为总统，他的月工资只有 450 美元，家产不过是一套没有还清贷款的普通住宅和一辆最普通的小汽车。即便这点钱，还必须用到他收养的十几个孩子身上。

他不仅要求自己，还要求所有的官员都必须保持廉洁，坐普通车，不准受贿，不准坐头等舱。如果发现腐败，官员的财产会被没收，本人会受到严厉的惩罚。

非洲从来都是各种疾病的高发地，许多孩子因疾病而夭折。政客们大都不去关心人们的健康。但桑卡拉是个例外，他在国内大规模推行疫苗计划，为儿童免费接种，并承认艾滋病对于国家的威胁，认真对待这个社会问题。

非洲的文盲非常多，各国政府也无力组织更好的教育。桑卡拉却推出了大规模的教育计划。

非洲的妇女地位非常低，桑卡拉却在每一次演讲中都不忘强调女性的作用。他在政府中招募了大量的女性工作人员，并禁止女性割礼，禁止一夫多妻。

他想做的事情太多，都带着很深的理想主义成分。布基纳法索位于沙漠边缘，他就提倡植树。这里的交通很差，他就提出了雄心勃勃的修路计划。总之，桑卡拉用他带有鼓动性的声音说出了人们希望的天堂社会，并想方设法去实现它。

正是这种理想吸引了全非洲的注意，人们把他当作一个理想的异类，一个圣徒。他身材高大，喜欢穿迷彩服和骑摩托，女性更是为他疯狂。

这个理想的异类虽然想做很多事情，却大都没有做成。如今在布基纳法索，你会发现即便是首都地区，还有很多街道是土路，房子破破烂烂，带着年久失修的痕迹，这和他当初的理想简直有天壤之别。

他曾经大力发展经济，但是，布基纳法索仍然是非洲最穷的国家之一。

但他当初的努力又留下了很多成果。比如，布基纳法索虽然贫穷，但整个社会面貌却要比旁边的国家强很多。这里街头很少有乞丐，穷孩子们顶着饮用水、香蕉和鸡蛋售卖，也不愿意直接向行人要钱，这和周围的国家形成了鲜明的对比。这里的学校更加干净，我住的旁边就有一所学校，每天传出的读书声、出操声，让我以为回到了中国。

这里的腐败也比其他国家少一些。从马里到布基纳法索的汽车路过边境时，我发现两边的军人面貌差别巨大。在马里出境处，边防官员一看我是个外国人，立刻毫不掩饰地告诉我："给我 5000（西非）法郎（折合人民币约 60 元），我就给你盖出境章。"当我拒绝后，他立刻把我的护照递出来，拒绝盖章。我在窗口央求了半天，他才给我盖了章。到了布基纳法索入境处，情况迥然不同，这里的设施也如同马里一样破烂。由于马里的反恐形势不乐观，边境属于强管控地带，布基纳法索穿制服的官员仔细检查了我的护照和签证页，询问了几个问题，随后微笑着给我盖章，并说："欢迎来到布基纳法索！"由于刚在出境时被索贿，在这一侧却遇到如此友好和专业的官员，竟让我有些不适应。

这或许就是桑卡拉留下的那点希望，我边回到车上边这样想。在他之前，非洲被当作一个希望渺茫的大洲，人们最缺乏的是信心。桑卡拉把建设天堂社会的信心教给了当地人，让他们看到了另一种可能性。在桑卡拉的鼓励下，人们学会了自力更生、努力工作，每个人都勤劳、乐观，而不是靠天吃饭，懒洋洋地等待着世界银行的援助。

谈到桑卡拉，就必须谈到布基纳法索的前身上沃尔特。它的名称得自于一条河流。沃尔特河从北向南，三条支流白沃尔特、红沃尔特、黑沃尔特都发源于现在的布基纳法索境内。于是，法国人把这里划成了一个殖民地，叫上沃尔特。三条沃尔特支流最终都流入了现在的加纳境内，汇成了沃尔特河主道，流入了大西洋。

上沃尔特属于法属西非的一部分，在1960年与西非其他国家一起取得了独立。首任总统莫里斯·亚梅奥果随即冻结了多党制，建立了一党制，国家陷入了不稳定状态。直到1966年军队发起了不流血政变，放逐了亚梅奥果。但军人也一直无法重新建立稳定的民选政权，上沃尔特又在1980年、1982年相继发生两次不流血政变。

到了1983年，桑卡拉上台了。他属于1982年政变组织全民拯救委员会（Council of Popular Salvation，简称CPS）的左翼，在与党内右翼的斗争中脱颖而出，被任命为共和国总理。很快他又在斗争中失势，被逮捕了。他之所以快速失势，是因为他的左倾倾向已经让原来的当权阶层无法忍受。在政治上，他主张彻底改造社会经济，采取国有化措施；在外交上，他亲近泛非主义者（比如利比亚的卡扎菲），排斥原来的殖民主义国家。法国可能也参与了对他的废除行动。

但桑卡拉已经获得了民众的支持，在民众的压力下，他被释放了。1983年

8 月 4 日，他发动了一次新的政变，这一次终于流血了，在交火中有十几人死于非命。布基纳法索对不流血的政权更替早已习以为常，人们这时才知道，原来政变有时候也会流血。

桑卡拉成为总统一年后，将国名从上沃尔特改为布基纳法索，意思是“正直者的土地”，表明要和之前的历史决裂。

桑卡拉之所以民心所向，和这个国家独立后的失败经历有关。亚梅奥果上台后实行的是资本主义制度，没有给普通人带来好处。独立后，国家立刻变成了一党制，加上无数的政变，国家经济被一小撮社会高层所绑架。这样的资本主义没有展现出具有竞争力的一面，反而充斥着许可证制和权贵经济。

法国人虽然让布基纳法索独立了，但仍然控制着西非国家的经济和外贸。法国人始终是高人一等的存在，这让普通人感觉独立和不独立没有什么区别。

既然原来的路是一条死路，一个人突然提出来一条截然不同的道路，自然会吸引人们的注意。

桑卡拉上台后，立刻开始了对于布基纳法索的改造。除了那些提倡廉洁的措施之外，对于社会经济有重要影响的政策有如下几个方面。

第一，谢绝外援，自力更生。桑卡拉说过：“我们国家生产的产品是足够我们生活的。只是因为我们缺乏组织生产的能力，故而不得不向人家祈求食物。正是这种祈求，往我们的精神里注入了乞丐的基因。”

谢绝外援，自力更生，这看似不合理，但在布基纳法索又带着一定的合理性。殖民地原来的宗主国法国离开后，仍然通过经济联系控制它。虽然法国不能强迫布基纳法索只和自己做生意，但它通过与布基纳法索高层领袖的联系，控制了外贸领域。这使得布基纳法索从来没有实现过真正的贸易自由，它必须把初级产品廉价卖给法国，再从法国进口昂贵的工业品。

桑卡拉提倡自力更生，更多是为了打破与法国以及欧洲的强绑定，降低法国对于国家经济的控制。

当然，为了做到自力更生，必须建立一个强有力的政府，于是就有了第二条。

第二，加强对社会和经济的控制。为此，桑卡拉建立一党制，废除反对派，甚至把儿童也组织成少先队进行思想灌输。事后，人们指责他独裁，主要原因就是他对于反对党和工会的镇压。

在获得了强控制之后，他开始实行土地改革、全国性扫盲、提升公共健康、与沙漠化抗争、加强女性权利等政策。它们起到了一定的作用。但时间长了，反作用也极其明显。与其他实行类似政策的国家一样，他的措施无法达到发展经济的目的，反而挫伤了那些最具进取精神的人的积极性。到最后，反而是商品奇缺、物价飞涨。

以粮食为例，在改革之初，由于把土地平均分给农民，粮食产量立刻大幅增加，看上去布基纳法索距离粮食自足已经近在咫尺。但时间长了，当政治进一步干扰到人们正常的经济行为时，粮食产量又开始下降。

但是，在社会领域内，桑卡拉的教育、健康、反腐政策，又让人们看到了社会变革的苗头，这些是桑卡拉改革的好的方面。

第三，在外交上向苏联、中国、古巴、利比亚等国家靠拢，斥责殖民主义。桑卡拉试图实现全非洲的大联合，对那些与宗主国保持强联系的国家都嗤之以鼻。

在西非，大部分原殖民地国家与宗主国法国都保持着较为紧密的联系。一旦国家发生宪政危机，总是要法国来干预。如果有叛乱，法国也会出兵镇压。至于经济联系，法国也插手了很多事务。西非国家之所以这样做，是因为每一个国家都很弱小，离不开法国的输血。桑卡拉却认为这些国家缺乏骨气，他不断地批评这些国家的领导人。

到最后，布基纳法索成了整个西非的异类，受到了其他国家的疏远。

1987 年，桑卡拉曾经的战友孔波雷发动了政变，布基纳法索再次流血，桑卡拉死于非命。孔波雷上台后，将桑卡拉的措施一一废除，法国人兴高采烈回来的同时，孔波雷也再次宣称要依靠国际组织的“输血”。在西方看来，布基纳法索仿佛走了三年的弯路，再次回到了正确的道路上。但孔波雷统治了二十七年，布基纳法索仍然是最贫穷的国家。

也许桑卡拉的经历说明了非洲的悲剧所在：不管采取什么体制，都无法摆脱经济上的困境。如果采取资本主义，在普遍的“裙带”式腐败下所形成的权贵阶层，会将全国的资本留在自己手中，让绝大多数民众无法得益。如果利用集权打碎权贵的束缚，“国家”这个概念又会作为最大的权贵，控制人们的方方面面。

如果桑卡拉不死，也许经过多少年后，他的改革措施仍然不会有理想的结果，但是正因为他适时地死去，他给非洲留下的就只剩下对于美好生活的激励了。

2014 年，孔波雷在人们的抗议声中下台。此后，布基纳法索进入了一段过渡时期，并预定于 2015 年进行一次公平公正的大选。但是，第二年布基纳法索再次发生了不流血政变。

这次发动政变的，是孔波雷曾扶持过的一个特殊部队。孔波雷在普通军队之外，建立了一个总统安全团。安全团的指挥官认为他们在新政府下受到了政治歧视，决定发动政变。

政变的军人很快发现，他们成了全国喊打的落水狗。虽然他们控制了过渡政府的所有高层官员，但是群众却对孔波雷独裁心有余悸，纷纷爆发了抗议。到最后，就连其他正规军队也选择不支持总统安全团，向首都集结施压。

政变军官迅速转变立场，结束了政变。2015 年大选照常进行。这一次，人们选出了一个与军队没有联系的人当总统，布基纳法索进入了一段孔波雷离开后的政治蜜月期。

在布基纳法索首都瓦加杜古，听着旁边学校里琅琅的读书声，我时常在想，桑卡拉、尼雷尔这样的人到底是帮助还是阻挠了社会的发展。

按照经典的说法，他们实行的计划经济和政府强管制是必败无疑的政策，只会对社会经济造成极大的损害，从而让社会步入停滞，甚至倒退。

但在非洲这个特殊的大陆，他们却又表现出极强的正面性。换句话说，在同样的国家，即便换上另外的人、另外的政策，恐怕也不会比他们做得更好。后殖民地留下的不平衡仍然存在，人们的教育素质仍然太低，“裙带”式腐败问题几乎一直在困扰着非洲。

对于非洲来说，最要紧的是提高人们的文化素质，让更多的人读书识字，具备一定的技能。只有达到了这个条件，才能谈下一步的发展。桑卡拉、尼雷尔利用政权的力量强行推广教育，在短时期内提高了全国的文化水平，这或许是他们最大的贡献。

非洲的另一个问题是人心太散。一个国家内部部族林立，人们缺乏国家认同感。从这个意义上说，大部分非洲国家很难一开始就实行完全的民族自决，那样就意味着国家的解体。这就要求政府比其他地方要更加集权一些，等到国家认同感建立起来，才可能推行更加民主的做法。但如何把握两者的过渡，又是一个无解的难题。

桑卡拉与其他领导人不同的是，他用理想鼓舞人，很少动用暴力去惩罚普通民众。在他任内，布基纳法索没有发生过屠杀、监禁事件。正是因为他的谦逊与温和，布基纳法索才有了如今的性格。经过二十多年的颠簸之后，布基纳法索也来到了发展的大门口，人们信奉和平，珍惜来之不易的稳定，以独立自主的态度面对着生活。在这个意义上，桑卡拉留下了一段特殊的红色传奇。

AFRICA

第八章

最残酷的兄弟战争

A
JOURNEY THROUGH
TWO
HUNDRED
YEARS

“这里二十年前才发生了大屠杀，难道如今真的变成了一片祥和？”在卢旺达城市吉塞尼，我带着疑惑向途中遇到的旅行伙伴提出这样的问题。

1994 年，卢旺达发生了大规模的种族灭绝事件。只有到了这里，才需要分清 Massacre 和 Genocide 这两个词的区别。所谓“Massacre”指的是一般意义上的大规模屠杀，只要发生了集体处决事件，死难者不管是几个人还是几十万人，都可以使用这个词。

Genocide 却是一个新的词语，一战之后才被人们创造出来。Genocide 是由希腊词首 Geno（意思是种族）和拉丁词尾 Cide（来自 Caedere，意思是杀害）合成的，指的是以灭亡一个种族为目的的大屠杀。从规模上，Genocide 通常也比 Massacre 更大，比如纳粹德国对犹太人的种族灭绝，死难人数超过 600 万人。

除了德国二战时期的所作所为之外，世界上只有少数屠杀事件符合 Genocide 的定义，不幸的是，卢旺达的种族灭绝事件就是其中之一。卢旺达的 Genocide，是两个兄弟民族之间拼死的搏杀，极为惨烈。

屠杀刚结束二十年，现在的卢旺达却成了非洲发展的一个典型标本，它的经济增长迅速，政治和解进程也在稳步推进，人们认定它已经获得了新生。

可是，我又总在疑惑，二十年的时间足够完成这个重大的转变吗？卢旺达到底发展到了什么程度？

在提出这个问题时，我们身处于一个小饭馆。饭馆里显得和平、安宁，几名黑人正在吃饭，三个中国人（就是我们）坐在一个角落里，仿佛已经融入了当地的气氛之中。

可是，不到半小时，当我们站起身准备付账时，一位黑人也站起来，从我们身边经过。他一把抢过一位四川小伙子手中的钞票，向外奔去——我们在光天化日之下遭到了抢劫。

我们三人尾随着他，眼看就要抓住了。他突然把手一扬，钞票像树叶一样飞散。我们只好停下来捡地上的钞票，等我们捡完了，才发现他只是把小额的钞票扔了出来，大额的都被他带走了。

几个当地人围上来安慰我们："还好，你们只是丢了点钱。这是给你们提个醒，叫你们加强警惕。如果在离开卢旺达之前，你们提高了警惕没有发生其他意外，那这点钱就丢得值了。"

抢劫事件正好回答了我的疑问：短短的二十年时间，对于一个创伤如此严重的国家是远远不够的。

卢旺达也许是世界上最复杂的国度之一。它至今仍然保留着大量的尸骸。

在旅行圣地基伍湖旁的小城基布耶，湖边的一座小山上风景如画，山顶有一座美丽的教堂建筑，会让游客以为来到了人间天堂。但在教堂前就竖着一座小型的纪念碑，碑旁放着几个人的头颅，告诉人们当年发生在这里的大屠杀。在不远处，还有墓地，里面埋葬着更多的受难者。

事实上，全国的基督教堂差不多都发生过类似的悲剧。屠杀发生时，受害者首先想到的就是往教堂跑，以为这个神圣的地方可以庇护他们免遭于难，但许多人就在教堂被直接砍死。

在卢旺达中部，至今有一个教堂仍保持着屠杀的原貌，那些遇难者几乎铺满了教堂里、院子里的地面，如今早已变成了累累白骨。

但另一方面，人们的和解进程的确早已展开。由于这是一个民族对另一个民族的集体屠杀，这个民族里很大一部分平民（他们在社会中只是普通人）也都参与了屠杀。如果想要和解，就必须宽恕这些曾经的杀人者；如果不宽恕，就会演化成另一次种族灭绝。如何做这个工作，也显示了现任政府的苦心。

和解之所以不容易，是因为还牵扯到种族屠杀最根本的原因：种族之间的资源分配不均。不光是卢旺达，世界上所有的种族冲突往往都是因为资源分配不均匀。在非洲，资源争夺更是源于贫穷。让国家变得富强，把饼做大，是未来避免冲突的唯一方法。

卢旺达是怎样保证经济发展的呢？

从我的观察来看，这个百废待兴的国家在短短二十年里做了很多事情，但还有更多的事情没有做。作为非洲兄弟战争的代表，我们有必要围绕着卢旺达和非洲的种族竞争问题认真剖析一下。

这就进入了非洲最难以弥合的一个话题：如果仅仅是政治问题，那么和平会来得更加容易，可一个非洲国家一旦由殖民主义带来严重的民族不平衡，就必然产生更加激烈的冲突。从这个意义上说，残酷的兄弟战争是殖民主义留给非洲的最大的负面遗产。

卢旺达悲剧的起点在哪里呢？答案出乎意料：在索马里。

索马里：散架的国家

2014 年的索马里是一个分崩离析的地方，而 2014 年的索马里兰却钞票遍地。

非洲之角的索马里曾经是一片商业文明普及的土地，却因为战乱走向了解体。当地人民无法生存时，选择了铤而走险的海盗营生。于是，到了现代文明的 21 世纪，索马里海盗成了一个令人谈之色变的存在。

当世界各国疲于应付索马里海盗时，我却在 2014 年来到了一个名叫索马里兰的地方。这里曾经是索马里的一部分，现在是一个自我宣称独立但世界上普遍不承认的“国家”。在这个“国家”看到的景象让人大吃一惊。

走在大街上，人们首先会被堆积如山的钞票所吸引。当中国史书记载明朝初年的钞票（纸币）成灾时，曾经说，市场里堆满了成山的钞票，人们却连头也不回。我曾经以为这样的说法只是夸张，到了索马里兰却发现它竟真实存在。

在索马里兰“首都”哈尔格萨的中心市场以及附近的大街上，经常能在路边看到大堆的钞票。这里的人喜欢把当地的纸币一沓一沓垒起来，有的垒成正方体，有的垒成金字塔形。大的有一米见方，小的也有几十厘米高。

在中心市场的核心区域，这样的钞票堆竟然相邻着有十多个，人们甚至互相攀比，以堆大为荣。

在这个“国家”的其他地方，路边也总是会碰到这样的换钱商。他们显得很随意，总是愿意向好奇的客人展示。本地人却早已见怪不怪，连头都不回。

很难想象这里曾经属于索马里。人们敢于把钞票堆在公众的视线之下，说明这里的安全状况很不错。但在外界看来，索马里兰与索马里一样，是极其危险的地方，是海盗所在地。

索马里兰之所以会出现钞票如山的情况，是因为这个“国家”的钞票有两个特点：第一，索马里兰钞票的汇率很低，1 美元可以轻松地兑换 7000 多索马里兰先令；第二，索马里兰钞票没有大面值的货币，最大面值是 5000 先令，但是市面上极其罕见，人们反而不敢使用，市面上铺天盖地的是 500 先令和 1000 先令两种面值的。其中 1000 先令也只不过相当于人民币不到 1 元钱。

这意味着，在中国，人们只用携带一张张粉红色钞票，但在索马里兰，必须携带如同砖头一样的一大摞钞票。如果将市场里最大换钱商的所有索马里兰先令兑换成美元，也许那一个巨大的金字塔换到的美元，拿在手里就可以轻松带走。

由于携带纸币太不方便，街头的小商贩们往往得专门预备一个车子放钱。比如，卖牛奶的小商人带着一小桶牛奶，在牛奶桶旁边却需要放一个很大的带着防护网的手推车，这个手推车里全是钱。

虽然索马里兰的金融秩序很不规范，人们生活得也很穷苦，但几乎所有索马里兰人都对我表示他们对生活很满意，原因在于：他们至少维持了和平与安定，不会因为战争而死去。他们东南边的索马里，仍然处于战争和恐怖袭击的状态中，人们随时会死。

在这里，我询问了几个人，关于索马里兰与索马里为什么会分裂的问题。

一位年长者告诉我："索马里兰与索马里其实是一家，索马里兰之所以要分开，是因为我们无力保持整个索马里的和平，只好先自救，在索马里兰区域内保持稳定。"

既然是自救，那么索马里恢复稳定后，索马里兰还会回归吗？

这个问题由青年人来回答，但可惜的是，他们大部分都不愿意回去。

他们都没有意识到，其实分裂的种子从西方入侵的那一天起就已经种下了。

在西方人入侵之前，索马里的政治状态是一种松散的部落制。这里的人们将自己称为索马里人，他们共同位于非洲之角，信奉伊斯兰教，与信奉基督教的埃塞俄比亚相邻。他们的南方，是同样信奉伊斯兰教的以桑给巴尔岛为中心的穆斯林苏丹国。

在中国人的航海记事中，我们知道有一个叫木骨都束的地方，它就是现在的索马里首都摩加迪沙。这说明摩加迪沙在很早以前，就是"中国南方—太平洋—印度洋—印度—阿拉伯—红海—东非"这个海上贸易链条的一部分。

索马里虽然是松散的部落制，但在部落之上又组成了五个大的部族，它们是竞争与合作的关系。如果没有外来干扰，也许非洲之角的伊斯兰部族会向着逐渐凝聚成一个政治实体的目标而演进。

这个演进过程却因为欧洲人的到来而被打断了。由于索马里海岸的重要性，索马里地区被五个政治实体分割了。这五个政治实体是根据欧洲各国的占领情况划分的，与原来的五个部族并不重合。于是，大索马里地区碎片化了。

在北面海岸，现在的吉布提地区，被法国占领后称为法属索马里；法属索马里的东面是英属索马里，也就是现在的索马里兰；英属索马里的东南，则是意属索马里，也就是现在的索马里。除此之外，索马里人还居住在更靠南的海岸部分，这一部分已经被英国人并入到了肯尼亚殖民地。而在不靠海的高原东部，有一块叫欧加登的地区，这里在历史上也曾是索马里人的居住地，却被并入到了埃塞俄比亚。

二战之后，英国人将英属索马里和意属索马里合并起来，成立了一个新的国家索马里。而剩下的三块，法属索马里成了独立国家吉布提，欧加登和南部则分别属于埃塞俄比亚和新独立的肯尼亚。

索马里成立后，立刻宣称不承认现有国界，要组织军队武力夺回其余三个部分。这种宣称将索马里变成了世界的对立面。比如，与吉布提发生争端，立刻将法国人变成了敌人；与肯尼亚的领土争议，让英国人感到不舒服；与埃塞俄比亚争夺欧加登，令其余的非洲国家与之疏远。

于是西方都不愿意帮助索马里发展军事，反而是苏联人得到了机会。苏联以红海海岸的驻军权作为对索马里的军事援助。索马里缺乏的是耕地，却从来不缺乏海岸，也不会吝啬让别人使用一下。

苏联当初使用的海港恰好位于现在的索马里兰，名叫柏培拉，这里是荒漠与海洋之间的一座小城，即便站在海边，满眼也是荒芜的沙漠景象。

2014年，柏培拉已经成了索马里兰的新希望。据说，中国人也参与了海港的建设，让索马里兰从这里进口海外物资。但即便如此，当地也是以低矮的平房为主。全城大都是平房，只有几栋连体的苏式小楼，有着长长的走廊和低矮的房间，表明这里曾经被苏联援助过。

在苏联的支持下，影响现代索马里最深刻的人物穆罕默德·西亚德·巴雷在政变中上台了。随后，西亚德展开了雄心勃勃的军事计划，准备收复旧土。

但在决定收复另外三块土地时，他却做错了一件事：他首先选择了埃塞俄比亚，认为这个国家没有西方后台，更容易对付。

西亚德没有想到，1974年，埃塞俄比亚通过政变推翻了皇帝，随后建立了一个亲苏的政权。苏联不愿看到两个亲苏政权打仗，对索马里的支持程度也就下降了。

1977 年，西亚德发动了欧加登战争，企图夺回埃塞俄比亚控制的欧加登地区。其实，在 1964 年，索马里和埃塞俄比亚曾经发生过短暂的冲突，以索马里战败而告终。这一次，西亚德抓住了埃塞俄比亚国内不稳的机会。当时埃塞俄比亚的统治者门格斯图恰好受北方叛乱的困扰，政权看上去摇摇欲坠，西亚德认为门格斯图无力抵御索马里的武力进攻。结果却与西亚德预测的相反，在苏联和古巴的支持下，埃塞俄比亚竟然打败了索马里。

索马里的战败成了其解体的导火索，但解体的过程却是漫长而痛苦的。由于苏联支持埃塞俄比亚，西亚德转而投靠美国。于是他又将柏培拉港口从苏联手里夺过来，交给美国使用。但此时叛乱已经四起，不仅本国的部族叛乱，就连埃塞俄比亚也支持了一支叛军。

为了杜绝叛乱分子在境外集结，西亚德只好又和埃塞俄比亚合作，双方互不支持对方的叛乱分子。这次合作让门格斯图可以专心对付北部的叛乱，也让西亚德腾出手来对付本国的反叛部落。

不承想与埃塞俄比亚的合作引起了更多人的反抗。在大部分索马里人看来，信仰基督教的埃塞俄比亚才是永恒的敌人，结果更多的人加入了反叛的队伍。西亚德的控制区越来越狭小。时间长了，西方国家不敢再支持这样一个人人喊打的政权了。

1991 年，西亚德倒台。他倒台时，索马里已经从一个文明时期退化到了蛮荒时代。人们吃不饱饭，也无法种地，贸易也停止了。

西亚德倒台并没有给索马里带来好日子，反而更加乱套了。由于丧失了中央政府，索马里变成了一个军阀遍地的国家。国际上还认为它是一个国家，但在国内，人们早已看不出一个国家的迹象。它再次变成了松散的部落体，今天你我联合，明天你我打仗。国际上花了三十多年，也没有将索马里重新捏合成一个国家。

在索马里一地碎片的基础上，诞生了两个更加稳定的政治实体。其中之一，就是位于西北部的索马里兰。由于这里曾经是英国的殖民地，人们更加懂得如何组织政府，在当地武装的领导下宣布建国。但国际上仍然尊重索马里的主权，不承认索马里兰的地位。

于是，索马里兰作为不是国家的“国家”而存在着。当我去索马里兰时，必须先到埃塞俄比亚办理签证。埃塞俄比亚和吉布提是少数承认它的国家。

除了索马里兰，紧挨着它的东北地区也成立了一个叫彭特兰的政治实体。这个实体并没有宣布独立，却实现了稳定和自治。

彭特兰再往南，则是一片战乱的军阀属地，而最混乱的则是首都摩加迪沙。2017 年，当我再次在非洲旅行时，摩加迪沙发生了数次恐怖袭击，让这个地区的形势变得更加扑朔迷离。

索马里也是美国人的伤心之地。

2001 年，美国拍摄了一部电影《黑鹰坠落》，反映的就是维和部队在索马里执行任务的情况。这件事的真实情况发生在 1993 年 10 月 3 日。

在“黑鹰”坠落发生的前两年，随着西亚德的倒台，索马里陷入了一片混战。在首都摩加迪沙以及周围地区，战争尤为惨烈，因为战争带来的歉收又引起了大饥荒。联合国也介入进来，组织了对索马里的救助。由于大量的物资被部落武装倒卖，联合国又派出了 50 人的观察团去监督救灾情况。

这支观察团虽然竭尽全力，仍然不足以保障救灾的顺利进行。联合国决定派出一支维和部队，这支维和部队的主力是美国人。在美国人的努力下，救灾物资较为顺利地发放到灾民手里，索马里的饥荒得到了控制。接下来，就到了恢复索马里民主政治的时候了。

但联合国显然低估了事情的难度。在救灾阶段，由于所有的部落武装都需要物资，他们倾向于配合联合国的行动。美国人在此时也采取了对部落武装放纵的态度，只要不影响物资发放，就不去收缴他们的武器，任由他们自由行动。

但到了重建政府阶段，却意味着要解除部落武装，取而代之的是一个由联合国支持的中央政府武装部队。到这时，所有的部落都感到不满意了。

最不满意的是军阀穆罕默德·法拉赫·艾迪德，他认为联合国扶持的武装是针对他的。他不仅不肯缴械，还制造了不少对抗，双方的冲突越来越大。

由于艾迪德控制的电台不断地播放反对联合国的宣传，1993 年 6 月 5 日，一支巴基斯坦部队被派去关闭这个电台。不想艾迪德却命令士兵投入战斗。这次战斗造成了巴基斯坦士兵 24 死 57 伤，另外还有 1 名意大利士兵和 3 名美国士兵受伤。

这次事件后，美国人主导的联合国军认定艾迪德是和平的巨大障碍，试图逮捕他，但几次逮捕或者清除行动都以失败告终，不仅没有抓到正确的人，还造成了不少平民的伤亡。此时索马里人对联合国部队的态度再也不是支持或者感激了，民间的敌对情绪也在部落的煽动下越来越盛。

1993 年 10 月 3 日，美军又等到了机会，他们试图抓捕艾迪德的 2 名亲信，地点就在摩加迪沙市内。执行任务的共有 160 名士兵，16 架直升机，其中 8 架是著名的“黑鹰”直升机，而另外 8 架是“小鸟”直升机，还有 12 辆军车（其中 9 辆是悍马）。

军事行动本来预计 1 个小时完成，但从一开始就碰到了意外。按照计划，直升机先行抵达现场，由直升机上的士兵执行逮捕任务，之后军车装载的士兵赶到，将人员带走。

但直升机到达现场后，却由于烟尘太大，士兵降落过程缓慢，耽误了时间。由于是在白天行动，直升机吸引了大量的索马里人，他们纷纷拿起武器向目标地点跑去，并在路上设置障碍。地面部队虽然只晚了数分钟赶到，但由于路障的原因，在撤离时遇到了巨大的困难。

在行动开始 40 分钟后，更大的不幸传来：美军的一架“黑鹰”直升机被地面的 RPG（火箭推进式榴弹）武器击中坠落。

在这次行动一个星期之前，美军已经被 RPG 击中过一架“黑鹰”，但他们的重视程度显然不够，仍然让“黑鹰”大白天在低空盘旋，导致又损失一架。

“黑鹰”坠落后，其他直升机立刻展开了对伤员的救助行动。20 分钟后，救助仍在进行，突然间，又一架“黑鹰”被击中坠落。

其余的人员被从四面八方赶来的武装分子逼入了巷战之中，他们占据了几处房子，一边还击一边等待救援。四周全是敌人，又到了黑夜，美军就在这个充满敌意的地方坚持了 15 个小时，才脱离了危险。

整个事件中，19 名美军士兵死亡，73 人受伤，1 人被俘，此外马来西亚和巴基斯坦各有 1 人死亡。

对美国人来说，更可怕的不是人死了，而是当地人对待死者的方式。美国人撤离后，当地人拖着 2 具没有被带走的美军尸体穿过大街小巷，狂欢胜利。这样的镜头被一次次播放，终于引发了美国国内的反战浪潮。

美国人不知道，为什么要为了这个不知名的穷乡僻壤，投入这么多士兵，还冒着这么大的危险。美国总统克林顿最终做出了撤军的决定。

美国人撤走后，索马里继续成为一团泥沼。只是这时候已经没有人愿意插手，他们宁愿让这个地方烂下去。当所有的人都打腻了，也许终究会有和平的那一天。

美国人没有抓到艾迪德，但仅仅三年后他就在内战中死于非命。他只不过是内战中的一个小角色而已，他的死亡也并不足以让国家走向和平。索马里反而更加分裂。

索马里人也并非对世界毫无影响。随着战乱的持续，人们只好靠古老的营生来赚钱，从索马里出发的海盗几乎成了世界各国船只的噩梦。

索马里对世界和平的另一个影响是，在几年内，维和这个光荣的任务突然间不受待见了。原本对维和最卖力气的美国人首先开始反思，认为并不值得用美国人的命去换取其他国家的和平。更何况，维和部队并不见得受当地人的欢迎，反而成了受攻击的对象。美国人放弃之后，其余国家也不再出力。

两年后，同样是非洲的小国卢旺达发生冲突时，所有的国家都奉行着事不关己的态度。作为一个偏远的小国，卢旺达在世界的忽略中迎来了最黑暗的时刻。

卢旺达：兄弟民族的冤冤相报

在卢旺达首都基加利有一个地方，所有来卢旺达的游客都必然会去拜访。

这个地方位于首都郊区的一座小山上，远远地对着市中心的高楼群，这些高楼大都建于 1994 年之后。

小山上绿树成荫，种植了许多花卉，显得幽静和平。但安宁之下，墙上的文字却提醒游客，这里是大屠杀遇难者埋骨的所在。

山头上分布着许多集体墓穴，大多数墓穴都覆盖着石板或者水泥，只有少数的墓穴是用玻璃罩住的。透过玻璃，可以看到墓穴内部黑色的布盖。不时有游人带来整束的鲜花放在墓穴旁边。

在墓园的一面墙上，刻着几排遇难者的名字。按照设计的本意，是要把所有死难者的姓名都刻上。但这项工程并没有完成，大概死亡人数太多，搜集人名的工作不易进行。

墓园中埋葬的主要是从首都附近寻找到的遇难者遗体，其数目超过了 10 万。同等规模的墓地在全国还有六处，至于小型的丛葬墓更是不计其数。没有人知道屠杀中死亡的具体人数，但普遍估计死亡人数在 80 万上下。

墓园里有个关于大屠杀的纪念馆，出于对死者的尊重，不让拍照。里面搜集了许多照片、遗物，讲解着事情的来龙去脉。纪念馆本身也可以看作是民族和解的产物，它的资料中一个核心的观点是：杀人者与被杀者实际上是同一个民族的不同分支，是兄弟，而不是敌人。

当然，这样的说法有事后粉饰的因素，更可能的情况是：这是两个处于分化初期的族群，还没有成为两个民族，但又有一定的隔离。

人们常常把民族想象成静态的群体，但其实民族是动态的。

实际上，每一个民族都有着分化的历史。也许几个民族拥有共同的祖先群体，到了后来，由于他们分布的地区不同，产生了地理上的隔离。这种隔离又造成了各自内部封闭的婚姻，从而有了少量的遗传独特性，加上封闭产生的文化差异，就形成了不同的民族。

另外，同一个社会中不同的阶层，如果中间缺乏婚姻流动性，也会形成一定的差异，也有可能形成不同的民族。

这个过程是缓慢进行的，很难说哪儿是起点，哪儿是终点。即便进程开始，也很难说结果会怎样。比如在印度，阶层隔离已经数千年，但是上层的婆罗门和下层的首陀罗仍然是一个民族。蒙古人分散在整个欧亚大陆，在阿富汗的蒙古人就形成了独立的民族哈扎拉族，但在中国云南的蒙古人还叫蒙古人。云南蒙古人与北方蒙古人的差异，也许并不比哈扎拉人与北方蒙古人小，只是因为习惯问题，人们把哈扎拉人当成外族，却把云南蒙古人当作本族。

卢旺达和布隆迪的胡图族和图西族就可能是处于分化初期的同一个民族。他们的祖先都是班图人。当班图人到达这个地方后，在习俗上开始和其他地方的班图人有了分化。在这里，统治阶层之间相互通婚，形成了图西人群体，而被统治阶层则被称为胡图人。充其量来看，图西人就如同西方世界内部通婚的贵族和国王阶层，而胡图人就是普通的民众。西方贵族虽然骄傲，却从来没有认为自己属于一个与普通民众不同的民族。

但西方人来到卢旺达后，却在错误理论的指导下，认为图西人是从北方来的先进民族的后代，而胡图人则是更加落后的当地人的群体。这并不是事实，但当这种理论被灌输给当地人之后，民族的界限就在无意间形成了。

如果没有这种错误的理论，也许两者并不会完全封闭，从而可以像印度那样长期共存，有一定的隔离，却又并非完全独立。

西方人到来之前，两者之间是存在一定的转换关系的。人们将某家人称为胡图人，而将另一家人称为图西人。但也许过些年，随着社会地位的升降，这种称谓就会改变。但西方人到来后，为了区分民族，采取了更加精确的记录系统。比如，比利时要求他们在身份证上都要写上每个人的民族，一旦身份证件上写上了民族，那么这个人就再也摘不掉被强加的身份了。

20 世纪，经过了纳粹德国的人种论，西方已经从根子上开始否认人种有优劣之分，但他们在非洲种下的理论却早已生根发芽，引起了连锁反应。

卢旺达和布隆迪本来是德国的属国，德国在一战战败后，比利时接管了这两个地区。作为保护国，它们各自保留着自己的国王。

卢旺达与布隆迪命运的不同，源于两个地区的国王对待民族的不同态度。总结起来，就是越开明的国王带来的灾难越大。

卢旺达国王穆塔拉三世（1931 年到 1959 年在位）是一个开明的国王，他是卢旺达第一个接受洗礼、皈依基督教的国王。由于在国王统治的早期卢旺达遭受了巨大的饥荒，痛定思痛之后，他进行了土地改革，在一定程度上授予胡图人更多的政治权利。

如果这个过程能够缓慢地顺利进行，那么经过数十年甚至上百年之后，胡图人的政治地位可能会逐渐得到强化，并最终与图西人拉平。但胡图人却等不及了，由于他们人数更多，占了 80% 以上，便寄希望于通过现代的投票制度来直接获取统治地位。

比利时人在统治初期依靠国王进行统治。到了末期，他们认识到胡图人的政治意识已经兴起，且胡图人又是大多数，于是立刻转而支持起胡图人来。这一系列的改变最终颠覆了图西人的统治。

1961 年，卢旺达通过全民公决的方式废除了国王，实行民主制。在一个文盲占据了领导层的国家，这等于是通过全民公决的方式判处所有图西人死刑或者流放。

从 1959 年开始，随着胡图人得势已成定局，图西人开始了大逃亡。他们逃向了与卢旺达接壤的四个国家：乌干达、坦桑尼亚（坦噶尼喀）、布隆迪和比属刚果。到了 1963 年，一小支图西武装试图打回卢旺达，胡图人开始了对图西人的第一次系统迫害，这次迫害造成了数千人死亡，也是图西人的第一次受难。

而在布隆迪，政治上却要保守得多，统治的图西人时时刻刻以邻国卢旺达为警钟，意识到如果放松统治，会带来什么样的灾难。

布隆迪的图西人由于没有放松，胡图人一直是被统治阶层。到了独立后，国家先是保持了王国体制，后来则由图西人发动了政变，废除了王国制度，建立了由图西人控制的共和制。

1972 年，布隆迪的胡图人举起了反抗的大旗，但被镇压了。在镇压过程中，大批的胡图人被图西人控制的军队杀死。死亡人数无法统计，可能在数万到 20 万之间。

布隆迪屠杀是这两个小国悲剧性种族屠杀的第一幕，被人们称为“布隆迪第一次种族灭绝事件”。屠杀事件发生后，虽然图西人保持了政权，但在国内和国外的双重压力下，图西人的政权变得越来越不稳固。

20 世纪 80 年代，对布隆迪最有影响力的政治家上台了。皮埃尔・布约亚是军人出身，依靠政变上台。他敏锐地感觉到图西人无法再这样维持统治了，必须做出改变，要在政治结构上反映全国的人口比例。

于是，布约亚大胆地推出了改革举措，决定修改宪法，实行民主政治。在他的努力下，1993 年，一名胡图人通过竞选成了总统，并组织了一个胡图人和图西人共存的领导班子。布约亚功成身退，但这只是他第一次离开政治舞台。

事实证明，政治要比人们想象的复杂得多，胡图族总统被极端图西人刺杀了，这导致了布隆迪的又一次种族冲突。这一次，是以胡图人屠杀图西人为主，也包括图西人对胡图人的反击。1994 年，布隆迪胡图族的第二位总统又死于卢旺达灾难，于是屠杀继续。这一次的屠杀被称为“布隆迪第二次种族灭绝事件”。

虽然也有数万人死亡，但布隆迪第二次种族灭绝与同时期的卢旺达事件比起来，仍然得不到世界的关注。同样是 1994 年，卢旺达事件终于让世界开始正视起这两个民族数百年的恩怨。

在卢旺达，从 1973 年开始，就一直是胡图人朱韦纳尔・哈比亚利马纳将军执政。将军依靠政变上台，推翻了另一位胡图人统治者卡伊班达。

哈比亚利马纳在政治上依靠法国，经济上依靠外援，对内则是完全的一党制。他建立了一套严格的网络状社会控制系统，将每个人都纳入党的掌握之中。这个唯一的党叫全国发展革命运动（National Revolutionary Movement for

Development，简称 NRMD），掌握着从人的生老病死到选举、经济活动的各个方面。在他的统治下，图西人一直是低一等的存在，不仅受到压迫，还由于党的强控制力，变得无所遁形，随时都有受到迫害的可能。

但这样一个统治者却受到了国际社会的追捧。最支持卢旺达政府的是法国人。由于法国人和英国人存在着竞争，卢旺达原本是比利时的被保护国，说的是法语，被法国当作了对抗英国的桥头堡。东非大部分国家都说英语，找到一个同盟并不容易，所以法国放纵独裁政府，并投入了大量的金钱来维持哈比亚利马纳的统治。

由于得到了高额的援助，卢旺达的经济显得一枝独秀，人口增长迅速。但这样的好日子到了 20 世纪 90 年代初已经结束。一方面是由于人口增长过快；另一方面，则是卢旺达赖以出口的咖啡突然间价格大幅下跌，咖啡农赚不到钱了。还有一个原因则是政治上的，这时国际上恰逢一个自由化的时代。随着东欧剧变，国际上出现了一种独裁不再被容忍，并强迫独裁国家转型的潮流。

在多方的压迫下，哈比亚利马纳做了相互矛盾的两件事：第一，同意开放党禁，进行整治改革；第二，由于感到地位不稳，他决定祭出永远有效的大旗——种族主义，宣传图西人的阴谋。

在哈比亚利马纳的鼓动下，“胡图力量”出现了。“胡图力量”是胡图人中的激进派组织，它的唯一诉求就是消灭图西人，防止图西人重新掌权。

这个组织掌握了一部分武装，同时拥有广播、报纸，它们开动一切宣传力量煽动胡图人的恐惧和仇恨情绪。最典型的是，它们的一份杂志发出了所谓的“胡图十诫”。

即便现在“胡图十诫”已经成了禁忌，但偶然遇到年纪稍大的卢旺达人，只要打开话匣子，仍然能够听他们背出其中的一两条。由于当时十诫是被当作真理灌输的，几乎涉及从人际关系到经济、军事、安全乃至政治的各个方面，短短的二十年根本不可能完全将它们从人们的脑海中抹掉。

“胡图力量”大肆活动的同时，一部分图西人也帮了他们的忙。这些图西人来自邻国乌干达。

在乌干达的穆塞韦尼革命时期，有许多流亡的卢旺达图西人曾经加入了穆塞韦尼的起义军。当穆塞韦尼成为总统后，这些图西人受到了优待。但时间长了，乌干达人和卢旺达人发生了冲突，这让军队中一部分图西族将领意识到，乌干达毕竟不是家乡，只有回到家乡，老死在家乡，才是他们最大的愿望。

于是，从乌干达南部的森林中，走出了一支图西族的武装，号称“卢旺达爱国阵线”（Rwandan Patriotic Front，简称 RPF）。他们越过与卢旺达的边界，试图趁卢旺达经济不好、国内动荡的时候抢夺政权。

这支武装本来会成为卢旺达胡图政权的重大威胁，但这时法国人出手了，他们和比利时人、扎伊尔人组成了联军帮助哈比亚利马纳守住了政权，将图西族武装赶到了卢旺达北部的丛林之中。

在卢旺达的北部城市鲁亨盖里以西，有一个著名的火山群，主峰卡里辛比达到了 4500 米。即便是夏天，山顶上都常常有积雪。火山之下是茂密的热带丛林，这里是著名的山地大猩猩的栖息地。游击队躲在这里，法国人无法进入进行清缴，才让他们得以保存了实力。

图西族游击队 RPF 的出现，让“胡图力量”等组织更加大肆宣传图西人的威胁。也就在这时，他们开始准备对国内的图西人采取暴力。

图西族游击队总是时断时续地进攻胡图政权。国内的民主进程又迫使总统做出更多的让步。国内的民主反对派又和图西族游击队取得联系，试图建立更广泛的联合政府。国际社会也给哈比亚利马纳施加压力，使得总统与反对武装必须做出妥协。

1993 年，各方终于在坦桑尼亚城市阿鲁沙签订了《阿鲁沙和平协议》。即便总统哈比亚利马纳并没有准备履行这个协议，但他仍然被极端胡图人视为种族的背叛者。

与此同时，邻国布隆迪的第一任胡图族总统被杀，导致了大规模的种族冲突，更让“胡图力量”认为是时候行动了。

1993 年，屠杀图西人已经成了一种阳谋。几乎每一个人都预料到这样的屠杀将会发生。“胡图力量”公开呼吁杀人，胡图人开始有计划地下发砍刀，并统计生活在周围的图西人人数。

基于《阿鲁沙和平协议》，联合国决定在卢旺达驻扎一支维和部队。但这时，索马里维和事件的恶果出现了，美国人刚刚经历过摩加迪沙惨案，对派兵不感兴趣。其他国家也认为卢旺达是个没有什么利益可图的小国，不愿意出兵。

更麻烦的是法国人对联合国事务的干扰。即便到了今天，卢旺达虽然是法语国家，但几乎所有的民众都对法国人充满了愤恨。在首都基加利，一位商店店主告诉我：“法国人是非洲最大的敌人，凡是他们参与的事情，都不会有和平。”

卢旺达人之所以如此怨恨法国，就源于在法国大屠杀中参与的罪恶。除了出兵帮助胡图政权镇压图西人之外，作为常任理事国的法国还在联合国负责说服其他国家不要出兵。它之所以这么做，是不想让其他国家插手自己的势力范围。

当时的联合国秘书长、埃及人加利同样不想管卢旺达的事，他也是胡图人的支持者，甚至在做埃及副外长时，曾经与卢旺达现政府存在利益关系。一般情况下，联合国秘书长可以任两届，而加利是罕见的只任了一届的秘书长，也是唯一一个被安理会否决连任两届的秘书长。

联合国经过东拼西凑，最终派来了一支 1000 多人且毫无战斗力的部队。他们主要由比利时人和孟加拉人组成，领头人是加拿大人罗密欧・安东尼厄斯・达莱尔。

即便这样，这支部队也数次受到警告。达莱尔更是直接警告联合国，屠杀已经迫在眉睫。他不断地请求增兵以维持秩序，但他的要求被忽视了，没有更多的士兵被派来。

就在联合国部队一筹莫展之际，情况却突然间恶化：1994 年 4 月 6 日，在坦桑尼亚参加完会议后，卢旺达总统哈比亚利马纳（胡图族）和布隆迪总统恩塔里・亚米拉（胡图族）乘坐同一架飞机，同机上还有卢旺达的 7 名政府高官。飞机在回到卢旺达上空时，突然一枚导弹从机场军营附近的一个山头上发射出来，将飞机击落，机上人员全部死亡。

这件事造成了布隆迪冲突再起，而更重要的则是这成了卢旺达大屠杀的信号。

这枚导弹是谁发射的，至今仍然没有定论。事后看，可能是对于哈比亚利马纳缓和政策不满的极端胡图组织。但在事件刚发生时，不管是胡图人，还是法国人，都异口同声地宣称是北部的图西族游击队干的。

从这一天开始，卢旺达被淹没在了血泊中。几乎所有的胡图人都成了谋杀图西人的罪犯或者帮凶。他们手持砍刀，有计划地将所有遇到的图西人全部杀害，试图将这个兄弟民族从地球上抹去。

除了杀害图西人，他们还杀害温和的胡图人。当时国家的总理是一位胡图族女性，当她试图恢复国家秩序时，也一并遭到杀害。联合国部队派了 10 名比利时士兵去保护她，这 10 名士兵也遭到杀害。

更让人感到意外的是，就在图西人最需要保护的时候，联合国却突然决定撤兵。这主要是因为比利时士兵的死亡，让比利时政府决定撤兵了。随着比利时的撤兵，联合国认定无法完成维和任务，决定将维和部队全部撤出。

达莱尔徒劳地想留住自己的部队。但联合国在法国和秘书长的影响下，几乎没有人相信这场大屠杀的发生。于是在最被需要的时候，联合国维和部队走了。

世界只是装作不相信罢了。实际上，所有的人都知道发生了大屠杀。最先知道的是法国，就在屠杀之初，法国人立刻派部队空降卢旺达，将法国侨民撤走。与法国人一块儿撤走的还有不少胡图极端分子，他们跑到法国后继续充当座上宾。

西方使馆的工作人员和其他西方人撤离后，大批依托于西方人的图西人都遭到杀害。在法国使馆里也有几名图西族工作人员，他们恳求法国兵将他们带走，但还是被法国人扔下，全部遭到杀害。

在卢旺达首都基加利，有一个著名的饭店叫千山饭店。到达基加利后，我的同伴一定要去拜访这家饭店。美国曾经拍过一部电影叫《卢旺达饭店》，原型就是这里。

在屠杀发生时，千山饭店经理保罗·路斯沙巴吉那一共保护了1268名避难者，让他们活了下来。他是一位娶了图西女人的胡图男人。

这家饭店极其豪华，有一个庞大的院子，喷水池、高档餐厅应有尽有，是外国人最喜欢的地方。屠杀发生时，由于外国人大都在这儿居住，联合国军也驻扎了士兵，许多图西人跑到这里来避难。

但不久，外国人就全撤离了。各国大使馆在撤侨时规定，不允许带走一个图西人。到这时，饭店里剩下的就只是灾民和维和士兵了。

接着，维和士兵也在联合国的命令下撤走了。卢旺达其他地方也有这样的灾民聚集点，它们大都在军营或者教堂里。但随着维和士兵和外国人的撤走，胡图人立刻进入聚居点，将避难者屠杀干净。那么，千山饭店的避难者如何避免了死亡的命运呢？

路斯沙巴吉那通过贿赂，以及与杀人者的私人关系，加上不断地隐匿避难者，一天一天拖延，直到北方的军队打过来，才让避难者找到机会逃走。

虽然救出了妻子和孩子，但路斯沙巴吉那的岳父一家却惨遭屠戮。妻子的父母、兄弟、外甥、外甥女都遭到了杀害。他的岳父甚至要付钱让杀人者快点把他杀死。如果不付钱，杀人者就先砍掉一只手，然后离开。等受害者受够了罪，再来砍另一只手。如此往复，直到受害者最终死亡。

在联合国部队中，只有负责人达莱尔不死心，他继续呼吁联合国进行干预。经过他的无数次争取，联合国终于再次决定派兵。但讽刺的是，联合国却发现，虽然通过了派兵决议，却没有国家愿意出兵。决议以无法执行而告终。

图西人受难的日子持续了一百天，才由于北方游击队打过来而告终。

胡图人屠杀图西人时，他们已经无力抵抗北方游击队的进攻。指挥北方游击队的就是后来的卢旺达总统保罗·卡加梅。

卡加梅所面临的国际压力极其复杂。一方面，“胡图力量”还在南方屠杀图西人，他不得不尽快进军，避免图西人被杀绝；另一方面，国际社会不仅不指责杀人犯，以法国为首的集团反而想尽一切办法保护杀人犯，指责是卡加梅的进攻造成了局势的混乱，辩称卢旺达没有大屠杀，只有战争。

当卡加梅的进攻已经注定胡图人的倒台时，“胡图力量”的主将们纷纷开始了逃亡之旅。与他们一起逃亡的还有胡图族的平民们。此刻的他们手上都沾上了鲜血，害怕图西武装回来后报复。他们将家中的东西席卷一空，开始了逃亡生涯。

在卢旺达与刚果（金）交界的基伍湖北岸，有一座美丽的城市叫吉塞尼。在非洲，虽然有无数体量巨大的湖泊，但最漂亮的湖非基伍湖莫属。这个湖的面积不大，只有 2700 平方千米，与中国第三大湖洞庭湖相当。但由于它是一个高原断陷湖，比其他的湖水更清澈，也更深。在阳光的照射下，它如同一块巨大的蓝宝石。

在基伍湖湖边，有非洲最好的湖岸沙滩。从沙滩向东走，就是现在的刚果（金）的土地。虽然现在看上去如此安静，但在二十多年前，这里却是兵荒马乱之地。胡图人主要就是通过这个地点逃往不远处的扎伊尔。

屠杀开始两个多月后，法国人终于行动了。他们以“人道主义”为借口，向卢旺达出兵。此刻，联合国正愁没有国家愿意出兵，便做了个顺水人情，给法国军队披上了联合国的外衣。但法国出兵，却是去解救胡图族的杀人犯。

这次出兵将法国钉在了非洲的耻辱柱上，也让卢旺达人一提到法国，就切齿不已。法国人的军队从扎伊尔进入卢旺达，一路上，胡图人的逃难者跟随着法国人，挥舞着大小砍刀。在法国军队经过的路上，到处堆满了图西人的尸体。

法国人的到来只是延迟了卡加梅的进攻，却无法阻挡胡图人的失败。屠杀开始一百天后，1994 年 7 月 18 日，图西人武装占领了卢旺达全境。此时已经有 70% 以上的图西人被杀死，数量据估计在 80 万以上。

这次事件中联合国表现迟缓消极。当所有人都期盼联合国出面时，它却毫无作为，甚至撤走了维和部队。当已经不再需要联合国时，它却派来了法国人帮助杀人者。

联合国秘书长加利因为自身的无能，再加上与美国关系闹僵，导致无法连任第二届。作出帮助杀人犯决策的法国总统密特朗在1995年下台，但作为欧洲国家领导人，却没有人能够审判他的罪行，他于1996年死于癌症。

2018年，卢旺达总统卡加梅谈到国际法庭时，仍然耿耿于怀地说："国际法庭从来就没有公平，因为它只审判小国弱国的人，对于欧洲的罪犯它永远是无视的。"

卡加梅取得政权后，宣布加入英联邦，向英国靠拢，坚决与法国人划清界限。当然，他还要对屠杀者进行报复，这个报复没有落在参与了屠杀的普通胡图人头上，而是落在了邻国扎伊尔的头上。

在布隆迪，各种过渡政府如同走马灯般轮替，却都无力恢复国家秩序。这时，又是布约亚出手了，他再次通过政变上了台。

由于他是图西人，刚发动政变时，世界感到一阵震惊，害怕布隆迪会再次陷入大屠杀。但随后他们的心放了下来。布约亚第二次执政持续了七年（1996年到2003年），直到再次恢复了秩序与和平，才毫不犹豫地辞去了总统职位。

布约亚选择了一位胡图人副总统共同执政，并恢复了民选政治，促成了民族团结。他辞职两年后，一位父亲是胡图人、母亲是图西人的政治家当选了总统，布隆迪的政治和解进程持续了下去。

但如果认为，布隆迪国内已经走向了稳定，那么这种乐观也许太早。2014年我经过布隆迪时，看到的仍然是一片萧条景象。虽然布隆迪采用了民主政治的形式，但人们对于政府和军队的不信任仍然很强。社会秩序也很糟糕，抢劫时有发生。

到了2016年，布隆迪的局势再次恶化。这一次，是因为2005年选出的总统皮埃尔·恩库伦齐扎不肯下台，寻求第三任期导致的。局势骚动让数十万人逃离，数百人被杀。恩库伦齐扎在争议选举中连任。从表面上看，布隆迪已经从种族冲突变成了争取民主的斗争，但无法判断这种转化是长期的还是暂时的。20世纪90年代的大屠杀已经让布隆迪警醒，这也许只是一次长暂停，某一天当矛盾积累到一定程度时，还会以暴力的形式再次释放。

蒙博托和卡比拉

对所有想去非洲的人来说，刚果（金）都是一个丛林式的存在。这个国家位于非洲的中部偏南，在大湖区的西侧，如同一张巨大的人脸将非洲分隔开来。

这里还是非洲最大的热带丛林区域。当人们提到非洲时，首先想到的是沙漠和草原，但这个面积比中国面积大三倍的大洲却是如此多样，并不乏如同南美洲那样的丛林地带。赤道在刚果（金）、乌干达、肯尼亚一带穿过。这些国家中，其余的地方都处于东非高原上。由于海拔高，气候温和，即便站在赤道上，也感受不到热浪袭来。只有西部的刚果（金）由于地势降低，形成了热带气候。这里丛林密布，水网交织，一直是外来人口的禁区。直到 19 世纪末，才由美国的探险家斯坦利探出了究竟，并帮比利时把这块区域收入囊中。

比利时人撤退后，比属刚果经过了短暂的卢蒙巴时代，在混乱中落入独裁者蒙博托之手。蒙博托的统治从 1965 年持续到 1997 年才告结束，他将国名从刚果改为了扎伊尔。因此，这个时代也被称为“扎伊尔时代”。

在所有非洲国家中，由于整合时间最短，地域最多样化，扎伊尔属于政治最不完善的国家之一。比利时人进入该地区之前，这里一直是比较松散的部落，没有形成统一中央政府的传统。比利时人靠强权将这个庞大的区域捏合在了一起，当他们离开后，这片土地的离心力远大于向心力。只有在蒙博托的铁腕之下，扎伊尔看上去才更像一个国家，而不是一大片松散的村庄。

但统一的代价是高昂的。蒙博托上台后以强力进行维持，不管是军阀还是政客，只要不肯听从他的号令，就会随时面临着生命危险。政治控制完成后，接着是经济控制。扎伊尔是个矿产资源特别丰富的国家，在蒙博托的努力下，几乎所有的资源都掌握在他的手中。

但奇怪的是，蒙博托执政之初，强权所带来的秩序感却是金光闪闪的。当扎伊尔不再分裂和打仗，人们开始过上正常的生活，扎伊尔的经济立刻开始好转。

国际上似乎也达成了共识，认为扎伊尔的强权好过分裂。既然这里的人教育水平如此之低、分裂倾向如此之强，看来只有强权能够防止扎伊尔崩溃了。在这种思想的指导下，蒙博托如鱼得水，几乎所有的大国都在讨好般地提供帮助。他是法国人的盟友，也是美国总统的座上宾，同时在苏联也有不少朋友。当然，这些国家一方面是希望他维持地区稳定，因为扎伊尔太大了，只要它一乱套，整个非洲中部都会陷入混乱；另一方面则是盯上了扎伊尔丰富的矿产资源。蒙博托对此也心知肚明，将资源牢牢抓在手中。

蜜月期过后，问题接踵而至。虽然稳定与和平能够保证经济发展，但发展到一定程度，制度的约束就成了主要问题，从而限制了经济的进一步发展，这就到了乱套的时候了。

蒙博托在维持稳定时需要大量经费，而这些经费浪费严重，大部分都流入了围绕着他形成的小的利益集团。

小集团的抽血、政府的浪费，很快让国家财政捉襟见肘。对于民间经济的强控制，也进一步造成了民间的萧条。蒙博托统治后期，扎伊尔又回到了贫困状态，即便有工作的人，也因为通货膨胀变成了赤贫。只有围绕着蒙博托的小集团发了大财，他们将外汇转移到国外去，惠及不到本国人。小集团的成员也无法预测自己的未来，他们的命运完全看蒙博托的喜怒哀乐。

即便这时，世界上主要大国的政要仍然是蒙博托的朋友。扎伊尔政治越腐败，社会越不稳定，这些国家就越担心他一旦垮台，社会会立刻乱套，每个国家的利益都要受损。

20 世纪 80 年代，随着国际政治气候的变化，非洲独裁国家面临着越来越大的政治压力，它们被要求改革制度，走向民主。但扎伊尔却没有受到什么压力，蒙博托继续在他的帝国里花天酒地。

如果不是蒙博托错误地参与了一场争斗，那么他很可能会一直当总统到死，而不是在生命的最后几个月踏上流亡的生涯。这场争斗就是邻国卢旺达的内战。

在卢旺达内战中，扎伊尔和法国人选择了同一条战线，即支持胡图族人。由于扎伊尔是说法语的国家，蒙博托一直把自己当作法语世界对抗英语世界的急先锋。在胡图人屠杀之初，扎伊尔和比利时、法国军队曾经一起帮助胡图人抵抗图西族武装。

到了后来，扎伊尔和比利时军队撤出，卡加梅掌权已成定局。卡加梅并没有建立一个纯粹由图西人掌握的政权，而是组织了胡图人和图西人的联合政权。胡图人在内阁中的占比甚至更高，担任总统的也是一名胡图人，卡加梅只担任副总统职位。

蒙博托继续反对新政权，向流亡的胡图人提供帮助。

当卢旺达屠杀终止后，那些杀人的胡图组织者小部分跑到了欧洲，大部分则顺着基伍湖沿岸进入了扎伊尔境内。

扎伊尔东部是世界上民族成分最复杂的地区，这里除了刚果（金）的原住民，在胡图人对图西人的历次迫害中，还有大批的图西人来到了这里落地生根。这一次，又是胡图人蜂拥而至，其中还夹杂着大量的屠杀组织者。“胡图力量”以这里为基地开始反攻卢旺达。与此同时，图西移民、原住民和胡图移民之间也不断发生摩擦。

国际社会也没有起到良好的作用。虽然联合国和国际社会没能阻止大屠杀，但当胡图人逃走后，在法国的宣传下，国际上立刻认定胡图人是受害者，他们的流亡是大规模的人道主义灾难。于是国际社会给他们送来了大批的援助物资，这些物资和援助款就成了“胡图力量”反攻的物质支撑。

随着卢旺达屠杀的真相渐渐为世界所知晓，卡加梅邀请全世界的媒体到卢旺达去，参观那装满了死人的教堂、匆匆埋葬的万人坑，法国自此变得声名狼藉，胡图人获得的援助也大幅下降。

但卡加梅发现，扎伊尔一直是胡图人最大的后台，只要胡图人在扎伊尔一天，卢旺达就没有安宁可言。更难办的是，在扎伊尔的胡图人中，大部分只是平民，他们虽然参与了屠杀，但不是组织者。到了扎伊尔境内，这些平民实际上成了屠杀组织者的盾牌，武装人员藏身于平民之中，让一切和平事业都无法展开。

与此同时，卢旺达的重建也在进行之中，卡加梅希望这些平民回到家乡，在既往不咎的政策下重新过日子。只有这样，卢旺达才能重新走入正道。图西人已经被屠杀了四分之三，胡图人占比 90% 以上，如果一味想报复，那么只能将卢旺达拖入更深的深渊。

只要扎伊尔和胡图武装存在，卢旺达的目标就无法实现。与此同时，卢旺达的邻国乌干达的总统穆塞韦尼也同样看不起蒙博托的胡作非为。于是，卢旺达和乌干达两国联合起来，想了一个计策：在摇摇欲坠的扎伊尔培养一个代理人——卡比拉。

如果不是卢旺达和乌干达，卡比拉早已经成为历史过客，不为人所知晓，他的时代早已过去了。远在蒙博托之前的卢蒙巴危机时期，卡比拉曾经是卢蒙巴在东部的一个年轻支持者，拥有一小支武装。古巴的切·格瓦拉曾经想到刚果（金）发动革命，与卡比拉短暂共事，这次共事让格瓦拉认为卡比拉不可能成事，便心灰意冷地离开了刚果。

卡比拉作为小军阀曾经在辖区内推行过格瓦拉的那一套，结果行不通，只好靠走私度日。他结识了乌干达总统穆塞韦尼。当和卡加梅商量扶持人选时，穆塞韦尼提到了卡比拉，认为他是一个容易被控制的人。于是，这个已经退出历史进程的人又被拉回了舞台中央。

卢旺达支持卡比拉的第一目标，是与扎伊尔境内的胡图人作战，将胡图军队击溃，并把解救后的胡图平民赶回卢旺达境内。到了 1996 年 11 月，这个目标已经基本实现。胡图族武装被打得四处逃窜，数十万平民踏上了漫漫的回家之路，他们中的绝大部分将得到赦免，并开始建设新的卢旺达。

但对于扎伊尔来说，不幸的是，顽固派胡图武装失去了平民当盾牌，继续逃窜，战乱逐渐向着扎伊尔的中部和西部蔓延。此时的扎伊尔如同一栋蛀空了的房子，只要一碰就会倒塌。蒙博托还得了癌症，已经活不了多久，他大部分时间都在巴黎治病。

卡比拉的队伍沿着巨大的刚果河，从上游向下游前进，蒙博托的部队却陷入了崩溃与哗变。1997 年 5 月，卡比拉攻陷了扎伊尔首都金沙萨，蒙博托正式倒台，卡比拉就任新总统。他将国名从扎伊尔改成了刚果民主共和国，由于首都在金沙萨，人们简称其为刚果（金）。

与刚果（金）隔刚果河相望的是法属刚果，独立后，人们根据它的首都布拉柴维尔称之为刚果（布）。布拉柴维尔与金沙萨只有一河之隔，河南面是金沙萨，河北面是布拉柴维尔。

就这样，在国际社会的瞠目结舌下，一个不起眼的军人在两个小国的支持下，将非洲最大的国家之一推翻了。

人们对卡比拉寄予了很高的希望，认为他得到了邻国的支持，可以控制住纷纭复杂的东部地区，建立更广泛的团结阵线，实现经济发展。

但事实上，当年的格瓦拉并没有看错人，卡比拉只是一个时代的幸运儿，面对如此庞大的国家他毫无统治能力。他无法建立一套新的官僚制度，只能在原来的制度中塞满自己人。他宣布要建设类似于中国的社会主义，却学不到建设的本质，而是将集体化和收归国有变成了中饱私囊的手段。

更致命的是，他并不想当乌干达和卢旺达的小兄弟。从国土面积上讲，刚果（金）的面积是乌干达的近十倍，是卢旺达的近百倍。卡比拉作为大国元首，却听从于两个小国的指挥，这是说不过去的。再说，作为不同的国家，其利益也是不同的，为了邻国牺牲自己国家的利益，这样的事情对本国人也无法交代。

卡比拉担任总统不久，就疏远了两位大哥。他赶走了本国军队内的卢旺达籍士兵，除了雇用一批本国人，甚至还招募了一批胡图族人。

在卡比拉“背叛”卢旺达和乌干达时，这两个国家却仍然沉浸在巨大的憧憬之中，寄希望于依靠刚果（金）的资源来发展本国经济。特别是卢旺达，由于屠杀造成的混乱，国内经济已经崩溃，需要卡比拉将刚果（金）丰富的自然资源回馈卢旺达，以帮助这个小国渡过难关。

卡比拉的做法惊醒了两国的迷梦。两国元首也拥有反制的手段，他们随即做出决定，开始支持东部的另一支力量，再次发起了对卡比拉的反叛。于是，刚刚经历了第一次内战的刚果（金）随即陷入了第二次内战。

第二次内战的破坏性更大，参与方更多。第一次内战主要是卢旺达和乌干达支持的卡比拉与蒙博托之间的较量。第二次内战，除了乌干达和卢旺达支持的新的一派之外，安哥拉和津巴布韦也参与了进来，帮助卡比拉守住政权。在乌干达一派，布隆迪为了边境的安全也参加了战争，而安哥拉一派又拉上了纳米比亚和乍得。内战变成了非洲大战，刚果（金）在蒙博托时代好不容易建立的认同感也消失了，取而代之的是更多的军阀混战，内部分裂。

卢旺达和乌干达支持的武装控制了刚果（金）的东部地区，这里是矿产最丰富的地带。他们控制了黄金、钶钽铁矿、木柴、野生动物的贸易，这些资源换来的钱成了卢旺达宝贵的重建资金，也成了乌干达的发展资金。

2001 年 1 月 16 日，卡比拉在官邸被他的卫兵杀害。关于他的死，仍然有太多不确定之处，人们怀疑是卢旺达指使人干的，却没有充分的证据。后来又认为是几名黎巴嫩的珠宝商人参与了其事，导致了这几名黎巴嫩人被处决。

卡比拉死后，他的儿子小卡比拉继任总统。小卡比拉比起他的父亲更加灵活，放松了一定的管制后，获得了普遍的支持。

在他的领导下，刚果（金）各个派别终于坐到了一起，成立了联合政府。外国军队也纷纷撤离，刚果（金）土地上留下了 400 万具尸体。

但这个脆弱的国度并没有脱离危险期。一个如此碎片化的国家能够在一套新的民主架构之下存活吗，还是必须靠铁腕来统治呢？

如果依靠铁腕，必然又走入蒙博托循环。蒙博托执政之初，依靠强权和冻结民主程序，实现了社会的稳定。但随着副作用的加大，腐败丛生，蒙博托倒台的那一天，就是刚果（金）再次陷入混乱的时刻。

但如果不依靠铁腕，这个国家是否有足够的向心力维持下去?

从现实来看，小卡比拉放松了一部分管制，但这导致刚果（金）的东部地区仍然处于事实上的分裂和低烈度的战争状态。乌干达和卢旺达的影响力仍在，大大小小的军阀也在，他们表面上承认中央政府，却是当地的土皇帝，依靠自然资源获得军费。

小卡比拉的执政期也成了问题。按照新的宪法，他只能执政到2016年年底，两届任满就到了下台的时候。但小卡比拉拒绝下台，并擅自将任期延长了两年。

比利时人离开刚果（金）时留下的烂摊子至今仍然在折磨着这个庞大却又充满离心力的国度。此刻，那位让刚果（金）人谈之色变的贪婪的比利时国王已经躺在坟墓里达一百多年，但他的幽灵仍然弥散在非洲的上空，吞噬着那里的生灵。

两个国家的不同命运

非洲中东部的大湖区是最大的炸药包，撒哈拉以南的萨赫勒地区是另一个种族冲突高发地。

从西非的几内亚向东非的苏丹画一条线，线的北方是伊斯兰教影响区，南方则是非洲原始宗教区域。欧洲人来到非洲后，他们将原始宗教区同化成基督教区域。但在已经被伊斯兰占领的地区，基督教举步维艰、进展不大。于是，这条线的两侧成了伊斯兰教与基督教冲突最严重的地方。

这条线影响最大的三个国家，是西非的尼日利亚、中部的乍得，以及东部的苏丹。

特别是乍得与苏丹，两国共享国境线，气候也类似，全年高温，降水较少。北方属于沙漠气候，植被很少，南方的萨赫勒地区则以草原和稀树林为主。北方地区以伊斯兰教为主，南方是夹杂着基督教的原始宗教区域。在殖民化之前，南北两方并不属于同一国家，它们各过各的日子，并没有太多的交集。

但在殖民地时期，乍得和苏丹却被强行整合进了不同的殖民帝国，它们的命运开始分化，产生了截然相反的政治秩序。乍得属于法属中非的一部分，法国人并不喜欢伊斯兰势力，他们将基督教带到南方，再依靠南方的基督徒进行统治。苏丹却属于大英帝国的地盘，由英国和埃及共管，英国人对传播宗教的兴趣不大，总是希望扶植当地势力进行间接统治。由于北方的伊斯兰教区域文明发展程度更高，英国人主要依靠北方的穆斯林来掌管全国的行政事务。

这就造成两个相邻国家的政治情况恰好相反，乍得是南方基督教徒统治北方穆斯林，而苏丹是北方穆斯林统治南方基督教徒。

但不管谁统治谁，两国都存在着严重的南北矛盾。它们本来就是被殖民体系强行捏合在一起的，独立后，南北的不同宗教立刻展开了连绵不绝的内战和冲突，这些冲突又被周围国家乃至世界强权所利用，变成了更大冲突的一部分。

乍得的首任总统弗朗索瓦·托姆巴巴耶是来自南方的萨拉族人，他废除了反对党，建立了基于南方的一党制。由于萨拉族是在殖民时期才从原始状态进入文明状态，治理能力要比穆斯林差，北方的穆斯林在他的统治下起义了。零星出现战争的状态维持了十年，到了 1975 年，托姆巴巴耶在一次内部的政变中被推翻了，他本人也战斗至死。

继任的军政府仍然由南方人组成，他们试图化解南北矛盾，却发现北方人根本不理睬他们的善意，一心想要通过武力获得政权。

1979 年，一支由侯赛因·哈布雷领导的北方游击队终于攻占了首都，哈布雷本人成了总统。从这时开始，南方人失去了政权，而冲突主要变成了北方人之间的事情。

哈布雷时期，乍得北方的利比亚决定趁火打劫，希望将北方地区合并入利比亚的版图。利比亚总统卡扎菲是一个泛非主义者，也是个泛阿拉伯主义者，对信奉伊斯兰教的乍得北方居民充满了不必要的同情，断言他们只有合并进入利比亚，才能享受阳光雨露。在哈布雷上台之前，卡扎菲已经介入了乍得冲突，支持北方军阀中的其他派别与哈布雷作战。

哈布雷上台后，通过与法国和美国合作，花了九年时间将利比亚击退。这是卡扎菲最灰头土脸的时刻。

然而，哈布雷的北方统治同样以高压出名，与托姆巴巴耶依靠南方萨拉族一样，哈布雷主要依靠北方的图布人进行统治，他本人就来自这个民族。

到了1990年，人们已经无法忍受哈布雷，他的将军伊德里斯·代比发动政变，将哈布雷推翻。

对哈布雷的审判一直持续到2016年，法庭以强奸、贩卖性奴、执政期间屠杀四万人等罪行，判处他终身监禁。

新上台的代比总统同样属于北方人，他来自一个叫札加瓦的民族。他希望缓解民族矛盾，上台之初就开始着手进行多党制的改革，并恢复了民主选举制。然而，乍得的形势过于复杂，代比和他的同僚发现，乍得要想稳定，只有实行高压。一旦代比离职，高压政策出现裂缝，就会陷入另一场乱局。

2006年，代比修改了宪法关于连任的限制，随后赢得总统选举，开始了第三个任期。

但他的连任也改变不了秩序，由于破坏了人们心目中的政治平衡，冲突还是爆发了。乍得再次陷入了内战的泥沼。这次内战持续到2010年才结束。代比本人仍然是总统。乍得人仍然不知道代比离职的那一天会发生什么，但他们庆幸又拥有了短暂的和平。

由于政治的混乱，加上缺乏资源，人们生存的最好办法就是离开祖国，到其他国家去做工。我曾经在中东的几个国家都遇到过乍得的劳工，他们在国外一个月能挣200到500美元，如果留在国内，往往连口饭都混不到。

与乍得相比，苏丹的情况更加复杂。

这个国家独立较早，1956年就取得了独立。从那时开始，北方人就占据了绝对优势。在全国近800个文官职位中，只有6个留给了南方人。

苏丹最初采纳的是议会制和总理制。在议会中，南方一直寻求建立一种联邦制，避免被北方主导。由于南方人在议会中的抵抗，北方人普遍认为议会制是一个软弱的制度，不适合在一个问题重重的国家实行。

1958 年，一位叫埃尔费里克·易卜拉欣·阿卜德的将军顺应了北方人的想法，依靠政变上台。他停止了政党和议会的活动，弃用了原来的宪法，将国家体制改为总统制。苏丹从此走上了独裁的道路。

鉴于前任政府对南方过于软弱，阿卜德将军采取了更加强硬的手段。他认为，一个国家应该有统一的宗教信仰，而在苏丹这个信仰就是伊斯兰教。他在南方开始通过强力消除基督教的影响，普及伊斯兰教育，强制所有人都必须以阿拉伯语作为母语。

阿卜德的强势非但没有让南方人民臣服，反而加剧了他们的反抗。苏丹爆发了一系列的武装冲突，逐渐演变成了内战。

但阿卜德又没有独裁到随意使用武力，他在经济上的政策曾经帮助苏丹渡过了难关，在政治上也在诚心寻找一种方法，将南北统一在一个架构下。既然依靠强力捏合失败了，就需要寻找其他方法。

为了解决南北问题，阿卜德组织了一次全国性的大研讨，希望各方面的专家都给政府出谋划策，如何才能让南方承认中央政府的权威，又如何让苏丹人民找到满意的生活方式。

这次研讨最初在专家之间进行，后来进入了大学。人们一开始还讨论南北问题，随着辩论的深入，就出现了严重的失焦。人们转而批评阿卜德政府的一切，说到激动处，开始上街游行。

阿卜德一看大事不好，连忙下令禁止研讨。但为时已晚，首都的反抗情绪已经被煽动起来，越来越多的人加入到示威和罢工。

阿卜德没有镇压游行活动，而是决定自己下台，恢复宪法，将总统变成象征性的职位。总理塞尔·哈特姆·哈里发成了实权人物。阿卜德的失败也许说明，当时的苏丹不存在一条和平的联合之路。如果要联合，就必须拥有一定的强力去捏合两个松散的部分；如果过分尊重两个部分，就必然因为向心力不足而难以捏合。人们赶走了怀有诚意的阿卜德，可能失去了一个平衡各方利益的机会。当他们认识后来的统治者时，会怀念这个带有一定理想色彩的实践者。

哈里发也想认真地解决南北问题，他的政府第一次吸收了南方人当部长。他邀请南北双方展开一系列的圆桌会议，试图通过开诚布公的谈判来解决南北纠纷。

但事实证明，当所有的人都信誓旦旦要为本民族争取最大化利益时，没有武力做后盾的谈判不会带来任何结果。很快，谈判就进入了死胡同。哈里发也辞职了。

又经过了几任一事无成的政府，人们开始对政治死锁感到厌烦了。于是，1969 年，政变再次发生。这一次上台的是影响苏丹最大的领导人之一的加法尔·穆罕默德·尼迈里。

尼迈里是一个颇具争议的人物，从他前后两次政策变化，也可以看出苏丹这个复杂国家是多么难以掌控。

上台之初，他是一个世俗主义者，推行社会主义和国有化的经济政策，却不赞成国家的伊斯兰化。在他十几年的执政生涯前期，他力主放权，让南方实行自治。南方地区合并成了一个邦，拥有自己的议会和官员，同时他还规定信仰自由，让南方可以选择基督教作为信仰。

尼迈里的政策受到了世界的好评，美国人欢迎他的政策，给了不少帮助。他投桃报李，也开始实行资本主义政策，例如实行私有化、吸引外资。

但尼迈里政策带来的好势头又被他亲手毁掉了，其原因则是利益的分配不公。在尼迈里执政时代，苏丹南部发现了大量的石油资源，苏丹一跃成了世界产油大国之一。

石油的发现本来是福音，却改变了苏丹国内的政治平衡。由于产油区在南部，这提升了南方的经济和政治地位，也让南方不再安于充当北方的附庸。

尼迈里为了平衡两部分的经济，力主将炼油设备放在北方。由于北方与海洋相连，南方缺乏出海口，苏丹铺设了石油管道通往红海。这样，南方拥有石油，而北方拥有炼油厂和管道，从某种程度上可以平衡两者的利益。

但这样的平衡却让双方都感到不满意，南方认为自己的资源被北方窃取了，北方却认为政府对南方过于优待。尼迈里突然发现自己已经失去了对政局的掌握：如果他继续对南方怀柔，势必失去北方的支持，又让南方变得贪得无厌，最终也免不了分裂；如果他采取强硬措施，又是对他早期政策的全面否定。

经过权衡，尼迈里选择与北方的宗教保守势力联合，否定了前期的政策。他解散了南方政府，在全国实行严苛的伊斯兰教化政策。苏丹陷入了内战。

1985 年，苏丹经历了战争、饥荒、经济崩溃、通货膨胀，尼迈里也在政变中下台。他下台后，事情并没有好转，苏丹从饥荒走向了更大的饥荒。在发现石油十几年后，石油没有给这个国家带来繁荣和富裕，却带来了造成 20 多万人死亡的战争和饥荒。

1989 年，苏丹再次爆发政变，这次上台的是对苏丹历史影响最大的统治者（没有之一）奥马尔·哈桑·艾哈迈德·巴希尔。

巴希尔是一个强力型的人物，他之所以世界知名，是因为他对于伊斯兰极端势力的支持。人们常常提到的恐怖主义大亨沙特的奥萨马·本·拉登，就是在这时候到达苏丹的。本·拉登本来在阿富汗参加反抗苏联的游击队，但后期却将美国人视为最大的敌人。当他离开阿富汗，走投无路时，苏丹收留了他。

巴希尔实行彻底的伊斯兰化，不仅对国内推行极端政策，也将政策引向了国外，这和本·拉登的想法不谋而合。本·拉登在苏丹国内做了大量投资，作为回报，巴希尔不干涉本·拉登在苏丹的活动。在苏丹时，本·拉登成立了著名的“基地”组织，他将恐怖主义输送到了世界各地。

苏丹目前仍是世界上最封闭的国家，在这里，外国人不仅进入苏丹需要签证，就连离开时也需要申请另一个签证。进入苏丹后三天内，外国人必须去警察局登记，否则就可能遭遇意想不到的麻烦。

我曾经碰到过在苏丹打工的中国人，因为离境签证迟迟办不下来，在苏丹被困几个月，最后通过疏通关系才得以离境。

巴希尔的强硬政策并没有挽救苏丹，反而让苏丹变成了非洲最贫穷的国家之一。如果说邻国乍得由于缺乏资源而贫穷还可以理解，苏丹坐拥巨大的石油储量，却仍然如此贫穷，这让人们感到事态的严重性。

恐怖主义不仅没有给苏丹带来好处，反而让它成为了世界的对立面。南方的冲突依旧，就连西部的达尔富尔地区也陷入了叛乱，造成了 20 万人以上的死亡。国际社会的压力让巴希尔终于让步了。

2011 年，南北苏丹正式分离，最年轻的国家诞生了。到这时为止，南北双方已经付出了 200 万条生命的代价。在南苏丹的独立仪式上，时任联合国秘书长的潘基文和非洲 30 多个国家首脑都出现在了现场，见证了这一庄严的时刻。南苏丹总统萨尔瓦·基尔·马亚尔迪特戴着一顶古怪的牛仔帽出席了庆典。

但后来势态的发展仿佛在嘲笑这个世界，南苏丹独立后不仅没有实现和平，反而立刻陷入了内战。脱离苏丹并没有给它带来和平与发展，反而由于失去了北方的制约，南方各派系的矛盾不断爆发，总统和副总统大打出手，至今又已经造成了十万人死亡和数百万人流离失所。

在世界上，到底是民族联合，还是民族自决，永远是一对矛盾体。民族自决虽然让国家更易于稳定，但产生的却是一个个小国，将原本庞大的市场彻底割裂，不利于经济的发展。但如果是民族联合，那么就意味着需要更长的时间去磨合，才能让各个民族学会生活在统一的框架之下。在现代，民族自决似乎成了主流赞同的观点，但是从非洲来看，民族自决不仅不是包治百病的良药，反而有可能进一步造成问题。

一位苏丹人怀念地向我谈到当年统一的时刻。他告诉我，事实上，苏丹在磨合了几十年之后，已经慢慢有了“苏丹”这个国家的意识。但当南苏丹独立后，不仅是南苏丹陷入了内战，就连苏丹人也陷入了迷茫，他们仿佛失去了刚刚建立起来的民族认同感。与此同时，南苏丹的独立并没有让人们的日子好过。当两个苏丹在一个国家内部时，处理起问题来还比较容易；当南苏丹独立之后却发现国际关系的复杂程度远超国内，原本依靠北方就可以解决的问题，却必须在苏丹、肯尼亚、乌干达等国家之间重新磨合，其成本远大于当初未独立之时。

当然，民族联合也有很多问题，因此不同的国家做选择时情况才会更加复杂，无法简单归结为谁对谁错。对于苏丹而言，分裂带来的后果还在延续着。

超级大国的内战旋涡

如果按人口数量来看，非洲的超级大国只有一个，就是尼日利亚。它的人口总数超过了 1.8 亿，是世界第七大国家，大约七个非洲人里就有一个是尼日利亚人。尼日利亚最大的城市拉各斯曾经号称是世界最大的城市，它建于海边的一座小岛上，由几座桥梁与大陆相连。城市里有的区域高楼林立，有的地方却遍地贫民窟。

由于人口众多、贫富不均，尼日利亚成了非洲生存压力最大的国家。人们为了糊口，发明了五花八门的生存之道。比如，世界上有一种著名的电信诈骗手段，就叫尼日利亚骗局。互联网刚兴起不久，人们经常在邮箱里发现一种邮件，声称是尼日利亚一位倒台将军的女儿发出的。信里提到她的父亲在倒台前存了一大笔钱，需要转移出国，请收件人提供一个账号。当收件人信以为真提供了账号，对方又会以检验账号的真实性为借口，或者说是作为启动资金，让收件人给这个“将军的女儿”打一笔款。款项一般不大不小，会让人感到有点心疼，却又认为值得赌一把。收到钱后，“将军的女儿”就消失了。

除了人口多，尼日利亚还是世界上种族关系最复杂的国家之一，全国一共有五百多个族群，信奉不同的宗教，说着各自的语言。正是因为族群的多样性，尼日利亚成了种族冲突的高发地。

尼日利亚独立后的发展进程，可以概括为：

一、建国初期的种族冲突期。这段时间，尼日利亚最主要的三大族群为了争夺政治控制权，发动了数次政变，政变又演化为战争，造成了数百万人的死亡。

二、当内战结束后，由于尼日利亚的离心力太大，就进入了独裁时期。如果说其他国家的独裁以稳定著称，尼日利亚却以不稳定闻名，独裁者如同走马灯一般上上下下，他们靠暴力上台，又被暴力推翻，周而复始。

三、当独裁时期造成的痛苦超过了人们愿意承受的程度，尼日利亚开始了民主化进程。现在的尼日利亚仍然处于不完善的民主之中，人们的生活比以前有了好转，但由于中央政府的控制力弱，各个地方特别是北方区域内的小军事武装仍然很多，与尼日利亚经济的欣欣向荣并行着。

1960 年，尼日利亚独立。这个国家是由三个主要部分，以及一些次要的小碎片（少数民族区域）组成的。我们不去看那些更小的碎片，只关注三个主要区域。

北方居住着豪萨族和富拉尼族，他们的居住区域位于不靠海的内陆地区。这里已经靠近撒哈拉沙漠以南的草原地带，深受伊斯兰教的影响，传统上属于穆斯林区域。北方的土地和人口都超过了尼日利亚整体的一半，但文盲率也是最高的。

东南部居住着伊博族，这里包含了尼日尔河入海口，是主要的石油产区。伊博人的分布也极为广泛，除了在东南部，也遍布尼日利亚全国。他们是主要的商业人口，教育水平也更高。

西南部是约鲁巴人区域，这里的城市发展是最完善的，最大城市拉各斯就在这里。

东南部和西南部深受基督教影响，与北方伊斯兰教区域形成对立。在建国之初，为了避免地域冲突，英国人在宪法中设立了三个半自治政府，各自管理地方事务。在半自治政府之上，则是位于拉各斯的尼日利亚中央政府。

尼日利亚第一共和国采取总理负责制，总统只是象征性的职位。担任总统的是伊博人纳姆迪·阿齐基韦，他虽然是伊博人，却出生在北方穆斯林区，又在西部接受教育。这种背景让他既会伊博语，也会豪萨语和约鲁巴语。他曾经在美国的哥伦比亚大学、宾夕法尼亚大学和哈佛大学都深造过，拥有一定的国际视野。这位总统可谓保持国内团结的最佳人选。

虽然总统是团结型的，但是大权在握的总理却必须出自北方，因为北方拥有更多的选票。总理阿比巴卡·巴勒瓦是个伊斯兰教徒。

尼日利亚建国后，众多的各级政府纷纷开始了行动。对于刚刚当家做主的黑人来说，每一个家庭都不算富裕，做官就是一个致富手段。在这个阶段，贪污受贿都是明目张胆的，每一个职位、每一件事都有价格。

严重的腐败让人们感到不满，民众对政府，特别是中央政府充满了怨言。与此同时，行政效率非常低下。北方、东部和西部一直在争取对中央政府的控制权。最初，北方选择了和东部一起执政，西部成了反对派。但随着人们看清政治是和利益挂钩的，三大派别开始了合纵连横，不断用手中的权力巩固自己的地位。西部和东部认定必须联合起来才能对抗北方，却总是由于内部不团结而发生分裂。

在这样的氛围下，尼日利亚历史上第一次政变到来了。

发动政变的是一群军官，为首的是少校恩泽奥古，以及一名前跳高运动员（也是第一位获得国际大赛金牌的非洲黑人）伊曼纽尔·伊法尤纳少校。尼日利亚的军官阶层大都来自伊博族，由于他们最有文化，因此控制了军队系统。

政变同时发生在全国各地，尼日利亚中央政府总理、西部政府总理和北方政府总理先后被杀。恩泽奥古也公开发誓，政变成功后要铲除腐败。就在人们认为发动政变者将要控制住局势时，一位叫伊龙西的将军发动了反政变，取得了政权。

北方和西部的人们为伊龙西的反政变拍手叫好。但他们很快发现，伊龙西将军本人也是伊博人。日后，北方和西部的人们并不把政变和反政变看成是一场反对腐败的运动，而认为这是伊博人的阴谋。

伊龙西将军面临的任务更加复杂，他不仅要反对政变，还要反对腐败，更重要的是反对分裂。他试图将这个已经接近四分五裂的国家捏成团。为了达到目的，他不得不更加倚重军队。不幸的是，军队高层军官大部分都是伊博人，给了北方更多的口实。

在反分裂上，伊龙西还试图解决最根本的问题：如何遏制地方势力的发展？他想到的方法是，废除联邦体制，建立中央集权国家。他认为这样既能遏制地方政府的腐败，又能让中央政府更有控制力。

但这个措施却要了他的命，北方人认定伊龙西所做的一切都是针对北方的。于是，一群来自北方的军官又一次发动政变，杀死了伊龙西。这一次，北方掌握了全国的局势。

代表北方掌权的是高文中校。他出身于北方的一个小部落，处于三大势力之外，是个适合整合全国不同势力的人物。

但高文却和伊龙西一样，看到了联邦制的弱点，试图建立另一套更加有效的制度。他将原来的联邦区域重新编成 12 个州，将原来的几大势力碎片化。在伊龙西时期，中央政府主要防范的是北方派；到了高文时期，中央政府却主要针对东部派。在东部除了伊博族，还有许多少数民族，高文试图提高东部少数民族的地位，以打击伊博族的强势。

高文的做法终于引起了伊博族的反抗，于是政变演化成了更加复杂的内战。

内战以北方控制的中央政府为一派，以东部伊博族为另一派。在奥朱古中校的领导下，东部宣布独立，建立一个称作比夫拉的共和国。

在非洲，尼日利亚也是一个文学大国，除了古老的埃及和白人的南非，在黑人世界里，最著名的作家几乎都在尼日利亚。最著名的莫过于获得了诺贝尔文学奖的索因卡，以及被称为现代非洲文学之父的阿契贝。在新生作家群中，女作家阿迪契脱颖而出，成了最重要的代表，她的代表作《半轮黄日》描写的就是比夫拉战争的场景。小说中以伊博人的角度描写了战争之前的安详，以及战争中造成的死亡和混乱，还有战争结束后留下的那道深深的伤疤。

中央政府派和比夫拉共和国之间的战争持续了三十个月，大约有 200 万平民在战争中死去。战争还造成了另一个影响：原本伊博族是一个分布广泛的民族，北方也有大量的生意人是伊博族，但是在战争中，双方煽动的仇恨使得北方地区开始以野蛮的手段清理当地的伊博人。大量的北方伊博人被杀，剩下的逃走成了难民。

尼日利亚也是一个向外移民的大国，其中移民最多的就是伊博人。他们在全世界都有分布，也将北方的暴行曝了光，引起了巨大的同情。但这并没有改变伊博人在战场上的劣势。1970 年，比夫拉战败。

尼日利亚的民族冲突，以北方人击溃东部，取得对南方的优势而告结束。在很长时间内，民族矛盾仍将继续。但在短期内，这种情绪却因镇压陷入了低潮。

随之而来的，则是中央政府整合全国的努力，以及各个军政府的集权行动。

高文并不是一个强硬派，他获得战争的胜利后，并没有大肆宣扬战功，也没有进一步惩罚叛乱者，而是归还了战败者的土地，帮助他们的士兵融入中央军队，表现得非常大度。

在治理国家上，高文也经历了一段好时光。战争结束时，恰好是石油经济繁荣期，尼日利亚是个石油大国，它加入了石油输出国组织，成了重要成员。大量的石油收入加强了中央政府的权力，让地方主义者处于防守态势。

但高文统治的后期，也是尼日利亚腐败的巅峰时期之一。随着石油经济的持续繁荣，政府收入大增，官员的腐败机会也大增。明目张胆的索贿，明码标价的腐败，使得人们对高文政权怨声载道。

1975 年，高文在一次政变中倒台。政变者穆塔拉·穆罕默德表示要结束军政府，还政于民。但一年后他在政变中被刺杀身亡。

新的政变也失败了，接下来上台的，是尼日利亚建国之后最重要的政治家奥巴桑乔。在尼日利亚人眼中，奥巴桑乔的地位如同国父一般，他不仅帮助尼日利亚恢复了秩序，还重新探索了通往民主的道路。

在政变之前，奥巴桑乔是穆罕默德的副手；政变发生后，逃脱了刺杀的奥巴桑乔立刻组织反击，重新控制了局势，并宣誓就任尼日利亚最高领袖。

事实上，在高文时代，尼日利亚人就已经对军政府的统治很不满意。由于经历了分裂，他们更珍惜统一，又因为统一失去了太多的自由，希望恢复民选政府，拿回自由。

穆塔拉·穆罕默德虽然是依靠政变上台，却知道顺应这个潮流，已经开始着手制定新的宪法，以便逐渐恢复选举和民主政治。军人是军政府的支柱，穆塔拉·穆罕默德首先从军队开刀，开始了军人复员工作，缩小部队规模，减轻军事负担。之后，他开始解除全国的军事管制，放松了对社会的控制。但就在这时，他被杀了。恢复民选的重任就落在了奥巴桑乔的肩上。

奥巴桑乔没有辜负人们的期望，上台后继续前任的政策，推行民主。但在民主之前，必须首先破除掉地方分裂倾向。如果仍然像以前一样，地方分成几块互相攻讦，那么也许民选不久，就会再次面临政治斗争乃至政变。

奥巴桑乔时代，尼日利亚被分成了 19 个州。这 19 个州中，有 4 个以豪萨人和富拉尼人为主，有 4 个以约鲁巴人为主，2 个以伊博人为主。三大族群占据了一半多一点，剩下的 9 个州分给了其他少数民族。这样，三大族群的政治影响力都减弱了，全国的局势达成了一定的平衡。在 19 个州的基础上组成了联邦政府。另外，尼日利亚模仿美国体制，形成以总统为主的行政班子，配以参议院和众议院作为立法机构。其中众议院以人口为基础确定代表人数，而参议院以州为基础，每个州不管大小，名额都是一样的，这更进一步避免了某一族群独大。

在奥巴桑乔的引领下，尼日利亚的政治架构设计得很完善，更难得的是奥巴桑乔本人的无私。1979 年，他主持了新的大选，这是尼日利亚历史上少有的公平选举。为了更加公平，奥巴桑乔本人并没有参加大选。

这次选举选出了一位来自北方却同时得到南方拥护的政治家沙加里，他打着“同一国家，同一命运”的口号上台。他性情温和，与前面的军政府统治者形成了鲜明的对比。

沙加里当选后，奥巴桑乔完成了再造共和的重任。他辞去了最高元首职位，又辞去了军职，将政权交付给新当选的总统，心甘情愿地离开了政治舞台。他是少有的不恋权的非洲政治家之一。

但是，奥巴桑乔费尽心力打造的尼日利亚第二共和国，是否能够帮助尼日利亚度过独裁危机，进入民主呢？后来的发展让人感到吃惊。

沙加里是一个温和的人，并不一定能够适应尼日利亚如此复杂的环境。他担任总统时，尼日利亚在石油经济繁荣的带动下，全国上下仍然处于飞速发展的时期。但问题在于，由于总统控制力太弱，全国上下充满了各行其是的腐败官员。在非洲，肯尼亚本来是公认的最腐败的国家之一，但人们了解了尼日利亚之后，认为尼日利亚比肯尼亚还要腐败。办同样的事情，在尼日利亚支付的行贿金要比肯尼亚高一倍。

官员的所作所为给经济活动造成了巨大的阻力。尼日利亚的经济本来就是不正常的，在上升期还显示不出来，到了下降期，就会立刻变得严重起来。

1983 年，国际石油经济进入了另一个下降周期。尼日利亚的经济进入了崩溃的节奏，国内生活质量下降，国外债台高筑。政府的财政收入少了一半，外债却达到了 180 亿美元，外国人纷纷撤资。

这一年也是选举年，沙加里四年前靠人们的普遍支持上台，这一次却只能依靠明目张胆的作弊。到这时，人们已经认定奥巴桑乔的第二共和国失败了，沙加里成了一个腐败、行骗的政府首脑，他迟早会走向独裁，或者被推翻。

年底，布哈里将军发动了政变，推翻了沙加里，也结束了尼日利亚第二共和国。布哈里上台后宣称大力反腐，削减政府开支，冻结政府岗位，企图挽救摇摇欲坠的尼日利亚经济，但这种做法带来的阵痛得罪了更多的人。两年后，布哈里再次被政变推翻，上台的是巴班吉达将军，尼日利亚在经历了短暂的民主和改革之后，又一次迎来了低潮。

短暂的第二共和国似乎说明，在一个混乱的国家，一个老好人式的团结政府并非一个好选项。它无法摆平复杂的矛盾，也无法约束自己的官员，使得政府无法加强全国的统一，反而向着行政退化和矛盾激化的方向滑去。

巴班吉达政权以独裁、镇压、毒品闻名于世，他建立的国家安全系统拥有任意抓捕、折磨和杀害异见者的权力。尼日利亚的许多反对人士因此而消失。尼日利亚之前的独裁以腐败为特征，而到了这时变得更加残酷和血腥。

奥巴桑乔第二共和国虽然灭亡了，却留下了一个遗产，那就是人们对于自由选举的渴望。巴班吉达执政后期，在国内和国际的压力下，不得不宣布自由竞选。但为了保证自己当选，他又不得不动用作弊的手段。1993 年，当一名南方人即将胜选时，巴班吉达出手干涉，不想让权。在全国的抗议下，他辞去了总统职务，将政权交给了一位过渡人士。

三个月后，一名叫阿巴查的将军发动了政变，尼日利亚政治进入了最黑暗的时期。

由于民主政治被打断，阿巴查上台之初便遭遇了全国性的抗议，他动用军队镇压了抗议活动。他表示要揪出反对政府的后台，于是将矛头指向了第二共和国的缔造者——奥巴桑乔。在阿巴查的授意下，尼日利亚法庭判处奥巴桑乔三十年徒刑。在尼日利亚民主与独裁的第二回合较量中，独裁再次胜出，反映出了一个新独立国家发展道路的艰难。

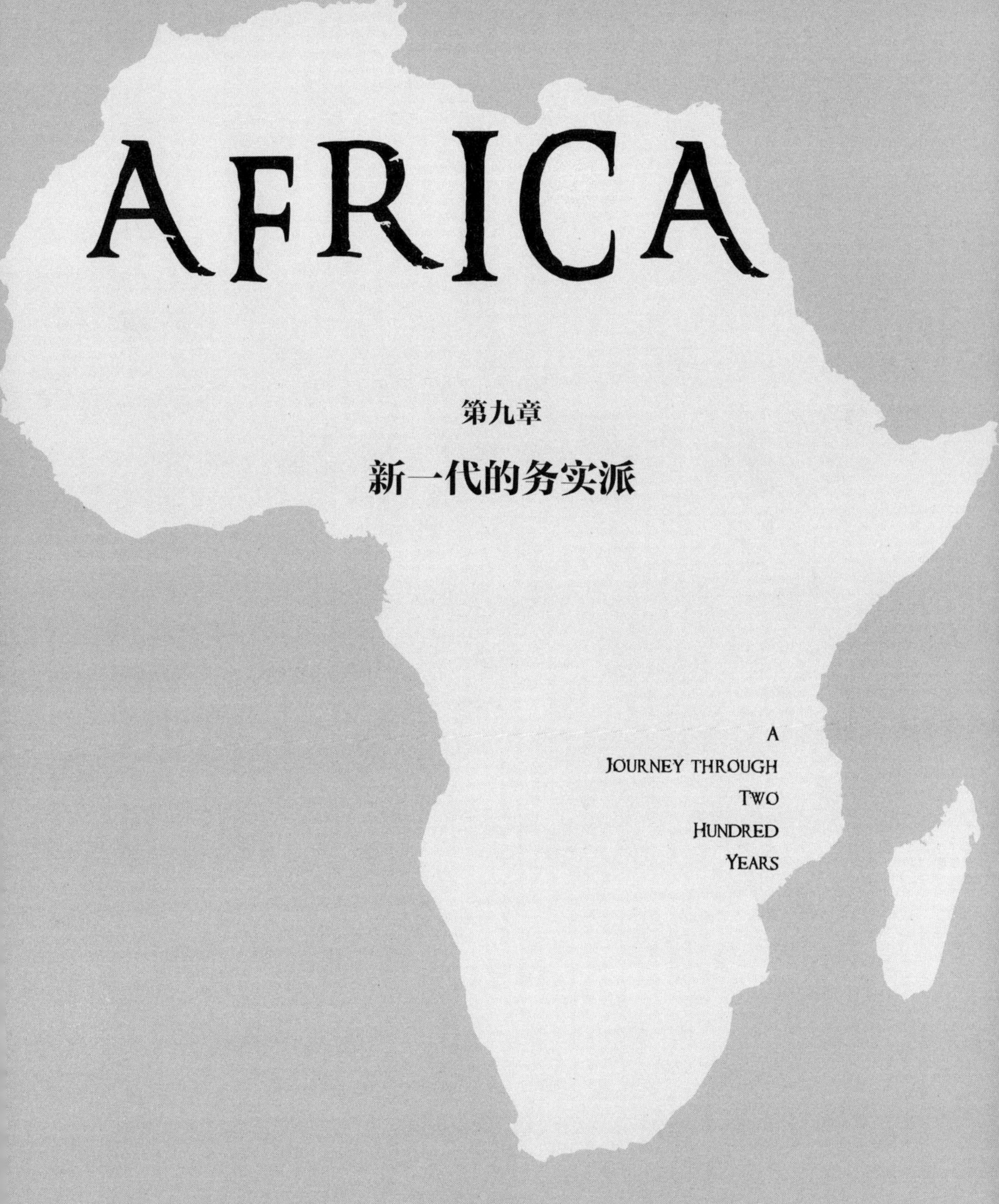

AFRICA

第九章

新一代的务实派

A
JOURNEY THROUGH
TWO
HUNDRED
YEARS

在非洲，一切既定政治理论都会被现实击得粉碎。比如，大部分政治成熟的国家都限定了领导人的任期，一般是两届。在发达国家里，任期制已经被视为理所应当。

但在非洲，任期制却并没有被普遍接受。比如，乌干达总统穆塞韦尼已经参加了五次大选，并且次次获胜。这并不是说他有多独裁，而是在他的国家，人民并不愿意让他下台。乌干达曾经饱受独裁和暴政的困扰，穆塞韦尼是一个相对温和，却又有足够执政智慧的人，乌干达的社会和经济在他的带领下突飞猛进，人们的教育水平、认知能力都在大幅度提高。人们担心他下台后乌干达会回归到当初的混乱状态。

穆塞韦尼到底算不算一个独裁者呢?

按照独裁的定义，一个独裁的国家内部应该是没有选举的，但乌干达却有着正常的选举。作为总统的穆塞韦尼不仅不反对选举，还总是鼓励人们行使投票权。乌干达也已经有了反对党，穆塞韦尼修改宪法中任期条款并非没有受到批评。他之所以连续当选，应该被视为民意。

如果说穆塞韦尼不算独裁者，可他又长期不下台，西方甚至将他和其他长期执政的独裁者相提并论。人们甚至预计他会在总统的职位上待到死。

与穆塞韦尼类似的领导人还有很多。乌干达的邻国卢旺达，总统卡加梅也已经连续执政了二十多年，他也修改了宪法的任期制。在卡加梅的领导下，卢旺达也处于明显的上升期。除了他，在国内还没有其他人有足够的威望，能够将大屠杀过后的国家团结起来。

穆塞韦尼和卡加梅都属于非洲的新一代领导人，也就是第三代领导人。除了他们，比较典型的第三代领导人还有埃塞俄比亚的泽纳维、加纳的罗林斯、尼日利亚的奥巴桑乔等。

如果说第一代领导人是靠激情来引导民众，他们大都选择了国家主义和计划经济的方式将非洲带向了灾难，如果说第二代领导人大都是既没有理想也没有能力的强力型人物，靠武力获得了国家，那么第三代领导人却展现了不同一般的独特性。

经过了几十年，第三代领导人大都受过正规的教育，许多人都是大学生。他们有了足够的政治学知识储备，知道选举和民主的重要，也明白发展经济必须依靠民间而不仅仅是政府计划。从学识来讲，他们已经与第一代、第二代领导人不可同日而语。

但是，许多第三代领导人并没有照搬西方的政治理念，最典型的就是他们普遍废除了任期制。他们认为，非洲的大多数国家由于缺乏向心力，还处在一个将国家捏合成一体的时期，暂时做不到像西方成熟的政治体那样，每隔几年换一次总统。如果那样做，政客们的争执会毁掉国家的统一。

非洲第三代领导人大都把自己的时代定义为训政时代，也就是训练人民实行民主的时代。穆塞韦尼一方面长期执政，另一方面倡导人们珍惜手中的选票，就是想趁自己在台上时，训练人们学会利用民主。

这样做也并非没有问题，最大的问题就是权力的吸引力。一个政党或者个人一旦有了足够大的权力进行训政，就很难抵挡住权力的诱惑，变得不肯放手。社会虽然有可能在他的手中取得发展，但是另一种可能性也是存在的，那就是，社会在训政中裹足不前，直到崩溃。

非洲国家能否在第三代领导人手中和平过渡到民主政治呢？有成功的例子，也有失败的教训。因此，考察这一代务实的领导人，就成了理解现代非洲的一把关键的钥匙。

约韦里大叔喊你去投票

穆塞韦尼出生于乌干达一个牧牛人家庭，他赶上了独立之后的教育大发展，在非洲本土国家坦桑尼亚接受了大学教育。坦桑尼亚独立后，尼雷尔一直坚持社会主义方向，达累斯萨拉姆大学也开设很多这方面的课程。穆塞韦尼研究的方向就是如何在后殖民时代的非洲实行社会主义。

当时全世界涌动着社会主义浪潮，即便到欧洲去学习，也都是以社会主义武装头脑。在非洲就读虽然也学习社会主义，但与欧洲的书本式传播不同，它很贴合非洲的实际情况。穆塞韦尼在大学里没有变成一个食古不化的老学究，反而极具现实精神，愿意依据现实条件做出政策调整。

大学过后，穆塞韦尼还参加过非洲式的社会实践活动。当时，非洲的葡萄牙殖民地莫桑比克还没有完全独立，穆塞韦尼就被派到了那儿去学习游击战。在社会实践中，他熟悉了枪械和战争，这让他从一个大学生转变成了一名战士。

毕业后，乌干达恰好处于阿明的统治之下。阿明主要依靠北方人统治，南方便开始了对他的反抗。乌干达的南方与坦桑尼亚接壤，两国人民有着千丝万缕的血缘关系。由于在国内待不住，南方的游击队就把大本营设在了坦桑尼亚境内。

最初，坦桑尼亚对于游击队并不在意，他们没有试图限制游击队发展，甚至还同情游击队，给他们支援。游击队在坦桑尼亚的默许下，向乌干达境内挺进，试图推翻阿明，但吃了败仗。坦桑尼亚遭遇了极大的压力，于是在索马里的调停下，与阿明和解了。

坦桑尼亚开始控制乌干达游击队在本国的活动。游击队没有消亡，却逐渐变成了坦桑尼亚手中听话的工具。坦桑尼亚试图让游击队支持乌干达前总统奥博特，但穆塞韦尼却认为，奥博特也是一个北方人，不算是真正的南方政权。从这时开始，穆塞韦尼脱颖而出，成了游击队中的少数派领袖。

1979 年，为了转移国内矛盾，阿明入侵了坦桑尼亚，却遭到了坦桑尼亚的报复，最终在战争中倒台。坦桑尼亚扶持了前总统奥博特。奥博特回到国内，建立了一个不受欢迎，特别是不受南方人欢迎的新政权。穆塞韦尼的时机到了。

穆塞韦尼从坦桑尼亚回到国内，立刻在南方组织了一支反政府武装。这支武装与其他的游击队区别在于，它从一开始就不仅仅是一支游击队，而是一个政治与军事的结合体。首先，穆塞韦尼成立了一个党派叫“全国抵抗运动”。在党派之下设立军队——全国抵抗军。这种架构的设置就是告诉人们，武力本身不是目标，目标是夺取政权之后的建设。

在政治上，穆塞韦尼提出了十条纲要，包括：第一，将来国内要实行民主，反对独裁；第二，人民生活最重要的是安全；第三，保证安全和发展，必须做到全国的统一和团结；第四，保持全国的独立，不依附于外来势力；第五，要实现这些目标，最重要的是发展经济，建立一个独立、复合、自给自足的经济体；第六，加强社会公众服务；第七，消灭腐败和权力滥用；第八，消灭不平等；第九，与其他非洲国家合作共赢；第十，不刻意实行社会主义，而是发展混合经济。

这十条纲要本身是一个递进的过程，最后一条的不刻意实行社会主义，可以看出穆塞韦尼的现实主义精神。即便他本人是学习马列主义出身，却并不依赖这些教条，而是随时根据实际情况来制定政策。

穆塞韦尼的游击队取得了重大胜利，奥克罗将军推翻了奥博特，建立了新政权。

周围的国家并不喜欢穆塞韦尼，乘机开始撮合，希望奥克罗能够通过谈判将穆塞韦尼引入政府，结束分裂。这其中，坦桑尼亚一直支持奥博特，自然不喜欢穆塞韦尼。对奥博特和奥克罗支持最大的是扎伊尔的蒙博托，他已经感觉到，如果穆塞韦尼夺取了政权，会成为扎伊尔最大的敌人。他帮助穆塞韦尼的反对派训练军队，并提供支援以阻止穆塞韦尼上台。

对穆塞韦尼提供了决定性支援的，反而是一群流亡者，他们是邻国卢旺达逃难来的图西族难民。在这些难民的帮助下，穆塞韦尼取得了政权。这些在乌干达获得了高级军职的图西族人，后来成了推翻卢旺达胡图族政权、结束屠杀的主要人物。

不管周围国家如何不情愿，穆塞韦尼最终还是赶走了奥克罗，成了新的总统。

非洲国家的领导人大都擅长描画美好的前景并做出许诺，但很少考虑如何才能实现许诺。可穆塞韦尼不同，上台伊始，他就把现实主义精神发挥到了极致。

首先，一个国家必须确保国民的安全，他宣称“乌干达人只应该老死、病死，绝不应该横死”。他显然没有做到这一点。因为要维持安全，必须让政府有足够的控制力，而刚上台时这个政府能够控制的只有南方和首都坎帕拉，北方大都不听从号令，各自为政。穆塞韦尼发动了数次清剿活动，打死了不少人。

特别是在北方，有一个少数民族阿乔利族，他们组织了一个反政府武装“上帝抵抗军”，与穆塞韦尼对抗。直到今天，“上帝抵抗军”仍然存在。穆塞韦尼对付“上帝抵抗军”绝不手软，这让他受到了很多批评。周围的国家，甚至西方许多组织都指责他屠杀少数民族，甚至有人指责他杀死了 10 万无辜者。但他没有妥协，直到现在大多数国家都已经认定“上帝抵抗军”是一个恐怖组织。

随着政府对国家实现控制，安全果然回来了。乌干达死于横祸的人越来越少，这是奥博特和阿明时代绝对没有出现过的景象。也正是靠着这一点，穆塞韦尼终于赢得了全国大多数人的支持。

除了要让人民不横死，现实主义者穆塞韦尼还是非洲国家中少有的承认艾滋病危害的人。他没有掩盖乌干达艾滋病横行的事实，也没有把艾滋病妖魔化，更没有故作高尚地大肆宣扬家庭忠贞的观念，他深知这些都无助于真正解决问题。

他只是通过宣传告诫人们：政府管不了你们的风流快活，但你们应该对自己负责，在发生性关系时记得戴套。乌干达成了非洲避孕套使用率最高的国家之一，艾滋病病毒感染率也迅速下降。

在解决了最起码的安全问题之后，接下来就是发展问题了。

人们认为，作为一个马列主义的学生，穆塞韦尼会步大部分非洲国家领导人的后尘，大力加强政府对经济的控制，利用政府的力量来推动经济发展。

但穆塞韦尼一上台，立刻来了个华丽转身，比在纲领中提出的混合经济更进了一步。他欢迎国际货币基金等机构赶快进入乌干达，帮助其发展经济。

20 世纪 80 年代，正是国际货币基金等机构最活跃的时期。这些机构大力地帮助非洲国家，但都附加了一定的条件，主要是两点：第一，实行经济自由化；第二，实现政府透明化。这两点大都受到非洲政府千方百计的抵制，认为是干预了他们国内的政治。

在乌干达，穆塞韦尼却不等国际货币基金督促，自己就开始了经济自由化、私有化和透明化的行动。穆塞韦尼似乎很清楚应该怎么做。同时，乌干达还大力促进工业发展，促进出口业增长，减少政府审批程序。于是，乌干达在阿明喊过无数的口号之后，第一次实实在在体会到了发展的感觉。虽然作为一个内陆小国，仍然受到许多条件制约，腐败也无法完全根除，但与以前相比，这已经算是天翻地覆的变化了。

为了发展经济，乌干达可谓不择手段。由于乌干达缺乏自然资源，穆塞韦尼打上了邻国扎伊尔的主意。

在这一点上，穆塞韦尼也表现出了一个冷酷现实主义者的本来面貌。扎伊尔曾经支持过穆塞韦尼的对手。穆塞韦尼毫不犹豫地培植扎伊尔国内的反对派，推翻了蒙博托的统治。随后，穆塞韦尼趁着扎伊尔国内混乱之际，将它的资源大肆倒卖，大发其财，在肢解它时毫不手软。

穆塞韦尼的现实主义做法，给非洲的其他国家指明了一条崭新的道路。之前，人们大都向纳赛尔、恩克鲁玛、尼雷尔学习，强调政府在经济中的作用，结果导致国内经济裹足不前，难以发展。直到穆塞韦尼之后，人们才意识到，原来还有另一种做法。

穆塞韦尼的做法，其实是一种威权主义的自由化。他要求：第一，政府保证对全国的控制力，在达到全盘控制之前，不要屈从于那些要求仁慈的呼声；第二，政府保证人民的安全；第三，政府保证人民发展经济的基本需求，包括对产权的保护，对经商的保护，以及对官僚腐败的打击。

但是，乌干达是否在穆塞韦尼的领导下，彻底脱离了之前的轨道，进入了发展的稳定阶段呢？人们仍然对此不敢乐观。

直到今天，乌干达还有两个最主要的问题没有解决。

第一个问题是：乌干达的政治结构怎样才能更加合理？乌干达虽然是个总统制国家，但在国家之下，还有几个不享有主权的王国。这些王国虽然不是独立的国家，却有一定的自治权。如何协调王国与国家的权力，一直是历届乌干达政府头疼的事情。

奥博特曾经废除了这些王国。阿明时代本来有机会继续推进中央集权，建立一个完整意义上的国家，但是阿明本人的统治反而让人怀念起王国时代。奥博特第二次执政时期，人们更加怀念传统。穆塞韦尼打着南方传统的牌推翻了奥博特，他上台后恢复了乌干达的王国制度。

最大的布干达国王后裔也被请了回来，继续担任国王。穆塞韦尼这样做，一是因为他是个南方人，更尊重传统；二是因为这样能够得到全国民众的拥护。

但随着王国的回归，如何协调中央政府与王国之间的利益冲突，这个古老的命题也回来了。穆塞韦尼作为大家都接受的人物，还可以得到王国的尊重，但如果他下了台，其他人可能没有足够的威望协调两者的关系。从这个角度看，穆塞韦尼恢复各个王国，可能是给将来埋下了隐患。

第二个问题是：乌干达应该选择还是放弃领导人的任期制？按照西方民主制的传统，总统之所以区别于国王，就是因为他是有任期的。自从美国在宪法中设立了任期制，全世界都效仿着为统治者设立了任期。一般是连任两届，每届四到六年时间。

但任期制适合成熟的国家，对离心力很强的起步型国家，却有着天然的障碍。这样的国家本来就处于四分五裂之中，好不容易由某位领袖捏合成型。如果这个领袖任期期满后下台了，其余的人可能没有足够的威望摆平各方势力。如果开国者有足够的威望，那么人们就期望他长期任职。到底是遵守任期规则，还是放弃任期规则，顺从民意呢？

穆塞韦尼于1986年上台之后，乌干达首先进入了十年的过渡时期。这个时期是为了维护国家的稳定，重回经济轨道，同时政府还制定了一部宪法，让人们有着稳定的规则可循。

十年后，宪法出台，过渡期结束了。按照新宪法，总统任期每届五年，可以连任两届。由于前面十年只是过渡时期，穆塞韦尼仍然可以根据新宪法参加竞选，并连任两届到2006年。

到了他的第二任期，他的支持者开始寻求重新修改宪法，允许他任第三届总统。他本人也宣称，之所以要继续担任总统，主要是还有任务没有做完。乌干达仍然有党禁，不能算是完全民主的国家，老天和人民都应该多给他一些时间。

在这种旗号下，乌干达放松了党禁，允许多党派竞争，穆塞韦尼作为其中一党的领袖参加了竞选。他顺利地再次当选。

从这个任期开始，人们对他的批评开始增加，一是因为他长期执政，二是因为反对党更加活跃。人们对他的反对甚至引起了一定的骚乱。

骚乱之后，穆塞韦尼更加认定这个国家离不开他，于是在2011年又参加了竞选并获胜。到了2016年，这已经是穆塞韦尼参加的第五次大选，他还是获胜了。

也许乌干达再度陷入混乱的可能性已经降低，但到底如何过渡到全民主时代，是在他死前，还是死后？如果是死后，到底谁有威望能够保持乌干达的稳定？

也许每一代领导人都有自己的使命，穆塞韦尼能够解决的就是在统一的基础上取得社会的进步和经济的发展，至于其他的问题，可能就要留给第四代领导人去解决了。

卡加梅：和解的智慧

穆塞韦尼对非洲的影响是巨大的，他最优秀的学生出现在邻国卢旺达，就是结束卢旺达屠杀的领导人卡加梅。

乌干达的问题主要是和平与发展，而卢旺达的情况却更加复杂，卡加梅上台之初首先要解决的是民族和解问题。

屠杀虽然已经过去，但带来的社会问题才刚刚出现。按照中国人的看法，恶有恶报，杀人者偿命，这是天经地义的事情。但当一个民族都变成了罪犯，又该怎么处理呢？

这甚至比二战之后的德国遇到的问题更棘手。二战之前，德国人虽然选举希特勒上台，甚至拥护他的侵略，但普通德国人可以说："我们并不知道希特勒在背地里杀害犹太人；我们知道政府对犹太人不友好，但不知道他们被送进了集中营屠杀。"而卢旺达的胡图人群体却确确实实知道屠杀，甚至许多人都参与了。事后，根据最保守的统计，胡图人中直接参与杀人的，接近了全体人数的五分之一。

到底是追究还是不追究？如果追究，也许没有一个胡图家庭是完全无辜的，这意味着卢旺达百分之九十的人口都要受到惩罚。如果不追究，那些图西族的受难者等于白白牺牲，哪怕处理得轻了，都可能导致杀人者心存侥幸，在未来继续发动类似的屠杀。

这是最考验卡加梅智慧的时刻。他之前只是一个军事领导人，成功转变成为政治家，是保证卢旺达恢复正常的关键。

卡加梅最初的做法令人感到担忧，却又带着希望。

一方面，他的军队在占领全国的过程中的确杀害了很多胡图人，甚至有人估计遇害人数在 10 万人上下。当然这可能是夸大的，没有人知道具体数字。几乎每个图西族士兵都与胡图人有血海深仇，当碰到杀害他们家人的胡图人时，他们不免会做出一些过激的举动。

如果顺着这条报复的路走下去，那么未来两个民族的冲突还将继续爆发。

这时，卡加梅就显示出了他作为政治家的一面。在成立临时政府时，他并没有任性地成立单一的图西族政府，而是找了一些具有中立色彩的胡图族政治家出来，把他们拉进了政府。

象征最高权位的总统被授予了胡图人巴斯德·比齐蒙古。没有人比比齐蒙古更适合当总统，他曾经是胡图执政党的高官，后来因为亲人遇害，加入了卡加梅一方的军事组织。他是图西人能够接受的人，也是胡图人的代表。

除了总统之外，其余 18 名部长中，胡图人占了三分之二。至于军事领袖卡加梅，则只获得了副总统的职位。

当这样一个联合政府建立后，人们对于卢旺达继续混乱的担心降低了。

但在扎伊尔，胡图极端组织仍然以上百万胡图难民为依托，准备反攻卢旺达。卡加梅以其人之道还治其人之身，扶持了卡比拉，将扎伊尔境内的胡图人赶回了家园，让他们重新投入生活。同时，他又借助扎伊尔的矿产资源暂时稳住了财政，显示出了高超的政治家水准。

但最棘手的问题还在后面：该如何处理当年的那些屠杀者？

对于煽动、组织的首恶分子，大家的意见都比较一致，要严惩不贷，但对于那些跟随者又该怎么处理呢？

最初，卢旺达也曾经试过要严肃处理。于是军队开动，将那些被指控杀人者全都关进了监狱等待审判，绳之以法。但接着就发现根本不可能完成这样的审判。卢旺达的司法系统已经超负荷运转了。

首先是监狱。卢旺达的 19 座监狱设计容量最高只能容纳 8 万人，在一阵抓捕之后，监狱里已经关押了 13 万人，更多的人还在源源不断地被送来。

如果监狱满了，可以加强流转，快速审判，快速枪决。但问题是，卢旺达的司法系统已经崩溃了。屠杀前，卢旺达有 750 名法官，屠杀后只剩下不到 250 名。法官死亡的还是少数，许多胡图族的法官实际上是逃走了，或者无法参与审判胡图人。律师更是少得可怜，全卢旺达一共只有 50 人。这样的司法系统即便加班加点，从 1996 年到 2000 年这五年间也只审判了 3343 件案子。要想处理十几万件，甚至数十万件，不知道要等多少年（有人预计要两百年）。

更麻烦的是，卢旺达的司法传统中是不用死刑的。当然，它并没有废除死刑，却已经很多年没有执行过死刑了。

最初的司法审判是很严格的，3000 多件案子中，判死刑的大约占五分之一，监禁的占五分之三，剩下的是无罪释放的。1997 年 4 月，一共 22 名死刑犯先后在公共场合被枪决。但公开处决引起的兴奋感过后，人们却开始批评政府不应该利用杀人来继续煽动嗜血的情绪。死刑犯们都继续待在监狱里等待接下来的命运，死刑执行实际上又被终止了。

没有审判的人被关押在监狱中，判决过后的大部分人还是被关在监狱中。照这样下去，恐怕监狱永远没有腾空的时候。

卡加梅认识到，当面临种族灭绝事件时，大部分人不可能受到足够严格的惩罚。这是必须接受的事实，哪怕再悲愤，也只能先承认这一点。

在种族灭绝事件后，最重要的不是报复，而是赶紧弥合分歧，避免再一次发生。为此，卡加梅做了三件事情。

第一，将人们身份证上的民族信息拿掉。从此以后，所有的卢旺达人在法律和政治上都只是卢旺达人，不再区分胡图族和图西族。在他看来，这两个民族本来就是西方人强行划分的，他们有相同来源，有着紧密的血缘关系。只有所有的人都不再提什么胡图和图西了，仇恨才能逐渐消失。

当然，在私下里，人们还是认同自己的民族的。在卢旺达，每个人仍然记得自己是胡图族或是图西族，在大街上就有人告诉我他是胡图人，并教我如何区分图西人和胡图人，当然我没有成功。卡加梅只是希望每一代的人都逐渐淡化这个标签，经过足够长的时间，人们就会忘记原来的身份。

第二，不能让那些罪犯在监狱里等死。这意味着必须加快审判的速度。卢旺达发明了一种草根法庭。

所谓草根法庭，就是不那么正规的法庭。由于正规法官不足，政府就从群众里选拔出一批人，教给他们基本的法律常识，由他们负责审判。

在实践中，这些“法官”往往是当地德高望重的老人。在卢旺达人屠杀纪念馆中，有许多草根法庭的录像。这些录像中，法庭的地点往往是一小片公共空地，或者村子里的会堂，甚至审判者的家里。

审判是开放的，参加的人除了一名或者几名法官，还有当地的村民。受审的人站在中间接受询问。在录像中，有被审判者正在供述他杀人的场景，不带感情色彩，只是将如何杀人和盘托出，周围的人们认真地听着。

审判完毕，这些杀人者大都得到了轻判。他们或者只入狱数年，或者监外执行。接受宣判的那一刻，杀人者心中的一块石头终于落了地：该惩罚的都已经惩罚过了，从今往后，他可以摆脱那段噩梦般的经历，重新开始新的生活了。

至于旁边的观众，也在现场又回顾了当年荒唐的一幕。他们的亲人、朋友、邻居或者仇人死于非命，让他们更加珍惜现在的时光。

草根法庭的发明，终于解决了监狱不够用的问题，顺便还完成了对杀人者的宽恕，这将卢旺达人团结在了一起。

2012 年，草根法庭关闭。卢旺达一共在 12000 个草根法庭，处理了 120 万宗案件。它的出现带着很大的争议性，到它关闭时，仍然有人对它非议不休，但大部分人却感激它终于让卢旺达最黑暗的一页翻篇了。

第三，黑暗过去之后，如果要让黑夜不再来临，首要的是发展经济，让人们过上好日子。

卢旺达虽然是全非洲最小的国家之一，人口密度却很大。两个民族的纷争，一部分原因是经济问题，或者说是对于土地和其他资源的争夺激化了两个民族的矛盾。

为了解决这个问题，必须进行现代化。卢旺达是一个不靠海的内陆国家，要想发展工业也不具备条件。

卡加梅提出，卢旺达要走在其他国家的前面，大力发展非洲的信息服务业，依靠高科技产业从非洲突围。

提是这样提，但从目前的实际情况看，卢旺达的基础还很薄弱，能否发展高科技仍然是未知数。可不管怎么说，由于领导人的关注，卢旺达的经济进入了一个高速增长的时期，这不是由高科技带动的，主要原因还是黑暗之后的快速恢复。

在历次逃亡中，卢旺达的图西人如同非洲的犹太人，跑得全世界都是。有的已经在海外站稳了脚跟，有了一定的积累。在卡加梅的邀请下，他们纷纷回国，带回来资金用于建设。首都基加利市中心已经高楼林立，就得益于卢旺达的开放心态。

除了基建，还有大量的资金投入到传统的咖啡种植和加工上。种族屠杀的悲剧反而让卢旺达的咖啡出了名。咖啡的质量本来就很不错，加上世界的同情，这使得它成了世界著名的咖啡之一。

除了吸引逃亡者归来，卡加梅还不顾意识形态的差异，放弃条条框框，欢迎一切资本进入国内。鉴于中国的快速发展，卡加梅甚至宣称，只要能够发展经济，不妨学一学中国的经验。

在一切看上去欣欣向荣时，另一个问题却冒了出来。与乌干达等非洲新兴国家一样，卡加梅下台的时候到了。

他担任过几年副总统，随后由于和总统比齐蒙古闹翻，比齐蒙古辞职后，他便出任了卢旺达总统。

他作风霸道的一面也显示出来。他虽然没有发布党禁，但当比齐蒙古决定另立党派与他竞争时，他毫不犹豫地动用武力，找借口将前总统抓了起来。虽然他最终赦免了前总统，但前总统的几位追随者则没有这么好的运气，至今在押。

说到底，卢旺达仍然没有解决这个问题：卡加梅是依靠武力上台的，算是最有威望的，也最能获得各方派系支持，可一旦他下台，其他人有没有足够的威信来维持中央政府的权威呢？

2003 年，卢旺达颁布了新宪法，规定总统可以连任一届，每届七年。七年已经属于超长的任期，但是仍然有到期的时候。

2015 年，期限将至（2017 年到期），卢旺达也果不其然地寻求修改宪法。这一次，他们通过寻求群众签名和公投的方式，决定卡加梅可以继续连任一届总统到 2024 年。同时他们修改总统任期为五年一届，从 2024 年开始生效。当新任期开始生效时，前任总统还可以参加竞选并连任两届。也就是说，根据现在的宪法，卡加梅可以任三届七年制总统和两届五年制总统，一共三十一年，到 2034 年下台。

如果到了 2034 年，卡加梅还老当益壮，也许还会有别的方法来延长他的任期。从目前看，人们也接受了让卡加梅长期执政，但是下不为例，也就是从下一任总统开始，必须遵守两届五年的规定，这算是给首创者留下足够的时间来解决卢旺达众多棘手的问题。

独立是好的选择吗？

如果十年前有人问我，当一个地区寻求民族独立时，我是支持还是反对，我会选择支持。我常举的例子是荷兰和比利时。历史上，荷兰和比利时曾经属于同一个政治区域，名为勃艮第尼德兰，或者低地国家。16 世纪，荷兰和比利时所属的区域都归属于西班牙的哈布斯堡皇权。后来，这个区域的北部（现代荷兰区域内）挣脱了皇权，建立了联省共和国，南部（现代比利时区域内）则仍然从属于皇权。经过两百年的变迁，原本属于一个政治单元的两块地方已经生长出不同的性格。

拿破仑战争后，战胜国考虑把两块区域重新合并成一个国家，毕竟在历史上它们曾经是统一的。但合并过日子时，两块区域的人们却发现他们已经过不到一起去了，无法建立一个兼顾双方利益的政治架构。于是它们再次分了手，成了两个国家。分手过程不免冲突，但仍然是相对高效、具有绅士风度的。分手之后，两国都保持了繁荣，也保证了人民生活的稳定。

这可以看作一个政治分家的最好例子：分家后，各过各的日子，同时保持了良好的亲戚关系，形成双赢的局面。对于每一个具体的人来说，分家并不意味着末日，反而能够减少双方的摩擦，保证本区域内政治的稳定。

十年后的现在，荷兰和比利时的例子仍然成立，可我的看法却有了变化。这个变化，源于我对世界上更多例子的观察，其中最典型的是非洲的埃塞俄比亚。

我访问埃塞俄比亚时，观察到一个特殊的现象：在东非，埃塞俄比亚有着天然的优势和非常明显的劣势。

先说劣势，这个国家地处高原，缺乏令其迅速致富的自然资源。

但它的优势同样明显。最大的优势在于人口。作为非洲人口第二大国，它的人口超过了一亿，具有良好的工业化前景。周围的国家（除了南面的肯尼亚）都是前工业化国家，对于所有类别的工业品都很缺乏，因此只要埃塞俄比亚能够生产出来，就可以销售出去。

作为东非的中转中心，埃塞俄比亚的政治家也下了大功夫来打造加工制造业，大修公路等基础设施，引进中国资本，一片忙碌的景象。

但在这繁荣之中，埃塞俄比亚却受到了一个重要因素的制约：要发展加工制造业，必须从海外进口大量的原材料和设备，这就需要一个良好的海港。可惜的是，埃塞俄比亚是内陆国家，一个海港都没有。它的周围，却有好几个国家穷得只剩下大海了。

埃塞俄比亚的北面是一个叫厄立特里亚的国家，这个国家简直不能称为国家，它的存在仿佛是专门和埃塞俄比亚过不去。它的领土只是一长条海岸，除了海岸啥也没有，也没有耕地，但它恰好把埃塞俄比亚与大海分开了。东面则是另一个长条形国家索马里，在经济上一穷二白时，却拥有大量的海岸线。

这些国家不仅把埃塞俄比亚变成了内陆，而且和埃塞俄比亚冲突不断，绝不允许埃塞俄比亚借用它们的港口设施。结果成了典型的双输：埃塞俄比亚缺乏港口，只能求助于弹丸小国吉布提，才勉强和大海沾了边；而厄立特里亚和索马里空有海岸，却没有内陆纵深，只有沙漠没有耕地，照样无法取得经济发展。

如果埃塞俄比亚与其中一个国家（比如厄立特里亚）合并，让人口和资源自由流动，那么埃塞俄比亚得到了港口，厄立特里亚得到了人口和耕地，双方都能得到更好的发展。偏偏是国境的限制，让双方都找不到出路。

这还不是最大的悲剧，如果翻开历史会发现，在20世纪90年代初，距现在仅仅二十多年前，埃塞俄比亚和厄立特里亚竟然真的是一个国家。1993年，厄立特里亚才作为一个国家诞生。

厄立特里亚从埃塞俄比亚独立时，甚至得到了埃塞俄比亚的衷心祝福，双方发誓要像朋友和兄弟一样团结友爱，让非洲之角充满和平与友谊。

这时统治埃塞俄比亚与厄立特里亚的两个领导人都是武装斗争出身，身上自带光环，美国总统克林顿甚至不吝赞美之词，将他们与乌干达的穆塞韦尼、卢旺达的卡加梅并列为非洲的新一代领导人，对他们充满了希望。

然而，五年后，两个兄弟国家突然大打出手，双方一共数十万人死亡。这场战争让当年的兄弟恨不能老死不再相见。更要命的是，厄立特里亚的存在彻底锁死了埃塞俄比亚的前景，让它成为一个内陆国家，想要发展更加困难重重。而厄立特里亚在政治强压下，也进入了历史的停滞时代。回想起当年分家时的快活，人们不禁唏嘘，如果当年不分家多好啊！但已经没有了回头路。

厄立特里亚在历史上曾经与埃塞俄比亚属于同一个文明，大部分时间还是同一个国家。埃塞俄比亚是个基督教国家，靠海的厄立特里亚地区虽然受到了很深的伊斯兰教影响，但整体上还是基督教更占优势，也就是说，两个地区没有宗教隔阂。

但自从意大利占领了厄立特里亚，这个地区的自我意识就在意大利的有意培养下产生了。二战后，埃塞俄比亚坚持收回厄立特里亚，但这里出现了一股游击队，试图将厄立特里亚分裂出去。它们无法成为主流，只能边进行游击战争，边等待机会。

如果埃塞俄比亚能够保持较长时间的稳定和发展，那么，厄立特里亚的分裂情绪经过短暂的复苏之后，必然会被统一的好处所取代。如果能够经过两代人的时间，等那些在统一时期出生的人长大，成为社会中坚，厄立特里亚将不会再想着分家单干。

问题出在了埃塞俄比亚一方。埃塞俄比亚经过了几十年的混乱，到 20 世纪 90 年代已经成了世界上最贫穷的国家之一。这时，不仅厄立特里亚的反叛加剧，就连埃塞俄比亚的其他地区也加入了叛军的阵营。

在厄立特里亚，反叛者的首领叫伊萨亚斯・阿费沃尔基。阿费沃尔基之所以被列为新一代，有一个重要的指标，他本人是本土培养的大学生。他就读的大学是位于埃塞俄比亚首都亚的斯亚贝巴的海尔・塞拉西一世大学（皇帝被推翻后，改称亚的斯亚贝巴大学）。但在读了一年之后，阿费沃尔基决定加入对埃塞俄比亚的武装斗争，就辍学了。

这位游击队的领袖与中国还有着很深的渊源。1967 年，他曾到中国接受了两年的培训，目的是增强他的政治理论与武装经验。

2013 年，埃塞俄比亚选出了新总统（象征性的国家元首）穆拉图・特肖梅，他同样来过中国。他的本科毕业于北京大学，还担任过埃塞俄比亚驻中国大使。相邻的两个兄弟死敌的元首都有过在中国受教育的经历，这也可以看出中国在非洲影响力的提升。

在皇帝时代，游击队的影响力还很弱小，也没有多少国家愿意提供帮助。但当杜尔格推翻了国王之后，阿费沃尔基领导的游击队突然间成了香饽饽，他被卷入了世界反布尔什维克的大潮之中。

由于苏联给杜尔格提供帮助，美国人就必须资助反对杜尔格的阿费沃尔基。在西方的支持下，阿费沃尔基将来自厄立特里亚的三支游击队整合起来，形成了厄立特里亚人民解放阵线（Eritrean People’s Liberation Front，简称 EPLF）。

但 EPLF 并不是唯一一支反对杜尔格的军事武装。在埃塞俄比亚北部，还兴起了另一支反抗游击队，这支队伍的士兵大都出自与厄立特里亚接壤的一个地区——提格雷，提格雷地区只占埃塞俄比亚总面积的二十五分之一，却由于出了这支抵抗力量，一跃成了埃塞俄比亚政治权力最强的地区。

提格雷的反抗军称为提格雷人民解放阵线（Tigrayan People's Liberation Front，简称 TPLF），同样受到了西方的支持，可以说是 EPLF 的兄弟军队。它们同文、同种、同宗教，唯一不同的只是在地域上一个出自厄立特里亚，一个紧邻着厄立特里亚。

TPLF 的领导人叫梅莱斯·泽纳维，同样是一名大学生，就读于海尔·塞拉西一世大学。不同的是，当泽纳维就读时，已经是皇帝统治的最后时期。两年后，埃塞俄比亚爆发了推翻皇帝的社会革命。在这次革命中，泽纳维组织了一个提格雷人的联合组织，在首都相当活跃。

革命推翻了皇帝，却成就了杜尔格。当军人出身的杜尔格上台后，泽纳维又将目标变成了推翻杜尔格。这时的组织已经变成了 TPLF。

最早的 TPLF 给自己设定的目标与 EPLF 是一样的，就是从埃塞俄比亚独立出去，成立一个新的提格雷人的国家。如果这个目标得以实现，那么埃塞俄比亚将变成更加零星的碎片。

但 TPLF 比 EPLF 更加明智的地方，在于他们很快认识到，如果从埃塞俄比亚的母体之中脱离出去，小小的提格雷将活得更加艰难，最好的办法是推翻统治全国的杜尔格，建立一个由 TPLF 掌控的埃塞俄比亚。

在与杜尔格的斗争中，TPLF 与 EPLF 并肩作战，最初 EPLF 更加强大，它把武器送给弱小的 TPLF。它们又共同从西方接收武器，与杜尔格政权做斗争。

随着 1991 年苏联的解体，杜尔格终于支撑不住了。

但这时，TPLF 与 EPLF 的目标分歧显现了出来。

TPLF 以解放整个埃塞俄比亚为己任，目标是推翻杜尔格，建立一个民主制的统一国家；而 EPLF 则对埃塞俄比亚不感兴趣，它们只想获得厄立特里亚地区的独立。随着门格斯图的逃走，双方进入首都，到底如何协调目标，就成了两支武装最紧要的任务。

美国并不想看到自己支持的两个武装开始火拼。在美国人的调解下，TPLF和EPLF决定妥协，将厄立特里亚问题交给厄立特里亚人自己解决，发起了一场公投决定厄立特里亚是去是留。这次妥协，也是泽纳维政治生涯中最大的争议。

在埃塞俄比亚，泽纳维是一个颇具争议的人物，虽然他是赶走杜尔格、恢复埃塞俄比亚常态化的功臣，但还是有很多人不喜欢他。至少有三名埃塞俄比亚人跟我谈到，泽纳维是一个出卖了国家利益的罪人。其中一个人也说到了泽纳维的难处：泽纳维实际上掉进了自己的立场之中，他依靠美国和厄立特里亚推翻了杜尔格，当然不能和厄立特里亚翻脸，只能眼睁睁看着领土分裂。

1993年，厄立特里亚正式独立，它的独立受到了泽纳维的祝福，双方信誓旦旦要成为好兄弟。

泽纳维和阿费沃尔基两兄弟没有想明白的是：虽然分裂成两个国家，但两国必须齐心协力，才能共同发展；否则，分裂对于两国都是巨大的失败。

厄立特里亚获得了所有海岸地区，这意味着埃塞俄比亚成了内陆国家。对于埃塞俄比亚这样的大国，必须发展工业才能取得经济上的持久进步。可是发展工业需要海港，所以，哪怕厄立特里亚独立，埃塞俄比亚也必须使用它的海港设施。

而厄立特里亚除了海洋之外，缺乏耕地和内陆，也缺乏人口。当厄立特里亚守着海洋和荒滩时，也是死路一条。两国必须达成足够的谅解，让国民、物资和资本在两国间能够较为自由地流通，才能使两国经济都得到发展。

如果有足够的经验，双方的政治家应该敲定自由贸易条款后，再庆祝赢得政权，取得独立。但双方都沉浸在战胜了敌人的喜悦之中，谁也没有关注未来怎么办。结果，更大的敌人反而隐藏在胜利的背后。

首先出问题的国家是厄立特里亚。20世纪90年代，世界上民主制已经成了主流，埃塞俄比亚的泽纳维顺应了这种趋势，建立了一套民主制度，试图直接过渡到主流之中。

在厄立特里亚，获得了胜利的阿费沃尔基却对民主毫无兴趣。取得独立，已让他心满意足。于是，一党制、终身制成了这个年轻国家的基础。厄立特里亚向着闭关锁国滑去，成了最封闭的海岸地区。

在厄立特里亚走向封闭的同时，埃塞俄比亚却经受着另一种阵痛。由于历史上它是帝国模式，围绕着中心民族，有一系列的小民族存在，这些小民族并不希望受到埃塞俄比亚人的统治。在皇帝时期他们反抗，到了杜尔格时期仍然反抗，到了泽纳维时期，他们还不甘于保留在联邦之内。

最具有反抗精神的是东部的穆斯林，以及南部的奥罗莫人，只要这些地方的反抗不被平息，埃塞俄比亚的离心力过大，就很难形成有效的民主制。泽纳维也逐渐变得大权在握，对于民主的信心正在丧失。

更大的冲突发生在两个兄弟国家之间。1998 年，厄立特里亚与埃塞俄比亚的边界冲突终于爆发了。

两国的边境问题原因如下：它们还是一个国家时，由于它们属于帝国的两个省，省之间的界线曾经经过了一些调整和争议。如果还属于一个国家，这都是小事。可一旦独立，原本的省界成了国界，冲突立刻爆发。

如果放在世界战争史上，这次战争并不是什么大事。简单地说，厄立特里亚侵略了埃塞俄比亚，但被体量更大的敌人击退了。

但这次事件造成的影响却是两国关系的彻底破裂。泽纳维由于当初同意厄立特里亚独立，在国内成了不受欢迎的人。随着厄立特里亚封闭了边界，埃塞俄比亚的进出口成了一个大问题，国家经济也陷入了困境。

厄立特里亚更是雪上加霜，作为战败国，它不仅没有捞到任何好处，为了封住国内反对者的口，阿费沃尔基向着强权越滑越深，没有人再把他的统治当作非洲新一代的希望，反而是看到了一出老剧本。

2014 年，当我访问埃塞俄比亚时，大量的厄立特里亚人正偷偷越过边界，来埃塞俄比亚求生。由于厄立特里亚的经济极端困难，它已经养活不了它的人民。但埃塞俄比亚也是移民输出国，两年前刚经历了一次饥荒。在饥荒的最高峰时期，女孩子为了一美元就可以出卖自己的身体。饥荒过后，虽然埃塞俄比亚依靠着吉布提和索马里兰接近了海洋，完成了一定的工业建设，但比起它曾经拥有的潜力，显然发展得还不够。如果当初没有分裂，那么它将走得更稳，而厄立特里亚人也能找到一条发展之路。

两个难兄难弟之间的挣扎仍然没有结束。这让我意识到，除了荷兰和比利时这样极少的例子，更多的例子表明，当一个国家分裂后，两个碎片之间的旧有矛盾让它们不可能和平相处，必然会成为敌人。当人员、资金和物资三个要素不能自由流动时，分裂所造成的必然是双输的悲剧。

西非：艰难的政党轮替

对于塑造现代加纳来说，空军上尉杰瑞·罗林斯的重要性可能不比恩克鲁玛小。

罗林斯曾经是一位政变专家，也担任过军政府的统治者，但同样是他将加纳带回了多党制民主的轨道，脱离了一次次军事政变的轮回。

1979 年 6 月 4 日，年仅 32 岁的空军上尉罗林斯的生命似乎已经走到了尽头，他被军政府判处了死刑，关押等待执行。在这之前，他对加纳触目惊心的高层腐败感到愤慨，试图组织一次军事政变。但政变还没开始，消息就已经泄露，这导致了他被判处死刑。

在法庭上，罗林斯知道自己难逃一死，索性甩开膀子，将加纳独立以来的衰弱、政府的无能和腐败尽情控诉。他的演讲越过了法庭的高墙，被传了出去。于是，这位年轻的上尉在自己还不知情的情况下，竟然成了加纳的社会偶像。

6 月 4 日，在他等待死刑执行时，一群士兵突然闯入了监狱，将他解救出来。罗斯林索性一不做二不休，带着解救他的人向军政府发起了攻击。于是他成功地发动了一场政变，将军政府赶下了台。

此刻的罗斯林是以愤怒的形象示人的，在获得了大权之后，他首先想到的是报复。他将三位前军政府的总统全部枪毙，同时杀死了五位将领。在这次被称为“打扫房间”的行动中，他和士兵们想把所有的贪官污吏都杀光，重建一个新的加纳。

杀人过后，罗斯林表现出了高姿态，一方面重写宪法，另一方面组织选举，将权力还给了民选总统希拉·利马恩。

但新的民选政府只维持了不到两年，就显示出了足够的无能。

让加纳人最感愤怒的是从恩克鲁玛时代持续至今的腐败，罗林斯也为此杀了一批高官。但腐败并不仅是高层的产物，实际上，政权链条里的每一个小虱子都参与了贪腐，不管是军人还是平民上台，都无法迅速改变这种局面。

利马恩政府以软弱和一事无成著称。一方面，各个层级的小官吏都腐败；另一方面，中央政府甚至连一个小官吏都无法控制。加纳的社会不仅没有进步，反而更加瘫痪了。

到了 1981 年，已经被解职的罗林斯决定再次发动政变，这次他推翻的恰好是两年前他亲手扶上马的利马恩。

在彻底控制住局面之前，罗林斯不再相信所谓的民选政府，他将加纳带入了另一次军人统治时期。

在统治的前两年，加纳的经济继续恶化。为了控制腐败，罗斯林采取了更加严厉的手段对付官僚，但问题又出现在了政府控制上。

从恩克鲁玛开始，加纳一直实行计划经济的制度，推崇在政府控制下发展大企业、大工程。这些企业没有给社会带来效益，反而侵蚀了大量的社会福利，造成了腐败和贫穷。当罗林斯反腐时，随着政府对官僚和企业的控制力加强，许多人不敢做事，经济反而更加瘫痪了。

经过反思，罗斯林认定，问题的根源出在加纳采取的计划经济制度上。正是这种制度消耗了加纳的经济活力，给了政府官员过多的控制权，最终导致了一系列的问题。

从 1983 年开始，加纳进行了一次不声不响的经济革命，在大力引进海外援助的同时，接受海外的监督，进行经济私有化、行政透明化、取消补贴和价格管制。

加纳在经过了恩克鲁玛、军政府的二十年混乱后，终于又找到了经济发展的回归之路。随着自由市场的恢复，加纳也成了西非发展最快的国家。

到了 1992 年，加纳的社会已经足够稳定，可以举行一次多党制的大选了。罗林斯开始重新制定宪法，这已经是加纳的第四部宪法。

据宪法规定，加纳实行多党制民主制，总统一届任期四年，最多只能任两届。罗林斯作为总统候选人参与了选举，成了加纳新的民选总统。

到了 2001 年，罗林斯两届任满，他没有像其他人一样试图修改宪法，而是挥手离去。他指定的政治上的接班人约翰·米尔斯也并没有能够接班，而是败给了反对派候选人约翰·库福尔，加纳完成了第一次政党轮替。

罗林斯不恋栈、不贪财，为加纳的政治树立了新的标准，让后来的政治家有榜样可依，共同让加纳度过了独立后最艰难的时期。

1998 年的尼日利亚，正在监狱服刑的奥巴桑乔已经心灰意冷。他本来和罗林斯一样，早已经交出权力退休回家，指望在平静中度过一生。他在拉各斯附近拥有一个农场，饲养家畜和家禽。

不幸他却赶上了尼日利亚的乱世时期。阿巴查将军上台后的倒行逆施让奥巴桑乔忍不住站出来批评新政权。尼日利亚的大部分反对派将他看作一面民主的旗帜，虽然他本人并不想当。

1995 年，阿巴查认定有一批人正在破坏他的政权。于是他声称发现了一次未遂的政变，而政变的头目就是奥巴桑乔。于是，这位退休的将军被人从家带走，关进了监狱。

与奥巴桑乔一起受审的大约有 50 人，他一开始被判处了死刑，在国际社会的压力下，最后改为三十年徒刑。

1998 年，事情变得越来越糟，野心勃勃的阿巴查将军正在为新一轮选举如何操纵而奔波。由于国际社会的压力，他必须做出一定的选举姿态，但又必须保证自己不下台。看上去，将军能够成功地操纵局面。

突然有一天，有人到监狱里找到奥巴桑乔，告诉他："你已经被释放了。"也是在同时，阿巴查将军死亡的消息传来。

按照官方的说法，将军死于心脏病突发；但根据小道消息，阿巴查死于两名印度妓女之手。这两名妓女是阿巴查将军从迪拜带来的，她们在将军的饮料中下了毒，将军凌晨 4 点半感到不舒服，回到床上后，6 点 15 分就已经死亡。

阿巴查的突然去世，让尼日利亚的政坛再起波澜。所幸的是，继任者阿布巴卡尔是一位民主主义者。他在不到一年的时间内迅速实现了尼日利亚的再民主化。

首先需要解决的是政治犯问题。作为国内最大政治犯的奥巴桑乔就是在这时被释放出来的。接下来就是选举。尼日利亚仿佛在马不停蹄地补偿因独裁而拖延的选举制度。1998 年 12 月，举行的是地方选举；1999 年 1 月，进行了各州的选举；1999 年 2 月，尼日利亚国会和总统选举同时进行。

奥巴桑乔拥有着超高的人气，尼日利亚最不缺乏的是军人统治者，奥巴桑乔也曾经属于其中一员，但他放弃了成为独裁者的机会，将总统职位拱手让给了民选政府。即便这次民选政府失败了，奥巴桑乔也并没有再次干涉政治的意图。到后来，这个没有太大野心的人反而成了统治者的眼中钉。正是这一系列的经历让他获得了人民的支持。

奥巴桑乔本人来自西部，在监狱里服刑时，还皈依了基督教。但他还是得到了北方穆斯林的认可，他当选的选票占比 62.6%，这在民族成分复杂的尼日利亚尤其难得。如果按照信仰划分，奥巴桑乔的选票不会超过一半，因为穆斯林占了多数。

由于刚经过独裁，1999 年大选并非毫无争议，许多人声称大选有作弊行为。但大部分人包括西方观察机构都认为，虽然不排除局部作弊的可能性，但在整体上，这次大选是合法的，无法动摇奥巴桑乔的优势地位。

成了总统后，奥巴桑乔面对的是一个四分五裂的国家。他的第一次再造共和失败，就是因为尼日利亚太复杂了，除非总统采用强力，否则无法平衡各方的利益。那么他第二次赤膊上阵，真的就能维持尼日利亚的民主和繁荣吗？

尼日利亚还非常贫穷，2000 年的人均收入只略高于 300 美元，只有 1980 年时的三分之一，5 岁以下儿童的夭折率达到了 20%。

但对奥巴桑乔有利的是，尼日利亚很大，它可以被称为“非洲的印度”或者“非洲的中国”。由于人口众多，只要能够保持足够长时间的和平，社会就能自我发展，尼日利亚的企业家和商人就会遍布全世界，生产出五花八门的产品供应给非洲。

奥巴桑乔上台后，首先要做的是树立人们对民主的信心。不管在国内还是国外，他都不断地告诉人们，尼日利亚已经是一个民主国家，不会再走回头路。在非洲，他批评其他的独裁者，并承担着一个大国的责任，积极参与联合国的维和计划，向其他不稳定国家派出维和部队，帮助他们恢复稳定。

他的努力让英美等民主国家相信他是认真的，也开始认真给尼日利亚以帮助。

在国内，奥巴桑乔知道民主还很不完善，各个地方都问题重重。他并没有强制性地要求全国划一，而是采取了容忍的策略，中央政府遵循在联邦制下应有的权力，同时采取了很务实的态度。

比如，在东方伊博人的土地上，由于经历过战争和镇压，治安很成问题，这里诞生了臭名昭著但是又非常有效的“私法队”。由于公权力迟迟缺位，政府又不可能迅速建立有效的警察队伍，当地政府只好将治安外包给了一个私人团体“巴卡西男孩”，这个团体以残酷地惩罚罪犯闻名。他们的执法方式是一旦某人犯罪，不管是偷窃还是抢劫、杀人，他们抓住后，不经过审判，就当众砍掉手脚，或者直接杀死。尼日利亚东部死于“巴卡西男孩”的罪犯有数千人到上万人。在严酷的私刑威胁下，这些地区的治安有了好转。

而在北部穆斯林州，州政府则开始推广穆斯林教法，同样用严酷的刑罚来遏制当地的犯罪活动。

奥巴桑乔无力控制这些政府暴力，只能容忍。这些行为对治安是有效的，能够带来经济发展，但同时又损害了政府保护人权的权威性，增加了地方权力，削弱了联邦的稳定性。北方的极端主义也是在这种背景下兴起的。

在奥巴桑乔统治下，尼日利亚恢复了大体的稳定，但局部又是不稳定的。这给了尼日利亚政治一定的柔性。虽然全国冲突不断，暴力事件还很多，但人们逐渐认同了联邦政府。

奥巴桑乔的幸运还在于，世界又进入了一个石油经济繁荣期。作为产油大国的尼日利亚在石油繁荣中再次崛起，进入了高速发展的轨道。

八年后，奥巴桑乔的两届任期到了。按照宪法，总统只能连任一届。这时传出了有人在推动修宪的传闻，他们试图让奥巴桑乔再任一届。修宪的传闻并没有成为现实，奥巴桑乔没有参加新的选举。2007年，当新总统亚拉杜瓦获胜后，奥巴桑乔将总统职位和平地传给了继任者。选举仍然充满了争吵和指责，夹杂着作弊的指控，但人们又不得不承认，这次选举大体上是合法的。这或许就是尼日利亚的风格：混乱，却又有一定的规则。

这已经是奥巴桑乔第二次和平传位。第一次时，新总统的腐败和无能让尼日利亚的民主遭遇了重大失败，那么第二次呢？

以人们对一个民主制度的评价标准来看，一个国家政治的成熟，必须经历过几次政党轮替，奥巴桑乔传位给亚拉杜瓦，可以说是第一次轮替。

亚拉杜瓦是北方人，他任期未满就死了。他的副总统，一位南方人古德勒克·乔纳森接任。

2015年，乔纳森在选举中败给了北方人布哈里，他立刻承认了自己的失败，将总统职位交给了对手。

这次选举过后，人们似乎已经相信，尼日利亚的民主制经受住了最初的考验，即便它问题重重，但已经不能轻易下结论它会失败了。腐败仍然存在，北方的穆斯林极端主义有更加严重的趋势，但尼日利亚一直都是在问题中前行的。

奥巴桑乔活着时，已经看到了政权的数次和平轮替，也许将问题重重的尼日利亚带回和平的轨道，让它在混乱中按照自己的方式继续演化，要比赖在任上直到死去，却留下一个问题重重的国家，更让他感到自豪。

AFRICA

第十章

白人的天堂结束了

A
JOURNEY THROUGH
TWO
HUNDRED
YEARS

2017 年 11 月，长期在位的津巴布韦总统穆加贝终于倒台了。这让我想起了十年前参与过津巴布韦援助项目的一位朋友。他去津巴布韦时，那里恰好处于历史性超级通胀时期。

每天早上，他都拿 100 美元去找当地的华人店铺换成当地货币津巴布韦元，然后去买菜。每天都必须把所有换的钱花光，不能留在手上，否则，第二天钞票就又贬值了。大部分商店的商品价格都是一天一变，如果不及时下手，价格立刻上涨。

后来，当地商店里一天调两次价，再发展到随时调价。商店里的商品日益稀少，政府印的钞票面额越来越大。如果拥有美元，就立刻成了受欢迎的人，所有人都想着尽快把当地货币花出去，换成更加坚挺的美元、南非兰特、英镑、欧元，或者换成商品。留着当地钞票，就如同留着一块冰，眼睁睁看着它逐渐变小，最终消失。

津巴布韦元最终贬值到根本不值得印刷，已经不再是货币。津巴布韦进入了一个货币缺乏的时代，人们将所有能找到的外国通货——美元、南非兰特、英镑、欧元、人民币都拿来使用。这时才能看到钞票的流通作用，没有钞票，人们手里即便有商品也很难定价，即便有定价，也很难完成交易。

当外国钞票不够用时，津巴布韦尝试着发行了一种美元的代金券，规定人们可以用代金券当作等价的美元使用。这是一个解决商品流通问题的应急方法，但人们依然不敢相信这种代金券，因为它本身只是一张纸。当政府已经失去信誉后，谁敢相信政府说的话呢？

不过意外的是，当年一文不值的津巴布韦元却成了游客的紧俏商品。任何一个去津巴布韦旅游的人，都乐于从古董店里买两张印满了“0”的纸片作收藏，这可是人类历史上面值最大的钞票。在通胀最疯狂的时候，津巴布韦发行了面值 100 万亿的钞票（1 个“1”后面 14 个“0”）。

因为这件事，津巴布韦前总统穆加贝也成了人们嘲弄的对象。他接手津巴布韦时，这个国家的经济水平在非洲位居前列。在白人的统治下，政治虽然不平等，但经济上却井井有条，带着小欧洲的色彩。三十年后，在黑人的治理下，国家破了产。有些人便以此证明非洲离不开欧洲。

这样的对比是有道理的，但我更加关注的是津巴布韦的执政者到底做了什么，使得一个“好端端”的国家如自由落体般坠落。到底他们做对了哪些，做错了哪些？哪些是自主选择，哪些又是他们不可控制的命运？只有分清楚了这些，才能将穆加贝大叔从哈哈镜的世界里解救出来，还原他作为一个领袖的是非对错。

穆加贝的命运，或许也代表了南部非洲原白人统治国家的命运，它们想同时做到发展和公平，却发现：要想保持发展，就无法兼顾公平；为了公平，就必然损害发展。津巴布韦是一个例子，南非虽然比津巴布韦做得好一些，却也经历了严重的不良反应。如果南非想在未来避免出现更大规模的退化，那么津巴布韦的例子就是值得它借鉴的。

但不管怎样，这两个兄弟国家的命运暗示着，非洲作为白人的天堂的时代已经一去不复返了，与其哀叹与诅咒，不如接受现实，尽快处理具体的问题……

世界英雄穆加贝

与大部分非洲国家不同，津巴布韦的独立包括两个阶段。第一个阶段，控制津巴布韦经济命脉和社会政治的土生白人从英国独立。土生白人不到津巴布韦总人口的 5%，却控制了 50% 左右的土地，这些土地都是最好的。此外，他们还控制了津巴布韦的工商业。第二个阶段是穆加贝和恩科莫领导的反抗斗争。这场低烈度的战争持续了十五年，才在 1980 年迎来了津巴布韦的二次独立，也就是黑人从白人手中接管了政权。

穆加贝的独立依靠的是谈判，战争只是辅助手段。在英国人的帮助下，黑人和白人达成了一个分享国家的协议。这个协议是：黑人由于占据了人口的绝大多数，必然掌握政权；但白人由于占据了经济上的绝对优势，如果白人资本撤离，津巴布韦会立刻从南部非洲的小天堂跌入地狱。因此，黑人政权在一个较长期的时间段内，必须允许白人继续控制经济。

当然，黑人不可能永远处于经济的下层，总有一天，黑人的生活水平会与白人拉平，这是毋庸置疑的。人们只希望这个拉平过程是和平进行的，不使用暴力，经过自然平衡过程，不让黑人痛苦，也不让白人痛苦。

当时的南非仍然在实行严格的种族隔离，津巴布韦和南非是全非洲仅有的两个黑白种族不平衡的样本。如果津巴布韦能够实现和平过渡，那么南非也可以遵循着同样的道路过渡到种族融合阶段。

在津巴布韦，虽然白人在其他经济领域——比如出口和商业——也都占据优势地位，但矛盾最尖锐的却是土地。黑人把白人占据的土地当成殖民时期的痕迹，希望尽快做出改变。但土生的白人已经是非洲人，他们在欧洲已经没有了家产，必然要靠土地吃饭，他们也是最顽固的抵御黑人政权的阶层。到底如何让他们和平过渡呢？

我们不妨回到土地的源头去看看。

实际上，即便没有白人前去，津巴布韦的土地问题仍然会很尖锐。白人是

19世纪80年代才开始在津巴布韦大规模定居的。在这之前，津巴布韦已经有了两种黑人。

第一种黑人是较早定居于此的绍纳人。他们以实行土地公有制著称。他们没有私人土地的概念，而是以部落为单位占有土地。在同一个部落的土地上，人们都可以放牧，并协作进行耕种。

18世纪，另一种黑人恩德贝莱人开始出现在这片土地上，并逐渐征服了绍纳各个部落。恩德贝莱人是有私有观念的，他们更倾向于将土地据为私有。

在西方人去之前，两种黑人的冲突贯穿了津巴布韦的早期历史。白人到来后，两种黑人的争端退居到次要地位。白人建立了殖民地，他们最初的目标不是土地，而是矿藏。津巴布韦的矿产资源比较丰富，但无法弥补白人的投资。于是，逐渐地，殖民地当局开始把土地分配给白人，这就侵犯了当地黑人的利益。

二战后，津巴布韦（当时叫南罗德西亚）的土地状况，大约是白人占据了其中的一半，而黑人占据了另一半。

对于黑人更不公平的是，白人将土地划成了五等。第一等位于雨水充沛的高地，这里适合种植咖啡、茶叶等经济作物；第二等同样是高原土地，但雨水比第一等少，这类土地适合种植谷物、烟草；第三、第四等则是半干旱土地，适合放牧或者种植一些干旱作物；第五等是干旱低地，只适合放牧。在这五等土地中，白人垄断了最好的前两等和第三等的大部分，只把后两等以及第三等的一部分留给了黑人。这就意味着，虽然黑人名义上占据了一半的土地，但实际用途上却有天壤之别。

白人占据津巴布韦的优质土地造成了两个影响。坏的影响是，黑白两个种族变得极度分裂。白人社区整洁有序，但这是建立在他们垄断了优质资源基础上的。黑人社区由于人口密度高，土地退化严重，缺乏发展的空间。两者的对立更加严重。

但这样的格局也并非没有好的一面。对津巴布韦来说，好的影响是经济上的，由于白人善于治理，他们引进了大量的先进设备和理念，使得津巴布韦成了非洲的粮仓，城市建筑充满了欧洲风味，土地庄园也有着世界范儿。成熟的治理使得津巴布韦在非洲一直是富裕的国家。

穆加贝掌权后，如何平衡白人和黑人的关系呢?

事实上，穆加贝一掌权，就受到了全世界的普遍赞扬。在与英国人打交道时，他大胆地承诺，津巴布韦在经济制度上十年内不做改变，还给白人保留了一定的政府职位，甚至把两个部长名额送给了白人，这一系列措施给白人吃了定心丸。

在土地上，由于之前过于不公平，必须做出一定的改变。穆加贝的土地政策名为“愿打愿挨”，也就是建立在双方自愿的原则上。首先，在战争中有一部分白人已经离开，如果有的土地实在找不到主人，就由政府出面分配给没有土地的穷苦黑人。但这部分土地只是少数，更多的土地仍然掌握在白人手中。

津巴布韦鼓励白人自愿出售土地，白人可以自行规定土地价格，一部分由私人购买，另一部分则由政府出面进行购买。政府购买了土地，再发给没有土地的黑人。在交易过程中，为了避免有任何强迫成分，一切都出于自愿。甚至英国政府也参与进来，它们建立了一个资金池。当津巴布韦政府从白人手中购买土地时，一半的费用出自这个资金池，津巴布韦政府实际只用出资一半就可以了。

在这种制度的安排下，经过十年，白人将手中掌握土地的20%卖给了黑人和政府，保留了其余80%的土地（也就是总量的40%左右）。

在和平、安定的资源环境中，不管是保留了土地的白人，还是新获得了土地的黑人，都爆发出了极大的热情，共同创造了津巴布韦独立之后的繁荣，经济增长迅速。当人们谈论起非洲的混乱时，总是把津巴布韦作为一个特例，与别的非洲国家作对比。

津巴布韦作为榜样还刺激了南非，使得人们用它作例子攻击南非的种族隔离制度，最终逼迫南非的白人做出了重大让步，直至下台让给黑人。

独立初期，穆加贝作为黑人领袖的地位并不稳固，与他竞争的是一支游击队的领袖恩科莫。由于要整合黑人内部的势力，穆加贝必须获得国内白人和国际社会的支持。他也的确做到了获得世界的支持，让人们意识到穆加贝才是最好的人选，从而击败了对方，成了津巴布韦的领袖。

在那时，不管是西方还是世界上的其他国家不仅没有指责他，还将他称为非洲最睿智的领导人之一。如果顺着当时的轨迹走下去，那么津巴布韦将成为一个黑人白人和谐共处的美好样本，并保持足够的繁荣。

可是，为什么后来的津巴布韦却偏离了这个轨道呢？

逼上梁山的穆大叔

当世界庆幸非洲出了个穆加贝，并盼着他掌控全国局势时，没有了反对派的穆加贝却发现，要想顺着原来的路径走下去，已经越来越困难了。

问题仍然出在土地和财政上。随着穆加贝兼并了反对势力，他的派系中众多的山头需要抚慰，政府对于财政的需求大大增加。购买土地分给农民的政策，也使得政府财政变得入不敷出。

要想摆平国内众多的势力，光靠财政补贴是不够的，必须将更多的土地分配给支持者，才能解决眼前的困难。

在“愿打愿挨”政策下，白人卖出的土地是有限的。当黑人看到白人十年才卖出 20% 的土地之后，越来越多的人已经等不及了。

这并不是穆加贝一个人的问题，而是当社会处于极端不平衡状态，白人占据经济优势，黑人占据政治优势时，社会迟早会进入矛盾激化时期。拥有政治优势的人会学会使用政权工具来解决平衡问题，而拥有经济优势的人一旦有了防卫心态，也会拒绝任何来自政府的善意措施，这就产生了死锁现象。加之白人可以随时将自己的遭遇诉诸海外，穆加贝的形象也就悄然发生了变化。从这个角度说，他是被形势逼迫着往前赶，根本停不下脚步。

穆加贝的土地政策进入了第二阶段。在第二阶段，政府被授予了强制力，可以以公众利益的名义征用白人的土地。但为了给白人以交代，规定白人仍然可以根据市场价要求合理的补偿。

这个阶段成了津巴布韦土地改革的关键时期，之前白人仍然能够保持对黑人政府的信心，整个经济还可以维持。一旦打碎了白人的信心，那么津巴布韦的经济就会立刻下滑，进入螺旋下降阶段。

白人曾经因为穆加贝的诚意，照常经营着本国的企业。这时，许多人开始怀疑政府是没有底线的。在一个黑人统治的国家，占据经济优势的白人迟早会被剥夺掉财富。他们纷纷向海外转移资产，减少甚至关闭本国的企业。因此，津巴布韦的经济出现了大幅度下滑。

那些分给了黑人的土地也并没有被好好利用。土地在白人手里时，白人随时可以通过向银行借钱，购买新设备，维持土地的高产出。但黑人并不懂得农业管理，也无法从银行贷款（他们还没有积累足够的信用），土地虽然分下去了，产量却大幅下滑。他们把土地看成是财富本身，只是守着，而不是把它们作为可以利用的生产资料。

与此同时，随着政府权力的增加，围绕着穆加贝形成了一个既得利益集团。在最初的土地分配中，还能考虑到贫苦黑人的利益，尽量将土地平均分配给穷人。随着政府权力的加大，土地逐渐从穷人转向了富人——腐败出现了。

在津巴布韦逐渐步入深渊的过程中，穆加贝应该承担多大的责任呢？

如果仔细分析，恐怕任何一个人接替他的职位，都不会比他做得更好。在一个社会构成如此不稳定的国家，衰退或迟或早都会出现。黑人内部争权夺利也是一个新兴政权无法避免的。穆加贝也同样无法防止腐败。

如果不建立纯粹黑人政权，而是建立一个黑白混合政权呢？答案是：在一个黑人主导的民主制国家，根本没有可能建立黑白混合政权，因为政府中的白人迟早会被拥有众多选票的黑人所代替。

津巴布韦内部的混乱还没有结束，外来的打击再次到来：在英国的撒切尔和梅杰担任首相时期，保守党政府还在按照承诺，利用英国的资金支持着津巴布韦搞土地改革。随着保守党的下台，新上台的工党首相布莱尔认为没有必要再支持一个遥远的国家搞改革了，特别是这个国家变得越来越不听话，英国人的钱都不知道去了哪儿时。布莱尔停止了支付津巴布韦土地补偿金，这让穆加贝的改革必然转向。

在南面，南非的白人已经下了台，津巴布韦这个指路明灯也失去了价值。随着世界关注度的降低，世界援助也少了，大量的钱涌入南非支持那里的正义事业。这种资金的转向，更加剧了津巴布韦的经济灾难。

在英国提供资金之时，津巴布韦政府虽然有钱购买土地，但英国的资金也造成了土地价格过高的局面。随着政府征用土地过多，它已经没有能力按照市场价格给予白人补偿了。随着英国停止支付，穆加贝开始名正言顺地没收土地。于是津巴布韦的土地改革进入了第三阶段：政府征收土地，且没有补偿。在这个阶段，土地改革也骤然加速，将津巴布韦的白人阶层迅速消灭。

到了世纪之交，津巴布韦已经破产了。由于白人离开后经济垮掉，一半以上的人失了业，通货膨胀率高达 60%，70% 以上的人陷入赤贫。

为了应付局面，穆加贝参与了刚果战争。在战争中，他支持刚果的中央政府和总统卡比拉，与卢旺达和乌干达支持的反政府军打仗。津巴布韦控制了刚果境内的一部分资源，通过走私来解决国内的资金问题。到底是打仗花了更多的钱，还是从刚果获得了足够的资源，已经成了一堆烂账。人们只知道为了应付大幅度增长的军费，津巴布韦的财政变得更加捉襟见肘，而这时也就是津巴布韦滥印钞票的开始阶段。

随着国内的混乱，对于穆加贝的反抗也越来越多。1999 年，全国兴起了一个叫“争取民主变革运动”（Movement for Democratic Change，简称 MDC）的党派。这个党派来势汹汹，在未来的数次选举中让穆加贝吃尽苦头，穆加贝甚至不得不依靠作弊才能当选。

为了应付新来的挑战，穆加贝必须将全民的注意力转移。有钱的白人不幸成了吸引全民注意的靶子。

2000年，穆加贝修改宪法以巩固权力，却在全民公决中以45%对55%失败了。这次失败成了导火索，十天后，全国突然出现了许多暴力分子，轮番向各地的白人农场进军。他们袭击白人，占领农场，甚至杀害那些为白人干活的黑人。

这次运动之后，津巴布韦残喘的经济彻底熄火了。

更雪上加霜的是，随着津巴布韦局势的恶化，国际上开始制裁津巴布韦，全世界的资本市场也由于津巴布韦无法还债而向其关闭了大门。一场巨大的“完美风暴”终于形成了。

2002年，穆加贝在选举中遭到了MDC的强烈阻碍。他宣布获胜后，立刻决定在一个半月内解决白人的土地问题，要求白人在四十五天内退还所有土地。

针对白人的土地运动一次接一次，但每一次运动又带着一定的不彻底，总有一部分白人残存下来，成为下一次运动的目标。直到2013年，津巴布韦才将所有的白人土地都剥夺，完成了彻彻底底的土地改革。

与土地改革并行的是津巴布韦的超级通货膨胀。由于世界资本市场对津巴布韦关闭了大门，津巴布韦国内的经济彻底崩溃，原来的非洲粮仓如今连自给自足都做不到，也没有多少东西可以用于出口，外汇储备彻底枯竭。而政府需要花钱的地方却越来越多，最后只好依靠印钞来解决。

在1980年刚建国时，津巴布韦元是与美元挂钩的，汇率与美元不相上下。在整个20世纪80年代，由于经济仍然在增长，通货膨胀率还不算特别高，最高也没有超过20%，有的年份甚至保持了个位数。但到了20世纪90年代，通货膨胀率已经到了每年20%到40%之间，世纪之交达到了50%以上。

2001年，津巴布韦元开始进入快速贬值阶段。这一年，津元贬值达到了112.1%，第二年就已经接近200%，第三年高达598.75%。这时，津巴布韦元就已经彻底失控了。一旦进入到这个下降螺旋之中，几乎没有人能够阻止货币变成废纸的进程。

2007年，津巴布韦通胀率达到了66212.3%。第二年，穆加贝失去了议会控制权，MDC占据了议会的109席，穆加贝只获得了97席。在总统选举中，穆加贝依靠作弊才拖进了第二轮。在第二轮中，又依靠恐吓和打手的力量，自行宣布获胜。但他不得不与 MDC 建立了分权制的体系，MDC 的人担任了总理，他担任总统。

政治斗争的结果却是金融领域变得更加混乱，穆加贝控制的银行系统发钞也达到了最高级。2008 年 7 月的通胀率达到了 231150888.87%，11 月更是达到了创纪录的 79600000000%。

穆加贝的土地改革和印钞机将津巴布韦从非洲小天堂变成了赤贫和混乱之国。更可怕的是，当人们复盘整个过程时，却几乎找不到避免发生这种悲剧的方法。

津巴布韦国内白人和黑人两极分化，白人占据了土地优势、知识优势、资本优势，人数却处于极度劣势，而黑人除了人口优势与政权优势，极端缺乏治理国家的知识储备，没有资本，也没有土地。

任何一个国家内部如果同时出现这么多的问题，几乎都要通过一次全盘的洗牌来摆脱困境，而津巴布韦的遭遇，就是这样洗牌的结果。

从这个角度讲，即便津巴布韦没有穆加贝，换成了其他人也很难找到别的出路。

经过了土地改革，黑人已经拿回了土地，津巴布韦终于可以在一块新的画布上开始作画，即便它没有之前那么流畅，必须从拙劣的线条开始，但毕竟是黑人们更加容易操控的局面。随着穆加贝的下台，如果津巴布韦能够保持稳定，那么，在经历了数十年的繁华一梦之后，他们或许会醒来重新开始生活。

当人们看到津巴布韦的景象，再回头看另一个白人隔离政权时，不由得深深地为它吸一口凉气：难道这也是南非的命运吗？

最后的白人堡垒

1990 年是南非最关键的一年。白人总统德克勒克做了三个决定，让这个种族隔离的国家再也没有了回头路。

第一个决定是：南非放弃核武器，成为一个无核国家。这意味着南非放弃了野心勃勃的军事计划，不再把自己想象成世界的敌人，而要向世界潮流靠拢。

第二个决定是：南非放弃对西南非洲的管辖权，让西南非洲独立，这个新国家就是目前非洲第三年轻的国家纳米比亚。

西南非洲问题是在一战时期出现的。这里曾经是世界上最偏远的地区之一，干旱少雨，属亚热带、半沙漠性气候，人口稀少，不适于生存。它曾经是德国的殖民地。一战后，德国战败，把海外殖民地交给了国际联盟指派的新监护者。南非就成了德属西南非洲的托管国。

在当时，南非还属于英国的自治领，却已经拥有了自己的议会和官员，处于半独立状态。直到 1961 年，南非的白人政权才宣布从英联邦独立。

南非托管的西南非洲被认为是世界上最微不足道的托管地，但随着西南非洲发现了钻石，南非变得更加积极，不想放手。西南非洲的游击队在国际支持下与南非打了几十年，德克勒克才最终决定放弃西南非洲。

德克勒克第三个决定更加重要：他决定放弃南非的种族隔离制度。首先将黑人政党“非洲国民大会”（African National Congress，简称 ANC，即“非国大”）合法化，再逐渐将黑人参与政治合法化，直至建立种族联合政府。而他最具诚意的象征性举动，就是释放被关押了二十七年的 ANC 领导人曼德拉。

在德克勒克作决定时，南非的白人大约有 400 万人，占南非总人口的不到 10%。在历史上，南非是白人耕耘时间最长也最深入的地区。津巴布韦的白人政权不到一百年，而南非从 17 世纪就已经成了白人定居地。

耕耘南非的主要是荷兰人和他们的后裔，南非白人的主要语言是一种荷兰语的变种。经过数代的沉淀，荷兰人的后裔获得了布尔人的称呼。

布尔人成了南非的统治者，建立了一套类似于欧洲的制度。20 世纪初，英国人打败了布尔人，将南非变成了自治领，但实际的行政权却仍然在南非的布尔人手中，他们有自己的议会、总理和法律系统。

在白人政权时代，南非一片欣欣向荣，这里曾是继日本之后全世界发展第二快的国家。但这里的白人总是忧心忡忡，主要原因是他们担心黑人会毁掉国家的繁荣，以及自己宁静的生活。

白人曾经占南非总人口的 20% 以上，可不幸的是，白人的出生率永远没有黑人高。到了 20 世纪 90 年代，白人人口已经不到 10% 了。与白人生活的优雅闲致相比，黑人生活却极其清苦，他们接受不到良好的教育，找不到好工作，必须做那些白人不愿意做的肮脏活计。

在白人感到忧心忡忡的同时，黑人也怨声载道。在黑人看来，白人之所以能够生活得这么好，是以欺压黑人为代价的。九个黑人的付出，才换回来 1 个白人的安逸，这种情况是不可能长期维持的。

黑人的看法有道理却并不全对，白人的确依靠种族隔离和歧视白白占用了不少黑人的资源，但如果没有白人的良好管理，社会经济也不会发展。

双方各执一端，黑人希望与白人平分社会资源，而白人害怕黑人参与管理之后，由于能力达不到，会拖了社会的后腿，造成混乱和衰退，更无法保障白人的安全。这样的疑虑至今仍然存在。

令南非白人政权真正感到头疼的，不仅仅是黑人的暴力，更多的是国际上的压力。当 1980 年津巴布韦结束了白人统治之后，南非已经成了世界上唯一的种族隔离政权，人们总是提起津巴布韦黑人上台后是多么平静和繁荣，南非却是多么暴力和糟糕。对比之下，世界忘记了南非已经是一个较为发达的经济体，而把它当作落后的象征，施加了一系列的制裁。

在制裁之下，南非的经济终于开始衰退了。随着经济的衰退，黑人的日子变得更加难过，黑人们的反抗加剧。经济衰退也影响了白人，他们预感到，如果不做出改变，世界就会一直让他们难受，好日子将永远成为过去。

但是，如何改变呢？如何既照顾到黑人的利益，提高他们的地位，同时又能够保障白人的安全，不以牺牲白人为代价来换取黑人的幸福呢？白人政权纠结于这个问题许多年，才由德克勒克强行打开了大门，做出了最终的尝试。

在德克勒克决定改变时，津巴布韦的白人和黑人还处于蜜月期。等发现事情不妙时，开弓已经没有了回头箭。如果南非的转变晚上十年，津巴布韦已经开始强行征收白人土地，恐怕南非的白人宁肯守卫财产而死，也绝不会放弃政权。

即便德克勒克已经宣布了政策，但是在白人内部仍然有极大的反对声。在白人看来，外界施加压力都只是站着说话不腰疼，真正要承担后果的是他们。如果失败了，世界上那些曾经制裁过他们的人只会在电视上唏嘘地看着他们的尸体，而不会有任何损失。

1992年，德克勒克为了寻求突破，宣布在白人内部举行一次全民公决，并开足了马力为公决保驾。当公决以68%的赞成票通过后，南非的种族隔离政策才终于走到了尽头。1994年，南非的新大选，白人与黑人同时参加投票。不出所料，占据人口90%以上的黑人把曼德拉送上了总统宝座，南非的白人永远失去了政权。

就在南非变天的同时，邻国津巴布韦的巨大混乱也揭开了帷幕。世界已经不再需要一个结束种族隔离的引路灯了，对津巴布韦也不用再捧着，批评声逐渐高涨，援助慢慢减少。穆加贝开始加码征收白人的土地，津巴布韦的白人开始了背井离乡的生活。

津巴布韦的遭遇让刚刚放弃了权力的南非白人大吃一惊，南非能够避免津巴布韦的命运吗？

南非：向左走还是向右走

比津巴布韦幸运的是：南非有一个曼德拉。

曼德拉虽然是和平的代表，但事实上，在曼德拉的政治生涯早期，也曾经尝试过武装对抗白人政权。最早时，ANC主要是一个依靠和平手段进行斗争的组织，但在看到和平手段无效之后，曼德拉开始采用一定的暴力进行反抗，这导致他在1962年以颠覆政权的罪名被捕。在狱中，他反思自己的斗争策略，开始重新拾起和平理念，这给了白人政权一个和谈的基础，双方在和平的基础上达成了共识。

与穆加贝一样，曼德拉也有他的劣势，他并不懂经济。他虽然是大学生出身，但将更多的精力放在了斗争上。对经济的管理需要经验和专门的学问，曼德拉最黄金的时代却是在牢里度过的，没有条件积累经验。

另外，曼德拉也曾经信奉计划经济，ANC 曾经认为他们奋斗的目标是控制国家的经济命脉，从而达到社会的公平。如果在执政后按照这条路走下去，那么南非很可能会成为下一个津巴布韦。

可是，曼德拉却有着一项穆加贝永远不具备的品质：作为第一代领导人，他知道自己的缺点在哪儿，也知道自己的责任是作为一个和解的符号存在，至于更专业的事情，就让后人去做吧。

在这种认识的基础上，曼德拉坚持只做一届领导人，当黑人政权稳固后，就把责任交给年轻的一代，让他们去解决更多的问题。

曼德拉担任总统的四年间，主要是解决影响团结的遗留问题，而不是在经济上做太多的文章。南非黑人掌权后，最大的问题在于：如何让黑人不对白人产生太大的愤怒，以及如何让白人感到放心，不像津巴布韦的白人那样撤离、逃走，留下无法收拾的烂摊子。

要知道，南非的黑人比起津巴布韦的黑人更有资格仇恨白人。白人的生活质量已经达到了南欧的水平，但黑人却挣扎在全世界最穷的国家之列。大部分黑人还是文盲，在隔离带后面的他们眼睁睁看着白人享乐。不仅这样，白人还镇压他们任何企图逾越差距的努力，甚至不惜动用武力，发生过数次屠杀。至于虐待黑人，更是家常便饭。现在黑人成了掌权者，许多人想加倍地报复白人。如果发展到这条路上，南非占经济总量 70% 的白人经济将迅速垮塌，南非会立刻陷入一片混乱。

甚至许多白人由于不满意前政府主动放弃政权，早就打算离开了。一旦他们离开，黑人根本没有能力让政府运转起来。

另外一个重大问题是，白人政府到最后已经山穷水尽了。这个政府早在20世纪80年代被制裁时就已经无力偿还外债，国际信用接近破产。世界虽然大力支持黑人抗白运动，可世界的资本却是更加理智的，投资者不看好黑人政权，害怕借出的钱收不回来。曼德拉政府要想持续下去，不仅要打消世界资本的顾虑，还要让世界对他们比对白人政权更加放心。曼德拉检视国库，发现只够维持三个星期的政府财政，而政府所欠的外债已经达到了150亿美元。在白人统治的最后几年，经济一直是在下滑的，南非三分之一的人口都处于失业状态。

一切都显得危在旦夕，曼德拉却将南非从悬崖边拉了回来。他使用的办法是：和解，同时承担责任。

所谓“和解”，指的是黑人与白人不管以前有什么仇恨，都必须和解。曼德拉甚至去白人统治时期最死硬的白人总理遗孀家中做客，邀请曾经暗杀他的警察头子吃饭。他要让人们知道，在他的心目中，只有和解，没有仇恨。这对于一个前暴力分子是多么困难的转变，但是他做到了。

在和解倡议之下，南非的白人虽然有流失，但大部分都留了下来。那些曾经参与镇压黑人的白人警察继续帮助黑人政权维持着秩序，他们知道时代变了，也知道这个政权是值得尝试的。

但在曼德拉的心目中，和解并不意味着不正视过去。和解，是承担责任的和解。“承担责任”，对外来说，就是黑人政府承担白人政府留下的一切外债和契约关系，让海外资本放心地继续投资南非；对内来说，就是政府承诺在保持现状的同时，要求每一个参与过冲突的人都承认自己的过错，只要承认了过错，就既往不咎。

曼德拉为此组织了一个“真相与和解委员会”（Truth and Reconciliation Commission，简称TRC），这个委员会负责调查在种族隔离时期所发生的一切暴力事件与错误政策。按照委员会的设计，一个人如果有罪过，可以向这个委员会去坦白，只要坦白过，就不再追究。但如果没有坦白，而是被调查出来，就可能遭到审判。

如果说和解是成功的，那么这个委员会则是毁誉参半的。对于黑人来说，这个委员会做得显然不够多，因为它放弃了惩罚。对于白人来说，他们本想忘掉那个时代，重新开始，只要不再提当年的事，他们会乐于成为新政权下的好公民，这种翻旧账的行为让他们心里感到不舒服、不放心。

但如果从中立角度看，设立这个委员会可能是唯一奏效的方法。如果没有委员会，黑人情绪得不到释放，很可能会产生更加极端的暴力情绪。委员会虽然让白人感到受了伤害，许多人认为这实际上是揭开了白人政权的伤疤，让黑人更加仇视白人，但实际上却可能起到了保护白人的作用。

另外，委员会不仅针对白人，也针对黑人游击队，甚至曼德拉的副手姆贝基都因为参与暴力活动而受到调查，ANC 的其他领导人也受到过指控。只是由于阻力重重，姆贝基拒绝配合，最终不了了之。

调查进行过程中，一小部分白人离开了南非。在独立的前十五年，大约有 20% 的白人选择了离去，他们在澳大利亚、新西兰、北美、英国等地重新定居，这可能是政权转变必须付出的代价，差别只是程度上的轻重，却无法完全避免。

到曼德拉离职时，至少人们认为南非已经超出了预期，一个废除了种族隔离制度的黑人政府能够持续存在，虽然它在某种程度上有退化，但顽强地度过了最初的艰难时刻。

曼德拉不恋栈的举动还为南非树立了一个标杆。正因为他适时地离开了，没有企图长期待在总统的职位上，这让人们更加把他当作种族和解的象征，并真诚地相信和解是可能的，权力并不是唯一的选择。一旦现实中遇到了问题，人们就会想到他，将他变成一种精神激励，告诉自己不要轻易放弃理想。

客观地说，曼德拉如果继续留在台上，的确会面对更多的质疑。他没有办法讨好每一个人，他的政策也会举步维艰。

曼德拉曾经是一个社会主义者，但他实行的政策是资本主义的，更强调自由化，尊重白人的大资本，不触动现有格局。

但这个政策带来的最大问题是，南非黑人地位的改善进展得太缓慢了。白人虽然走了一批，但剩下的仍然处于优势地位。在 ANC 内部也出现了一批黑人中坚，由于靠近政权，他们已经发了财。但是对于大部分黑人来说，他们虽然有了一定的政治权利，但经济权利却没有太多改变。他们不会长期满足于这样的地位，如果政府不提供帮助，他们就要自己去拿。

南非政府面临着与津巴布韦一样的困境：如果维持现状，那么贫困黑人迟早要用武力抢夺白人的财产；如果政府利用政策扶持黑人，又存在一个度的问题，把握不好度，就会造成对白人的打压，让白人流失更加严重，从而让经济垮台。

穆加贝就是因为没有处理好度，一开始过于强调维持现状，后来又想迅速改变，变成了剥夺白人的财产，津巴布韦也因此陷入了万劫不复的境地。

曼德拉不懂经济，显然不适合完成这样的任务。他下台后，将任务留给了继任者姆贝基。姆贝基能够完成吗？

与前任在经济上以稳定为目标不同，姆贝基在经济上的政策是“公平”。所谓“公平”，指的是让黑人享有与白人同等的经济地位。这是南非政府正视黑人经济地位低下的开始。

姆贝基推出的计划叫“黑人经济救助计划”。计划本身是要给黑人提供平等的教育、职业培训和工作机会。计划提出了许多量化目标，比如黑人开设企业数量、小企业雇佣黑人人数等。他希望通过这样的做法，让黑人能够迅速参与到企业之中。

姆贝基的做法对黑人是有帮助的，但并非没有副作用。

对白人来说，政府的倾斜政策让白人处于不利的地位。以前企业雇佣工人只考虑技能，现在必须考虑肤色，由于掺杂了其他因素，使得企业反而失去了自主权。

对于黑人来说，政府扶持他们的举动也没有带来平等。由于政府掌握了太多的资源分配权，它总是倾向于分配给熟人和关系户，一批黑人巨富大都是和政府有瓜葛的人，大多数黑人仍然贫穷，享受不到当家做主的好处。

由于政府过多地干涉了企业的经营，南非经济又出现了收缩，经济困难让大部分黑人的生活质量没有改善，反而下降了。

在姆贝基时代，曼德拉时期培养的乐观情绪已经逐渐消散，人们讨论的不再是明天，而是今天的不平等和腐败。ANC 的高官几乎都涉及腐败，其中包括总统姆贝基、副总统祖马。

南非还成了世界上最排外的国家之一。在历史上，南非一直是一个移民目标国，虽然白人政权实行种族隔离政策，但由于这里经济发展迅速，总是能吸引非洲其他地区的黑人前往。

到了黑人政权时期，虽然白人在离开南非，但许多国家的黑人却希望到这里生活。最典型的是津巴布韦，津巴布韦曾经也是黑人向往之地，但随着穆加贝改革引起的混乱，大量的黑人逃离了津巴布韦前往南非。此外，卢旺达、布隆迪和刚果（金）等国的历次混乱都造成了大批难民逃往南非。

但黑人掌权后，南非却突然不欢迎难民了。这并不是政府的政策，而是民间的情绪。黑人当家做主后，立刻将狭隘的一面表现了出来，他们不断地歧视移民和难民，制造摩擦，甚至发生过数次针对难民的骚乱。

他们之所以歧视难民，与国内经济徘徊不前、失业率居高不下有关。而经济问题归根结底，仍然是经济地位不平等引起的。要解决平等问题，势必影响稳定，要维持稳定，黑人的平等问题又会拖下去，到了黑人等不及的那一天，就会发生意外。

姆贝基没有解决黑人平等问题。他的政策毁誉参半，2009 年，他被副总统祖马取代了。

然而在祖马时代，行政和社会的退化现象并没有解决。事实上，大家已经看清楚了，南非的问题在于：一方面，黑人正在提高自己的治理水平，但要完全达到以前白人的行政水平，还需要一个较为漫长的过程；另一方面，由于治理带来的问题，南非社会和经济都在缓慢地出现退化。现在的问题是，要在南非社会完全退化之前，让黑人的治理能力提高到足以应付局面的水平。这就像是一场比赛，到底是退化占了上风，还是治理能力的提高占了上风，就决定了南非问题未来的走向。

在祖马时代，一个新的现象正在出现。一个叫“民主联盟”的党派已经取代了原来白人的国民党，成长为南非的第二大党派。与传统的国民党和ANC不同，“民主联盟”的支持者虽然主要是白人，但同样也有不少黑人支持。可以说，“民主联盟”正在成长为一个跨越种族的党派。

在经过了多年的黑人政党ANC掌权之后，人们意识到，问题已经不纯粹是黑白肤色问题，而是经济问题。在经济问题面前，所有肤色的人都是平等的。“民主联盟”要求民主、政治透明，这不只是白人的呼声，也是一部分黑人的呼声。

这个跨种族政党还很孱弱，只能获得超过20%的选票，ANC的选票始终保持在60%以上。但对于南非而言，这意味着一种新的可能性。这种可能性就是：当人们还在纠缠于黑白肤色的问题时，新成长起来的黑人精英已经足够强大，能够抵御群氓政治的进攻，提出更加成熟的议题来取代种族问题了。

如果南非能够继续保持相对稳定，时间长到足够淡化黑白对立的情绪，让黑人成长起来，在经济上获得一定的满足，那么南非将摆脱类似于津巴布韦的困境。

如果没有等到这一天，经济发展缓慢，黑人精英成长不足，最终群众的敌对情绪压过了理智，那么很可能津巴布韦的命运将在南非重演。

2017年12月，丑闻缠身的祖马终于辞去了ANC主席职务。他打算让他的前妻德拉米尼竞选主席，从而在2019年继任成为南非总统。但不幸的是，在当月的非国大主席选举中，祖马力挺的德拉米尼败给了商人拉马福萨。

拉马福萨曾经是ANC中坚，后来借助姆贝基的黑人救助计划成了矿业大亨、黑人首富，也是现政策的得益人。但他本人坚持经济至上，同时大力提倡反腐，人们觉得不缺钱的他应该比前几任总统干净一些，这对于南非的行政能力提高是好事。

从现在的情况看，南非的经济出现了严重的退化，但新的融合正在形成，新的更加具备现代知识的领袖还在成长，到底谁的速度快，世界有乐观的依据，但也要警惕悲剧的重现。

AFRICA

第十一章

革命后的北非

A JOURNEY THROUGH TWO HUNDRED YEARS

在突尼斯的中部，有一个没有旅游资源，也没有什么特色商品的小城市西迪布济德市。突尼斯虽然国土面积小，却有着丰富多彩的文明遗存，这里有非洲保存最完好的罗马时期建筑，也有名震世界的迦太基城。这里还有全非洲最神圣的伊斯兰教圣地，以及摩尔人统治时期的漂亮城堡。

但最吸引我的，反而是这座不起眼的小城。

在城市中心一条最繁华的大街上，竖立着一座简陋甚至显得不伦不类的雕塑，雕塑的主角是一辆小贩的手拉车，手拉车上涂着突尼斯国旗。

这种手拉车在突尼斯显得极为普通，大部分小贩上街时，都会拉上这样一个木制的小车，放着要贩卖的商品。人们一天会看见许多这种手拉车，几乎不会对它有什么印象，因为它太普通了。

但这样一个手拉车为什么会被做成雕塑，放在市中心的大街上呢？人们到底想要表达什么？

就在我拿出相机给手拉车雕塑拍照时，突然有人走了过来。“你是谁？你的护照！”那人突然拉住我，用仅会的几句英语问道。

“你是谁？”我反问道。

“警察！”这名便衣说着，从口袋里摸出了证件。我没有能力分辨真假，却知道这次必须听他的话了。

这种遭遇在突尼斯其他地方是很少遇到的。突尼斯是一个非常好客的国家，人们生活得比较随意，乐于给外国人提供方便。在其他地方，我从来没有遇到过刁难，人们一看老外来了，总是愉快地喊：欢迎到突尼斯！这让中国人有些不适应。但这里却成了例外。

警察把我带到警察局后，让我等了一会儿，才带来了另一个人，看上去是他们的头儿。“你是谁？”警察头目也问道。

当他听说我是个中国人时，表现出了惊讶的神色。但接下去又交流不了了，他们只能再让我等待。不过警察头目不断地暗示我：不要着急，小事情。我的心放下不少。

最后，来了一个会英文的警察，我们可以互相理解 80% 左右的内容。警察头目关心我是否真的是中国人，接着又通过翻译问我：“你是中国人，为什么还要跑到这里来？你不知道这是民主的象征地吗？”

经过一番解释，他们又盘问了不少问题，都记录在一张纸上，又复印了我的护照，让我在笔录上签名。

这一切都做完，又等了一会儿，似乎接到了上面的指示，他们才回来告诉我：“欢迎来到突尼斯，你可以走了。”

走之前，那名会英文的警察专门提醒我不要担心，他们复印只是为了留底，不会给我带来任何麻烦，也请我不要对突尼斯留下不好的印象。“你是我们的朋友，我们不会抓你。知道为什么吗？因为，我们已经民主了！”他最后说。

当他说出“民主”这个词时，显得有些自豪，又带着无奈。我能理解其中的无奈，那是因为就是他们几年前引发了民主革命，而现在他们却必须成为民主的守护者。

2010 年 12 月 17 日，一位名叫穆罕默德·布瓦吉吉的小贩在这里点燃了自己，以抗议警察和市政官员没收他的商品。这本来是社会底层人群里发生的一桩小事，却骤然间引爆了全国性的抗议，并输出国外，在利比亚、埃及、也门、叙利亚等地产生了摧枯拉朽的冲击力，将这几个国家的政治结构彻底冲毁，至今仍没有完成重建。

这就是著名的席卷全阿拉伯甚至全世界的茉莉花革命。这座城市就是革命的原爆点。

在距离手拉车雕塑不远的中央邮局，仍然挂着印有布瓦吉吉的大幅海报，上面写着：自由与尊严之革命。

警察局所在的大街已经改名为穆罕默德·布瓦吉吉大街，透过警察局的窗户就能看见小贩车的雕塑和大幅海报，仿佛时时刻刻在提醒他们：当初小贩就是因为你们而死的，不要再犯这样的错误了。

警察们现在必须赞同革命，守卫革命成果，却又要小心翼翼地防止人们再革命，这种双重身份，他们已经花了六年时间来适应。[①]

不过他们适应得还算不错。茉莉花革命已经发生了六年多，给世界造成了一道深深的伤疤。许多国家都在革命中分崩离析，失去了稳定，只有革命发生地的突尼斯恢复了过来，显得平静而安详，成了世界上少数度过了革命却没有太严重后遗症的国家。

那么，茉莉花革命到底是一场怎样的革命，除了给阿拉伯世界带去了不稳定之外，对于非洲的穆斯林又有什么影响？突尼斯为什么会爆发革命，又是怎么从革命中痊愈的？

这一切，要从伊斯兰世界的一个特质谈起，非洲的伊斯兰国家都不例外地拥有这个特质。

自由的小贩，追求尊严的小贩

2010年12月17日，西迪布济德市26岁的蔬菜水果小贩布瓦吉吉早上醒来

---

① 茉莉花革命发生在2010年底，作者此次访问突尼斯是在2017年。——编者注

时，还对生活充满了渴望，他的目标是买一辆运货卡车，好好做生意，供养家里的 8 口人，甚至还要帮助一个妹妹交大学的学费。可是中午时分，他却将自己身上倒满了汽油，纵火自杀。

如果用普通人的眼光看，这完全是一场普通的执法事件。

这天早上，一名市场执法者、45 岁的女官员哈姆迪负责在路上执法，她发现了布瓦吉吉的小摊，走过去检查他的证件。按照该市的规定，摆摊是需要证件的，证件需要由市场执法部门签发。布瓦吉吉没有这个证件，哈姆迪按照规定扣押了布瓦吉吉的蔬菜水果。据称，为了进货，布瓦吉吉花了 200 美元。

布瓦吉吉之前曾经被抓过一次，他依靠行贿给了警察约 7 美元，就要回了自己的货。这一次，他还想按照上次的办法来做，可哈姆迪拒绝了他。

哈姆迪的大公无私招来了小贩的反抗，随后他们发生了言语的冲突（也可能有肢体冲突，但不确定）。哈姆迪叫来了警察。经过认定，哈姆迪没有任何错误，小贩就是缺乏证件，属于非法经营，于是货物被没收。

布瓦吉吉还是不死心，他跑到当地市政官员那儿继续申诉，依然没有效果。法律就是法律，没有证件就是没有证件，一个小贩没有权利去质疑政府法规的权威性。

到这时，早上还幻想着买车养家的布瓦吉吉却突然损失了宝贵的 200 美元，他自杀了。这种自杀到底是一时钻牛角尖，还是的确舍不得 200 美元？到底是政府错了，还是小贩错了？不同立场的人仍然可以争论，但是，革命却等不及争论的结果，突然间爆发了。

一场公说公有理、婆说婆有理的执法事件为何会演化成一场革命呢？这要从阿拉伯人的经商传统，以及突尼斯的政治结构说起。

在伊斯兰国家访问时，不管是在阿拉伯，还是在非洲，我都能强烈地感觉到作为一个商人的自豪感。比如，在摩洛哥城市非斯，街头的一名商人这么告诉我："对于穆斯林来说，商人是最有尊严的职业，甚至超过了国王和总统。"

在中国古代，商人一直是受到压制的。但在伊斯兰国家，却恰好相反。

穆斯林最初的来源是阿拉伯人，阿拉伯人在发明这个宗教之前，一直以沙漠地区的中间商自居。由于沙漠缺乏生产商品的条件，他们就把从中国、印度来的货贩运到地中海沿岸，一直把做买卖当成天经地义的事情。

先知穆罕默德也出身商人世家，他的老婆曾经是一个有钱的寡妇，也是靠商业而发家致富的。《古兰经》整部书都是以商人社会为底本来规范人们的生活和言行的。

比如，正是因为经商存在不确定的风险，所以阿拉伯人不断地向安拉祈祷，祈求安拉保佑。也只有商人能够一天五次向安拉祷告，因为在看店的时候，他们总是能够抽出时间进行简单的祷告。甚至在有的集市上，一到祈祷时间，整个市场的男人们立刻停下手里的活儿，在德高望重者的组织下就地祷告。如果是农民和工人，由于工作更加紧张，就很难抽出时间来进行五次祷告了。

穆斯林商人的信誉特别高，以突尼斯为例，除了少数以外国游客为目标的商店之外，这里的大部分店铺都是言无二价，不作假，老板也是只要承诺就一定做到。每个商人都显得如此骄傲，将经商看成天赋人权，没有人也没有政府能够剥夺。

在北非世界，一个传统的城市总是围绕着一个叫“麦地纳”的区域，这里是老城区，或者保留了完整的传统生态的地方。

麦地纳由城墙环绕，城中清真寺点缀其中，城市里处处是蜘蛛网一般的小街道。最大的麦地纳位于非斯和马拉喀什两座城市。在非斯，我和两位日本人曾在城中迷路，转了两三个小时都没有找到出路。天黑后，不得不找人把我们带出来。在麦地纳里，每一条小街上都充斥着各种各样的店铺，它们有的卖纪念品，有的卖当地人也需要的传统手工业品，还有的卖从中国进口的各种塑料产品、衣服。从早到晚，城里都熙熙攘攘，让人惊叹于穆斯林的活力。北非的老城保留着传统的模样，不需要做任何的改变。

在阿拉伯世界，小贩虽然社会地位不高，但仍然受到人们的尊重。他们也从来不认为自己的生活是别人给的，养活自己在他们看来是一件非常自豪的事情。每一个小贩都盼望着有成长为大商人的那一天。布瓦吉吉也不例外，即便在他死亡的那天早上，也仍然盼望着做一个成功的商人。

布瓦吉吉在自杀后，并没有马上死亡。他住院时，突尼斯的最高领袖、总统本・阿里甚至跑到医院去看他。总统认为自己已是仁至义尽，并没有做错什么。但是，真的是这样吗？这就牵扯到了事件的第二个层面：突尼斯的政治层面。

突尼斯刚刚从法国独立时，是一个国王制国家，但是国王制仅存在了短短一年，就被哈比卜・布尔吉巴废除了。于是，突尼斯和摩洛哥这两个原本类似的国家走上了不同的道路，摩洛哥保留了国王，而突尼斯选择了共和。

布尔吉巴类似于土耳其的凯末尔，是个坚定的世俗主义者、经济上的社会主义者、政治上的强力者。

他通过选举上台，却建立了一党制，把自己改成了终身总统。他在宗教上打击那些伊斯兰势力，明确要求突尼斯变成一个世俗性的国家，同时大力提倡保护妇女权益。今天，我们去往摩洛哥和突尼斯，还能感觉到摩洛哥是一个传统的伊斯兰国家，而突尼斯则已经变得更加世俗化，这就是布尔吉巴的功劳。

但布尔吉巴在经济上支持国家控制。在经过了一段时间的快速发展之后，突尼斯的经济也出现了问题。这时，由于他的身体已经垮掉，医生判断他的精神已经不再适合执政。于是，1987 年，总理本・阿里废除了他，接替他担任了总统。

在阿拉伯革命之前，本・阿里已经执政了二十多年。他虽然是一个强权者，但在突尼斯的发展问题上，却是很有功劳的。他在任时，开始大规模发展私营经济，引进外资、搞活开放，使得突尼斯人的日子比在布尔吉巴时代好过多了。

但问题出在本・阿里的维稳思路上。本・阿里在威望上已经不如布尔吉巴。突尼斯不是一个适合搞个人崇拜的国度，强如布尔吉巴，最终还不是下了台，更何况第二代的本・阿里？

可是，本・阿里却认为，为了维持突尼斯形势一片大好的发展环境，必须保证政治的长治久安。为了保证政治的稳定性，就要求反对派继续闭嘴，等突尼斯经济搞上去了，成了发达国家，那时反对派再想说啥就说啥吧。

为了让反对派暂时闭嘴，本·阿里不得不勉为其难地建立了超过突尼斯财政承受能力的警察力量，进行维稳工作。

当数量庞大的警察队伍建立后，接下来又出现了另一个问题：警察也是人，也需要吃饭养家。警察的数量一多，依靠政府财政吃饭的人数就大大增加了。

由于突尼斯的财政并不算宽裕，总统不得不采取另一个做法：让警察自己去找食养活自己。也就是说，因为付不起高工资，政府给警察的薪水是比较低的，但是警察可以通过一定的罚款来补贴自己。

如果要获得更多罚款，那么必须与许可证制相配合。这种制度的特征是许可证多，规矩多，需要交钱的项目多，一旦没有许可证，就要罚款。

这样一来，警察就可以通过罚款获得足够的“合法收入”。比如，如果警察向某个小贩直接要钱，那是腐败，可是一旦政府规定，从今往后禁止小贩在街上摆摊，除非有许可证，如果没有，就要没收或者罚款，这就让许多小贩处于“非法经营”的状态，而警察可以“合法”地运用权力来获得收入了。

布瓦吉吉就死在了这样的“合法”没收之下。甚至到他死时，政府还认为自己是没有错的，有错的是那些违反政府规定的人。

总结起来，突尼斯的状况就是：维稳必须要有超过社会承载能力的警察力量，为了养活大批警察，又必须让他们自己获得一定的收入，而警察为了获得收入，必须将许多生意变成非法，再从将非法变为合法的过程中获得薪水之外的收入。政府必须允许警察这么做，并在必要时为警察背书。

但政府没有想到的是，突尼斯虽然经过了世俗化，但仍然是一个以信奉伊斯兰教为主的国家，人们心中经商自由的信念还在。而政府一旦为警察背书，就必须为警察所有的行为负责；一旦有人死去，人们对警察的怒火必然会转移到政府头上。

另外，由于小贩的行为的确是非法的，在大部分情况下，他们都得夹起尾巴做人，看上去警察可以为所欲为，这就产生了社会超级稳定的假象。

可是，一旦人们对于警察和政府的怒火爆发出来，就会立刻席卷全国，形成一次失控的革命（脆断）。

那么，在什么情况之下，会发生脆断呢？

答案是：在维稳经费出现困难的时候。由于警察以维稳为目的，这样的警察执法效率会越来越低下，但是花钱能力却越来越高。有一天，当政府财政出现困难，即便加上警察罚款收入也依然无法保障警察的执法积极性时，社会就会出现脆断现象。这时一个小小的火星，都会引起整个社会的爆炸。

北非强人倒台了

茉莉花革命从突尼斯开始，席卷了整个阿拉伯世界。

除了突尼斯，还有非洲的利比亚、埃及，中东的叙利亚、也门等国家卷入其中。除了叙利亚，其余几国都推翻了原独裁政府，成立了新政权。除了这些出现了革命的国家，其余的君主制和独裁国家都出现了极大的不稳定，甚至扩张到了整个伊斯兰世界。

然而，正当人们为阿拉伯革命欢呼时，事情却骤然转向，向着人们始料未及的方向滑去。

亚洲的叙利亚陷入了血腥的内战，大量的难民铺天盖地向周边国家扩散，总统阿萨德仍然当政，反对派中的温和派已经边缘化，极端派正在酝酿成立恐怖的哈里发国家。

在也门，虽然原总统萨利赫被推翻，但随后建立的新政权并不得人心，还陷入了教派冲突之中。属于什叶派的宰德派穆斯林在伊朗的支持下，正在积极开展反政府的内战。而沙特领导的海湾国家则开始空袭也门，将也门内战推向了另一个高潮。2017 年 12 月，正当人们以为原来的统治者萨利赫已经平安远离政治时，他却经受不住诱惑，加入了沙特阵营企图重新回到政治舞台，最终被反对派杀害。

革命在非洲的影响，则是两名北非强人的倒台。

首先倒台的是埃及总统穆巴拉克。在非洲，埃及一直是一个指路明灯式的国家。欧洲在非洲的势力范围分成了两种：一种是全盘控制的殖民地，另一种则是当地代理人主导的保护国。埃及虽然是英国人的势力范围，却拥有自己的国王，它甚至比保护国的地位都高一等。国王对于国内的掌控更强，只是因为债务问题，不得不听任英国控制了一部分外交和财政。

二战后，埃及也一直以两个领头羊自居：中东伊斯兰世界的领头羊和非洲的领头羊。

1953 年，埃及军官纳赛尔发动政变，推翻了国王，实现了完全独立。纳赛尔在革命上很有一套，但在治理国家上，却显得力不从心。

在独立时，为了收回苏伊士运河的控制权，纳赛尔与英法等欧洲国家闹僵了，只能依靠苏联等东方国家。这导致埃及在经济上也实行社会主义和国有经济。在纳赛尔的统治下，埃及的经济逐渐僵化、倒退。在军事上，埃及也屡屡被以色列打败。

但由于纳赛尔一直保持着反对西方的姿态，使得他成了非洲和阿拉伯国家的英雄，直到他去世。

纳赛尔靠个人魅力来进行统治，他的继任者萨达特和穆巴拉克缺乏这样的魅力，只能靠强力来维持。

突尼斯革命爆发后，埃及人也立刻被唤醒，开始了反对政府的示威活动。2011 年，人们纷纷走向街头，通过游行逼迫穆巴拉克下台。他们没有想到的是，总统已经变得这么虚弱，穆巴拉克竟然无法应付抗议，他试图用武力镇压，但军队在革命的号召中已经不听他的话了，他在一片混乱中被赶下了台。

穆巴拉克下台后，革命的人们松了一口气。他们当时并没有意识到，这只是混乱的开始，而不是秩序的起点。

革命成功后，以军人为首组织了临时政府。临时政府带有很大的诚意，决定组织制定新的宪法。当宪法通过后，再组织全民选举，过渡到民选政治。

但组织工作千头万绪，革命的群众又等不及了，军人政府只能在一片匆忙中，在 2012 年中期组织了大选。在两轮选举中，宗教保守势力穆斯林兄弟会推出的候选人穆尔西最终获得了多数票，击败了对手当选新埃及第一任民选总统。

在世界上大部分人看来，民主选举就意味着革命的最终胜利。但事实证明，民主选举只是革命的初级阶段，距离胜利还很遥远。

经过长期的高压统治，埃及缺乏合格的尊重民主规则的政治家，而社会也并不真的了解宪政的深层含义。这个缺陷在选举后被无限放大。

首先，那些参与革命的年轻人以为推翻了强权，民主就会自动产生。他们把主要精力放在了街头运动上，在推翻穆巴拉克时居功至伟，但在随后的选举中却显得极其幼稚和被动。作为民主力量，他们本来应该结成更大的联盟参与选举，成为成熟的政治势力，然而庆祝胜利的青年们如一盘散沙，虽然组织了各个诉求不同的小团体，却无力参与全国的政治分配，迅速被边缘化了。

随着这些革命青年被边缘化，他们对政治变得更加不信任，虽然是他们参与投票选出了穆尔西，却缺乏建设性的容忍，随时可能改变立场发动另一场革命。

其次，在穆巴拉克政权中，并非每一个人都是坏人，他们之中有许多懂得政治运作的治国人才，但这些人又和前政权有着千丝万缕的联系。如何利用他们的长处，同时限制他们的不利倾向，是埃及社会必须面对的问题。离开了他们，这个国家不可能正常运转，过于依靠他们，又会回到旧轨道。

然而，处于革命激情之中的人们并没有容忍的习惯，他们通过选举，简单地将旧政权的人排除在外。这就使得埃及社会中的许多精英分子无法参与到政权之中，他们对新政权阳奉阴违，使得社会经济迅速进入了混乱状态。

再次，当社会精英、革命青年都被排除在新政权之外时，另一个旧势力却乘虚而入，这个势力就是宗教保守主义的穆斯林兄弟会。

所谓穆斯林兄弟会，是在 20 世纪前半期成立的一个宗教政治组织。它的目的是，恢复穆斯林的教法统治，回归到政教合一的状态。这与现代政治的民主宪政是背道而驰的。不过穆斯林兄弟会并不极端，它主张通过参与现代政治，首先是进入议会，成为执政党，然后慢慢地修改宪法，逐渐达成目标，并不想采取暴力手段。

由于穆斯林兄弟会还是一个慈善团体，在埃及穷人中运营着从医疗到教育的大量慈善机构，这使得穆斯林兄弟会在埃及的政治真空中，立刻成了埃及政坛第一大势力，在选举中顺利上台。

上台之后的穆斯林兄弟会虽然想保持温和的立场，但它的终极目标与民主相悖，这个矛盾被放大。由于缺乏执政经验，穆尔西总统无法治理好埃及的经济，人民的日子越来越难过，他想加强权力，却立刻陷入了想搞独裁的指责中。最后，他又想通过回归伊斯兰教法统治来改造政治结构，却让人们担心埃及社会越来越倒退。

结果，上台才一年，穆尔西和穆斯林兄弟会政权就陷入了危机。当初喜气洋洋选举穆斯林兄弟会上台的人们再次走上街头，要求穆尔西下台。

当军队首领、国防部长塞西发动政变时，人们兴高采烈地欢迎强人回归，因为在他们看来，强人至少能够带来稳定，人们的生活至少是确定的。

从整个过程来看，埃及的各个政治势力表现得都不合格。革命者根本没有做好执政的准备，在重建伊始就被排挤走了。他们可以走上街头推翻政权，却不会走进议会建设政权。旧政权精英曾经有意参加革命后的建设，却由于人们的不信任，加之自己的惯性，发现还是回归原来的模式更省劲儿。穆斯林兄弟会代表的宗教保守势力不懂经济建设，也缺乏执政能力，只想尽快实现宗教理想。

由于缺乏成熟的政治势力，埃及的失败并不意外，唯一的意外在于它失败得太快了，没有给庆祝革命胜利的人们留下接受失败的时间。

不过，当埃及人看一看旁边的利比亚时，仍然要庆幸自己是幸运的。

利比亚领导人卡扎非下台比穆巴拉克晚，但结局却悲惨得多。

在阿拉伯世界里，卡扎菲的名声没有纳赛尔响亮；但在非洲，卡扎菲的势头却已经超过了他的老师。

利比亚曾经是奥斯曼帝国的领地，一战后成了意大利的殖民地。与它东西的邻国埃及和突尼斯不同，利比亚缺乏水源和河流，一直只是北非的小兄弟，没有当过带头大哥。它的国土也是由许多部落组成的，缺乏统一性，人们更习惯于对部落忠诚，而没有国家的概念。在这些部落之中，最重要的区域有三部分，分别是西面也是首都所在地的黎波里、东面的昔兰尼加，以及西南部的费赞。

1951年，在国际社会的帮助下，利比亚取得了独立。国际社会给利比亚设计的是一个君主制的国家，由昔兰尼加的酋长伊德里斯担任国王。

1969年，一群青年军官模仿纳赛尔的做法，发动了政变，推翻了国王。国王的倒台在国内并没有引起太大的轰动。这是因为利比亚人本来对国家就没有太多的感情，国王出自昔兰尼加，其余地方的人们更不喜欢他。

卡扎菲上校来自一个小地方苏尔特的贝都因人家庭，与这三个地方联系都不密切，反而让三个区域都可以接受。

纳赛尔是一个现实主义者，虽然他不断地利用自己的理想感染别人，但最终却是为了实现自己的政治目的。可是，纳赛尔手中的牌是有限的。埃及是一个复杂的大国，财政没有那么充裕，纳赛尔在做许多事情时有心无力。

但他的学生卡扎菲却是另一番情况，他花钱大手大脚，缺乏统一的目标，是一个典型的理想主义者。就在他革命前后，利比亚恰好发现了大量的油田，这使得卡扎菲永远不缺钱。利比亚人口少，社会状况更加落后，卡扎菲的统治是典型的部落制统治，他就是全国说一不二的大家长，没有人反对，他可以动用全国的财力做他想做的事情。

结果，利比亚的卡扎菲立刻成了西方世界的眼中钉，以及非洲国家的超级英雄。

因为阿拉伯人的身份，他资助了全世界的反犹活动。除了针对犹太人，他还支持世界上各种反帝的活动。非洲国家的强人们大都能领到卡扎菲的经费。

卡扎菲除了支持了许多无用的项目，也有不少有用的。比如，阿明下台后，卡扎菲对于乌干达的支持并没有减少，直到他死后，乌干达人仍然在纪念他。

当他对外大把撒钱时，利比亚人民的生活却没有明显改善。这里远离现代文明，许多人仍然过着游牧生活。对于他们来说，那宝贵的石油只属于领袖个人，与普通人无关，也谈不上改善他们的生活。

正是这种与国内利益的脱离，让卡扎菲看不到人民的诉求，而人民也不在乎领袖的高尚目标。

2011 年，随着两个邻国发生了革命，利比亚也终于忍不住了。

只是，利比亚的革命与其他国家的革命不同，它带着深深的部落特征。与其说这是一场民主革命，不如说这是部落借助革命时机，反对卡扎菲的酋长式统治。

卡扎菲一直试图弥合利比亚的部落分歧，利用独裁强行让各个部落听话。在反对他的斗争中，各个部落首先想的不是联合，而是分裂。这或许是世界人民当初都没有想到的，他们只沉浸在了强人倒台的狂喜之中，却没有想到接下来怎样重建秩序。

如今，利比亚的革命已经过去了六年[①]，然而这个国家仍然处于分崩离析之中。埃及等伊斯兰国家在东部支持哈夫塔尔派，而欧美在首都的黎波里支持另一派，各个部落之间的冲突也不断。

而最麻烦的就是，许多极端分子利用此机会占领了利比亚的沙漠地区，使得北非成了伊斯兰极端分子的又一个基地。

当革命在全世界制造了巨大的混乱时，革命的原发地突尼斯会变得怎样呢？它会不会像其他国家一样也乱了套？

出乎意料的是，突尼斯却开始拒绝革命了。

---

① 本书初稿写于 2017 年。——编者注

力挽狂澜的四重奏

2013 年 7 月 25 日，突尼斯的共和国日，议员穆罕默德·布拉米正带着他的妻子和女儿开车外出。突然间，一辆摩托车疾驰而来，追上了他的汽车，摩托车后座上的人向他连开 14 枪。当天，这位人民运动党的领袖死在了医院。

这次政治暗杀，与当年早些时候发生的另一次暗杀一起，将突尼斯的民主化进程彻底推入了危机之中。2 月 6 日，另一个反对党领袖、民主爱国运动党的贝莱德，几乎以一模一样的方式被刺杀。

在两人被刺杀前，突尼斯已经成了 2011 年席卷阿拉伯的革命的最后样板。穆罕默德·布拉米被暗杀前的一个月，埃及国防部长塞西发动政变推翻了穆尔西，建立了强人政权。突尼斯这个革命的首发地和堡垒，也变得越来越不稳定，人们对台上的温和穆斯林政府正在失去耐心，担心它的无能和腐败无法给突尼斯带来安全和繁荣。这两起政治暗杀，更让人们对当时的政府彻底失去了信心，他们纷纷走上街头，像埃及人一样，逼迫政府下台。

那么，这块阿拉伯革命最后的热土，也会和埃及一样重走回头路，告别革命，拥抱强人吗？

更让人倒吸一口凉气的是，当埃及穆尔西政权被推翻的时候，人们回头看一看突尼斯，发现埃及的问题也恰好就是突尼斯的问题。与埃及一样，在突尼斯执政的竟然也是穆斯林兄弟会！

埃及的穆斯林兄弟会出现几十年后，除了在本国发展，还成功地将宗教理想输出到了整个中东地区，几乎每个国家都有它的分支机构。这些机构与埃及本部保持着或多或少、若即若离的关系，又有很强的独立性。

在突尼斯，穆斯林兄弟会的这个分支被称作复兴党（Renaissance Party 或者 Ennahda Movement，简称 Ennahda）。在本·阿里执政时期，这个组织也被定成了非法组织。随着“阿拉伯之春”的爆发，原政权被推翻，各地的穆斯林兄弟会纷纷从地下变成了地上。穆斯林兄弟会的突尼斯分支，也摇身一变组织了政党复兴党，并一跃成了突尼斯的最大政治势力。

革命后，突尼斯决定成立一个制宪大会，负责制定宪法和选举临时总统。这个制宪大会有 217 个席位，由人民选举决定。复兴党一举获得了其中 41% 的议席（89 席），远远把其他政党抛在了后面，第二名的共和党只获得了 13.4% 的席位。

随后，复兴党和共和党、劳工自由民主论坛三大党派组成联合政府，由共和党党首蒙塞夫·马祖吉出任临时总统，而实权则落入了复兴党手中，由该党推出总理并组内阁。到这时，同样是推翻独裁，同样是宗教保守派的穆斯林兄弟会获得了新政权，突尼斯革命与埃及革命的发展惊人一致。

与埃及的穆斯林兄弟会一样，复兴党也是温和的宗教保守派，并不主张暴力，试图通过合法途径慢慢地回归宗教社会。然而当它上台后，宗教主张中与民主政治不协调的因素逐渐凸显出来。

突尼斯当时最重要的任务是制定新宪法。这个宪法如果规定了政教分离原则，就是世俗的；如果加入了太多的宗教成分，必然引起宗教回归。所有的人都知道宪法的重要性，都不想在宪法问题上让步。于是，制宪大会立刻陷入了激烈的争吵和四分五裂的状态。

在这样的状态下，执政困难重重。埃及的穆尔西无法解决这些困难，让埃及的经济举步维艰，渐渐失去了民心。突尼斯也遇到了同样的问题。

最初，人们预期一年内就能制定宪法，并根据宪法进行真正的民主选举。但一年过去了，政治僵局仍然存在。问题的根源，就在于每个人心中的民主都是不一样的。世俗左派希望建立福利政府，世俗保守派更强调经济自由，温和的宗教保守派认为宗教化并不妨碍民主，而极端的宗教派则试图否定民主原则。世俗派、温和派的信心都在政治死锁中被消耗殆尽。

这其中，矛盾最为激烈的是世俗左派与极端宗教派，世俗左派希望毫不妥协地把民主原则贯彻下去，并打碎原有的社会经济结构，依靠穷人和劳动者建立政权，而极端宗教派则把世俗左派当作最大的敌人。

两位被暗杀的政治家都属于世俗左派，而制造谋杀的人则是极端宗教派。执政的复兴党政权属于温和宗教派，然而，由于这个政党的群众根基在于虔诚的伊斯兰信徒，他们不敢对极端宗教派采取措施。

经济政策的无能、社会稳定的逐渐丧失，终于也让突尼斯人民忍无可忍。在埃及人走上街头、协助军方推翻穆尔西统治一个月之后，突尼斯人也走上街头，要求保守的复兴党政府下台。种种迹象表明，这个国家的民主革命也将以悲剧告终。

然而，人们却忽略了突尼斯社会中一个重要的组成部分：成熟的社会组织。到了他们出手的时机了。

虽然埃及和突尼斯的革命进程看上去如此相似，但埃及社会是个两极分化的社会。分化的两极中，一方是前政权的既得势力组成的上层结构，另一方是带有宗教化倾向的底层百姓。长期在台上的穆巴拉克不允许任何成熟的反对势力存在，使得人们把执政者及其阶层赶下台后，找不到任何有执政能力的人来接替下台的人。群众只能在推翻还是接受一个政权这个两难选择中做出抉择。

在突尼斯，当政治家们陷入僵局无力解决政治死锁时，一种平行的权力却在发展之中。首先出面的是突尼斯总工会（Tunisian General Labour Union，法语简称 UGTT）及其领导人侯赛因·阿巴西。

在西方世界，工会往往是一个与现有社会结构对抗的角色，他们善于搞罢工和游行。然而，几乎世界上所有的工会都是世俗派和民主派。当突尼斯进入危急时刻，要么陷入宗教恐慌，要么回归强人政治，工会领导人阿巴西意识到，要保住革命的成果，必须由工会和其他超越党派的世俗性组织联手，来推动变革，避免像埃及那样走回头路。

为什么是总工会？因为突尼斯总工会成立于 1946 年，会员有 50 多万，占全国人口的五分之一。它深入到了全国各个行业之中，拥有着卓越的动员能力。也只有总工会出面，才足以与复兴党这样同样拥有强大群众基础的组织相对抗。

阿巴西还意识到，仅仅靠工会组织是不够的。工会虽然强大有力，却缺乏足够的财富支撑。阿巴西此刻想到的是另一个组织，也是工会的长期对手：突尼斯工商界联盟（Tunisian Union of Industry，Trade and Handicrafts，法语简称 UTICA）。

UTICA 的成立只比总工会晚了一年，拥有 17 个行业联盟、24 个区域联盟和 216 个地方联盟，代表了突尼斯全国 15 万的工商阶层。

如果说总工会是“咱们工人有力量”，那么工商联盟就是“金钱就是力量”。如果两者能够结合起来，就有了逼迫政治家们妥协的力量。

但是，总工会与工商联盟长期以来一直是对头。总工会代表了雇员，是政治上的左派，而工商联盟代表了雇主，是政治上的右派。突尼斯的企业家大都信奉伊斯兰教，这既是一种保护色，也与工会的世俗派倾向相对立。同时工商联盟还与前独裁者政权藕断丝连，其前任领导人与独裁者本人就是亲戚，在革命中被迫辞职。

到了 2013 年，工商联盟由一位女企业家瓦迪德·布查玛维伊领导。幸运的是，布查玛维伊和阿巴西一样看到了政局的危险。她意识到，如果现在不出手拯救革命成果，让突尼斯陷入彻底的失序，首当其冲遭受损失的就是突尼斯的工商业和中产阶级。

以叙利亚为例，当叙利亚陷入内战后，社会已经没有发展经济的空间，大批的工商业人士要么逃离该国，要么被各种军事集团胁迫而倾家荡产。突尼斯绝不能走向这条路。

两个曾经对立的组织决定联手，这是全国对话联盟能够形成的关键性一步。

在获得了工商联盟的支持后，阿巴西将目光转向了两个更加专业的伙伴：突尼斯人权联盟（Tunisian Human Rights League，主席是阿卜杜萨特拉·本·穆萨），以及突尼斯律师联盟（Tunisian Order of Lawyers，主席是查基·塔比布）。

于是，一名女商人、一名工运分子、一名人权活动家、一名律师，这四个看上去不搭界的人走在了一起，他们联手改变了突尼斯的政治进程。四个组织代表了突尼斯的各个阶层、各个行业，他们以法律为武装，并拥有丰富的斗争经验。他们超越了政党的功利性，只想保持住突尼斯的稳定和革命成果。

2012 年 9 月，突尼斯全国对话联盟成立的时候，突尼斯的政坛正处于危险之中，人们纷纷上街游行要求执政党下台，然而执政党复兴党却坚持不下台。与复兴党对立的大部分是世俗性党派，他们或左或右，但首先防范的是复兴党回归宗教政治。不过，反对派们很难与复兴党达成和平协议，看上去似乎只有学埃及暴力推翻政府一条路可走。

与此同时，反对派 42 名制宪大会议员辞职，使得制宪大会陷入了停摆状态，政治彻底陷入僵局。

9 月 17 日，对话联盟第一次亮相就展现了他们的聪明才智。以阿巴西为主角的联盟领导层意识到，以往革命之所以失败，在于人们往往有要推翻的目标，却没有新的建设目标。以此次危机为例，人们明确的目标就是要推翻复兴党政府，但推翻之后如何建立新的政府，才是问题的关键所在。

对话联盟不想以一种含混的方式出现，所以在亮相伊始，就以中间人的身份抛出了一份明确的路线图。他们把自己定位成中间人，而要撮合的双方则是执政的复兴党政府以及反对派。在路线图中，他们明确提出撮合的目标有四点：

第一，由于执政不及格，现任政府必须下台，但如何让其体面地下台？不能简单用反对派替换掉现任政府（复兴党绝不会接受这样的条件），而是要在公正选举的情况下，让现任政府把权力交给一个重新选举（或推举）的中立政权。

第二，既然要组成新政权，那么必须协商出明确的选举（推举）步骤和日期，并着手组织。

第三，突尼斯的新宪法还久拖未决，双方要求差别很大，对于新宪法制定也必须有明确的日期要求。

第四，各方必须做出保证，支持突尼斯民主化转变中要经历的各种步骤和措施。

由于有明确的目标，并且这些目标和建议都是公正的，对话联盟一炮打响，很快获得了压倒性的支持。在参加制宪大会的各个党派中，绝大部分都同意支持这个路线图。由于局势恶化得很快，现任政府知道与其等待被推翻，不如体面下台。9 月 28 日，复兴党政府迈出关键性的一步，同意留下三个星期讨价还价的时间，如果三个星期内能够敲定路线图上的各个细节，那么政府将在三个星期后辞职。

绝大部分党派支持路线图，同意谈判，以及政府同意谈判取得成果后辞职，这是对话联盟获得的第一个胜利。

然而事情并没有如此顺利。三个星期过去了，政府却没有辞职。

问题出现在，政府与反对党之间没有达成令双方都满意的协议。对复兴党来说，他们知道一旦离开了权力，许多政治要求就会被搁置，因此希望趁在台上时把宪法确定，在宪法中可以塞入一定的对宗教进行保护的条款，避免突尼斯走向完全的世俗化。对反对派来说，在自己上台后再制定宪法更加有利，也更能巩固世俗化成果。

双方僵持不下时，以阿巴西为主角的对话联盟作为中间人决定利用场外因素进行施压。10 月 23 日，已经等不及的民众开始了密集的游行，呼吁复兴党政府下台。第二天，总工会号召举行全国性的总罢工，来逼迫政府做出选择。

在对话联盟的软硬兼施之下，复兴党政府被迫再次回到了谈判桌。10 月 25 日，谈判继续，人们焦急地关注着谈判的进程。

谈判的焦点仍然在宗教问题上，双方已经同意了信仰自由。作为回报，世俗派也做出让步，承诺给宗教以一定的特权，避免宗教完全被排除在政治之外。如果仅仅从政治学角度看，这种承诺是一种退步，然而，真正的政治往往就意味着一定的妥协，为了和平地向民主转变，这样的代价有时不得不付出。

到了 12 月，谈判已经跨过了无数暗礁，如等不及的人们发动的新罢工，极端派别的恶意破坏。此时新的问题，也是最后一个重大议程出现：复兴党政府辞职后，新的总理人选是谁？

这个人必须是双方都接受的，又能保证政治进程顺利演进的。对话联盟把目光投向了一个名叫迈赫迪·朱马的人。

为什么是朱马？因为他是一个参加了复兴党政权的独立派。朱马是工程师出身，一直独立于政治之外。直到2013年初，由于复兴党政府需要一个懂工业的人管理工业，朱马才离开了自己的本职工作，以独立人士的身份加入了复兴党政府担任工业部部长。对于世俗派来说，他是一个独立人士；对于复兴党来说，他曾经参与过复兴党政府，这样的双重身份保证了他得到双方的承认。

即便朱马当选，也并非没有争议。在参与对话的21个政党中，只有9个政党对朱马投了赞成票，剩下的12票中，有7票弃权，2票选了其他人，还有3个政党没有参加投票。

2014年1月9日，权力终于完成了和平交接，复兴党的阿里·拉哈耶德政府集体辞职，朱马的过渡政府接任。

朱马政府上任后，突尼斯的民主化进程继续向前。1月24日，涵盖着妥协精神的新宪法以200票赞同、12票反对、4票弃权获得通过。

宪法的诞生，为新的民主选举奠定了基础。2014年12月，根据新宪法的精神，突尼斯举行了新的选举，再次完成了权力的和平交接。白发苍苍的老政治家埃塞卜西当选总统，此时他已经88岁了。他拥有几十年的政治经验，为人正直、有责任感。老政治家的智慧让突尼斯渡过了险关。这样的做法看上去不那么浪漫，却足够审慎。这个政权也许并不完美，某种程度上，它继承了前朝的统治机器，但是，这样做避免了改朝换代时的行政脱节，却又加入了足够的民主色彩，避免重归强人政治。它比革命前已经前进了一大步，也比其他国家的混乱更可取。

到这时，对话联盟的路线图得以完满实现，而这时也是对话联盟退出历史的时刻。如果不是2015年的诺贝尔和平奖颁发给了这个短暂存在的组织，或许人们已经逐渐将它遗忘……

突尼斯的故事并没有结束，中东的故事也没有结局。

突尼斯对话联盟并非“阿拉伯之春”参与者中第一个诺贝尔和平奖得主。事实上，在2011年，“阿拉伯之春”发生的当年，时年32岁的也门女活动家塔瓦库·卡曼就获得过诺贝尔和平奖。

然而，四年后，卡曼的家乡并没有如期实现民主化，而是陷入了内战和外国干预之中。推翻了总统萨利赫后，新总统哈迪无法获得全国性的支持，最后被国内的什叶派推翻。为了防止什叶派扩张，也门的邻国沙特领头入侵了这个国家，开始了无休止的轰炸行动。

新的国内冲突也把卡曼置于尴尬的境地，一方面她想维持革命的成果，另一方面她要反对新总统哈迪对革命的破坏，同时她还要防止什叶派的暴力夺权，甚至有消息说她暗地里希望沙特干预也门的政治。

在埃及，新的强人塞西已经稳定了政局。随着社会逐渐稳定，埃及的经济开始复苏，害怕了混乱的人们宁肯忍受新的强人政治也不想再革命。

在叙利亚，血腥的内战仍在继续。利比亚在经历了内战之后，有了和平的迹象，但稳定何时能到来仍然是个未知数。

即便在突尼斯，人们也只能说，它刚刚渡过了一次危机，至于未来会不会有其他危机，并不好说。

实际上，进入2015年后，从政治危机中摆脱的突尼斯刚松了一口气，就发现这个国家已经进入了一场巨大的经济危机当中。这次经济危机除了政治原因，还和国际大环境有关。随着中国经济的放缓和世界经济的不景气，人们对矿业需求下降，矿石价格暴跌，作为矿业大国的突尼斯成了最大的受害者之一。

除了矿业，旅游业曾在突尼斯位居前三，却因为不甘心退出政治进程的伊斯兰极端派在2015年制造了两次针对外国游客的屠杀事件，将突尼斯的旅游业打入低谷。

人们预计，突尼斯的经济复苏仍然需要许久才能到来。如果经济长期陷于停滞，影响了人们的生活和预期，那么民众很可能会把对社会的不满变成对现政府的不满。可以说，突尼斯的未来仍然充满了不确定性。

但不管怎样，突尼斯全国对话联盟，这个在短短几个月内发挥了重大作用的联盟，向我们展示了突尼斯社会的成熟度，让我们又看到了巨大的希望：希望它仍然能够成为“阿拉伯之春”的正面样本，告诉人们除了革命，更重要的是建设。

撒哈拉的恐怖分子之家

革命产生的另一个后果是，在环绕撒哈拉地区，形成了一个以恐怖分子为主的强硬区域。不管是北面的埃及、利比亚、阿尔及利亚，还是南面的尼日利亚、马里、尼日尔、乍得，恐怖分子以绑架、恐怖袭击为武器，试图控制政局的趋势已经越来越明显。

当美国人和俄罗斯人正在将 ISIS 以及“基地”组织赶出以叙利亚和伊拉克为代表的中东地区时，许多恐怖分子逃离了中东，他们背井离乡，选择了更偏僻的沙漠边缘或者高山区域。

目前来看，恐怖分子主要去往两个地方：阿富汗的高山区域，以及北非的环撒哈拉沙漠。2016 年和 2017 年，我先后到达了这两个区域，发现两个地区的局势都有明显的恶化倾向。在阿富汗，恐怖袭击的数量已经达到了阿富汗战争以来的新高。我本人也曾经遭遇了劫匪，头部被砍伤，随身行李全部被抢走。

在环撒哈拉区域中，最神秘的国家莫过于阿尔及利亚。

1962 年独立之初，阿尔及利亚就走上了一条特殊的道路。由于阿尔及利亚是通过一场战争才从法国脱离的，所以这个国家的反法和反对西方殖民的情绪比北非的其他国家都要强烈。

第一任总统本·贝拉是个社会主义者。他要求法国人全部撤离阿尔及利亚，同时设立了一党制体制，并在国内搞工业和农业的国有化。本·贝拉执政了三年，就被他的参谋长布迈丁推翻。布迈丁除了继承前任的计划经济体制和一党制之外，又加了一条：将伊斯兰教立为国教。

在人类历史上，社会主义往往是和宗教对立的，实行社会主义的国家大都是倾向世俗化的国家。阿尔及利亚在建设社会主义的同时，采用了倾向伊斯兰教的政策，将阿尔及利亚变成了一个思想左倾，又带着虔诚的宗教精神的国家。

虽然实行社会主义和伊斯兰化，但布迈丁执政时代恰好是世界石油的黄金时期。作为产油大国的阿尔及利亚也赶上了好时机，国民收入增长迅速，国家财政丰盈。在政府指导下，阿尔及利亚建设了许多没有用的大项目，外债也迅速膨胀。

当石油经济的泡沫破裂后，阿尔及利亚人突然发现，国内党政要员中出现了一批巨富，而大部分人的生活水平却改善不大，一旦到了危机时期，人们的生活水平甚至开始倒退。阿尔及利亚进入了一个怨声载道的时期。

如果是在成熟的国家，人们会认为这是经济和政策原因造成的，但阿尔及利亚是一个经过伊斯兰教洗礼的国家。布迈丁尊崇伊斯兰教的结果，就让很多人认为，社会之所以如此糟糕，是因为人们没有遵循伊斯兰教的教法，只有退回到遵循该教法，才能找到解决问题的方法。

在先知穆罕默德制定的伊斯兰教法中有很强的平等成分。阿拉伯的游牧传统和家族纽带，让家族的富人必须担负起照顾家族穷人的责任。许多人认为，现代社会之所以贫富不均，主要是因为人们舍弃了伊斯兰教的精神，不再以帮助穷人为乐，而是不择手段地聚敛财富。只有重新回到伊斯兰教法之中，才能恢复人们共同富裕的理念，达到消灭腐败、促进公平的结果。

20 世纪 80 年代，一批经过伊斯兰思想武装的学者脱颖而出，他们反对强人统治。此时的总统已经换成了布迈丁的继承人沙德利。沙德利在镇压无效之后，决定走和解的道路。他之所以做出这种选择，是因为伊斯兰教法已经深入人心，如果他不改变，很可能会被推翻下台。

1992 年，经过数次推迟，阿尔及利亚总统大选拉开帷幕，穆斯林极端派不出所料，获得了绝大部分选票，阿尔及利亚向着一个教法国家又迈进了一步。但就在这时，军队再次出面干预。

他们推翻了沙德利政府，宣布选举作废。军队寻找了一位开国元老布迪亚夫来担任总统。布迪亚夫上台后，大力推行了两项政策：第一，镇压穆斯林极端主义者；第二，反腐。这两项政策都深深地触动了阿尔及利亚社会中一批人的利益。在执政半年之后，布迪亚夫被杀。

他的被杀让阿尔及利亚陷入了内战的泥沼。

阿尔及利亚的内战持续了十年，造成了数万人的死亡。而最重要的是，极端分子通过武装威胁，将外国人和外国企业都赶出了阿尔及利亚。这个国家本来就比周边国家更封闭，外国人离开后，阿尔及利亚变得更加神秘了。

虽然政府选择了与穆斯林各派别和解，但这里仍然是最虔诚、最排外的北非国家。阿尔及利亚的沙漠地区，以及与周边国家的交界地区，都是极端分子最容易隐藏的地方。

“基地”组织在北非的最主要分支叫伊斯兰马格里布“基地”组织，其主要活动基地就在阿尔及利亚，并波及周围广大区域，从沙漠之北到沙漠之南都有分布。

在非洲西部国家尼日利亚，隐藏着另一支与ISIS有密切联系的极端武装。这支武装以绑架未成年少女并让其与武装战士成婚闻名于世。

在英国人去往非洲之前，尼日利亚的北部属于伊斯兰教区域。现在的尼日利亚地图如同一个拳头，在东北部也就是拳头的大拇指位置，曾经有一个叫博诺的帝国。博诺帝国的疆土不仅包括尼日利亚的东北部，还有尼日尔和乍得的一部分。尼日利亚的西北部，曾是一个叫索科托的哈里发国。这两个国家都是以伊斯兰教为信仰的国家，在抵抗西方的过程中，信仰都发挥了很大的作用，让人们以信仰为基础针对外来入侵者发动圣战。

两个帝国被英法切割后变得支离破碎，散布在法属西非各国和尼日利亚之间，他们虽然已经失去了主权，但伊斯兰的骄傲仍然保留着。

尼日利亚独立后，随着统治的强人化和碎片化，伊斯兰精神在北部不仅没有减弱，反而重新复活了。

在奥巴桑乔第二次民主时期，由于他对地方自治采取了容忍的态度，北方各州纷纷重新实施了伊斯兰教教法。这是一次从世俗社会向宗教社会的大倒退，但为了保持尼日利亚的统一，这又是不可抗拒的趋势。

在这次伊斯兰化大潮中，2002 年，在原博诺帝国的东北部，一个名叫优素福的人建立了一个叫“博科圣地”（Boko Haram）的组织。从字面意思上来说，豪萨语 Boko 的意思是“虚假的”，用来指西方世俗教育，阿拉伯语 Haram 的意思是“禁止”。“博科圣地”的正式名称是传播圣训和圣战的人民军。

在现代伊斯兰教历史上，沙特和埃及是输出极端思想的大本营，优素福就曾经在沙特的麦地那伊斯兰大学学习过。在那儿，他亲眼见了沙特的先进与尼日利亚的落后，认为沙特所代表的极端精神才是伊斯兰的本质。回到尼日利亚后，他成立了“博科圣地”。正如它的名字“拒绝西方虚假知识”一样，优素福在反对西方上做得很彻底。他宣称，西方的科学是与伊斯兰知识相冲突的，比如，地球是圆的，就与安拉的教导不一致，应该被禁止。为什么下雨？与其说是因为水分蒸发形成的云，不如说是因为安拉的创造。

在奥巴桑乔时代，优素福的组织虽然也表现出了一定的暴力倾向，但相对温和，甚至受到了当地政府的支持。

奥巴桑乔下台后，继任者威望不够，各地伊斯兰教徒与政府的摩擦也多了起来。优素福决定发动针对政府的行动，“博科圣地”开始变得暴力。

但 2009 年的政府行动要了优素福本人的命，他被政府军抓住后，被转给了当地的警察局，在众目睽睽之下被枪决了。

优素福死后，副手谢考成了指挥官。在他的带领下，“博科圣地”成了尼日利亚政府的心腹大患。

谢考在极端组织中是一个传奇人物，他的传奇性是政府不可靠的消息源造成的。从 2009 年到 2017 年，几乎每一年都会爆出几次谢考被杀的消息，随后又被否认。有人讽刺说：谢考到底有几条命啊？他死得比 iPhone 充电都频繁。谢考也因此在他的拥趸中赢得了“不死”的名声。

在他的带领下，“博科圣地”的名声越来越大。最初谢考只在尼日利亚一个国家活动，后来在乍得、尼日尔都有了他的身影。再到后来，全世界各国纷纷将“博科圣地”和谢考列为恐怖组织和恐怖分子。

在尼日利亚，“博科圣地”绑架外国人和政府官员，在东北部地区制造恐怖袭击，砸碎监狱释放囚犯，他们的活动范围曾经到过尼日利亚的首都阿布贾。2011 年 8 月，“博科圣地”第一次袭击外国人，他们“志向高远”，直接给阿布贾的联合国总部送去了炸弹，这次爆炸造成了 11 名联合国人员以及 12 名其他人员的死亡。

之后的每一年，尼日利亚都会因为“博科圣地”而造成数千人死亡。战乱发生后，数百万人流离失所。

从 2014 年开始，政府屡次宣称已经将“博科圣地”的大部分军事营地摧毁，但是“博科圣地”的影响力不仅没有缩小，反而在不断扩大。

2015 年，“博科圣地”宣布与中东的 ISIS 取得联系，成为 ISIS 运动的一个组成部分。而在这之前，它已经和“基地”组织的北非分支进行了合作。

在北非，除了阿尔及利亚，利比亚在卡扎菲倒台后，也成了极端组织的聚集地。而突尼斯虽然国内安定，却向外输出了许多失业青年，它因此成了 ISIS 成员的重要来源之一。摩洛哥则如临大敌，对沙漠地区的边境加强了防范，但仍然被波及了。

在撒哈拉以南，毛里塔尼亚的东北部由于与阿尔及利亚接壤，已经渗透了极端主义势力，武装分子甚至越过沙漠，进入北方公路对外国人进行绑架。

马里、尼日尔、乍得则是 ISIS 或者“基地”组织的活动中心地区，这里地广人稀、沙漠纵横，恐怖分子藏身其中，几乎不可能被抓获。恐怖分子也并不影响当地人的生活，与他们相安无事，甚至由于恐怖分子的到来，让当地的物资更加丰富了一点。藏身于沙漠之中，与当地人搞好关系，是恐怖分子的生存之道。

2013 年，在西非地区，法国在马里、尼日尔和乍得发动了一场低烈度的战争，帮助当地政府清剿恐怖分子，但效果有限。在我去往马里时，恐怖分子正在北方挑起新一轮的冲突，而在尼日尔，美国的维和人员也遭到了袭击。

从现在的情况看，要想解决极端思想的问题，必须靠经济发展和世俗化，但发展的过程总是漫长的。另外，由于地广人稀，要想清剿他们必须投入大量的人力和物力，这绝不是贫穷的西非国家一时能够做到的。而世界各国之间的冲突还在制造大量的武装分子，从美国、俄罗斯运往各个冲突地的武器有一部分都流到了这里。从这个角度上来讲，要想解决北非撒哈拉地区的恐怖组织问题，在短时间内还无法找到完美的解决方案。

AFRICA

第十二章

缓慢形成的非洲之核

A
JOURNEY THROUGH
TWO
HUNDRED
YEARS

在东非旅行是一件危险的事情，但每个国家的危险又有所不同。

在坦桑尼亚，最主要的危险出现在海滨城市达累斯萨拉姆的街道上，这里是抢劫的高发区域。

一位中国朋友告诉我他的经历：当他前往南非大使馆，试图申请南非签证时，就在使馆区，突然一辆面包车在他身边停下，借助车的掩护，一名黑人用刀逼迫着他上车。

一旦上了车，他就只能听人摆布了。“使馆区并非空无一人，在车外就时常有人走过。但他们把刀架在我脖子上，我不敢喊叫。只能眼睁睁地看着车外的人走近了，又走远了。”

在车上，几个黑人叫他打开背包，把包里的东西一一拿出来检查。这里的抢劫是很有规矩的，比如，笔记本电脑是一个人的重要资产，往往存储了许多个人资料，因此不能被抢。再贵重的相机对于相机里的照片而言，也显得不那么重要，所以黑人示意他把存储卡取出来留下，他们只带走了相机。他们打开钱包后，把所有的卡片（身份证、信用卡、打折卡等）都留下，只拿走现金，给被抢者省去了补办卡片的麻烦。

检查完毕，黑人将其他东西留下，让他把护照、银行卡、存储卡、笔记本电脑，以及其他不值钱的私人物品装入包内带下车。等他下了车，黑人又甩下几张当地的钞票，供他坐车前往银行取款。

他坐在路边，连报警的欲望都没有，甚至有点“盗亦有道”的感慨。“只要留下了护照、银行卡，能够继续上路，人们就在庆幸活命之余，懒得纠缠下去，与警察打交道也许比劫匪更加麻烦。这群惯犯看来学过心理学，才能做得如此巧妙。”

在坦桑尼亚北方的邻国肯尼亚，除了容易遭遇抢劫，还多了一份警察的威胁。首都警察的眼睛直盯着游客，只要游客犯一点错，他们就会立刻出现，将游客“绳之以法”。我的另两位中国朋友在肯尼亚首都内罗毕恰好就遭遇了警察的“打劫”。

当他们在首都用手机拍摄照片时，突然跳出来两个穿制服的人，二话不说就把他们铐在一起。“我们以为遭遇了假警察，立刻高举起铐在一起的手，一屁股坐在了地上，大声叫‘Help！’由于是在闹市区，周围的人一下子聚拢过来。我们继续高喊要打电话给中国大使馆。两个穿制服的人在旁边看着我们的表演，大笑起来，把他们的手机递给我们，调侃说用他们的电话打便宜。这一下反而轮到我们语塞了，因为我们根本不知道中国大使馆的电话。他们不是假警察，而是真警察。”

他们之所以被铐起来，是因为不小心拍到了一栋不知是什么的建筑，这个建筑恰好是警方不允许拍照的。至于哪些建筑不让拍，名单并不公开，游客也不知情，只有警察才能根据名单随时抓住倒霉的游客。

这两位朋友在长时间的讨价还价之后，付出了几十美元的代价换得了自由。“在这里，司法是没有用的，多如牛毛的规矩如同是一张罗网，你总会不小心触到罗网的某一根线。如果走司法程序，你的损失会更大，大使馆更是帮不上忙。”

就在这两位朋友出事两个月后，我也到了内罗毕。我和两位朋友在车站旁的大街上也遇到了两个穿制服的人，他们把我们叫住：“中国人，你们违法了。”

“我们没有违法。”我回答说。

“我看见你们拍了那儿！”一个人指着旁边的一栋建筑说。

我告诉他，这是不可能的，我们连相机都没有拿出来。这时他要检查我们的相机和手机。就在朋友想递给他的一刹那，我突然明白：如果递给他，就麻烦了。他们会扣住相机，逼迫我们留下，直到找到我们的过错。即便我能保证自己足够谨慎，没有留下把柄，却很难保证别人不小心犯了过错。我用手拦住了朋友拿着相机的手。

“你们不是警察，你们是骗子，我们不能给你！”另一位朋友恍然大悟一般说。

穿制服的两人笑了起来，他们邀请我们一同去不远处的警察局，好报警验明他们的身份。不能去，一旦进了警察局，就很难顺利出来了，我心想。

“朋友！”我伸出手，做出和解的姿态和其中一人握了握手，盯着他的眼睛，诚恳地说，“听着，我们是朋友，我们只是路过，去车站赶车，我们没有做错任何事情。请让我们走吧。”

两人对视了一眼，他们大概没想到我会这么说，接着笑了。“我们是朋友。”他们心照不宣地说，挥了挥手让我们离开。

在肯尼亚西面的乌干达，问题同样出在军人与警察身上。但乌干达穿制服的人显然没有肯尼亚人那么娴熟，给人留下了更多周旋的余地。

入境乌干达时，刚刚过关还没有走到移民办公室，在边界线上站岗的士兵就先发话了：“中国人，我今天一天又饿又累，你给我点钱买咖啡喝。”

“不，我只是个普通游客，不是商人，游客是不用给钱的。”我回答，并伸出了友谊的手。

他显得有些迷糊，不知道为什么普通游客就不应该给钱。当他还在纠缠于逻辑上的合理性时，我已经走了过去。

在乌干达首都坎帕拉，一辆警车上的两名警察突然让我停下，示意我踩到了旁边的草坪。我才发现，原来当地人走的一条小路本来是一块草坪，现在已经没了草。我以为那是一条路，就跟着当地人走在没草的草坪上。警察准确地从几十个当地人中认出了身为外国人的我。

他们示意我到警车上去说话。有了在肯尼亚的经验，我自然不会上当。一瞬间，我成了不会英语的中国人，微笑着用汉语告诉他们我一天的行程路线，他们无奈地用英语一次次向我讲解，说我违法了，希望我上车。但我总是微笑地用汉语告诉他们：我喜欢乌干达，今天去了国王陵墓。

乌干达的警察没有肯尼亚的蛮横，由于沟通不畅，他们不知道该怎么办了。当我确保没有危险之后，和他们挥了挥手离开。他们在背后无奈地说着："Chinese，no English…"

如果这样的情况发生在肯尼亚，也许我就没有那么容易蒙混过关了。

在乌干达的邻国卢旺达，我和朋友们遭遇了一场突如其来的抢劫，其经过已经在第八章中叙述过。与其他国家比起来，这个国家的政府更加高效和透明，但民间的贫穷仍然让许多人不得不铤而走险。虽然胡图族和图西族目前已经和平共处，但由于历史原因所造成的隔阂仍然能够被感觉到。幸存的图西人都受到了较好的照顾，不管是政府层面，还是图西社区的自救，让人们逐渐走出了哀伤。但那些底层的胡图人仍然缺乏必要的生存技能，也缺乏资金。他们有的不得不给"图西主子"们打工。由于残存的意识形态，开商店、开工厂并不被认为是公平交易，而被认为是剥削工人，胡图人的怨气并没有完全得到消解。

在卢旺达的邻国布隆迪，情况更加糟糕。

一个中国小伙子在布隆迪首都布琼布拉开了一家超市。小伙子曾经是通信公司中兴的员工，被外派到坦桑尼亚和布隆迪几年。由于喜欢上了非洲，辞职后他选择在偏僻的布隆迪开了一家叫"新中国"（New China）的超市。

商品大都从中国进货，从廉价的布料，到便宜的电器，再加上一些从亚洲进口的食品，让这个小超市在物资匮乏的当地显得琳琅满目。

然而，机会往往也意味着风险。就在我见到他的前一天，这个小小的超市刚刚遭遇了一场失败的抢劫。

劫匪非常大胆，在夜间，几个黑人翻进了超市的院子里，拿着大锤，想打开超市朝向院子的门。所谓超市，实际上是当地一家带院子的小别墅，用来开超市的几间房子在院子靠街的一侧，也是通往街上的通道。院子的正中心则是主人住的两层小楼。中国小伙子租下了整个院子，但小楼里只住了他一个人。一个当地的门房住在超市旁边的一间小屋里。

劫匪在院子里敲击超市的铁门时，黑人门房从小屋里出来，拿着砍刀与劫匪对峙。至于中国小伙子，他只能从别墅的窗户里看着这一幕，不敢出去。因为他一出去，反而可能会酿成流血事件。警察局的电话也打不通，在需要时，这里的警察总是找不到。

对峙之下，劫匪选择了撤离，超市里的商品保住了。我去时已经是第二天白天，黑人门房认为这个工作危险大，正准备辞职。也就是说，当天晚上，将只有中国小伙子一人看守整个院子。

但小伙子仍然显得很冷静。他告诉我，他已经找过警察了，警察已经将新中国超市纳入保护范围。劫匪不敢随便抢劫警察保护的目标，这可能意味着超市暂时获得了安全。但这也意味着，“新中国”超市必须向警察支付一笔不菲的费用。在这里，投保险是没有用的，只有警察的保护才有用。

与其他几个国家比起来，布隆迪至今仍然是政府最弱、安全最没有保证的国家。

虽然混乱，但在旅行中，我又总能体会到非洲的秩序正在形成。非洲之所以混乱，是因为在后殖民时代，虽然它们独立了，但每一个独立的碎片都积累了大量的问题，信仰、种族、经济、国家之间，存在着大量的摩擦，非洲的国家不得不花时间来缓解这些摩擦。

但经过了几十年，一些矛盾较少的国家已经度过了摩擦最剧烈的时期，步入了一个较为稳定的时期。它们经过一段时间的发展，将成为带动整个非洲和平与发展的核心，发挥重大作用。

如果把非洲比喻成一杯水，它最终会凝结成更加稳定的冰，那么在水变成冰的过程中，一定是局部先形成一批小的冰核，这些冰核逐渐扩大，直至扩展到整个水杯。

以东非为例，政治较为稳定的肯尼亚和文化教育水平较好的坦桑尼亚，已经成了区域性的发展引擎。它们都经过了政权的和平轮替，独立后只有小冲突，没有大规模的内战，人民和政府之间已经有了较为良性的互动。

肯尼亚已经成了外国资本进入非洲的重要通道，而坦桑尼亚则成为东南部非洲发展的火车头，让东非成了非洲最有希望的地区之一。虽然乌干达、卢旺达也在快速发展，但它们的体量太小；虽然乌干达总统穆塞韦尼和卢旺达总统卡加梅都很优秀，但他们都长期执政，还无法预期是否能做到政权平稳轮替，因此，东非最有前景的国家仍然是坦桑尼亚和肯尼亚。

在其他区域内，也各自产生了当地的龙头国家，比如在西非，龙头国家非尼日利亚和塞内加尔莫属。而在非洲之角上，经历过不少灾难的埃塞俄比亚正在全力追赶，它的定位是区域性的加工制造中心，以及全非洲的空中交通中心。在南部，南非仍然是整个非洲范围内的明星，它可能暂时还处于衰退中，但如果能够度过行政退化期，这个拥有丰富资源的国度就可能再次崛起。而在北非，摩洛哥和突尼斯也在竞争，古老的埃及虽然处于革命后的虚弱状态之中，但没有人能够小觑。

围绕着这些国家，非洲的发展已经开始起步，虽然未来仍然会有混乱，但比起前几十年，已经充满了希望。

第二个肯雅塔和变魔术的中国人

在肯尼亚，一条特殊的铁路沟通了首都内罗毕和海边城市蒙巴萨。这两个城市的地位类似于中国的北京和上海。

2014 年之前，连通内罗毕和蒙巴萨的只有一条英国时期的旧铁路，由于运输能力非常有限，人们通常乘坐巴士在两个城市间穿梭。两座城市距离约470千米，人们一般选择晚上坐夜班车，在第二天一早到达。

从2014年开始，一条新的铁路如变魔术一般出现了。这一年，趁着中国总理访问的机会，肯尼亚新总统小肯雅塔（首任总统的儿子）与中国签订了修建新铁路的协议。

按照往常的肯尼亚速度，签订协议后的十年内是论证和争吵的时光，如果项目有幸熬过了这个阶段，下一个阶段就是筹款，持续几年的筹款过后，又进入新的争吵，至于开工，可能是二十年之后的事情。由于总统任期只有两届，大部分项目熬到下一任总统，也就无疾而终了。

但这一次情况却起了变化。作为建设民族的中国人让肯尼亚大吃一惊，三年后，他们还没有反应过来，一条近500千米长、非洲最快（时速120千米）的铁路已经出现在蒙巴萨和内罗毕之间的高原上。铁路上的每一座火车站也不再是东非标准，而是充满了现代化气息又有些粗糙的综合性站点，虽然不算优雅，但放在非洲已经是超标准。这条铁路将两座城市之间的旅行时间缩短到了4个小时，如果开足了运力，人们上午出发到另一个城市去办事，下午就可以回家吃晚饭，这种速度在以前是不敢想象的。

这条铁路也让肯尼亚的反对派目瞪口呆，他们攒足了精神，但还没有来得及反对，铁路已经建好了。当蒙内铁路建成后，反对派意识到，要想反对新项目，也必须加快速度，按照以前的非洲速度，吃饱饭先睡个觉，再慢悠悠地发动群众，当群众还没有睡醒、弄清反对的是什么，人家已经把事情做完了。

于是，反对蒙内铁路延长线（从内罗毕到乌干达边界）的抗议活动紧锣密鼓地组织起来，让新项目的难度陡然加大。各种动物保护主义者认为铁路会损害动物的活动，部落居民认为铁路会促使他们抛弃掉原始的优良传统，延长线建设的速度与主线相比已经放慢了不少，何时完工就不再受控了。

蒙内铁路让肯尼亚人的生活突然加速，与世界接轨。但由于地处非洲，它的运营也并非毫无瑕疵。按照规划，铁路如果要充分运用，需要一天运行数趟，将大部分的汽车客运都改成铁路运输。但蒙内铁路建成后，原本的汽车客运公司立刻感受到了压力，它们也是政治的一部分，立刻行动起来，意图减少蒙内铁路的冲击。于是，一条现代化的铁路线，每天只运行一班客运。火车票成了奢侈品和抢手货，大部分人由于买不到火车票，还是得回去坐夜班汽车，忍受十几个小时的颠簸。

政府虽然推动了蒙内铁路的建设，但他们似乎也不想打破汽车公司的饭碗，于是满足于将蒙内铁路当成一项政绩，解决一部分铁路职工的就业，同时不影响汽车职工的饭碗。蒙内铁路就这样在运输能力不足的尴尬情况下运营着。

这说明，非洲的问题一部分是经济问题，而另一部分还是政治问题，这意味着，在外界给了足够的刺激之后，还需要非洲人的内部消化，才能形成真正的生产力。在以前，西方援助甚至连外在的刺激都无法给予，而中国对于基础建设的援助已经可以触动他们的生活，接下来就要靠非洲人自己去努力了。

由于实行选举政治，小肯雅塔之所以建设铁路，也不仅仅是从经济发展的角度考虑，还有政绩的因素在内。对手之所以反对铁路，也是想减弱他的政绩。所以中国人在外国投资时，除了考虑商业因素，也必须将所在国的政治考虑在内，才能产生最大的效果。

2013 年，不受欢迎的齐贝吉下台了，小肯雅塔在选举中击败了对手。经过了选举的小骚乱，他通过和平交接上台。但小肯雅塔的地位并不稳固，他获得的选票只有 50.07%。由于优势太小，对手甚至指责他作弊。

为了证明自己上台的正当性，并为下一次选举作准备，小肯雅塔必须拿出点成绩来证明自己为人民做了很多事情。蒙内铁路就是在这样的背景下提上日程的。

也正是因为这是政绩工程，蒙内铁路必须以最快的速度修建完成，才能赶上第二次投票。为了修路，小肯雅塔大开绿灯，在短时间内就解决了选址问题、环评问题，将所有争议压下。中国人也不愧是建设的民族，从立项到建设完成通车，一共只用了三年时间，赶在下一次大选之前完成了修建。

2017年的选举再次充满争议。这一次，小肯雅塔的对手仍然是上次的对手奥廷加，在当年8月的选举中，小肯雅塔以54.17%的选票获得了连任。根据肯尼亚法律，总统选举最多进行两轮，第一轮如果有人获得超过半数的全国选票，同时在全国47个县中，至少24个县每个县获得至少25%的选票，才能当选。根据肯尼亚独立选举委员会点票，肯雅塔获得连任。

但随后，对手奥廷加却以小肯雅塔舞弊为名上诉到最高法院，肯尼亚高法以4 ： 2判定选举结果无效，必须在六十天内重新举行选举。

肯尼亚再次陷入了混乱。这次混乱的高潮是奥廷加突然退出了重选，他的退选又带来了更大的宪政争议。既然主要对手和上诉人已经退出，这样的选举还需要进行吗？随着人们的争论，独立选举委员会内部也发生了分裂，有成员在出国后宣称小肯雅塔舞弊。

在一片混乱中，选举再次进行。第一次选举，选民参与人数达到了总选民的近80%，而第二次选举，选民参与人数只有38.84%。小肯雅塔以98.26%的高票再次当选。不过从低参与率来看，小肯雅塔仍然只是一部分人的总统。

但小肯雅塔并不在乎这些，而且在肯尼亚，一切政治活动都是有争议的，又都会随着时间而平息。他欣然宣誓开始了第二任期。

肯尼亚果然在经过一段混乱后，再次恢复了平静。每一次混乱后，人们都预言这个国家已经快完蛋了，人民已经四分五裂，还不时爆出暴力事件。但每一次混乱过后，人们的生活继续，没有人会因为不公而影响自己正常的生活，人们只是默默等待总统任期到了，再选另外的人来代替他。

肯尼亚仍然会继续发展，不管它的政治还是经济都还在整合与发展的轨道上，它在吵吵嚷嚷中前进。如果单看每一年，它都达不到人们的预期，但如果从长期来看，它又在前进。

小肯雅塔又在讨论把蒙内铁路延长到与乌干达的边界上，但对手吸取了上次的教训，开展了更大规模的抵制，让修路变得更加困难。

铁路本来是一条可以提升当地人生活质量的好项目，却由于政治争斗而进展缓慢，这也许就是肯尼亚的风格。人们忍受了它几十年，并在可预见的将来，它可能在某个时段由于某个领导人的推动，突然加快，但随后又会在政治斗争的影响下，回到通常速度，不紧不慢地前行。

在非洲之角的埃塞俄比亚，中国人修建的铁路也让当地人感受到了世界速度。这个国家瞄准了工业化，由于没有海岸线，它不得不借助吉布提的港口。于是，连接吉布提和首都亚的斯亚贝巴的铁路成了埃塞俄比亚的一号工程和生命线。

这条铁路的修建，让非洲人再次领略了中国工人的素质。事实上，大部分的非洲国家都已经活跃着中国建设者的身影，他们为非洲建设了铁路、公路、桥梁和房屋。这加快了非洲的发展。虽然在未来，中国的许多建设项目也存在退化的可能性，但整体上对于非洲经济发展的推动作用，是全世界最大的。

肯尼亚在东非地区已经开始遇到对手，它的对手就是坦桑尼亚。坦桑尼亚曾经因为开国者尼雷尔走集体化道路，将国家搞得一穷二白，但在尼雷尔之后，迅速通过私有化获得了高速发展。与此同时，尼雷尔时期的一个优势也显现了出来。由于尼雷尔重视教育，通过社会主义的方式强行让孩子们读书，到了经济发展阶段，高识字率和低文盲率让它能够找到更多合格的工人。

肯尼亚的自发性状态造就了一个精英阶层，但底层的民众却由于负担不起孩子的教育，导致文盲太多，这些人很难被整合进现代经济生活之中。坦桑尼亚由于重视教育，已经获得了一定的后发优势。当人们再次谈论起东非时，心目中已经不只是想到肯尼亚，也日益看重坦桑尼亚的发展前景。

至于肯尼亚将何去何从，还是有很多人预言，它总有遭遇瓶颈的那一天。当人们无法容忍政客的腐败与低效，当国家没有办法再快速发展时，也许人们会揭竿而起，让国家陷入更大的混乱。一旦政治和社会失去了长期的稳定，那么经济就会受到损害，从而让肯尼亚进入到一个下降周期。

不过也有乐观的人认为，当人们无法容忍腐败时，的确会揭竿而起，但以肯尼亚的特质，也许并不会出现刚性断裂，而是会通过社会活动逼迫政府变得不敢过于腐败。世界上的许多国家都会经历从腐败到廉洁的过程，对于非洲来说，这个过程更加漫长，但我们没有理由认为，非洲无法走出这个怪圈。既然肯尼亚最腐败的老总统莫伊都能在压力下放弃终身制，为什么其他政客不能在压力下变得更加透明一点呢？

到底是断裂，还是改进，我们现在还看不出最终的结果，也许对于非洲国家而言，没有最终结果，只有摸索，摸索，再摸索。

瑙莱坞和尼日利亚黑帮

在西非，人口庞大的尼日利亚是一个混乱但是充满生机的地方。

2010年春节，我和一位导演朋友在广州拍摄一部关于黑人的纪录片。由于广东成了世界的小商品制造中心，这里有着庞大的黑人群体，在小北一带形成了“巧克力城”。在广州所有的黑人中，尼日利亚人是人数最多也最活跃的群体。

尼日利亚为人们提供的精神食粮也是最丰富的。几乎每一台黑人的电脑里，都存储着许多尼日利亚拍摄的影片，就如同中国人囤积好莱坞和香港影片一样。

尼日利亚素来有“非洲的好莱坞”之称，人们甚至起了个专有名词——瑙莱坞（Nollywood），它与美国的好莱坞、印度的宝莱坞一起，成为世界上三大影片制作基地。

以成熟世界的眼光看，瑙莱坞的影片还显得很稚嫩。好莱坞以科技手段著称，宝莱坞则是精美画面的代名词，而瑙莱坞提供的却只是最初级的产品。几栋非洲式的茅屋，几个滑稽演员，就可以凑成一台戏，拍摄机位固定，影片效果更像是舞台剧，而不像是电影。

但非洲人却对瑙莱坞的影片需求量很大，他们崇拜好莱坞和宝莱坞的精美，但更多的笑料还是要到瑙莱坞去寻找。坐车时，司机放一部瑙莱坞影片，就能让整个车厢的人笑成一片。

尼日利亚之所以能够成为非洲的电影中心，既与其庞大的人口数量有关，也和它的多种族特性有关。这里的片子也是各种方言都有，除了英语片，三大族群都能找到自己的拍摄团队，甚至西非、中部非洲方言也进入了电影。

当尼日利亚电影征服非洲之后，其他国家也开始群起效仿，但由于人口较少，大都只能专注于开发一种语言的电影，比如，加纳是英国殖民地，就以开发英语黑人片为主，加纳的英语片在全非洲都很受欢迎。

穆塞韦尼当政后，确定缺乏海洋的内陆国家乌干达必须走高科技和服务业路线，而电影就是见效快、成本低的典范，乌干达也迅速成了传播斯瓦希里文化的中心。乌干达的斯瓦希里电影迅速打入东非的市场，与肯尼亚的文化产品相抗衡。但它们还是无法与尼日利亚的庞大市场和声誉并驾齐驱。

虽然尼日利亚的北部还存在着伊斯兰极端组织的叛乱，但南方的巨大财富和石油资源已经让人们看到了经济多元化的好处。它和肯尼亚一样，是一片混乱却充满了生机的土地。

尼日利亚人遍布了全世界。在印度，人们朝我抱怨，尼日利亚黑帮横行已经成了一个很严重的社会问题。他们控制了毒品、武器市场，并介入洗钱行当，甚至不惜杀人。在所有的非洲人中，尼日利亚人数量最多，又相当团结，他们在非洲的角色相当于意大利人在西方世界的角色。

关于尼日利亚黑帮，在著名作家格里高利·大卫·罗伯兹的小说《项塔兰》中也有描写。在这本写印度孟买的杰作中，尼日利亚黑帮被描写成一个从事非法勾当却重情重义的组织，这样的评价只会出现在小说里，印度人却很难接受对尼日利亚人的赞美。

除了肯尼亚、坦桑尼亚、尼日利亚，已经形成的“非洲之核”还有非洲之角上的埃塞俄比亚。这个国家虽然经历了最多的苦难，但由于人民知道苦难之痛，一旦获得了和平，就会用最大的努力去争取更好的生存条件。埃塞俄比亚成了非洲引进外资、建设基础设施最积极的国家，也成了亚洲进入非洲的交通要道。

北部非洲的埃及已经衰落，突尼斯正在恢复，而摩洛哥却一直处于稳定状态，在开明国王的领导下，扮演了与欧洲沟通的桥梁。

南部非洲的南非虽然经历了经济退化，但繁华的底子仍在，再经过一两代人的努力，也许能够建立起一种黑白混合的文化。

地域宽广、资源丰富的刚果（金）本来可以成为一个核心，但它目前仍然在痛苦地整合之中。然而谁也不能忽视它的存在，未来它的命运或许是两种极端：要么成长为地区的核心，要么成为中西部非洲的混乱之源。

其余国家有的因为体量小，有的因为还在整合之中，暂时无法成为区域性的发展核心，但从整体上来看，非洲最混乱的阶段已经成为过去，发展成了主旋律。如果不是刻意去追寻历史，走访那些见证历史发生的遗迹，那么整个非洲看上去已经进入了现代世界，他们用上了手机，开上了汽车，与世界的联系已经越来越多，即便是小村子里的人也慢慢用上了中国的小商品和印度的药品。非洲从独立到现在已经走过了六十年，它经历了艰难的整合，我相信，在下一个六十年后，一批明星国家将发展起来，整个非洲也会在它们的带动下，成为世界继印度之后的下一个经济增长源。

尾声　最后一次冒险

2018年5月初，我的妻子梦舞君突然在尼泊尔徒步时失联，我乘坐飞机来到了尼泊尔，经过多方朋友的帮助，梦舞君安然无恙地出现在我的身边。因此，本书的最后两章是在尼泊尔修改完成的。

妻子失联的经历也让我反思自己这些年的冒险经历。总结起来，危险总是在你没有防备时突然到来，它的发生只是一瞬间，上一刻还平静似水，下一刻或许就以流血甚至死亡为结局。这个道理在我十几年的游学生涯中数次被证实。

不说早期在西藏碰到的自然风险，仅说国外旅行时的遭遇，我已经遇到过三次突如其来的危险。它们无一例外，在发生前毫无征兆，如同一条平静的河流，偶尔出现了一个不起眼的小漩涡，但这个漩涡却可能置人于死地。

第一次是在风声鹤唳的黎巴嫩。2014年，由于邻国叙利亚的战争持续，黎巴嫩国内分成了两派人马，一派支持叙利亚的政府军，另一派支持叙利亚的反对派。政府军和反对派在政坛上掀起了巨大的风浪。在社会层面，两派的支持者也发生了冲突，街头不时爆发混乱。

在黎巴嫩北部有一个叫的黎波里的城市，它作为黎巴嫩分离主义的大本营之一，成了瞩目的焦点。这里是ISIS进入叙利亚的主要通道之一，全世界许多逊尼派的极端主义者会首先坐飞机到黎巴嫩首都贝鲁特，再向北到的黎波里与组织接头。他们在当地组织的帮助下，东行越过高山，混入叙利亚的乱局，去抗击叙利亚总统阿萨德。这里还是什叶派招兵买马之地，什叶派的真主党从失业的年轻人中招揽人手，把他们送往叙利亚的战场，去帮助叙利亚总统阿萨德。

正由于双方都在利用的黎波里，这里就经常发生小规模的恐怖袭击，人员的死亡、失踪或者被绑架也时有发生。

在的黎波里的大街上，我正从当地的旅游胜地十字军城堡向海边行走。那时一切显得很正常，我经过了一个繁华区，进入一条安静的小街。

就在这时，我突然被人举了起来。那只是一瞬间的事情，有一双大手突然间把我拦腰抱住，在空中把我转了个个儿，变成了头朝下，之后举过了他的头顶。

由于事情发生得太快，我的身体僵住了，无法做出任何有效的反应。如果他把我头朝下往地上一掼，即便无法要我的命，也会让我立刻陷入昏迷。

这时，我突然听见一声呵斥。接着我又被转了个个儿，放回了地面。

当脚挨到了地，我才从紧张和木然中反应过来。回头一看，举起我的是一个至少200斤的大块头，他的上臂比我的大腿都粗。大块头显得有些呆板，留着什叶派那种乱蓬蓬的胡子。他撇开我，望着不远处的另一个人，那是一位老人。

老人正向大块头努着嘴，顺着他的目光望去，在街角，一辆政府军的坦克露出炮管和一部分履带。也许正是这个炮管救了我的命。

当我惊魂未定时，老人朝我露出了友好的笑容。他走到街边的一个小店里——这也许是他的店铺——拿出来一罐饮料递给我，仿佛是要给我压惊。我打开，喝了一口。

饮料入口后，我的心咯噔一下，世界在我眼前晃了一下。难道饮料中有安眠药？

我连忙撇开老人和大块头，朝坦克奔去。身后的他们没有跟过来，我的身体也没有进一步的药物反应。快到坦克前，我大声喊着："Excuse me，Sir！"

一个士兵从街角露出头来，好奇地看着我。

我走到了士兵跟前，害怕是自己多疑了，同时也没有证据去告状，只好掏出手机对他说："Can I take a photo with you，Sir？"

士兵拒绝了。我却安全了。

事后发现，那罐饮料毫无问题，甜水全都被我喝掉了。在喝第一口时，也许是身体的紧张让我做出了过度的反应。

但至今我仍然无法搞明白：为什么那个大块头要把我举过头顶？这个暴力的动作和老人的友好笑容显得那么格格不入，他们到底想干什么？如果没有那辆坦克，我会不会遭到他们绑架？如果他们是无辜的，只是对我开个玩笑，我的举动会不会伤害他们的自尊心？

这几个问题也许都不会再有答案，它们也许只是个概率问题。但被举起的那一刻的恐惧却被深深地写入了我的骨髓。

我的第二次遇险是在阿富汗首都喀布尔。关于这次经历，我已经写入了另一本书《穿越劫后中亚》之中。在喀布尔城外一个山坡的贫民窟边上，我遭遇了三位持刀青年的抢劫。那一刻，我心里唯一的想法就是不能被他们拉走，我死死地靠在一堵墙上，宁愿将一切都丢给他们，但人必须留下。因为人一旦被绑架，接下来的形势将再也无法控制。贫民窟里恰好走出的一个人救了我，青年们担心被他看见，才给我留下三处伤口，将我抢劫一空后离去。

在遭遇持刀劫持之前，即便这个世界最危险的地方，也显得足够平静。如果一个人漫步其间，没有遭到危险，他可能认为这里的治安已经好转。但在下一刻，也许他已经没有机会告诉别人他错了。

在发生这次危险之前，我和世界上大部分人一样，相信自己有幸运加持，危险只会发生在别人身上，即便历险，最终我也会平安度过。也许每一个人都会持类似的乐观观点，直到遭遇人生第一次重大危险。

这两次事件让我变得足够谨慎，教会我以后涉足危险地区，绝不能仅仅依靠直觉，而是要遵循一定的规则，规避掉可能会遇到的危险。实际上，任何危险地区都有相对安全的区域，即便要到危险区域去，也有比较安全的交通方式。以前的我会毫无顾忌地四处闯荡，现在的我会考虑，除了安全进去，还要活着出来，将观察记录下来。

本书开头记录的非洲之船，已经是我第三次遇险。很幸运的是，由于马依噶等人的提醒，我没有跟随引诱我进廷巴克图的人离开，而是选择了在船上等待。这种谨慎，也来自我前两次的历险。如果没有前两次的经历，好奇心很重的我也许会跟随着引诱者离开，最终可能一去不复返。

《穿越非洲两百年》已经是我穿越亚非三部曲的最后一部。《穿越百年中东》记载了我在中东的土耳其、阿拉伯地区的游历，并考察了现代中东恩怨的来龙去脉。《穿越劫后中亚》叙述的区域回到了大中亚地区，这个区域涵盖了现代的巴基斯坦北部、阿富汗、伊朗，以及后苏联时代的中亚五国。这里是古代丝绸之路的核心区域，在从古老走向现代的过程中，也是受大国博弈影响最重的地区。《穿越非洲两百年》则将目光转向了中国人古代（有记载的）最远的涉足地——非洲，尽量以全景的方式去考察现代非洲问题的形成、发展和现状。

本书写作跨度较长，东非部分构思于埃塞俄比亚的无名客栈，关于埃塞俄比亚的部分稿件写于大理走青春客栈，西非部分构思于广州的锋子居，全书的稿件组于大理风吼居，最后两章修改于尼泊尔博卡拉的马尤尔酒店。

写完本书后，我已经离开了世界上最危险的几片土地，暂时获得了自由。这种自由不是身体上的，而是心灵上的。这几年，我总是被一种压迫感推动着，从印度到东南亚，从蒙古到非洲，如饥似渴地了解着这个世界，明明知道世界没有所谓的终极答案，却总是去探索未知的问题。我想陪妻子度过几个月的闲暇时光，以弥补我对她的忽略。所谓伴侣，在一起的时间只有短暂的几十年。希望当垂老的我们与世界告别时，能够坦然，不留遗憾，甚至不用为对方落泪，因为我们活着时尽了力。

即便完成了这个“三部曲”，我也并不会停下探寻的脚步。几本新书的规划已经提上日程。与未知的知识比起来，人生是多么短暂，即便用一辈子去追逐，也只不过如同一片漂泊的树叶在寻找归宿。它从溪流汇入河流，它在寻找归宿，但即便它能够躲过一路的险恶，最终也只会发现一个更大的漂泊之地：海洋。

感谢我的引路人、一辈子最感激的人，我的祖父母郭宝成、李玉萍。

感谢我的父母郭连生、张桂琴。

感谢我的妻子梦舞君。

感谢我的朋友文学锋、周杭君、谷重庆、秦旭东。作为最好的朋友，你们的鼓励一直是我的动力。

感谢谢小珍、万超超，以及那些帮助我寻找妻子的人。

感谢陈德、董曦阳、李栋、张根长、范存榜、雷戎、李杰、赵娜，以及众多无法一一列名的编辑。一本书的出版是一项复杂的系统工程，从选题到数次审稿，再到设计、印制和营销，当我越来越深入到这个行业之中，更加确定这个行业是理想者扎堆和抱团取暖的地方。我依然相信，保持理想、保持好奇，才是人生的本质。

大事年表

公 历	事 件
1805	7 月，穆罕默德 · 阿里建立埃及阿里王朝。
1806	1 月，英国从荷兰人手中夺得南非开普敦殖民地。
1830	7 月，法国占领阿尔及利亚。
1840	11 月，埃及在第二次土埃战争中战败，被迫签订《英埃协定》，标志着埃及逐步沦为殖民地。
1869	11 月，苏伊士运河通航。
1879	7 月，英国灭亡祖鲁王国。
1880	12 月，英国与南非布尔人爆发了第一次布尔战争。
1881	1 月，苏丹爆发马赫迪起义。
	5 月，突尼斯在法突战争中战败，法国强迫突尼斯签订《巴尔杜条约》，突尼斯因此沦为法国保护国。
1882	9 月，英军进攻埃及，镇压阿拉比反英起义，彻底占领埃及。
1884	11 月，欧洲列强召开柏林会议，商议瓜分非洲之事。
1885	2 月，比利时国王利奥波德二世成为刚果自由邦国王。
	6 月，苏丹建立马赫迪王国，定都恩图曼。
1890	7 月，英国、德国签订了瓜分东非的协议。乌干达被划为英国的势力范围。
1894	英国、法国、意大利将索马里瓜分完毕。
1896	3 月，埃塞俄比亚在阿杜瓦战役中击败意大利，成为非洲唯一独立的古国。
1898	6 月，英法两国为划分西非地区的势力范围达成协议。
1899	1 月，英埃签署共管苏丹协定，苏丹实际上沦为英国殖民地。
	10 月，英国向德兰士瓦和奥兰治两个布尔人国家宣战，第二次布尔战争爆发。
1900	7 月，第一次泛非会议在伦敦召开。
1902	5 月，英布双方在弗里尼欣正式签订和约，第二次布尔战争宣告结束。这场战争促使了南非联邦的形成。

续表

公　历	事　件
1908	11月，刚果自由邦被比利时政府接管，改成比属刚果。
1912	1月，南非土著人国民大会（后来的非国大）在布隆方丹成立。
	10月，利比亚在意土战争后成为意大利殖民地。
1914	11月，由于与奥斯曼帝国（埃及名义上是奥斯曼帝国的一部分）宣战，英国单方面宣布了对埃及的宗主国地位。
1922	2月，英国承认埃及独立，但仍保留了许多特权，如国防、外交、少数民族等问题的处置权。
1935	10月，意大利法西斯入侵并占领了埃塞俄比亚。
1945	10月，第五届泛非大会在英国曼彻斯特召开，会议选举杜波依斯为大会主席。
1951	12月，利比亚宣告独立，成立联邦制联合王国，伊德里斯一世成为国王。
1952	7月，埃及爆发七月革命，推翻了法鲁克王朝，由自由军官组织改组的革命指导委员会掌握了政权。
1953	6月，埃及宣布永远废除君主政体，成立埃及共和国，穆罕默德·纳吉布担任第一任总统兼总理。
1956	1月，苏丹宣布独立，成立共和国。
	3月，摩洛哥、突尼斯宣布独立。
	7月，纳赛尔政府宣布将苏伊士运河公司收为国有。
1957	3月，黄金海岸宣布独立，改国名为加纳。
1958	10月，几内亚宣告独立，成立共和国，塞古·杜尔担任第一任总统。
	12月，全非人民大会在加纳首都阿克拉召开。
1960	1月，喀麦隆、毛里塔尼亚独立。
	4月，多哥、刚果（金）独立。
	6月，马达加斯加独立。
	7月，索马里独立。
	8月，贝宁、尼日尔、布基纳法索、科特迪瓦、乍得、中非、刚果（布）、加蓬、塞内加尔独立。
	9月，马里独立。
	10月，尼日利亚独立。

续表

公 历	事 件
1961	4月，塞拉利昂独立。
	12月，坦噶尼喀独立。
1962	7月，阿尔及利亚、布隆迪、卢旺达独立。
	10月，乌干达独立。
1963	5月，非洲统一组织成立。
	12月，桑给巴尔、肯尼亚独立。
1964	4月，坦噶尼喀和桑给巴尔组成联合共和国。
	7月，马拉维独立。
	10月，赞比亚独立。
1965	2月，冈比亚独立。
1966	9月，博茨瓦纳独立。
	10月，莱索托独立。
1967	7月，尼日利亚内战，即比夫拉战争爆发。
1968	3月，毛里求斯独立。
	9月，斯威士兰独立。
	10月，赤道几内亚独立。
1969	9月，卡扎菲发动政变，建立阿拉伯利比亚共和国，成为利比亚领导人。
1970	9月，纳赛尔去世，萨达特继任埃及总统。
1971	1月，乌干达陆军司令阿明发动政变，推翻奥博特政府。
1972	2月，第一次苏丹内战结束。
1973	9月，几内亚比绍独立。
1975	1月，安哥拉独立。
	3月，埃塞俄比亚的君主制被正式废除。
	6月，莫桑比克独立。
	7月，科摩罗、佛得角、圣多美和普林西比独立。

续表

公 历	事 件
1976	2月，奥巴桑乔成为尼日利亚领导人。
	6月，塞舌尔独立。
	12月，中非领导人博卡萨宣布，“中非共和国”改名为“中非帝国”，自己则改称博卡萨一世。
1977	6月，吉布提独立。
1979	9月，中非前总统戴维·达科发动政变，推翻了博卡萨政权。
	4月，坦桑尼亚军队攻入乌干达，推翻阿明政权。
	10月，尼日利亚领导人奥巴桑乔主动还政于民，尼日利亚军政府统治结束。
1980	4月，多伊发动军事政变，夺取利比里亚政权，建立独裁统治；津巴布韦独立。
1981	10月，埃及总统萨达特遇刺身亡，穆巴拉克继任总统。
1983	5月，第二次苏丹内战爆发。
1988	5月，索马里内战爆发。
1989	12月，查尔斯·泰勒率全国爱国阵线武装攻入利比里亚，利比里亚内战爆发。
1990	2月，南非总统德克勒克宣布无条件释放曼德拉。
	3月，纳米比亚独立。
	9月，利比里亚独裁者多伊被叛军杀死。
1991	5月，埃塞俄比亚门格斯图政权垮台。
1993	5月，厄立特里亚独立。
1994	4—6月，卢旺达发生种族大屠杀。
	4月，曼德拉成为南非历史上首位黑人总统。
1997	5月，第一次刚果内战结束，卡比拉在乌干达和卢旺达的支持下推翻蒙博托的统治，改国名扎伊尔为刚果民主共和国。
1998	8月，第二次刚果内战爆发。
1999	5月，奥巴桑乔通过直接民主选举，成为尼日利亚总统。
2002	1月，塞拉利昂内战结束。
	7月，非洲统一组织改名非洲联盟。

续表

公　历	事　件
2003	8月，查尔斯·泰勒辞去利比里亚总统职务，把总统权交给副总统摩西·布拉。
2010	12月，突尼斯爆发茉莉花革命，并席卷北非。
2011	7月，南苏丹独立。
	10月，卡扎菲及其接班人穆塔西姆死于枪杀。
2012	6月，穆斯林兄弟会候选人穆尔西赢得总统选举，成为前总统穆巴拉克下台后的首任埃及总统。
2013	7月，埃及军方解除了穆罕默德·穆尔西的总统职务。
2014	6月，阿卜杜勒–法塔赫·塞西当选埃及总统。
	11月，突尼斯呼声党候选人贝吉·卡伊德·埃塞卜西当选总统。
2015	10月，埃塞俄比亚当选联合国人权理事会成员，任期自2016年至2018年。
2016	10月，埃及当选联合国人权理事会成员，任期自2017年至2019年。
2018	3月，非盟非洲自贸区特别首脑会议在卢旺达首都基加利举行，44国签署非洲自贸区协议，非洲经济一体化进程取得重要进展。
2019	7月，第55届非洲联盟峰会在苏丹举行。这次峰会上，非洲大陆自贸区(AfCFTA)正式成立。
	9月，津巴布韦“国父”穆加贝逝世，享年95岁。
	10月，2019年的诺贝尔和平奖授予埃塞俄比亚总理阿比·艾哈迈德·阿里。

图书在版编目（CIP）数据

穿越非洲两百年 / 郭建龙著 .—成都：天地出版社，2020.4
ISBN 978-7-5455-5391-8

Ⅰ.①穿… Ⅱ.①郭… Ⅲ.①非洲—历史 Ⅳ.①K400

中国版本图书馆CIP数据核字（2019）第284238号

CHUANYUE FEIZHOU LIANGBAI NIAN
穿越非洲两百年

出 品 人 陈小雨 杨 政
作　　者 郭建龙
责任编辑 董曦阳 柳 媛
装帧设计 水玉银文化
责任印制 董建臣

出版发行 天地出版社
（成都市锦江区三色路238号 邮政编码：610023）
（北京市方庄芳群园3区3号 邮政编码：100078）
网　　址 http://www.tiandiph.com
电子邮箱 tianditg@163.com
经　　销 新华文轩出版传媒股份有限公司

印　　刷 北京文昌阁彩色印刷有限责任公司
版　　次 2020年4月第1版
印　　次 2023年10月第8次印刷
开　　本 710mm×1000mm 1/16
印　　张 24.5
插　　页 16P
字　　数 356千字
定　　价 88.00元
书　　号 ISBN 978-7-5455-5391-8

咨询电话：（028）86361282（总编室）
购书热线：（010）67693207（营销中心）

本版图书凡印刷、装订错误，可及时向我社营销中心调换

从声音到文字，分享人类智慧

天喜文化